재 미 란 무 엇 인 가 ?

재미의 본질

재미란 무엇인가?

재미의 본질

김선진 지음

경성대학교 출판부

자신을 위해서는 어떤 즐거움도 거절하고
자식을 위해 온 일생을 희생하고 헌신하신
어머니께 이 책을 바친다.

2018년도 개정판 머리말

재미에 관한 첫 학술서로 〈재미의 본질〉이 2013년 출판된 지 벌써 5년이 지났다. 긍정심리학 분야의 대중적인 주제인 '행복'과 비교해 보면 '재미'란 주제는 우리 사회에서 그다지 관심의 대상이 아니었다는 것을 확인할 수 있었던 시간이었다. 사람들의 관심사를 간단히 확인해볼 수 있는 구글 트렌드 검색에서 '행복'과 '재미'를 비교해 보면 확연한 차이를 알 수 있다.

서구인들은 재미에 관심이 높은 반면, 한국인들은 반대로 행복에 관심이 높다. 행복도에 관한 국제 조사에서 유독 한국인들의 행복도가 낮은 이유를 짐작하게 하는 결과다. 행복에 대한 관심이 높다는 것은 역설적으로 그만큼 한국인들이 행복하지 않다는 사실을 보여준다. 오랫 동안 재미를 연구해 온 경험으로 생각해 보면 우리가 행복하지 않은 이유는 '재미있게' 살지 않기 때문이다. 그런 만큼 저자는 재미의 중요성을 사람들에게 알리고, 설득하고, 고정관념을 바꿔줘야 할 의무감을 느낀다.

개정판을 쓰기까지 시간이 많이 흘러 우리 사회는 그동안 인공지능, 사물인터넷, 자율자동차, 빅데이터, 모바일, 클라우드 등 한꺼번에 봇물 터지듯 쏟아지는 4차 산업혁명의 변화와 함께 주 52시간 근로가 의무화되는 등 전과는 다른 방식의 삶의 도전에 직면해 있다. 인공지능이 인간의 역할을 상당부분 대체하게 되는 시대, 개인에게 전보다 더 많은 자유 시간이 주어지는 시대에 과연 인간의 차별성과 역할은 무엇일지 생각해 보면 분명한 건 다른 건 몰라도 인간의 공감능력과 감성을 강화하는 재미의 중요성은 더욱 높아질 것이란 사실이다.

그런 점에서 부족한 부분을 메꾸고 정교화하는 등 재미 이론서의 완성도를 높여야 할 필요성을 계속 느껴 오던 차, 더 이상은 보완 작업을 미룰 수 없는 지경에 이르렀다 판단이 들어 이번에 개정 작업을 하게 됐다. 시간도 넉넉지 않았지만 무엇보다 저자의 역량의 한계로 여전히 아쉬운 부분은 있지만 그동안 부족하다 느꼈던 중요한 내용들은 거의 다뤘다 자부한다.

이번 개정의 내용은 크게 보면 전체 구성의 틀은 유지하면서도 시간이 지나 오래된 데이터들을 최신의 자료들로 바꾸고, 설명이 부족한 부분은 보완하였으며, 새롭게 추가되어야 할 부분은 더했다. 특히 학습내용에 대해 비판적 사고능력을 키워줄 수 있도록 〈생각해 볼 문제〉를 주요 장들 뒤에 추가했다. 보완한 내용들은 본문에 추가하기도 했지만 구성에 변화를 최소화하기 위해 각주 형식으로 설명했다. 각주 내용을 빼고 읽으면 중요한 부분을 놓칠 수도 있다.

새로 추가한 부분은 재미의 유사 개념들에 행복, 즐거움, 기쁨 등을 비교하는 내용을 더했고, 재미의 주관성 주제에 존 매닝교수의 손가락 이론을 추가했다. 놀이와 재미 부분에서는 재미 요소와 재미 원리를 추가했다. 재미의 활용 부분에서는 최신 사례로 펀놀로지 주제의 서비스 분야 내용을 교체했다. 그리고 최근 다방면에서 재미를 활용하는 중요한 방법론으로 떠오르고 있는 '게이미피케이션' 을 추가했다.

이번 개정판이 나오기까지 적극적으로 지원해주신 경성대 창의인재대학 박은경 학장님, 출판부 홍무경 팀장님, 박지민 선생님, 게이미피케이션 주제에 도움을 주신 강원대 김상균 교수님, 표지 제목을 캘리그라피로 멋지게 디자인해주신 온맘닷컴 김택환 대표님, 편집 작업을 맡아 고생하신 세종문화사 진희정 선생님, 마지막으로 새롭게 표지 그림을 그려준 아들 태환, 딸 채영에게 고마운 마음을 전한다.

2018년 8월

저자 **김 선 진**

머리말

바야흐로 재미의 시대다. 도처에 재미가 널려 있다. 스마트폰 하나로 재미가 한 손에 들어왔다. 하루도 재미와 관련되지 않은 것을 경험할 가능성은 거의 없다. 우리 삶에 너무 자연스럽게 스며들어 이를 인식하지 못할 따름이다. 재미는 우리의 오감을 자극하고 사람의 마음을 사로잡는다. 재미있는 상품이 더 잘 팔리고 재미있는 사람이 더 환영받는다. 사소한 것이든 심각한 것이든 재미를 더하면 사람의 행동을 바꾼다. 재미는 세상을 움직이는 동력이고 세상을 변화시키는 힘이다. 재미는 오늘날 사람의 마음과 눈에 보이지 않는 이면의 세계를 지배하는 권력이다. 재미가 세상을 지배한다.

그에 반해 우리는 재미를 너무 모른다. 재미란 도대체 무엇이고, 재미는 어떻게 구성되어 있으며, 재미는 어떤 원리에 의해 작동하는지, 더 나아가 재미를 어떻게 활용해야 하는지 모른다. 더 심각한 것은 재미를 아는 건 고사하고 우리 삶에서 재미가 얼마나 중요한 것인지, 재미있게 사는 것이 무엇인지 알지 못한다. 재미는 그저 영화나 게임 같은 흥행 사업이나 오락물에 한정된 문제일 뿐, 내 삶과 직접 관련된 것이 아니라고 생각한다.

실제로 재미는 그보다 훨씬 범위가 넓은 것이다. 일상 속에서 '영화가 재미없다', '일이 재미없다', '공부가 재미없다' 에서 나아가 '사는 게 재미없다' 라고 표현하는 데서 알 수 있듯이, 재미는 삶 전체를 아우르는 개념이다. 재미는 인간의 정치, 경제, 사회, 문화 등 인간 삶 전반을 포함하는 전범위적 개념이다. 재미는 인간 삶의 본질적 문제이다.

재미는 우리 삶의 다양한 존재 목적 중 하나로서 삶을 구성하고 활력을 제공하는 근원적 요소라고 할 수 있다. 21세기 문화와 창의력이 지배하는 지식 · 창조시대에 재미는 엔터테인먼트 영역은 물론이고 재미와 무관한 상품과 기업 경영의 영역에서도 중요한 경쟁 요소로 대두되고 있다. 따라서, 재미를 이해하는 일은 개인적으로는 더 즐거운 삶을 영위하기 위해, 사회적으로는 더 즐겁고 살만한 세상을 만들기 위해 반드시 필요하고 가치 있는 일이다.

그동안 재미를 이해하려는 탐구의 시도들이 전혀 없었던 것은 아니다. 이야기와 유머, 놀이와 여가 같이 재미와 관련된 다양한 영역에서 각각 부분적이고 개별적인 방식으로 재미를 설명해왔다. 본서는 이와 같이 따로 떨어진 이해들을 모아 의문의 퍼즐들을 이어 붙여봄으로써 재미라는 완성된 형상에 도달해보고자 하였다. 그럼으로써 부분적이고 피상적인 이해가 아닌, 재미의 내적 구조와 작동 원리 같은 재미에 관한 통합적이고 본질적인 이해에 이를 수 있을 것이라 기대하였다.

본서의 구성은 그 자체가 재미의 본질을 탐색하기 위한 논리적 사유 과정과 일치한다. 본문 전체는 크게 4부로 나눠 도입부(Ⅰ부), 본론부(Ⅱ부, Ⅲ부), 결론부(Ⅳ부)로 구성하였다. 도입에 해당하는 'Ⅰ. 재미란 무엇인가' 에서는 인간이 재미를 추구하게 된 배경과 동기, 재미의 개념과 범위, 재미에 관한 기존의 견해들을 살펴보고 이들을 수렴하여 재미에 관한 공통적이고 포괄적인 정의를 도출하였다.

본론에 해당하는 'Ⅱ. 재미의 구조와 원리' 에서는 재미의 구조로서 내 · 외적 구성요소와 원리로서 재미 처리과정을 설명하였다. 이와 더불어 구체적인 재미 요소들이 무엇인지, 재미의 유형, 효과, 차이를 살펴보고, 재미의 심리를 설명하는 핵심개념인 몰입과 생물학적 원리로서 재미와 뇌의 관계를 설명하였다. 'Ⅲ. 재미의 세부 영역' 에서는 놀이, 게임, 이야기, 유머, 배움, 소통 등 대표적 재미 영역들을 나눠 각각의 재미 원리와 재미 요소들을 상세히 살펴보았다.

본서의 결론에 해당하는 'Ⅳ. 재미의 활용' 은 재미의 본질을 이해하는 궁극적 목적으로서 '재미를 우리 삶에서 어떻게 구체적으로 활용할 것인가' 하는 질문에 답해보고자 하였다. 재미가 환경, 교육, 기업 혁신, 생산성 향상 등 우리 삶의 다양한 문제들을 해결하는 수단으로 활용되고 있는 사례들을 살펴보았다.

끝으로, 본문의 앞뒤에 추가적으로 '재미와 삶의 관계' 에 관해 짚어봐야 할 문제들을 제기하고 생각해보았다. 프롤로그에서는 본론에 앞서 재미가 처한 현실적 문제와, 재미에 관해 우리가 잘못 이해하고 있는 고정관념과 편견을 다뤄보았다. 에필로그에서는 재미를 어떻게 나의 삶에 적용할 것인가의 관점에서 재미있는 삶을 영위하기 위한 통찰로써 몇 가지 중점적 제언을 제시하였다.

재미의 본질을 규명하기 위한 작업은 마치 지도도 없이 미지의 땅을 탐색하는 모험의 과정과도 같았다. 어디서 출발해서 이 거대한 처녀림을 헤치고 나가 재미의 실체를 발견할 수 있을 지 의문이었다. 애초에 혼자서는 할 수 없는 불가능한 일을 시작한 것은 아닌가 두렵기까지 했다. 곰이 사람이 되기 위해 굴 속에 들어가 마늘을 먹는 심정으로 몇 달을 관련된 책과 자료들을 뒤지고, 꼬리에 꼬리를 물고 이어지는 질문들을 기록하며 답을 찾아보는 험난한 사유의 늪으로 빠져 들어갔다.

어떤 질문은 누군가 이미 답한 것도 있었고 어떤 질문은 아무도 답한 적이 없는 새로운 것들이었다. 조금씩 각각의 답을 찾아내고 이것들을 이어 붙여 감에 따라 떨어진 퍼즐들이 모여 하나의 그림을 완성하듯 조금씩 재미의 실체가 드러나기 시작했다. 재미의 본질에 다가가는 외로운 사유의 과정은 분명 사막을 헤매고 폭풍을 만나는 험난한 모험이었지만 결국에는 오아시스를 발견하는 흥미진진한 '재미' 의 과정이었음을 감히 고백할 수 있다. 이 책의 독자들도 저자가 경험한

'즐거운 사유의 재미' 에 기꺼이 동참하기를 권한다.

재미의 본질을 이해하려 한 저자의 무모한 도전은 이제 시작에 불과하고 아직 끝나지 않았다. 여전히 완성되지 않은 퍼즐이 많이 남아있지만, 이번 작업이 적어도 재미를 이해하기 위한 기초적인 토대와 출발점을 마련하는 데 의미가 있다고 자평한다. 인류의 위대한 지적 업적의 작은 틈을 메꾸는 작업이었다면 족하다 믿는다. 앞으로 본서가 재미에 대한 일반의 인문학적 관심과 학계의 연구를 활성화하고, 커뮤니케이션학, 문화콘텐츠학, 디지털미디어학 등 다양한 연관 학문 분야의 연구 지평을 넓히는 데 일조할 수 있기를 기대한다.

끝으로, 이 책이 나오기까지 표지 디자인 작업을 흔쾌히 맡아 애써주신 경성대학교 디지털미디어학부 김재명 교수님, 저자의 연구년 공백의 짐을 대신 지느라 고생하신 권만우 교수님, 이상호 교수님, 문화총서 출판을 지원해주신 경성대학교 출판부 김미현 선생님, 편집 작업을 맡아 마지막까지 고생하신 세종출판사 김진희 선생님, 그리고 함께 하지 못한 시간들을 인내로 기다려준 가족들에게 감사의 마음을 전한다.

2013년 6월

김 선 진

차 례

III. 재미의 세부 영역

IV. 재미의 활용

| Prologue |
재미에 관한 불편한 진실

우리는 지금 재미라는 미지의 세계를 탐험하는 긴 여정의 출발점에 서있다. 재미란 무엇인가를 이해하기 위해 인간이 재미를 추구하는 이유와 배경, 재미 개념의 정의, 재미의 구성 요소와 작동 원리, 재미의 세부 영역들, 재미의 활용 사례 등을 차례대로 살펴보게 될 것이다. 이런 작업들로 재미를 완전히 이해할 수는 없겠지만 적어도 흩어진 퍼즐들이 모여 하나의 그림을 이루듯 눈에 보이지 않던 재미의 형상을 어렴풋이나마 가늠할 수 있게 되리라 기대한다.

재미의 본질을 이해하려는 본격적인 탐색 작업을 시작하기에 앞서 우리는 먼저 왜 재미가 필요한지를 자문할 필요가 있다. 재미는 과연 우리 삶과 어떤 관계를 갖고 있으며, 또한 '나' 에게 있어서 재미는 어떤 의미를 갖고 있는가를 확인해 보아야 하는 것이다. 이 모든 탐구의 노력이 단지 재미를 이해하기 위한 것으로 끝난다면 이는 한낱 공허한 지적 유희에 불과할 것이다. 중요한 것은 재미가 아무리 유익하고 많은 것을 이룰 수 있는 것이라 하더라도 본질적으로 '삶' 과 '나' 와의 관련성을 이해하지 못한다면 이 모든 험난한 사유의 여정은 의미가 없을 것이기 때문이다.

다시 말해 재미가 '나' 에게 의미하는 것이 무엇인지 설명할 수 없다면 이 모든 지난한 작업들은 가치없는 시간 낭비가 될 수도 있을 것이다. 재미를 탐구하는 근본 목적은 바로 재미가 우리 삶을 더욱 풍요롭게 하기 위해서이다. 또한 재미의 원리를 통해 재미있게 사는 삶의 지혜를 배울 수 있을 것이라 믿기 때문이다.

그런 의미에서 본 절에서는 재미가 우리 삶에서 어떤 것인가를 생각해 보고자 한다. 즉, 앞으로 본론에서 다룰 부분이 재미가 무엇인지, 그리고 재미가 무엇을 할 수 있는지에 초점을 맞춘 것이라면 여기서는 '나' 에게 재미가 무엇인가 하는 관점에서 먼저 살펴보고자 한다. 이를 논의하기 위해 우선 우리 삶에서 재미가 처한 현실을 살펴보고, 두 번째로 재미에 대한 우리의 생각과 태도, 오해와 편견은 무엇인지 살펴본 다음, 마지막으로 우리 삶에서 재미가 무엇을 의미하는 지 생각해 보도록 하겠다. 즐거움과 흥겨움의 영역인 재미가 우리 삶에서 어떻게 다뤄지고 있으며 인식되고 있는지 살펴봄으로써 우리는 재미의 실제와 이상을 선명하게 대비시켜 볼 수 있게 될 것이다.

1. 삶속 재미의 현실

우리 일상의 삶 속에서 재미가 처한 현실은 한 마디로 열악하기 짝이 없다. 아이이고 어른이고 할 것 없이 다들 앞만 보고 달려가기 바쁘다. 사는 게 재미있냐고 묻기가 민망할 정도이다. 하루하루 처절한 생존의 전투를 치르고 있는 사람들에게 '재미'를 논하는 것부터가 외람된 일처럼 보인다. 남녀노소 구별 없이 고지를 탈환하기 위해 목숨을 걸고 달려가는 전쟁터 군인들과 다름없다. 다들 달성해야 할 목표가 너무나 뚜렷해서 '재미' 같은 하찮은 것에 한눈팔 겨를이 없어 보인다.

그런데 만약 당신에게 열심히 사는 삶과 재미있는 삶 중에서 하나를 택하라고 한다면 당신은 어느 쪽을 택할까? 아마 열에 아홉 사람은 후자를 택할 것이다. 그런데 현실은 정반대로 대부분의 사람들은 재미와는 거리가 먼 삶을 살고 있는 게 사실이다. 주변에 열심히 사는 사람들은 많아도 재미있게 사는 사람들은 찾아보기 어렵다.

특히 한국 사람들이 열심히 사는 건 세계적으로도 인정받는다. 남들 백년 걸려 이룰 산업화를 한국은 고작 몇 십년 만에 해냈다. 주변 강대국들의 틈바구니에서, 그것도 세계 유일의 이념 분쟁 상황 하에서 오직 인적 자원에 의존해 세계 10대 경제대국을 이룬 성과가 이를 입증한다.

그러나 재미에 관한 한 우리는 재미와는 담을 쌓고 사는 사람들로 인식된다. 한국 생활을 오래한 호주 출신 외국인 방송인 샘 해밍턴이 모 언론사와의 인터뷰에서 "한국 사람들은 일을 위해 사는 것 같다. 삶을 좀 즐겼으면 좋겠다."며 한국인에 대한 인상을 피력한 바 있다. 이것이 외국인의 눈에 비친 한국인의 객관적인 재미 현실이다. 우리는 열심히 사는 건 알아도 재미있게 사는 건 모르고 산다고 해도 과언이 아닐 듯하다.

이제 우리 사회의 심각한 재미 현실을 실증적으로 확인해 보기 위해 몇 가지 사회 지표들을 살펴보고자 한다. 여기서는 재미 수준을 우회적으로 가늠해볼 수 있는 척도로 우리 사회의 행복 지수, 여가활동 수준, 우울증, 자살률 등 병리적 현상들을 논의한다.

1) 낮은 행복지수

행복이 재미를 보장하는 수단은 아니지만 적어도 삶이 재미있다고 느낄수록 행복의 수준도 높아질 것으로 보인다. 그런 점에서 행복에 대한 체감수준은 사람들이 삶에서 느끼는 재미의 정도를 짐작할 수 있게 해준다.

경제협력개발기구OECD가 2017년 '더 나은 삶 지수OECD Better Life Index'[1]란 보고서에서 발표한 한국인의 삶의 만족도는 10점 만점에 5.9점을 기록, 31개국 중 가장 낮은 것으로 나타났다.[2] 보고서 내용 중 유념해 볼 부분은 행복도에 직접적 영향을 미치는 사회적 지지도, 노동 부담, 휴식 수준에 관한 내용이다. '어려울 때

1) http://www.oecdbetterlifeindex.org/countries/korea/
2) 문제는 지난 2012년 36개국 중 27위, 2016년 38개국 중 30위로 점점 나빠지는 추세를 보인다는 점이다.

믿을 만한 친구나 친척이 있느냐' 를 묻는 사회적 지지도는 75.9%(OECD 평균은 88.6%)만 "그렇다"고 답해 41개국 중 가장 낮았다. 노동환경도 업무가 과도하다고 느끼는 업무 부담도가 51.6%로 OECD 평균(36.9%)에 비해 크게 높아 통계를 공개한 38개국 중 4번째로 높았다. 직장인이 하루 중 쉬는 시간은 14.4시간으로 OECD 평균(14.9시간)에 미치지 못했고 22개국 중 15위 수준이었다.[3)]

[표 1] 더 나은 삶 지수 2017 주요 지표

	결과	OECD 평균	순위
삶의 만족도	5.9점	7.3점	31위*
저녁에 혼자 걸을 때 느끼는 안전도	63.9%	68.6%	26위
대기질(미세먼지 평균농도)	27.9%	13.9%	41위*
투표율	77.2%	68.6%	11위
사회적 지지	75.9%	88.6%	41위*
주관적 건강상태	32.5%	68.7%	37위*
업무부담도	51.6%	36.9%	4위
하루 중 쉬는 시간	14.4시간	14.9시간	15위
※*는 조사대상 중 최하위			자료:OECD

미국 여론조사 기관 갤럽이 2016년 말 66개국에서 총 66,541명(한국은 19세 이상 남녀 1,500명)을 대상으로 '행복감을 느끼는 정도' 를 조사한 결과 한국인들의 행복 순위는 54위로 나타났다.[4)] 조사 결과 세계인의 68%는 '본인 삶이 행복하다' 고 답했고 9%는 '행복하지 않다', 22%는 '어느 쪽도 아니다' 라고 평가했다. 이에 반해 한국인은 49%가 '행복하다' 고 답했고 '행복하지 않다' 는 9%였으

3) 박병률 · 이혜인(2017.11.15), "한국인 32%만 난 건강해 OECD 꼴찌…삶의 만족도도 '최하'", 경향신문
4) 한국갤럽(2016.11.25), "한국인이 보는 2017년 – 세계 66개국 비교 조사" (http://www.gallup.co.kr/gallupdb/reportContent.asp?seqNo=804)

며 42%는 ‘어느 쪽도 아니다’ 라는 입장이었다. 갤럽은 보고서에서 지역에 상관없이 소득 수준이 행복도에 상관관계가 있다고 봤다(한국 ‘행복하다’ 비중, 상/중상층 68%; 하층 29%).

전문가들은 이런 낮은 행복지수의 원인을 소득 불평등이나 양극화, 과도한 근로시간과 같은 사회구조적 문제에서 찾는다. 이는 분명 근거있는 설명이지만 그럼에도 결과 전체를 설명하진 못한다. 상기 조사에서 피지, 파나마 · 파푸아뉴기니 · 필리핀, 중국, 방글라데시 등 소득 수준이 그리 높지 않은 나라 국민 80% 이상이 ‘행복하다’ 고 응답한 사실을 보더라도 이를 입증한다. 또한 한국인의 경우 세계인과 비교해 ‘어느 쪽도 아니다’ 의 비중이 ‘행복하다’ 에 비중에 버금갈 정도로 높다는 사실은 행복이 소득 외 다른 중요한 요인을 결여하고 있을 가능성을 시사한다.

2) 열악한 여가활동 수준

여가와 취미가 재미 생활을 모두 설명하는 것은 아니지만 이들은 역시 행복지수와 더불어 한 사회의 재미 수준을 확인해볼 수 있는 대표적인 척도라 할 수 있다.

문화체육관광부 『2016 국민여가활동조사』에 따르면 여가를 즐기는 시간이 10년 전보다 줄어든 것으로 나타났다. 여가를 보내는 방법은 ‘TV 시청’ 이 가장 큰 비중이었고, 가족과 함께 여가를 보내는 경우는 줄고 ‘나홀로 여가’ 를 보내는 경우가 늘었다. 이는 여가 내용적으로 그리 건강하지 못한 여가 실태를 보여주고 있다.

한국인의 평일 여가 시간은 <그림 1>[5]에서 보듯이 평균 3.1시간, 휴일 여가

시간은 5.0시간으로 조사됐다. 이는 직전 조사인 2014년의 3.6시간, 5.8시간에 비해 모두 감소한 것이다. 여가 시간은 2010년 평일 4.0시간, 휴일 7.0시간으로 정점을 찍은 이후 하강 곡선을 그리고 있다.

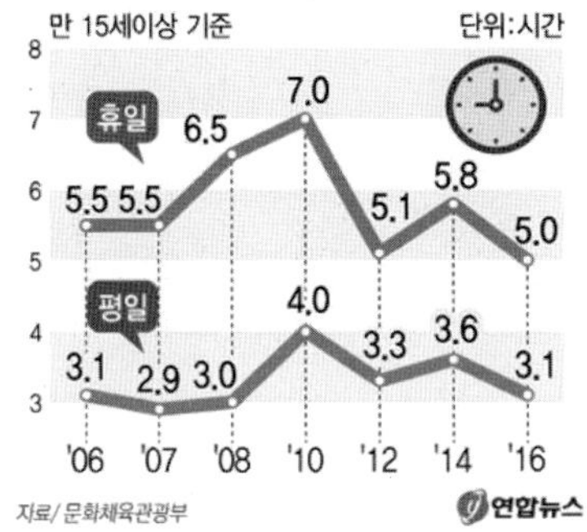

[그림 1] 국민 여가시간 추이

가장 많이 참여한 상위 10순위 여가활동 중 1순위는 <그림 2>[6]에서 보듯이 60% 이상의 국민이 'TV 시청'과 '인터넷 검색'이라고 답했다. 여가 활동 유형은 '휴식'(56.7%), '취미 · 오락 활동'(25.8%), '스포츠 참여활동'(8.7%) 순이었다. 누구와 여가활동을 함께 했는가 역시 <그림 3>[7]에서 보듯이 '혼자서'의 비중이 무려 60%에 육박하는 반면, 사회성 여가활동이라 할 수 있는 동호회 활동 비율은 1% 수준으로 극도로 낮은 수준을 보였다. 여가활동 내용적으로 수동적 여가, 소극적 휴식 활동이 대부분이고 능동적, 적극적 여가활동 비중이 매우 낮다는

---

5) 이웅(2017.1.12), "국민 여가시간 10년전보다 줄었다…여가활동은 1위는 'TV 시청'", 연합뉴스

6) 출처 : 한국문화관광연구원(2017.1.13), "국민여가활동 조사 인포그래픽" (http://kcti.re.kr/04_8.dmw?method=view&dataId=7&dataSeq=808)

7) 출처 : 상게서, 한국문화관광연구원(2017.1.13)

사실은 분명 한국인의 낮은 행복도와 상관관계가 높은 것으로 보인다.

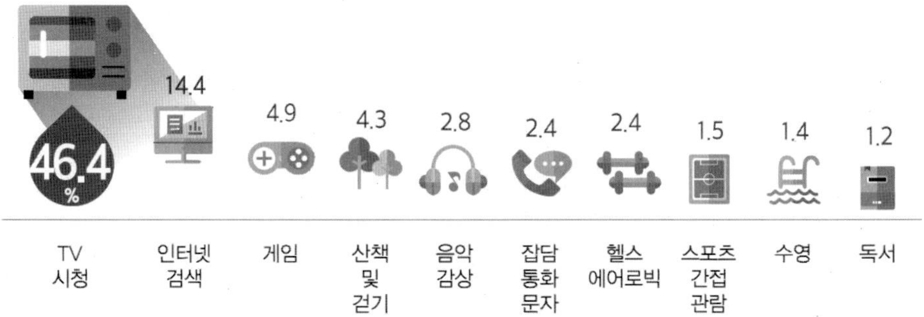

[그림 2] 여가 활용 방법

[그림 3] 여가 활용 대상

취미 활동에 관한 다른 조사에서도 여가에 대한 유사한 결과를 확인할 수 있다. 한국리서치의 컨슈머 리포트 2017년 '취미가 없는 사람' 조사에 따르면 <그림 4>[8]에서 보는 것처럼 이 비율이 지난 2007년(11.2%)과 비교하여 세 배(29.6%) 가까이 늘어난 것으로 나타났다. 주5일제 등으로 여가시간은 늘어났음에도 취미 활동은 더욱 줄어들고 있는 것은 우리 사회의 암울한 재미 현실을 단적으로 대변해 준다.

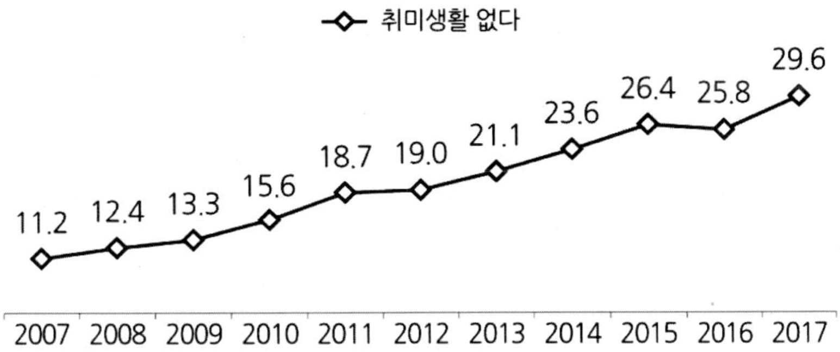

[그림 4] 취미생활 없는 사람 비중 추이(단위 : %)

재미의 관점에서 이런 결과들을 해석하면 한국 사람들에게 여가는 TV시청과 같은 소극적 휴식을 의미하고 취미활동이나 적극적인 재미 활동은 등산, 헬스를 제외하고 거의 하지 않는다는 것을 알 수 있다. 또한 특징적인 것은 개인적인 재미 추구활동이 대부분을 차지하고 있으며 동호회와 같은 '함께 하는' 재미 활동은 매우 적다는 점이다. 이와 같은 사실은 우리의 재미 현실이 매우 균형잡히지 못하고 기형적이며 건강하지 못하다는 것을 보여준다. 심하게 얘기하면 재미를 모르고 산다고 해도 과언이 아닐 듯하다.

이런 결과가 나오게 된 가장 직접적인 원인은 앞서 지적한 바와 같이 과도한 근로시간으로 인해 개인의 삶을 위해 할애할 절대적 시간이 부족한 것 때문이라고

---

8) 한국리서치(2018.8.30), "이번 주말에 뭐 하시나요?" (https://www.hrc.co.kr/infocenter/trendreport_view.asp?FIELD=&KEY=&TABLE=issue1& PAGE=1&NUM=119&CMD=view

할 수 있다.

경제협력개발기구OECD의 '2017년 구조개혁평가보고서Going for Growth' 에 따르면 한국의 근로자 1인당 연평균 근로시간은 OECD 회원국 중 2위인 최고 수준(2,069시간)으로, OECD 회원국 평균(1,764시간)보다 305시간 많았다. 근로일수를 감안하면 한국 근로자는 매일 1시간 이상 다른 나라보다 더 일하고 있는 셈이다. 그에 반해 시간당 노동생산성은 34달러로 1위 아일랜드의 88달러에 38%에 불과하고, OECD 전체 회원국 평균인 47.1달러에도 많이 못미치는 수준이다. 우리와 GDP 규모가 비슷한 스페인(47.8달러)에 비해서도 13달러 이상 낮은 수준이다.

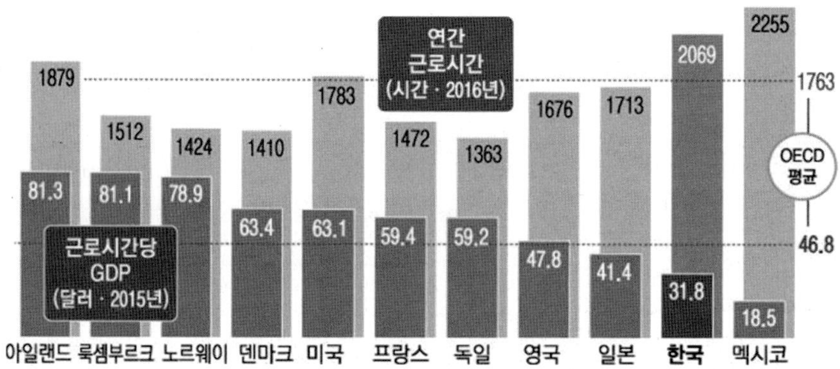

[그림 5] OECD 회원국 근로시간과 노동생산성[9]

이 결과만으로 예단하기는 어렵지만 노동생산성이 상대적으로 더 낮아진 이유는 총 노동시간이 지나치게 큰 것이 우선 주된 이유일 것으로 추측된다(산술적으로 보면 생산성은 노동시간을 분모로 하기 때문). 이와 더불어 과도한 노동시간

---

9) 오달란(2017.11.1), "근로시간 단축하면 노동생산성 더 높아진다", 서울신문

으로 인해 재충전의 시간을 충분히 갖지 못한데서 오는 피로 누적으로 더욱 개인의 생산성이 악화되는 부분이 있을 것으로 판단된다.

이런 악순환을 동시에 해결하는 방법은 노동 시간을 줄이되 노동시간의 감소를 업무 효율의 증가로 상쇄시킴으로써 노동생산성 저하를 막는 것이다. 이를 재미의 문제와 관련지어 얘기하면 결국 해법은 사람들이 현재보다 더 재미있는 삶을 살 시간과 선택 기회를 높여주는 것이 될 것이라는 것이다. 재미와 즐거움은 분명 우리 삶에 활력을 증가시켜 적게 일하면서도 더 많이 거두는 힘을 발휘할 수 있을 것이라 믿기 때문이다.

3) 증가하는 우울증, 자살률

앞서 설명한 낮은 행복지수와 여가활동 수준에서 한 걸음 더 나아가 우리의 열악한 재미 현실을 단적으로 보여주는 지표는 바로 우울증이나 자살과 같이 증가하는 정신병리적 증상들이다. 우리 사회에서 우울증과 자살이 증가하는 현상은 우리 삶이 얼마나 재미없는지를 극적으로 설명해준다. 우울증이나 자살과 같이 극심한 정신적 탈진 상태는 재미보다 오히려 약물적 치료나 정신적 힐링이 필요하다고 할 수 있다. 최근 마음 치료 차원에서 힐링이 사회적 화두로 떠오르고 있는 것도 그런 이유이다. 그러나 여기서 우울증과 자살문제를 재미와 관련짓는 것은 재미가 이러한 문제에 대한 직접적 해결책은 아니더라도 우리 사회가 안고 있는 심각한 사회적 문제를 해소하는 데 중요한 단서가 될 것이라 보기 때문이다.

2016년 보건복지부 정신질환 실태 조사에 따르면 18세 이상 성인 중 지난 1년 사이 한 번 이상 정신질환을 앓은 경험이 있는 사람은 470만 명(2011년 368만 명), 우울장애(우울증)를 앓는 사람은 연간 61만명, 불안장애를 경험한 사람은

224만명에 달했다고 한다.[10)]

우울증이 심해지면 자살로 이어지는 경우가 많은데, 우리나라의 자살률은 2003년 이후 2016년 현재까지 13년간 경제협력개발기구OECD 회원국 가운데 자살률 1위라는 불명예를 놓친 적이 없다. 인구 10만 명당 한국의 자살률은 25.6명으로 OECD 국가 평균 자살률(12.1명)과 비교해 2.4배에 이른다. 2011년 이후 낮아지고 있는 추세나 여전히 다른 나라에 비해 높은 수준인데, 심각한 건 10대~30대 청소년, 청년층의 사망원인 1위가 자살이고 노인 자살률은 53.3명에 달해 연령대 가장 높은 수준을 보이고 있어 우리 사회 정신 건강이 심각한 상황이라는 것을 보여주고 있다.[11)]

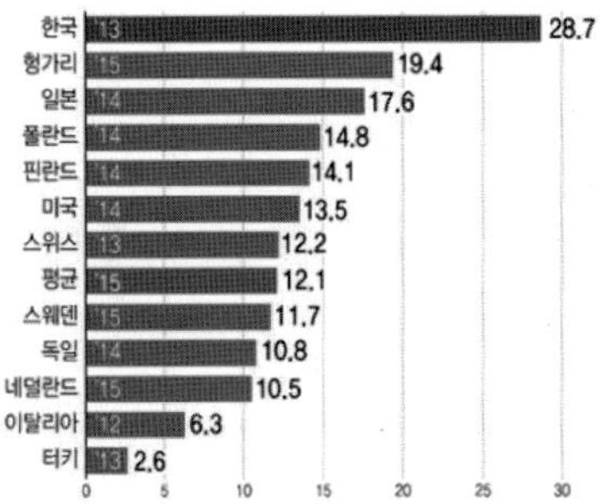

[그림 6] OECD 주요국 자살률

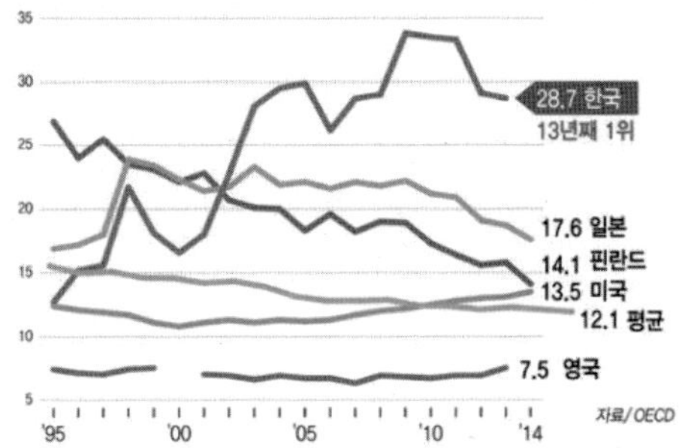

[그림 7] OECD 주요국 자살률 추이

10) 이인준(2017.4.12), "성인 4명중 1명 정신질환 경험…정신과 상담 고작 22%", 중앙일보 (우울증은 2주 이상 거의 매일 우울한 기분, 흥미상실, 식욕·수면 변화, 피로, 자살 생각 등으로 일상생활이나 직업상 곤란을 겪는 경우, 불안장애는 강박장애, 외상후스트레스 장애, 공황장애, 광장공포증, 사회공포증, 특정공포증, 범불안장애 등 다양한 형태의 비정상적이고 병적인 불안과 공포로 인하여 일상생활에 장애를 일으키는 정신장애를 의미한다.)

11) 서한기(2018.1.23), "하루 36명, 40분마다 1명 자살하는 나라…13년째 OECD 1위", 연합뉴스

우울증과 자살은 한병철이 그의 저서 『피로사회』(2012)에서 "시대마다 그 시대의 고유한 주요 질병이 있는데, 21세기를 지배하는 주요 질병은 생물학적인 것이 아닌 신경증이다"고 한 바와 같이, 이 시대의 대표적 정신병적 징후라고 할 수 있다.

이는 극심한 경쟁사회 구조, 성과 지향적 현실이라는 현대 사회의 속성에서 오는 필연적 현상이라 볼 수 있겠지만, 근본 원인은 어쩌면 자신의 존재가치를 확인하지 못한 데서 오는 문제, 그리고 하고 싶은 것은 못하고 하고 싶지 않은 것을 억지로 해야 하는 것과 같은 삶의 의미와 재미의 문제에 있는 것이 아닐까 생각된다. 사는 것이 의미있고 재미있다고 느끼는 사람이 우울증에 빠지거나 자살할 수는 없기 때문이다.

결국 우울증과 자살 문제 역시 본질적으로는 재미없는 삶의 문제와 긴밀히 관련되어 있다고 할 수 있다. 생리적 측면에서 우울증은 일명 '행복물질' 로 불리는 세로토닌이라는 뇌내 신경전달물질이 부족할 때 나타나는데[12] 삶에서의 재미의 부재가 결국 우울증으로 이어지는 것이라고 볼 수 있다.

정신 건강을 개선하는 방법은 정신 상담 등 사후적 치료가 가능하겠지만 더 좋은 것은 우울증, 자살이 발생하기 전에 선제적으로 더 즐거운 삶을 살 수 있도록 하는 것이란 점에서 우리 사회가 재미를 이해하고 재미있는 삶을 실천하는 일은 앞으로 더욱 중요하고 현명한 선택이 될 것이라 기대한다.

---

12) 다국적 제약회사 일라이 릴리는 우울증 환자들에게 신경전달물질인 '세로토닌'이 늘어나자 우울증세가 눈에 띄게 경감하는 것을 발견했다. 이 회사는 세로토닌의 농도를 높여주는 플루옥세틴 원료를 이용해 기적의 우울증 치료제 '프로작'을 출시했다(남종영, 2013. 5. 31). 뒤에서 '재미와 뇌' 절에서 다루겠지만 세로토닌은 재미를 느낄 때 뇌에서 분비되는 도파민을 제어하는 신경전달물질로 재미와 긴밀히 연관되어 있다.

2. 재미는 [　　　] 이(가) 아니다.

삶과 재미의 관계를 제대로 이해하기 위해서 우리는 무엇보다 재미에 대한 잘못된 편견과 오해를 불식시켜야 한다. 삶의 재미를 찾지 못하는 이유는 여러 가지가 있겠지만 무엇보다 재미를 잘못 이해하기 때문이다. 재미에 관한 잘못된 '상식' 에 대해 하나씩 짚어보도록 한다.

1) 재미는 '노는 것' 이 아니다.

재미에 관해 첫 번째로 다뤄야 할 왜곡된 생각은 바로 재미에 관한 부정적 편견이다. 대부분의 사람들은 재미를 즐기는 것은 '노는 것' 이고, '노는 것' 은 '나쁜 것' 이라고 생각한다. 생산적인 것을 미덕으로 여기는 자본주의 사회에서 노는 것은 소비적인 것으로서 비난받을 일로 보는 것이다. 또한 재미는 그저 어린 아이들의 전유물일 뿐, 성인이 되어서도 재미를 추구하는 것은 유치하다고 여기는 것이다.

다소 과장되게 표현했지만 많은 사람들은 은연중에 재미에 관한 부정적인 선입견을 갖고 있는 것이 사실이다. 이는 어쩌면 유년 시절부터 들어왔던 대부분의 동화나 우화들이 재미를 부정적으로 묘사하고 있는 것도 중요한 원인 중의 하나일 것이다. '개미와 베짱이', '거북이와 토끼', '흥부와 놀부' 와 같은 무수한 이야기 속에서 열심히 일하는 '개미', '거북이', '흥부' 는 좋은 것으로 표현되고 놀기만 하는 '베짱이', '토끼', '놀부' 는 나쁜 것으로 표현되었다. 더 심각한 것은 우리는 이 이야기들 속에서 일과 재미, 노동과 즐김은 결코 양립할 수 없는 이분법적이고 양자택일적인 것이라는 고정관념에 빠지게 되었다는 점이다. 이런 사고방식으로는 개미처럼 일하고 베짱이처럼 놀 줄 아는 '개짱이' 가 결코 나올 수 없게 만든다는 것이 문제라는 것이다. 지금의 시대는 개미처럼 열심히 일하지만 베짱이처럼 놀 줄 아는 융합적 인재를 필요로 한다.

'개미와 베짱이' 이야기는 사실상 산업화 시대의 대량 생산체제에 필요한 인간형을 배출하는 데 적합한 이야기이다. 지식과 창의성이 가치를 발휘하는 21세기의 '개미와 베짱이' 이야기 버전에서는 삶을 즐기고 재미를 추구하면서 살다가 어느 날 멋진 노래를 만들어 유튜브로 엄청난 인기를 얻고 수익을 올리는 베짱이가 성공하는 내용으로 바뀐다. 비근한 예로 '강남스타일' 의 싸이 사례나 방송 예능을 개그맨들이 대부분 장악하고 있는 사실은 결코 우연이 아니다. 이들의 공통점은 '재미있다' 는 사실이다.

재미를 부정적으로 바라보는 시각의 근저에는 또한 합리적 자본주의의 사상적 토대가 되었던 '프로테스탄티즘 윤리관' 이 자리잡고 있다. 합리적 자본주의의 기원과 관련하여 막스 베버Max Weber는 자신의 『프로테스탄티즘 윤리와 자본주의 정신』을 통해 일과 직업은 기독교적 소명召命에 따른 신성한 것으로 최선을 다해 이를 수행하여야 하며, 근면과 성실을 통해 합당하게 부를 축적할 의무가 있다고 보았다. "일하지 않는 자, 먹지도 말라"는 성경 구절에 이런 생각이 여실히 드러나 있다. 이와 같은 자본주의의 가치관이 일과 노동의 대척점에 있는 것으로서 재미와 놀이를 나쁜 것으로 인식하게 한 것이다.

그러나 재미는 단순히 '놀면서' 시간을 허비하는 소모적인 일이 아니다. 재미는 즐겁게 일할 수 있는 환경과 토대를 제공함으로써 더 나은 성과를 얻는 데 일조할 수 있는 긍정적 에너지이자 활력소이다. 또한 재미는 흐트러진 심신과 정서에 다시 질서를 잡아주고 의식과 인지적 능력을 최적화하고 극대화하는 촉진제이기 때문이다.

2) 재미는 '여가'가 아니다.

재미를 여가와 동의어로 인식하는 사고방식은 재미를 추구하는 활동은 일이 끝난 다음 남는 시간에 하는 것이라는 고정관념을 만든다. '여가餘暇'는 말 그대로 영어로는 'free time', '남는 시간'을 의미하는 것이기 때문이다. 재미와 일을 이분법적으로 구별하는 사고는 일과 재미가 분리되지 않고 혼재되는, 한 걸음 더 나아가서 재미가 일이 되는 요즘 시대의 변화와 부합하지 않는다.

이런 이해는 재미가 오로지 열심히 일한 보상으로서만 가치가 있을 뿐이라고 본다. 또한 재미를 추구하는 일을 부차적인 것으로 인식하게 만든다. 재미는 일보다 결코 우선적인 것이 될 수 없다고 믿는다. 일이 완성된 다음에라야 재미를 누릴 권리가 있다고 본다. 그러다 보니 일보다 먼저 재미를 즐김으로써 활력을 얻고 일을 더 효율적으로 수행할 수 있는 기회, 그리고 일을 더 재미있게 수행하는 방법적 변화를 줄 수 있는 발상의 기회마저 놓치게 된다.

재미를 여가로 보는 인식은 또한 재미는 '여유'가 있을 때 할 수 있는 사치품 정도로 이해하게 만든다. 재미는 시간 많고 돈많은 여유있는 사람들의 사치일 뿐이라고 생각하는 것이다. 재미는 어느 정도 시간적, 경제적 여유를 갖고 있어야 하는 것이 사실이다. 그러나 어릴 적 재미있게 놀 수 있었던 걸 생각하면 돈이나 여유가 많아야 재미를 즐길 수 있는 건 아니란 걸 알 수 있다. 현실을 너무 심각하게만 받아들이지 않고 아이처럼 단순하게 바라보는 여유로운 마음이 필요할 뿐이다.

재미에 관한 인생의 딜레마는 젊어서는 시간과 건강의 여유는 있는데 즐길 돈이 없어서 문제고, 늙어서는 시간적, 경제적 여유는 있는데 즐길 건강의 여유가 없어서 문제라는 점이다. 재미를 누릴 여유가 생길 때까지 기다려서는 결코 삶을 즐길 수 없다. 절대 빈곤, 절대 억압의 상태가 아닌 한, 재미를 위한 여유는 누구에게나 이미 허락되어 있다고 할 수 있다. 재미를 위한 여유를 만드는 건 각자의 몫이자 선택에 달려있다. 다만 과도한 근로시간으로 인한 절대적 여유 시간의 부족은 분명히 사회적 합의를 통해 조속히 해결해야 할 문제이다.

3) 재미는 '일회용'이 아니다.

재미에 관한 또 한 가지 선입견은 재미를 심심풀이 땅콩처럼 시간 때우기용이나 일회용 인스턴트로 인식하는 것이다. 또한 삶이 힘들거나 괴로울 때 재미를 순간적, 쾌락적 목적으로 즐기는 심리적 도피 수단으로 인식하는 것이다.

일반적으로 대부분의 사람들이 즐기는 재미 활동들은 TV시청, 인터넷 검색, 채팅, 음주 등 일시적인 기분전환을 위한 활동들이 대부분이란 것도 사실이다. 일상에서 즐기는 재미는 사실 그 정도로도 충분하고 그런 인스턴트적 관념이 잘못된 것이라고 할 수도 없다. 여기서 다만 지적하고 싶은 것은 재미의 범위는 본론에서 다루게 될 재미의 개념과 세부 영역 등 다양한 측면에서 지적한 바와 같이 일시적 기분전환에 한정되는 것이 아니고, 지속가능할 뿐만 아니라 고정되지 않고 성장하는 것을 포함한다는 점이다.

일시적 재미가 갖는 문제는 재미가 끝난 이후에 허무함을 남긴다는 것이다. 흥미진진한 영화를 보고난 후 느끼는 허무함이 좋은 예라고 할 수 있다. 영화가 재미있었음에도 불구하고 결과적으로 허무하게 느끼는 것은 영화는 어차피 가상의 세계에 불과하고 영화에서 돌아왔을 때 내 삶은 여전히 해결되지 않은 문제들을 안고 있기 때문이다.

만약 재미가 지속가능하다면 이런 허무함을 극복할 수 있을 것이다. 그런데 재미는 영원히 지속될 수는 없다는 한계를 또한 갖고 있다. 왜냐하면 처음에 재미있던 것도 익숙해지는 순간 더 새롭게 느낄 것이 없어지면서 그와 함께 재미도 사라지게 되기 때문이다. 그렇다면 어떻게 재미를 지속가능한 것으로 만들 수 있는가? 그것은 성장하는 재미, 재미의 성장과 확장을 통해서 가능하다.

배움의 재미에서 자세히 설명하겠지만, 재미가 성장하기 위해서는 자신의 숙련도와 난이도를 점차적으로 높여나가는 노력이 뒤따라야 한다. 또한 처음에는 아는 것에서 시작해 점차 이를 내재화하고 체화하여 실제로 그것을 적용하고 활용하는 단계로, 더 나아가 새로운 것을 창조하는 단계로 나아감으로써 재미가 성장할 수 있다. 이렇게 성장하는 재미야말로 단순히 재미로 끝나지 않고 우리의 삶을 고양할 뿐 아니라 풍요롭게 하며 재미를 창조적 에너지로 전환한다는 의미에서 진정한 재미라 할 수 있다. 성취가 아닌 성장을 위한 배움은 그 자체로 지속가능한 재미라 할 수 있고 '함께 성장하는 것' 을 목표로 하는 소통의 재미 역시 지속가능한 재미라 할 수 있을 것이다.

요컨대 지속가능한 재미를 추구하는 일은 이야기, 유머와 같은 수동적 재미에서 놀이, 게임과 같은 능동적 재미로 나아가고, 이는 다시 배움, 소통과 같은 목적지향적 재미로, 또 개별적 재미에서 다른 사람들과 함께 하는 재미로 확장되어야 한다.

4) 재미는 '미래형'이 아니다.

일과 재미를 분리하는 인식은 또한 재미를 미래형으로 보게 만든다. 이런 인식 하에서 많은 사람들은 오늘 열심히 일하면 언젠가는 재미를 누릴 날이 올 것이라 믿으며 '현재의 재미'를 희생한다. 만족지연능력이 성공과 직결된다는 믿음에 따라 오늘의 재미를 내일의 더 큰 만족을 위해 유보해야 한다는 생각으로 우리는 산다.

이런 일은 우리 사회에서 남녀노소 막론하고 비일비재하게 일어난다. 학생들이 자신의 전공 분야를 정할 때나 성인들이 자신의 직업을 선택할 때 이런 관점에 의존한다. 즉, 당장에는 자신이 좋아하거나 재미있어하는 일은 아니어도 세속적 성공의 관점에서 좋아 보이는 일을 선택하고, 그렇게 열심히 살면 언젠가는 그 보상으로 재미있게 살 날이 올 것이라 믿는 것이다.

이런 인식에 영향을 미치는 요인이 바로 '불안'이다. 불안은 분명 재미를 얻는 데 큰 징애요인임에 분명하다. 미래에 대한 불확실성이 현대인을 불안하게 만든다. 현대인의 불안은 어쩌면 운명적인 것과도 같아서 불가피한 것이라 할 수 있다. 불안을 초래하는 걱정에 관해 어니 젤린스키Ernie J. Zelinski는 그의 책 『느리게 사는 즐거움Don't Hurry, Be Happy』에서 이렇게 말한다.

"우리가 하는 걱정거리의 40%는 절대 일어나지 않을 사건들에 대한 것이고 30%는 이미 일어난 사건들, 22%는 사소한 사건들, 4%는 우리가 바꿀 수 없는 사건들에 대한 것들이다. 나머지 4%만이 우리가 대처할 수 있는 진짜 사건이다. 즉 96%의 걱정거리가 쓸데없는 것이다."

오늘 열심히 일한 댓가로 내일 재미있게 살 수 있을 거란 믿음에서 벗어나야 한다. 오늘 재미있게 살지 않으면 내일 재미있게 살 가능성은 더 낮아진다고 믿어야 한다. 그렇다고 재미가 최고라는 재미 지상주의적 태도로 살라는 얘기가 아니다.

재미를 추구한다는 것이 현실의 책임과 의무를 저버리라는 것을 의미하는 것이 아니다. 마땅히 해야 할 일보다 재미가 더 중요하다는 의미도 아니다.

여기서 말하는 재미라는 것은 사소한 것이라도 내가 좋아서 하는 것을 의미한다. 대부분의 사람들이 주변의 시선 때문에 자신이 좋아하는 것을 애써 외면하고 산다. 먼저 '해야 할 일'을 하고 나중에 '하고싶은 일'을 해야 한다고 생각한다. 재미가 삶의 문제에 있어서 정당히 다뤄져야 하는 부분이 바로 이 지점이다. 재미를 추구하는 데는 분명 주변의 시선, 현실의 무수한 장애에 굴하지 않고 자신이 좋아하는 것을 택할 용기를 필요로 한다. 재미가 치러야 할 댓가는 오로지 자신이 좋아하는 것을 택할 용기 뿐이다. 영화 <죽은 시인의 사회>에서 키팅 선생이 '현재를 즐겨라'고 한 '카르페 디엠Carpe diem'의 철학이 삶과 재미의 문제에 있어서도 여전히 유효하다.

마지막으로 다시 강조하건대, 미래에 대한 걱정 때문에 현재의 즐거움을 놓치지 말아야 한다. 재미는 미래에 즐기는 것이 아니라 '현재, 여기서' 즐기는 것이다.

3. 재미는 [　　　　] 이다.

재미는 잘못된 관념을 바로잡을 뿐 아니라 적극적인 관점에서 새롭게 인식되어야 한다. 재미는 단순히 '즐거운 기분' 의 표피적 의미만이 아니라 '삶을 대하는 태도' 의 의미를 내포하고 있다. 재미를 '태도' 로 받아들이면 재미 안에서 우리는 삶의 교훈을 발견할 수도 있다. 태도로서의 재미는 아래와 같은 중심적 의미를 담고 있다.

1) 재미는 '선택' Choice이다.

본질적으로 삶이 즐거울 수 있는 것은 '선택' 할 수 있기 때문이다. 누구나 가족을 제외하고는 어떤 제한도 없이 자유롭게 자신이 원하는 것을 선택할 수 있다. 만약 오늘 먹을 식사, 가야할 학교나 회사, 심지어 배우자를 다른 사람이 정해준다면 그 얼마나 괴로울 일일지 상상해보라. 아무리 재미있는 일이라도 내가 선택한 것이 아니라면 그 일은 결코 재미있을 수 없다. 나중에 재미 원리에서 설명하겠지만 재미의 첫 번째 선결 요건이 바로 '자기결정감' 에 있기 때문이다.

그런데 여기서 재미를 삶에 대한 태도라는 차원에서 강조하고 싶은 점은 네 가지이다. 즉, '선택'은 '자발적'인 것이어야 하고, '내적 동기'에 따른 것이어야 하며, '찾아나서야' 하고, '행동하는 것'이란 것이다.

첫째 '자발적'이어야 한다는 의미는 누가 시켜서 한 것이 아니라 스스로 결정한 것이라는 의미이다. 억지로 하는 것은 지속하는 힘이 부족하다. 스스로 하는 일은 아무리 힘든 것이라도 즐겁게 오랫동안 할 수 있게 하는 힘이 있다.

심지어 공부나 업무와 같이 의무로 할 수밖에 없는 환경 하에서도 자발성이 발휘될 기회는 여전히 있다. 일방적으로 부과되는 방식이 아니라 스스로 선택하게 하고, 통제와 관여의 여지를 넓혀줄수록 사람들은 더욱 더 자발적으로 일함으로써 재미있게 과업을 수행할 수 있게 된다.

둘째, '내적 동기'에 따른 것이어야 한다는 것은 보상이나 처벌과 같은 외적 동기가 아니라 단지 그것이 좋아서 선택하는 것이라는 의미이다. 이는 자신의 깊은 내면의 목소리에 귀를 기울이고, 자신의 속 깊은 느낌과 감정에 솔직해지는 것이기도 하다. 그것이 비난받을 일이 아닌 한, 어떤 댓가도 바라지 않고 과감히 자신의 선택을 믿어야 한다.

셋째, '찾아나서야' 한다는 것은 선택의 대상은 주어지는 것이 아니라 스스로 찾아야 하는 것이라는 의미이다. 대학에서 많은 학생들을 상담하게 되면 자신이 무엇을 좋아하고, 잘 하는지 모르겠다면서 자신의 진로방향에 대해 조언을 청하곤 한다. 청소년기에 대부분 학교나 부모님이 제시한 것을 따라가는 방식에 익숙해져 스스로 결정한 경험이 많지 않았을 학생들의 입장을 생각하면 이런 일이 이해가 되지 않는 건 아니다. 하지만 이것은 상당히 잘못되어 있다는 것만은 분명하다. 우리의 교육 환경이 얼마나 주객이 전도된 상황인지 확인할 수 있는 대목이다. 이것은 마치 망망대해에서 목적지를 정하지 않고 노를 젓고 있는 것과 다를 바 없다.

선택하기 위해선 먼저 선택의 대상을 찾아나서야 한다. 세상이 좋아져서 상품도 '맞춤형' 이란 말이 유행처럼 되긴 했지만, 하다 못해 공산품 하나 사려고 해도 열심히 찾아보지 않으면 내게 꼭 맞는 상품을 정할 수가 없는 법이다. 하물며 자신의 진로와 직업과 회사는 오죽할까.

'찾아나서는' 간단한 방법은 자신의 사소한 관심이나 호기심에서 출발해 보는 것이다. 그 주변에서 일단 어떤 일이 벌어지고 있는지를 다양한 매체와 사람들을 통해서 알아보는 데서 시작한다. 그런 다음 그것을 직접 경험해보는 것이다. 거기서 더 알고 싶어지면 자연스럽게 한 발짝씩 더 들어가 보는 것이다. 관련된 책도 찾아 읽어보고, 신문도 읽어보고, 인터넷도 뒤져보고, 경험자들을 만나보고, 일정 기간 관심영역에 대해 알아가고 꾸준히 경험해보는 것이다. 이것이 최소한의 찾아나서는 방법이다.

넷째, '행동하는 것' 이란 것은 마음 속 선택에 머물지 말고 이를 실행에 옮겨야 한다는 의미이다. 우리 삶의 대부분의 문제는 깊이 생각하지 않고 행동하거나, 생각만 하고 행동하지 않는 데 있다. 살면서 무수한 선택의 기회가 주어져도 선택을 회피하거나, 남의 선택을 무비판적으로 따라가는 현실이 문제라 할 수 있다.

내가 무엇을 좋아하는지, 무엇을 재미있어 하는지, '타고난 나' 는 '남들이 바라보는 나' 와 어떻게 다른 존재인지 열심히 '생각' 하고 찾아봐야 한다. 그런 다음 생각으로만 머물지 말고 그것을 행동으로 실천해 봄으로써 생각과 행동을 일치시키면 되는 것이다.

2) 재미는 '변화' Change이다.

변화는 재미의 내적 속성이다. 변화하지 않는 것은 결코 재미있을 수 없다. 재미는 뻔하고, 진부하고, 구태의연하고, 단조롭고, 익숙한 것들의 반대편에 있다.

놀이와 게임에는 승패가 있고, 이야기와 유머에는 기승전결과 반전이 있으며, 배움에는 새로운 발견이 있고 소통에는 상호작용이 있는데, 이 모든 것들의 재미의 원천은 공통적으로 생생한 변화에 있다.

매일 똑같은 것을 먹어야 하고, 매일 똑같은 옷을 입어야 하고, 매일 똑같은 사람을 만나야 하고, 매일 똑같은 뉴스를 들어야 한다면 그것보다 지루한 일은 없을 것이다. 재미는 변화를 추구하고, 심지어 변화하는 것을 즐긴다. 쭉 뻗은 고속도로보다 구불구불한 국도에서의 운전이 더 재미있는 것도 같은 이유이다. 재미의 원리에 따르면 전개가 변화무쌍하고 결과를 예측하기 어려우며 기대를 깨는 반전이 있어야 재미있다.

그런 의미에서 재미는 또한 단조로운 것과 익숙한 것을 배격하고 이전과는 다른 새로운 것을 원한다. 단조로움에서 벗어나는 아주 쉬운 방법은 단순히 익숙한 습관에서 벗어나 새로운 시도를 해보는 것이다. 평소 안 쓰는 손으로 칫솔질을 해보거나, 다니지 않던 길로 출근을 해보거나, 새로운 식당을 개척해보거나, 평소 잘 듣지 않던 장르의 음악이나 영화를 경험해보는 것이다. 단순히 습관을 바꿔보는 것만으로 우리는 일상에서 변화의 재미를 체험할 수 있다.

변화가 추구하는 새로움의 발견은 완전히 새로운 대상을 경험하는 것에 국한되지 않는다. 이미 존재하는 것에 대한 낯설게 하기, 익숙한 것에 대한 관점의 전환을 통해서도 이것은 가능하다. 독일의 극작가 브레히트Bertolt Brecht가 예술의 본질을 설명하면서 제시한 '낯설게 하기'의 개념은 익숙한 일상 속에서 겉으로 드러나지 않은 숨은 의미를 재발견함으로써 재미를 찾는 유용한 방법이 될 수 있다. 이와 더불어 관점의 전환은 낯설게 하기와 같은 맥락으로 인식의 변화를 가져옴으로써 새로운 재미를 발견할 기회를 제공한다.

낯설게 하기와 관점의 전환이 재미를 재발견하는 방법이 될 수 있다는 것은 여행을 해본 사람은 쉽게 이해할 수 있다. 동일한 여행지에서 가는 길의 방향만 바

꿨을 뿐인데 마치 전혀 다른 곳에 온 것 같은 경험을 한 적이 있을 것이다. 이런 경우가 바로 낯설게 하기와 관점의 전환에 의한 재미의 재발견이라 할 수 있는 것이다.

세상이 재미있는 것은 변화가 있기 때문이다. 세상에 변하지 않는 것은 아무 것도 없다. 변하지 않은 단 하나는, 바로 '이 세상 모든 것은 변한다' 는 사실뿐이다. 그런데 대부분의 사람들은 변화를 즐거운 것으로 받아들이기보다 두려운 것으로 받아들인다. 많은 사람들은 변화보다 안정을 추구한다. 변화는 위험하고 안정은 안전하다고 믿기 때문이다. 또한 세상의 변화는 나의 변화도 함께 요구하기 때문이다. 그러나 여기서 안정에 대해 알아야 할 사실은, 안정은 현상유지를 할 수는 있어도 발전은 없다는 것이다. 또한 안정은 평화로울 순 있어도 재미는 없다는 사실이다.

변화는 살아있는 것에 대한 증거이자 증명이다. 살아있는 모든 것은 변화한다. 그러므로 변화를 추구하는 것은 자신의 살아있음을 확인하는 길이다. 변화는 두려움의 대상이 아니라 즐김의 대상이다. 변화를 두려워하는 사람은 결코 재미를 즐길 수 없다. 재미를 추구하는 사람은 변화를 추구하고, 변화를 즐기는 사람이다. 끊임없이 변화하는 세상에서 변화의 파도를 두려워말고 그 위에 올라서서 파도타기를 즐기는 법을 배워야 한다. 그런 점에서 재미는 새로움과 변화를 추구하는 태도이다. 이것이 재미의 태도가 우리에게 시사하는 변화의 교훈이다.

3) 재미는 '과정' Course이다.

재미는 '결과' 에 초점을 맞추지 않고 대상을 경험하는 '과정' 을 즐긴다. '결과' 에 초점을 맞추는 순간 재미를 느끼는 것은 불가능하게 된다. 재미의 영역에서는 성공과 실패, 이기고 지는 것이 중요한 것이 아니다. 성공하거나 이겼다고 해서 재미있고, 실패하거나 졌다고 해서 재미가 없는 것이 아니다. 재미에도 성과지향적인 일에서처럼 경쟁이 있지만, 재미에서의 경쟁은 단지 결과를 예측할 수 없는 데서 오는 긴장과 반전의 재미를 제공하기 위한 보조 장치에 불과할 뿐이다.

재미의 영역에서는 실패하고 지는 것도 재미있는 것은 얼마든지 다시 도전할 수 있기 때문이다. 공부나 일이 재미가 없는 이유는 실패의 기회가 허락되지 않기 때문이다. 우리 교육과 업무 환경이 실패를 용인하고, 결과가 아닌 과정, 성과가 아닌 성장에 초점을 맞추는 환경으로 변화된다면, 공부나 일도 얼마든지 재미있는 일이 될 수가 있을 것이다.

삶은 행복해야 한다는 말에 동의하지 않는 사람은 아무도 없을 것이다. 왜 사느냐고 물으면 대부분 행복하기 위해서라고 대답한다. 그런데 행복하기 위해서 어떻게 사느냐고 물어보면 성공적인 삶을 위해 최선을 다해 열심히 살 뿐이라고 다들 얘기한다. 마치 자신이 정한 목표인 성공을 이루면 행복을 이룰 수 있을 것처럼.

그러나 이미 많은 인생의 선배들은 행복과 성공은 별개의 것이라고 조언한다. 성공과 성취가 행복을 보장해주지는 않는다는 것이다. 그런데 여기서 이보다 더 심각한 문제는 성공한 결과를 확인할 수 있을 때까지는 결코 행복하다는 사실도 확인할 수 없다는 사실이다. 성취 목표와 행복을 결부시키는 이런 사고는 결코 자신의 삶과 과정을 즐길 수 없게 만든다. 우리는 대부분 결과지향적인 삶에 초점을 맞추고 산다. 그리고 결과가 좋으면 모든 것이 좋을 것이라고 가정한다. 여기서 재미는 우리에게 '결과'의 신기루를 쫓는 대신 '과정'을 즐기라고 가르친다.

4) 재미는 '일상' Common life이다.

재미는 멀리서 찾을 수 있는 것이 아니라 삶의 터전과 일상에서 찾을 수 있는 것이다. 많은 사람들은 재미하면 뭔가 대단한 것, 열광적인 것, 흥분시키는 것을 떠올린다. 재미는 뭔가 일상에서 벗어난 특별한 것이어야 한다는 환상 같은 것을 갖고 있는 것이다. 재미는 철저히 현실이나 일상과 구별되는 것이어야 한다는 생각 때문에 일상을 벗어나지 않으면 결코 재미를 찾을 수 없을 것이라 생각한다. 사람들이 여행을 가장 동경하는 재미 활동으로 꼽는 것도 어쩌면 그 때문일 것이다. 현대인들이 떠나는 삶, 노마드Nomad의 삶을 동경하는 것도 같은 이유일 것이다.

재미는 열광적인 것만이 아니고, 현실과 분리된 어떤 것이 아니다. 재미는 현재 일상이 존재하는 삶의 터전에서도 얼마든지 찾을 수 있다. 일상에서 발견할 수 있는 재미의 종류는 셀 수 없을 정도로 무궁무진하다. 작은 예로 혼자 밥 먹기 싫은 사람끼리 같이 식사하기 위해 모이는 '소셜 다이닝Socilal Dining'[13] 하나만 해도 재미를 경험할 수 있다. 모든 장소, 모든 사람, 모든 사물이 재미의 대상이 될 수 있다. 일상에서 새로운 시도를 해볼 마음의 준비만 되어 있다면 우리는 언제, 어디서든, 어떤 것에서라도 재미를 발견할 수 있다. 필요한 것은 다만 재미를 추구하는 우리의 의지와 상상력이다.[14]

---

13) 혼자 밥 먹기 싫은 사람끼리 같이 식사하자며 SNS와 인터넷을 통해 만나는 식사 모임을 말하는 것으로 '집밥www.zipbob.net'이 대표적이다. 공통의 관심사를 중심으로 모이는 모임이 수백개에 이른다(SBS 뉴스, 2013. 3. 9., "식탁 위서 관심사 공유하는 '소셜 다이닝'")

재미는 수동적으로 기다리면 자연적으로 얻게 되는 것이 아니라 적극적으로 추구하고 획득해야 하는 것이다. 재미에 관한 한, 우린 너무 수동적인 것에 길들여져 있다. 삶에 지쳐 있다는 핑계로 주중에 재미를 생각하는 것은 상상도 할 수 없는 일이라 생각하고, 주말은 그저 TV 앞을 지키거나 휴식을 취하는 시간이 되어야 한다고 여긴다. 고작해야 영화관에 가거나 쇼핑으로 눈을 즐겁게 하는 데만 익숙하다.

이와 같은 재미는 대부분 일회적인 것일 뿐만 아니라 그걸 하는 시간 동안은 잠시 즐겁지만 그것이 끝나는 순간 허무해지는 치명적 결함이 있다는 것이 문제이다. 지금부터 일상 속에서 자신만의 재미를 적극적으로 찾아나서야 한다[15]. 백세 시대가 된 오늘날, 노는 법, 삶을 즐기는 법, 재미를 누리는 법을 배우지 못하면 은퇴가 곧 재앙이 될 수도 있기 때문이다.

---

14) 일상에서의 도전을 통한 재미 사례로 맷 커츠Mat Cutts의 '30일 동안 새로운 것 도전하기'를 들 수 있다. 그는 '작지만 지속적인 변화들small, but sustainable changes'을 위해 삶에서 '더할 것'과 '뺄 것'을 정하고 이를 30일 동안 실천했다. '더할 것'은 '자전거 출근', '하루 만보 걷기', '하루 한 장 사진 찍기', '소설 한권 쓰기'였고, '뺄 것'은 'TV, 설탕, 트위터, 카페인'이었다. 그는 이를 통해 좋은 기억과 자신감을 얻었다고 고백한다(출처 : http://www.ted.com).

15) 맷 커츠의 '30일 동안 새로운 것 도전하기'를 재미 관점에서 같은 방식으로 실천해 볼 수 있다. 다만 실천 목적을 너무 심각하게 생각하지 말고 매일 하루 중 적은 시간이라도 '내가 좋아하는 활동'을 함으로써 자신에게 즐거울 기회를 주고 재미있는 삶을 연습해보는 데 초점을 맞추면 된다. 자신이 어떤 것을 하고있을 때 즐거운가를 활동 중심으로 열거해본 다음 평소 하던 행동 중 재미없는 것은 '빼고', 하지 않던 행동 중 본인이 재미있어하는 행동은 '더하는' 방식으로 세 가지 항목을 각각 선정하면 된다. 수행 활동을 정할 때 다음의 조건을 고려하면 좋겠다. 수행 목적은 '일상에 변화주기', '자신에 대한 고정관념 깨기', '재미있는 삶 연습하기'에 있다. 수행 기준은 '과업(목표) 달성하기가 아닌 활동 자체가 목적'('결과보다 과정에 초점을 맞출 것'), '일회성이 아니고 지속적으로 실행할 것, '매일 실천할 수 있는 일상적 행동일 것'.

생각해 볼 문제

1. 한국인들이 행복을 갈망하지만 역설적으로 행복도는 낮은 이유는 무엇인가?
2. 다가올 인공지능 시대에 인간의 역할과 재미의 의미는 무엇인가?

I
재미란 무엇인가?

1. 재미가 필요한 이유
2. 재미의 개념과 범위
3. 분야별 재미의 이해
4. 재미 정의와 유사 개념

1. 재미가 필요한 이유

재미를 상식적인 수준에서 간단히 설명하자면 '즐겁고 흥겨운 기분' 이라고 정의할 수 있을 것이다. 그러나 사실 재미라는 손에 잡히지 않는 추상적인 관념을 설명하는 것은 그리 쉬운 일이 아니다. 재미를 설명하는 일은 단순히 재미 활동이 무엇인지 열거하고 유형들을 구분하고 그 속성들을 파악하는 정도의 것으로 충분하지 않다. 핵심적으로 더 중요한 것은 재미가 어떤 내적 구조와 작동 원리를 갖고 있느냐를 이해하는 데 있다. 그래야 재미를 이해하는 데서 한 걸음 나아가 재미를 다양한 인간 삶의 현장에서 창조적 도구로 적용하고 활용하는 데 이를 수 있기 때문이다. 따라서 재미의 내적 원리를 이해하는 것이야말로 재미에 관한 본질적인 이해라고 할 수 있을 것이다. 이를 위해서는 다양하고 입체적인 접근 방법이 요구된다.

재미는 대상이나 활동이 갖고 있는 내적 요소일 뿐 아니라 그에 대한 주체의 주관적인 심리 반응이란 외적 측면이 있다. 따라서 재미를 이해하는 데는 우선 두 가지 접근방법을 생각해 볼 수 있겠다. 하나는 재미란 것과 관련된 대상들과 그 대상들의 특징들을 직접적으로 관찰하는 것이고, 다른 하나는 재미를 추구하는 사람과 사람의 행동을 관찰함으로써 간접적으로 재미를 이해하는 방법이 있을 것이다. 즉, 재미 대상을 관찰하는 것과 재미 주체를 관찰하는 것이다.

두 가지 모두 재미를 설명하는 유효한 접근 방법이라고 하겠지만 재미의 핵심 개념을 정의하고 이를 이해하는 데는 재미의 뿌리를 캐는 좀 더 근원적인 접근이 필요하다. 재미는 그 자체로써 독립적으로 설명될 수 있는 것이 아니라 사람과의 관계 속에서 존재 가치가 나타나는 것이기 때문이다. 그런 점에서 재미를 느끼는 주체인 사람은 어떤 존재이며 왜 재미를 추구하는가라는 본질적인 질문에서 출발하는 것이 재미 개념을 이해하는 데 좀 더 유용할 것으로 보인다. 반면 객체적 관점에서 재미의 대상을 관찰하는 접근 방법은 재미가 갖고 있는 속성과 특징들을 이해하는데 매우 유용할 것이다. 따라서 본서는 먼저 주체의 관점에서 사람은 왜 재미를 추구하는가를 탐구한 다음, 객체의 관점에서 어떤 것들을 과연 재미라고 할 수 있으며 그것들은 어떤 속성을 갖고 있는가 하는 물음에 답해가고자 한다.

사람은 왜 재미를 추구하는가를 이해하기 위해선 우선 사람이 어떤 존재이며 어떤 욕구를 갖고 있는지를 아는 것이 선행되어야 한다. 사람의 욕구를 설명하는 이론에는 대중적으로 많이 알려진 바와 같이 매슬로우Maslow의 '욕구위계설'을 들 수 있다.

매슬로우에 따르면 사람의 욕구는 생리적 욕구, 안전 욕구, 소속감과 사랑의 욕구, 존경 욕구 그리고 자아실현 욕구가 단계를 이루고 있어서, 각 욕구는 하위 단계의 욕구들이 어느 정도 충족되었을 때 비로소 다음 단계의 욕구가 생긴다고 한다. 후에 그는 이론의 한계를 발견하고 존경 욕구 다음에 지적 욕구와 심미적 욕구를 추가하여 7단계 욕구설을 완성하였다.[16]

16) 결핍되었을 때 그것을 충족시키기 위한 욕구인 생리적 욕구, 안전 욕구, 소속감과 사랑 욕구 그리고 존경 욕구의 4가지 욕구를 결핍욕구라고 하였으며, 충족하지 않아도 살아가는 데 별로 문제가 없지만 자신의 존재 의미를 돋보일 수 있을 뿐 아니라 사회발전에도 기여할 수 있는 욕구인 지적 욕구, 심미적 욕구, 자아실현 욕구를 존재 욕구(성장 욕구)라

매슬로우의 7가지 욕구 중에는 우리가 지금 이해하고자 하는 재미를 추구하는 욕구를 설명할 수 있는 것은 마땅히 보이지 보인다. 굳이 들자면 지적 욕구와 심미적 욕구 정도가 재미와 관련있는 욕구라고 할 수 있겠다. 지식을 습득하고자 하는 욕구와 아름다움을 추구하는 욕구는 물론 재미있게 만드는 요소들이 없다고 할 수는 없겠지만 여전히 사람이 재미를 추구하고자 하는 행동을 설명하는 데는 부족하다고 하겠다.

그렇다면 인간에게 이상의 욕구 외에 재미 욕구를 별개의 욕구로 볼 수 있을까? 그 존재를 인정한다 하더라도 과연 그것이 매슬로우가 제시한 7가지 욕구와 대등한 정도로 인간 존재를 설명하는 중요한 욕구라고 말할 수 있을까? 인간이 살아가는데 재미가 필수적인 것인지를 이해하기 위해서 스스로 모든 필요를 해결해야 하는 원시의 상황을 가정해 보자. 당신이 어느 날 무인도에 들어가야 한다면 당신은 무엇을 가져가겠는가?

매슬로우의 설명대로 당신은 무엇보다 먼저 성냥, 라이터, 칼, 손전등, 침낭, 의약품 등 생존에 필요한 도구들을 먼저 챙길 것이다. 이 정도면 무인도에서 최소한도로 생존과 안전에 필요한 의식주 문제는 해결할 수 있을 것이다. 그런 다음엔 무엇이 필요할까. 매슬로우의 이론대로라면 그 다음에는 소속감과 사랑의 욕구, 존경 욕구, 지적 욕구, 심미적 욕구, 자아실현 욕구를 충족시킬 준비물들이 필요할 것이다. 그러나 사실상 아무도 없는 무인도에서 사회적 존재인 인간의 욕구를 설명하는 데만 의미가 있는 이런 욕구들을 위해 뭔가를 준비한다는 것 자체가 오히려 사치에 불과할 것이다. 굳이 준비한다면 일상을 기록할 필기구 정도가 자아실현 욕구를 충족하기 위해 필요한 최소한의 준비물이 될 것이다.

그렇다면 당신은 이것으로 충분하다고 생각하는가? 결코 그렇지 않다는 것을

고 구분하였다. 결핍욕구는 일단 만족되면, 그것을 달성하려는 동기가 감소하게 된다. 그러나 존재 욕구는 충족되면 충족될수록 더 높은 성취를 위해 증가한다.

금세 이해할 것이다. 인간은 의식주가 해결된다고 만족하지 않는다. 더욱이 혼자인 상태라면 사람은 생존의 문제가 해결되고 난 후 새털같이 많은 시간들을 어떻게 보낼 지를 고민하게 될 것이다. 그 지루하고 무료한 시간들을 어떻게 '재미' 있게 지낼 수 있을지 생각하게 될 것이다. 만약 이 사람에게 생존 도구 외에 한 가지만 추가로 더 가져갈 수 있게 해주겠다고 하면 그는 의심의 여지 없이 TV나 스마트폰 같은 오락거리를 선택하지 않을까. 간단한 발전장치만 있으면 적어도 끊임없이 '재미' 를 공급받을 수 있을테니까.

이렇듯 사람이 살아가는 데 재미는 필수불가결의 것이란 것을 입증해주는 재미있는 실제 사례가 있어 이를 소개한다. EBS는 <다큐프라임 '링크'>에서 지원자 네 사람을 대상으로 120시간(약 5박 6일) 고립 실험[17] 을 방송으로 제작한 적이 있다. 원래 방송의 취지는 관계와 소통의 단절이었지만 책, 음악, 필기도구, 스마트폰 등 일체의 '흥밋거리들' 도 차단한 상태에서 지내야 한다는 것이 부수적인 조건이었다.

방송은 단절된 공간에서 혼자 아무런 흥밋거리도 없이 120시간을 보내는 사람들의 반응과 행동을 촬영하여 보여줬다. 결국 넷 중 두 사람은 60시간 남짓 지나 중도 포기 의사를 밝히고 나갔고, 남아있던 두 사람도 처음에는 잠을 자거나 노래를 부르거나 하는 등 적응 노력을 보였으나 그리 오래지 않아 혼잣말을 하거나 심하면 벽을 치는 등 이상 행동을 보였다. 이 실험의 결과만으로 인간에게 재미가 필수적인 것이라고 결론내릴 수는 없다. 다만 흥밋거리를 제거한 상태에서 사람은 오랜 시간을 버틸 수 없다는 사실에서 이를 추측할 수 있을 뿐이다. 만약 이 실험을 재미가 인간에게 얼마나 중요한지를 확인하고자 하는 목적에 초점을 맞

---

17) 총 3부작으로 구성된 EBS <다큐프라임 '링크'> 1부, '호모 딕티우스의 탄생' 에서는 아주대학교 심리학과와 공동연구로 진행된 120시간의 소통 단절 실험을 통해, 우리가 관계를 맺고 소통을 하며 살아갈 수밖에 없는 이유를 조명하고자 했다.

줬다면 어땠을까? 흥밋거리를 넣어준 집단과 그렇지 않은 집단으로 나눠 비교 실험했다면 결과가 달라지지 않았을까? 그래서 두 집단 간에 차이가 나타나 흥밋거리가 제공된 집단이 고립을 견디고 그렇지 못한 집단이 고립을 견디지 못한 결과가 나타났다면 확실히 인간에게 재미가 필요하다고 말할 수 있을 것이다. 이렇게까지 실험을 해보진 않았지만 쉽게 실험 결과를 상상해보더라도 분명 책, 신문, TV, 영화 같은 재밋거리를 넣어준 집단은 고립 상황이었다 하더라도 이를 충분히 견뎌낼 수 있었을 것이라 상상해 볼 수 있다.

아직도 재미가 인간에게 필수 요소란 점에 의심이 된다면 한 가지 예를 더 들어볼 수 있다. 유사한 경우는 아니지만 인간과 재미의 관계를 생각해볼 수 있는 좋은 예는 바로 감옥이다. 감옥에 있는 죄수들은 어쩔 수 없이 갇힌 신세이긴 하지만 이를 받아들이고 수형 기간이 끝날 때까지 잘 견뎌나간다. 이들에겐 최소한의 인권 차원에서 일정한 시간의 휴식과 독서, TV시청 같은 것이 허용된다. 감옥 생활 중 폭행 등 불미스런 일이 발생하면 이들에게 독방행의 처벌이 내려지는데 이건 죄수들이 가장 두려워하는 벌이다. 왜냐하면 그곳에선 잠을 자거나 밥을 먹는 자유 외에 일체의 오락이 금지된다. 이들에게도 '재미없는' 시간 보내기는 끔찍한 일이자 공포스럽기까지 한 일이란 걸 잘 알기 때문이다.

두 가지 사례에서 보는 것처럼 사람은 매슬로우가 제시한 7가지 결핍과 성장의 욕구 외에도 '재미'를 추구하는 본성을 태생적으로 갖고 있다는 사실을 확인할 수 있다. 사람의 본성에 관해 성경에서도 '사람이 떡으로만 살 수 없다'고 했다. 이 말은 물론 사람이 물질적인 것만이 아닌 정신적인 존재라는 점을 강조한 것이지만 그렇다면 그 정신적인 것의 중심엔 반드시 '재미'를 포함시켜야 한다고 본다. 만약 사람들에게 '재미없는 천국'과 '재미있는 지옥[18]' 중에서 선택하라고

---

18) '재미없는 천국'과 '재미있는 지옥'은 캐나다, 호주같은 서구사회로 이민간 한국 사람들에게 저녁만 되면 거리가 한산해져 놀거리가 별로 없는 서구사회와 어디서든 밤문화가

한다면 어느 쪽을 택할까? 이 질문은 지나치게 극단적인 선택 상황을 제시한 것이라서 답하기 매우 어려울 것이다. 선택이 당혹스럽고 어려운 것은 재미없는 천국을 택하자니 그것이 설사 천국이라도 재미가 없는 곳에서 무엇으로 불사의 시간을 보낼 지가 막막해서 일테고, 재미있는 지옥을 택하자니 그것이 아무리 지옥이라도 재미있다는 데 끌리는 것 때문이 아닐까? 이 질문은 인간 삶에 있어서 재미가 얼마나 필요한 것인지를 이해하게 하기 위해 상황을 극도로 단순화시킨 것이지만 분명히 재미에 관해 우리에게 시사하는 의미는 크다고 할 수 있다. 자 이제 당신이라면 어느 쪽을 택하겠는가?

1) 재미 추구 배경

인간에게 재미가 필요한 이유를 어느 정도 이해했다면 이제 과거엔 재미가 그다지 중요하다고 인식되지 않던 것이 왜 현대에 와서 이렇게 재미가 두드러지게 인식되기 시작했는가를 살펴볼 차례다. 설명한 바와 같이 사실상 재미는 인간의 타고난 본능적 욕구라고 할 수 있어서 인간 문명이 시작된 이래로 어느 시대, 어느 곳을 막론하고 재미를 추구하는 삶은 존재해왔다고 할 수 있다.

그러나 재미가 이렇듯 인간 삶의 전면으로 떠오른 것은 그리 오래된 일이 아니다. 재미가 일부 계층이 아닌 모든 사람이 추구할 수 있는 것이 되고, 재미와는 원래 상관이 없던 영역에서조차 재미가 중요하다고 인식하게 된 것은 역사적으로는 전근대적 계급의 속박에서 벗어나 모든 인간이 평등하게 자유를 누릴 수 있게 된

발달해 놀거리가 많은 한국사회, 하지만 룸싸롱, 노래방 등 말초적 재미를 추구하는 한국의 놀이문화를 자조적으로 대비하면서 관용어로 사용되기도 한다. 동명의 도서도 있다(권지관, 2001).

이후라고 할 수 있다. 근대 시민사회가 성립되기 전까지 봉건적 계급 사회에서 재미는 향락의 기회가 주어진 일부 상위 계층에게만 허락되는 특권적 혜택이었다.

그리고 실질적인 전환은 산업혁명으로 나타난 생산성의 획기적 향상이 사람들에게 '물질적 풍요'와 '시간적 여유'를 제공한 데서 시작되었다고 할 수 있다. 결과적으로 사람들이 일과 삶의 균형, 재미를 추구하는 삶의 중요성을 인식하기 시작하면서 재미가 인류 문명사에서 중요한 화두로 떠오르게 된 것이다. 이를테면, 재미는 20세기에 새롭게 의미가 부여되며 사회적으로 구성된 개념이라고 할 수 있다. 인간 삶에서 재미가 이렇게 중요한 요소로 인식되게 된 것은 요약하면 정치, 사회, 문화적 변화와 기술의 발전, 삶의 양식의 변화, 그로 인한 인식의 변화 등이 종합적으로 작용한 결과라고 하겠다. 재미의 중요성을 인식하게 된 데 영향을 미친 주된 요소는 크게 다음과 같은 네 가지 변화로 압축할 수 있겠다.

① 시대적 전환

인간의 가치관과 의식의 전환은 삶의 방식의 변화에서 초래되기 쉽다. 물론 개인적 차원에서는 어떤 내적 깨달음에 의한 정신적 변화가 삶의 방식을 바꾸기도 하지만, 시대를 아우르는 사회적 변화는 대개 물리적 환경 변화가 의식의 변화를 이끄는 경우가 많다. 이와 같은 삶의 양식의 변화는 또한 삶을 둘러싼 다양한 환경적 요인들의 변화로 기인된다. 재미가 인간의 삶에 중요한 것으로 인식되기 시작한 것은 삶의 양식이 이전과는 확연하게 구분되는 형태로 바뀌고, 삶의 근간이 되는 정치 체제, 경제 구조, 생산 · 소비방식 등 근본적인 사회 구조 변화가 나타나면서다. 이와 같이 사고의 변화, 삶의 양식의 변화, 사회 구조 변화가 서로 유기적으로 영향을 주고받으며 나타나는 포괄적인 현상을 시대적 전환이라고 할 수 있다. 재미에 대한 인식의 변화는 이와 같이 시대적 전환의 산물이다. 이러한 변화에 영향을 끼친 가장 중요한 시대적 전환은 바로 산업혁명에 있다.

산업혁명은 노동력에만 의존한 기존의 생산 방식을 혁명적으로 바꿔놓았다. 19세기까지 인간이 쓰는 에너지의 99%는 노동에서 나왔다. 사람들은 곡괭이 같은 원시적인 연장을 사용하여 땅을 팠으며 기껏해야 소나 말을 사용하여 밭을 갈고 물건을 운반했다. 비교적 복잡한 기계였던 물레방아도 사람이 작동시켜서 에너지를 공급하는 기계였다. 그러나 증기기관과 같은 동력의 발명은 생산 방식을 획기적으로 바꿈으로써 노동에 의존하는 삶의 방식에 근본적인 변화를 야기시켰다(최혜실, 2006). 그 결과 노동에서 해방된 인간은 여분의 시간을 활용할 수 있는 기회를 얻게 되었고 이로써 재미를 추구하는 삶의 가능성을 엿볼 수 있게 된 것이다.

이와 같이 재미의 인식 변화를 초래한 구조적 변화는 무엇보다 일과 여가의 관계를 어떻게 이해하는가 하는 문제와 밀접히 관련되어 있다. 산업혁명이 재미의 인식과 관련하여 초래한 변화가 바로 이 일과 여가의 관계에 대한 인식의 변화다. 인간의 삶에 있어서 일과 여가는 원래 따로 분리되는 것이 아니었다. 원시 농경사회의 주된 생존수단인 수렵 채집활동이나 농작물 재배는 일인 동시에 놀이적 속성을 함께 갖고 있었다. 일하다가 놀고, 또 놀다가 일하고, 경우에 따라선 일이 놀이가 되는 삶의 방식 하에서 일과 여가를 구분하는 것은 가능하지도 않을뿐더러 불필요한 일이었다. 이렇듯 노동과 여가, 일과 재미는 원래부터 구분되는 개념은 아니었다. 산업혁명은 출퇴근으로 일의 시작과 끝이 명확하게 구분되는 업무 환경을 제공하면서 사람들은 일과 여가가 분리된 근대적 노동관을 갖게 되었다.[19] 일과 여가가 분리되었다는 사실은 노동의 해방으로 인한 재미있는 삶의 기

---

19) 산업사회 이전에는 일하는 장소와 가정, 일과 놀이를 분리하지 않았으나 산업시대에 자본집약적인 생산체제가 구축됨에 따라 효율적 근로를 위해 회사나 공장에 모여 근무를 하게 되면서 일터와 가정이 분리되고 이로 인해 일과 여가가 분리되는 결과를 초래하게 되었다(권기덕, 2010).

회란 관점에서 보면 분명 긍정적으로 받아들일 여지가 있다. 그러나 본질적인 문제는 그것이 재미가 인간의 본능적 요구를 충족하기 위해 어떤 상황에서도 추구할 수 있는 자연스런 삶의 행위가 아니라 일에서는 추구할 수 없는 가치, 일과 구분되는 특별한 활동, 일에 반대되는 개념으로서 일에 봉사한 댓가로 누리는 보상의 의미로 받아들이게 함으로써 재미를 일상과 단절시킨다는 것이다. 재미는 오로지 일과 구분된 여가를 통해서만 획득할 수 있는 것이고 성과 목표나 의무와 관련된 일에서는 획득하기 어려운 것이라고 인식하게 된 것이 문제란 것이다.

다른 관점에서 산업혁명은 반대로 인간을 노동으로부터 해방한 것이 아니라 더욱 더 노동에 종속되는 결과를 초래했다. 근대 시민혁명으로 획득한 자유와 산업혁명으로 얻은 물질적 풍요는 인간에게 인간다운 삶을 살 특권으로서 삶의 여유와 재미를 가져다줄 것이라 기대되었다. 그러나 이런 기대는 초기 산업혁명의 공장식 대량 생산체제 하에서 여지없이 깨졌다. 오히려 그와는 반대로 이익의 극대화를 추구하는 자본주의 생리는 사람들이 전보다 더 많이 일하게 했다. 또한 역설적이게도 노동에 대한 보상으로서 누려야 할 여가를 더 많이 누리기 위해서는 또 다시 더 많이 일해야 하는 악순환이 나타난 것이다.[20] 산업사회 이후의 인간은 이제 나날이 증가하는 업무 부하와 스트레스로 인해 재미는 고사하고 노동의 의무에 압도당하는 처지에 놓이게 된 것이다. 산업혁명이 가져온 변화는 일과 여가의 분리, 기대와 달리 늘어나는 업무 부담으로 인해 이제 더 이상 생계를 유지하는 일과 즐거움을 얻는 일은 함께 할 수 없는 것으로 받아들여지기에 이르렀다.

그러나 최근 컴퓨터, 정보통신 기술에 힘입은 정보혁명을 거쳐 지식정보화사

20) 여가는 단순히 시간적 여유만을 필요로 하지 않는다. 그에 걸맞는 경제적 여유가 뒤따라야 진정한 여가생활이 가능하다는 점을 고려하면 여가가 왜 노동을 증가시킬 수 있는지 이해할 수 있을 것이다.

회에 이르러서 이런 인식에 다시 변화가 나타나고 있다. 노동과 제품의 생산력이 가치를 결정하는 과거 근대 산업사회와 달리 오늘날 지식정보화사회에서는 무형의 정보와 지식이 더 많은 가치를 창출하는 요소로 받아들여짐으로써 인간의 노동은 물질적 생산에 얽매이는 것에서 벗어나 더 좋아하는 일, 더 창조적인 일, 더 즐거운 일을 찾아나설 수 있는 기회를 얻게 된 것이다. 그럼으로써 인간은 놀면서 일하고, 일하면서 노는, 그야말로 일과 놀이의 경계가 무너진 삶을 살 가능성이 높아지게 된 것이다. 인터넷, 모바일 등 다양한 디지털 미디어의 등장에 힘입어 개인은 과거와 비교할 수 없을 정도로 자신의 역량을 무한히 확대하고 확장할 수 있게 되었다. 일례로 웹툰이나 유튜브 동영상 같이 개인이 재미나 취미로 만든 콘텐츠 하나로 일에서 얻는 소득보다 더 많은 이익을 얻는 경우는 셀 수 없이 많다. 이제 아이디어와 창의력이 가치를 창출하는 창조사회[21]에서는 더더욱 상상이 현실이 되고, 일이 놀이가 될 수 있는 세상으로 점점 바뀌어 가고 있는 것이다. 이처럼 일과 재미가 융합되는 세상에서 재미는 더 이상 지금처럼 특별히 추구해야 하는 대상이 아닌 일상이 될 것이다.

② 감성 중심 사회

그렇다면 이와 같은 창조사회에서 재미는 왜 더욱 중요한 가치가 될 수 있는가? 재미는 인간의 감성을 자극함으로써 창조사회를 이끌어가는 동력의 역할을 하기 때문이다. 창조사회의 가치를 창출하는 상상력과 아이디어의 근원은 바로 문화와 감성에 있다. 창조사회는 곧 감성사회라고 할 수 있고 감성사회를 움직

---

21) 미래학자 롤프 옌센Rolf Jensen은 "감성이 중시되는 '꿈의 사회' Dream Society가 도래하고 있다"며 "미래는 창조적 아이디어와 콘텐츠가 가치 창출의 원천이 될 것"이라고 설명한 바 있다(롤프 옌센, 2005).

이는 힘이 바로 재미에 있기 때문이다.

감성이 중시되는 시대적 전환에 대해서는 두 가지 측면에서 설명이 가능하다. 첫째는 탈근대의 포스트 모더니즘적 관점에서 인간의 이성 신뢰에 대한 반동적 측면에서 감성이 중요한 요인으로 등장하게 되었다는 설명이다. 라캉, 데리다, 푸코 등 대표적 사상가들은 근대의 이념 즉 인간 역사의 발전을 가능케 한 인간의 합리적 사유능력에 대한 근본적인 의문을 제기한다. 이성적 사유, 합리적 사유에 대한 끝없는 신뢰를 가능케 했던 근대 계몽주의가 인간을 무지와 몽매에서 해방시키기는 커녕 새로운 억압구조를 은밀히 진행시켜왔다는 것이다.

그들은 이성이 감성을, 남성이 여성을, 백인이 흑인을 어떠한 방식으로 억압해왔고 합리성이라는 새로운 이름의 야만이 어떤 모습으로 그 배후에 숨어 있는가를 구체적 사례를 열거하며 근대성을 해체시켰다. 이성을 기초로 인간을 해방시킨다는 모든 이념들은 근대성의 허구에 불과하다는 포스트 모더니즘의 철학이 20세기 말의 탈근대 조류를 강하게 몰고옴으로써 오늘날의 사회가 이성 중심의 사회에서 감성 중심의 사회로 전환된다고 설명하는 것이다(심정운, 2011).

요컨대, 데카르트의 합리적 이성주의가 지배하는 근대 산업사회에서 인간의 합리성과 이성주의에 대한 근본적 회의가 제기되면서 인간성의 본질을 재인식하려는 포스트 모더니즘적 징후들이 나타나고 이것이 결국 감성을 중시하는 시대적 변화를 낳은 것이다. 이로써 감성으로 대변되는 인간의 비합리적 측면들이 근대사회의 문제를 인식하고 해결하는 중요한 요인으로 등장하였고, 설득적 소구 수단으로서 감성에 호소하는 것이 훨씬 효과적이라는 사실을 인식하게 되면서 상품과 산업 경제분야에서도 감성에 호소하는 '재미' 의 요소가 더욱 중요시되게 된 것이다.

이와 더불어 최근에는 기계적이고 기능중심의 디지털 기술이 모든 것을 하나로 통합하고 온 세상을 지배하게 됨에 따라 그 반작용으로서 인간적이고 따뜻한 느낌의 아날로그적 감성이 반사적으로 더 필요하게 된 것도 한 원인이라고 하겠다. 결과적으로 상품의 소유와 소비보다 공유와 경험이 중시되는 감성 중심 사회에서 재미는 사람들을 연결하고 감성을 자극하는 촉매 역할을 함으로써 더욱 그 중요성이 높아지게 되는 것이다.

둘째는 인간의 소통 양식 발전의 관점에서 시대적 전환을 설명하는 것으로, 첫 번째는 문자문화에서 구술문화로의 전환으로, 두 번째는 도서, 신문 등 출판문화에서 TV, 영화 등 영상문화로의 변화가 나타나면서 감성이 중시되는 시대적 전환이 나타난다고 설명하는 방식이다. 이런 이해는 시대별로 주로 사용하는 소통양식이 무엇이냐에 따라 그 시대를 지배하는 사유방식과 문화적 특성이 달라진다고 본다.

저명한 언어학자 월터 옹Walter Ong은 그의 저서 『구술문화와 문자문화Orality and Literacy』를 통해 구텐베르크 이래로 문자문화의 지배는 이성 중심 사고를 낳았으나, 오늘날 미디어 기술의 발전은 결국 잃어버린 구술성의 힘을 복원함으로써 시각에만 의존하는 왜곡된 현실을 종합적 감각으로 제대로 재현할 수 있게 했다고 주장한다. 말하기의 구어 방식이 오늘날 어떻게 감성 중심 문화와 관련되는지에 대해 그의 설명을 소개하면 다음과 같다.

구어는 기록된 문자와 달리 인간을 '실재 한가운데 그리고 동시성 속에 놓이게' 하는 소리로 매개되기 때문에 '지금-여기'의 경험을 전달하고 삶의 상황을 담아낸다고 본다(Ong, 1967; 이동후, 2012 재인용). 구어 문화는 언어 표현이나 지식의 전수가 인간의 물리적 기억 능력에 의존해야 하기 때문에 인간이 기억할 수 있는 것만을 아는 문화이고, 기억을 잘하기 위해 공식화된 패턴을 통해 지식을 전달하고 전달 방식도 참여와 동일시라는 언어 행위를 통해 전수된다. 그는 구어 문화의 표현 방식과 정신 역학이 '종속적이기보다는 부가적'이고, '분석적이기보다는 집합적'이고, '반복적이거나 풍부'하고, '보수적이거나 전통적이고', '생활 세계에 밀접' 하고, '논쟁적인 어조' 를 갖고, '객관적인 거리를 두기보다는 참여적이고', '항상성을 갖고', '추상적이기보다는 상황적' 이라고 설명하였다(Ong, 1982; 이동후, 2012 재인용). 구술성의 정신 역학은 커뮤니케이션 관점에서 보면 감성적 소통방식에 부합하는 요소를 갖고 있다는 것을 확인할 수 있다.

요약하면 미디어 기술에 힘입은 구술문화의 복원은 문자문화의 추상적, 객관적, 이성적 사고와 달리, 구체적, 주관적, 감성적 사고가 가능하게 되었다는 것을 의미한다.

문자문화와 영상문화를 비교하는 관점에서는 영상이 범람하는 오늘날의 의사소통 환경에서는 이미지가 지배하는 직관적이고 감성적인 소통에 더욱 의존하게 됨으로써 더 감성지향적인 문화가 된다고 보았다. 영상문화가 감성중심 문화로 연결되는 것에 대해 뇌인지적 차원에서 이를 설명하기도 한다. 비형태적 논리 추론을 담당하는 좌뇌는 이성적, 분석적, 논리적, 개념적, 추상적인 정보처리 방식에 의존하는 반면, 시각중추가 있는 우뇌는 시각적, 본능적, 즉각적, 감성적, 직관적, 총체적인 정보처리를 담당한다는 것이다. 따라서 문자 세대가 좌뇌적 문화라면 영상 세대는 우뇌적 문화라고 할 수 있고 오늘날 젊은 영상 세대는 감성 세대라는 견해도 이런 관점에 의한 것이다. 영상세대는 다매체의 영향으로 시각, 청각, 촉각 등 전 감각을 인식에 동원하는 세대로서 당연히 직관적이고 감성적일 수 밖에 없게 된다.

<표 2>[22]과 <표 3>[23]를 보면 중심적인 소통양식이 역사적으로 문자문화에서 구술문화로, 문자문화에서 영상문화로 전환되면서 어떻게 감성 중심의 시대를 도래하게 했는지, 그리고 왜 그런 감성 중심 사회에서 재미가 감성을 자극하는 핵심적 정서 수단으로서 중시될 수 밖에 없는 지 쉽게 가늠할 수 있을 것이다.

---

22) 최혜실(2003), "디지털 문화 환경과 서사의 새로운 양상", 문학수첩
23) 윤태진(2004), "문자문화, 구술문화, 영상문화의 진화와 상호작용", 정보통신정책연구원

[표 2] 문자문화와 영상문화의 대조(최혜실, 2003)

문자문화	영상문화
이성 중심	감성 중심
옳고 그름으로 판단	좋고 싫음의 선호로 판단
논리적 심사숙고	감각적 판단에 따른 행동
미래의 득실이 기준	당장의 호오(好惡)가 기준
동질의 가치관 지향	이질 지향 가치관
〈나도 남들처럼 살고 싶다〉	〈남들과 다르게 살고 싶다〉
자기 절제	자기 표현
남이 창조한 가치에 동조	스스로 가치 창조
남에 대해 의식함	자기 자신에게 충실하려는 자기 지향적
억제된 감성	해방된 감성
보고 듣고 구경하는 정적문화	직접 참여하여 즐거움을 추구하는 동적문화
소유에 대한 욕구	사용가치의 중시

[표 3] 언어와 문화 : 구술, 문자, 영상 언어(윤태진, 2004)

	구술언어 중심세계	문자언어 중심체계	영상언어 중심세계
이상적 인간집단 (또는 정치적 발생물)	단일(도시국가, 왕국) 절대주의	전체(국민, 민족, 정부) 민족주의와 전체주의	개인(인구, 사회) 개인주의와 아노미
시간의 존재	원(영원, 반복) 고대중심	선(역사, 진보) 미래중심	점(시사성, 사건) 자아중심
기준이 되는 세대	선조	성인	젊은이
매혹의 패러다임	신화 (신비, 도그마, 서사시)	여성 (유토피아, 시스템)	영상 (정서와 환상)
상징적 기구	종교(신학)	체제(이데올로기)	모델(도상학)
정신적 계급	교회(예언자의 사제) 신성:도그마	지식인 신성: 지식	미디어(송신자) 신성: 정보
정당성의 준거	신성한 것	이상적인 것	효율적인 것
복종의 원동력	신앙(광신주의)	법(독단주의)	의견(상대주의)
영향력 행사의 수단	설교	출판	출연
흐름의 통제	성직자 집단	정치 집단	경제 집단
개인의 지위	명령해야 할 신민	설득해야 할 시민	유혹해야 할 소비자
동일시의 대상	성자	영웅	스타
상징적 권위의 근원	보이지 않는 것(기원) 또는 증명할 수 없는 것	읽을 수 있는 것(근거, 원리) 또는 논리적 진리	볼 수 있는 것(사건) 또는 그럴 듯한 것
사회적 지도력	상징적 실체: 왕 (왕조 계승의 원칙)	이론적 실체: 대표 (이데올로기적 원칙)	산술적 실체: 지도자 (통계원칙, 인기도)
주체성 형성의 중심	영혼	의식	몸

③ 디지털 기술의 보편화와 융합의 확산

컴퓨터, 인터넷, 모바일 미디어 등 다양한 디지털 기술의 등장은 인간의 소통 능력을 획기적으로 향상시켰을 뿐 아니라 언제 어디서나 자신이 원하는 재미를 즐길 수 있게 했다. 이는 세상에 존재하는 모든 소통과 오락의 대상들을 디지털이라는 단일한 존재양식으로 통합하고 유무선의 다양한 네트워크를 통해 이들을 거미줄처럼 연결해 놓음으로써 가능하게 되었다. 이로써 인간은 더 적게 일하고도, 더 많은 여가를 누릴 수 있게 됐을 뿐 아니라 놀이가 일이 되고, 취미가 직업이 되는 것이 가능하게 됐다. 또한 디지털과 재미의 결합은 문화를 사업화하고 감성을 상품화한 다양한 엔터테인먼트 산업의 성장을 촉진시킴으로써 다양한 재미상품의 확대를 가져왔다. 이는 사람들에게 다양한 '즐길거리' 를 제공하고 재미를 누릴 기회를 확대하는 결과를 초래했다. 그리 멀지 않은 과거에 음악 하나 듣기 위해서 테이프에 녹음을 하고, 영화 한편을 보기 위해서 한참을 골라 비디오와 DVD를 보던 시대를 생각하면 요즘같이 클릭 한번으로 다양한 즐길거리를 얻을 수 있는 현실은 그야말로 '재미의 무한 확대' 라고 할 수 있을 것이다.

또한 디지털 기술의 보편화는 프로게이머, 웹툰 작가, 스마트폰 사진작가[24]와 같이 일과 놀이가 공존하는 신종 직업을 만들고, 가상현실 게임이 만들어지는 등 이전에 존재하지 않던 일과 놀이가 융합하는 현상이 나타나고 있다. 이와 더불어 놀이의 직업화와 산업화는 기업 경영이나 상품 판매와 같은 일반 산업의 영역에서조차 재미를 중요한 마케팅 요소로 인식되게 하고 있다.

이제 재미의 요소가 더 이상 일과 분리되어 인식될 필요가 없다. 재미는 개인이 더 즐겁고 행복한 삶을 영위하기 위해, 그리고 기업이 더 경쟁력 있는 기업으로 성장하기 위해 반드시 이해해야 할 현대 생활의 핵심 덕목이자 코드로 자리 잡아가고 있다.

④ 노동 시간의 단축

인간의 노동시간은 산업화 이후로 정착된 대량 생산, 대량 소비의 근대 경제구

---

24) 오로지 스마트폰으로만 찍은 사진으로 개인전을 열어 정식 사진작가에 입문한 사례도 있다(현시원, 2013. 3. 18, "스마트폰의 결정적 순간– '40대 후반의 회사원' 한창민씨가 트위터에 올린 60여 점 사진 건 전시회 '지난 일년'", 한겨레21).

조를 지탱하고 이윤을 극대화하기 위해 지속적으로 증가해왔다. 그러나 이로 인한 열악한 노동 환경 문제는 결국 사회주의 노동운동을 야기시켰고[25)]2차 대전 이후 대부분의 나라들은 기본적인 인권 보호 차원에서 하루 8시간 노동, 주 40시간 근로를 제도적으로 정착시키기 시작했다. 이렇게 점차 줄어든 노동 부담은 또한 기술의 발전으로 인해 노동 생산성이 꾸준히 향상됨으로써 노동 시간을 더욱 줄일 수 있게 되었다. 즉, 산업사회의 잉여 생산과 생산성 향상은 잉여 노동을 촉진하고 이는 결국 노동 시간의 단축으로 이어진 것이다.

우리 나라는 지난 2004년 7월부터 1천명 이상 사업장을 중심으로 주5일근무제가 시행되기 시작했고, 2011년 7월부터 5인 이상 사업장까지 확대해 전면적으로 시행되고 있다.

노동시간의 단축은 개인에게는 곧 여가시간의 증가를 의미하고 이로 인해 다양한 취미활동, 자기계발 등 여가생활의 증가로 나타난다. 우리나라에서도 주5일제 도입 이후 일보다 가족과 여가를 중시하는 현저한 라이프 스타일의 변화가 나타나고 있으며 그에 따라 레저, 문화산업 등 서비스산업이 성장하고 있는 추세이다.

노동시간의 감소는 노동집약적 제조업에서 창의적 서비스업으로의 변화와 필연적으로 맞물려 있는데, 상품의 생산과는 직접적인 관련이 없는 서비스업이란 대부분 여가시간에 이뤄지는 활동과 긴밀한 관계에 있기 때문이다(김정운, 2011). 이로 인해 재미를 상품의 핵심 요소로 삼는 엔터테인먼트 산업이 향후 경제 성장의 중요한 동력으로 인식되기 시작했으며, 기존의 전통적 사업과 제품에서도 재미를 가미한 엔터테인먼트화가 전략적 차별화 수단으로 활용되어 결국 모

---

25) 1864년 9월 28일 영국 런던의 세인트 마틴 홀에서 마르크스와 앵겔스 주도의 제1인터내셔널(국제노동자협회)이 창립되었을 당시 가장 중요한 의제 또한 '1일 8시간 노동'이었다. 그 후 노동시간 단축은 사회주의 혁명의 목표가 된다(김정운, 2011). 이것은 이후 1919년 국제 노동기구ILO 제1호 조약(1일 8시간, 1주 48시간)에 의해 노동원칙으로 확립되었다.

든 삶의 영역에서 '재미'가 현대 사회를 지배하는 핵심 가치로 인식되고 있다.

2) 재미의 동기

이제 재미란 무엇인지 이해하기에 앞서 인간은 왜 재미를 추구하는지, 재미를 필요로 하는 인간의 동기는 무엇인지 생각해 보도록 하자. 이에 관해서는 다양한 관점에서 다양한 해석이 가능할 것이다. 각각의 견해는 재미를 그 한가지로 완전히 설명할 수는 없겠지만 재미의 다양한 측면들을 종합적으로 이해하는 데 도움을 줄 것이다.

① 잉여에너지설

이 설명은 재미와 대등한 개념으로서 놀이의 동기를 설명하려는 고전적 놀이 이론에서 비롯된 견해로, 말 그대로 일하고 나서도 에너지가 생존에 필요한 것보다 넘치기 때문에 인간은 재미를 필요로 한다는 생각이다(김정운, 2011).

이것은 인간에게 있어서 일과 놀이, 일과 재미를 별개의 것으로 구분하는 의식이 바탕에 깔려있다는 점에서 오늘날 일과 놀이의 경계가 모호해지는 현실을 설명하기엔 부족해 보인다. 인간의 놀이는 먹이 사냥을 하고 난 후에야 노는 동물 행동과 달리 본질적으로 극한의 상황에서조차 이를 극복하기 위한 방편으로도 재미를 추구하려 한다는 점[26]에서 구별되어야 한다고 생각한다.

---

26) 헤로도토스의 『역사』엔 지금으로부터 3000년 전 대기근을 당한 리디아인들이 18년 동안 단체로 게임을 하면서 기근을 견딘 이야기가 나온다. 하루는 주사위 · 공놀이를 하고, 다음날엔 식량을 먹는 식으로 버텼다고 한다(제인 맥고니걸, 2012).

② 휴식설

이 견해는 일에서 소모한 에너지를 재충전하기 위해 재미를 추구한다는 주장이다. 이 설명은 실제로 일정한 시간의 업무 후에 업무 효율과 생산성 향상 차원에서 다양한 휴식이 주어지는 행태가 나타난다는 점에서 우리 사회의 일반적인 이해와 상통한다고 볼 수 있다. 예를 들어 학교에서 50분 수업에 10분 휴식을 하는 이유도 바로 이 휴식설에 바탕을 두고 있다(김정운, 2011).

그런데 이런 설명은 재미 활동을 소극적으로 쉬는 활동으로 규정함으로써 인간이 '적극적으로' 재미를 추구하려 한다는 점을 설명하기 어려운 약점이 있다. 이 휴식설은 포괄적인 여가활동의 동기를 설명하는 데는 적절하지만 인간의 적극적 재미 행동을 설명하는 데는 부족한 견해라고 할 수 있다.

③ 유희충동설

인간이 재미를 추구하는 욕망은 행동의 방향을 바꿀 정도로 영향력이 큰 인간의 근본적인 충동이라고 보는 견해이다. 사람은 누가 가르치지 않아도 본능적으로 재미를 추구한다. 이렇게 재미를 얻고자 하는 욕망을 프리드리히 쉴러Friedrich Schiller는 유희 충동이라고 정의했다. 충동은 인간의 내면에서 무엇인가를 충족하려는 욕구를 불러일으켜서 욕구를 충족할 무엇인가를 하지 않고는 배기지 못하도록 만든다는 것이다(김학진 · 김성문 · 김진우 · 박선주, 2007).

재미가 인간의 생래적인 욕구라는 설명은 앞서 제시한 고립 실험 사례에서도 보듯이 재미의 동기를 설명하는 설득력이 높은 견해라고 보인다. 한 가지 약점은 왜 재미를 추구하느냐는 질문에 '재미있으니까' 라는 식의 동어반복식 논리를 제시함으로써[27] 재미와 유희 충동 사이의 합리적 연관성을 제시하지는 못했다는 점이다.

④ 최적각성설

인간은 적절한 수준의 자극과 각성을 원하기 때문에 각성의 불균형을 해소하고 균형을 유지하기 위해 재미를 수단으로 활용한다는 설명이다. 즉 너무 따분하면 자극적인 것을 원하고, 너무 자극적이면 평온한 것을 원하는 방식으로 재미를 추구하게 된다는 것이다. 일종의 생리학적 기제인 항상성homeostasis[28] 의 관점에서 재미의 정서적 조절 기능에 초점을 맞췄다고 볼 수 있다. 다양한 재미 체험은 최적각성추구optimal arousal seeking와 이완추구relaxation seeking라는 두가지 기본욕구가 작동한 결과로 본다(고동우, 2002).

이 견해는 재미의 심리적 차원을 각성과 이완 기제를 통해 설명하고 있다는 점에서 유희충동설보다 구체적인 설명 근거를 제시했다는 장점이 있다. 재미라는 인간의 정서적 반응은 지각감각perception과 인지conception의 심리적 자극의 결과라는 점에서 재미의 작동 원리를 설명하는 유효한 견해라고 할 수 있다.

⑤ 기분전환설

이 설명은 인간의 재미 추구 동기가 스트레스, 불안, 공포 등 부정적 정서를 긍정적으로 바꾸기 위해 재미를 추구한다는 견해이다. 나은영(2010)은 이를 기분관리mood management이론과 기분조절mood adjustment이론으로 구분해서 설명하면서 인간의 재미 행동을 주로 미디어 엔터테인먼트 선택에 초점을 맞춘다.[29] 기분전환설

27) 객관적 증거 제시나 논리적 증명이 되지 않는 대전제를 공리로 논리를 전개하는 '순환 논리의 오류'에 해당한다.

28) 인체에 가해지는 어떤 조건과 환경의 변화에도 인체의 조직과 구성 성분이 한결같은 상태를 조절하려는 생체조절기능으로서 자동정상화장치라고도 한다.

은 커뮤니케이션 분야의 대표적 이론 중 '이용과 충족Uses and Gratification 이론'[30]과 유사한 맥락을 갖고 있는 측면이 있다. 즉 인간의 재미 동기는 재미를 통해 기분전환이라는 만족을 추구하려는 데 있다고 하는 것이다. 인간 행동의 의도성과 주도성을 인정하고 있다는 점도 유사한 측면이라고 할 수 있다. 재미의 특성은 재미활동을 하기 전과 후의 정서 상태의 변화를 야기한다. 사람들은 어떤 의미에서 현재의 감정이나 정서상태와는 다른 상태가 되기를 기대하는데 이런 정서 변화에 직접적인 영향을 미치는 효과적인 수단이 바로 재미이기 때문에 재미를 추구한다는 것이다.

이 설명은 앞서 휴식설이 재미의 적극적 측면을 이해하지 못한 단점이 있었던데 반해, 인간의 다양한 재미 행동이 단순히 소극적으로 주어진 것을 즐기기 위한 것이 아니라 적극적으로 찾아나서는 행동이라는 측면을 잘 설명한다는 점에서 설득력이 높다고 할 수 있다. 이 견해는 앞서 최적각성설과 유사한 측면이 있지만 차이점은 최적각성설의 경우는 재미에 의한 긍정적 정서 조절이 항상성이란 생리적 기제에 의해 자동적으로 조절된다는 입장인 반면, 기분전환설은 재미 추구 자체가 인간의 의도적 행동이란 측면을 강조하고 있다는 점이라고 할 수 있다.

---

29) 나은영(2010)은 기분조절이론은 기분관리이론의 보완적 이론이라고 설명하며 두 이론이 주로 TV프로그램 선택을 포함한 다양한 커뮤니케이션 메시지 선택 행동을 설명하고 예측하는 것을 목적으로 한다고 한다.

30) 미국의 커뮤니케이션 학자 엘리후 카츠Elihu Katz에 의해 1959년에 처음으로 제창된 대중매체 이론이다. 미디어 효과에만 초점을 맞춘 기존 매스 커뮤니케이션 연구가 활기를 잃고 있던 1950년 말에 "미디어가 수용자에게 어떤 영향을 미치는가"가 아니라 "수용자가 미디어로 무엇을 하는가"라는 관점으로 전환하여 수용자의 능동성을 강조하는 새로운 관점을 제시했다. 수용자는 능동적인 입장에 서서 미디어와 미디어 내용을 그의 욕구와 필요에 의해서 주관적, 자주적으로 선택한다고 보는 견해이다.

2. 재미의 개념과 범위

재미라는 주제는 그동안 다양한 학문 분야에서 다뤄져 왔다. 인문학 분야에서는 주로 서사narrative를 중심으로 하는 이야기 구조나 플롯plot의 측면, 여가관광학 분야에서는 여행이나 스포츠활동, 취미 활동을 중심으로 한 여가 동기의 측면, 교육학 분야에서는 학업 성취 동기와의 관련성을 중심으로, 문화인류학 분야에서는 인간의 문화와 놀이의 연관성 차원에서 재미를 연구해왔다. 재미와 가장 관련성이 높고 심도깊은 연구 분야는 심리학이라고 할 수 있는데 이는 재미라는 현상 자체가 인간의 심리적 반응, 더 정확히는 감성적, 정서적 반응이기 때문이다.

심리학 분야에서는 다시 크게 인지심리학, 행동심리학, 생체심리학 등 세 가지 관점에서 재미의 본질을 규명하기 위한 시도를 하고 있다. 인지심리학은 지능이나 기억, 몰입과 같은 요소와 결부된 재미의 인지적cognitive 측면에, 행동심리학은 재미 동기가 인간 행동에 미치는 영향의 측면에서, 생체심리학 분야에서는 뇌과학 관점에서 신경세포와 신경전달물질간의 역동적 신경 매커니즘을 규명하는 것과 재미의 생물학적 기능을 탐구하는 데 초점이 맞춰져 있다.

다양한 학문 분야에서 재미가 다뤄지고 있다는 사실은 크게 보면 두 가지 시사점을 제공한다. 이는 첫째, 재미라는 주제는 어느 한 분야의 접근방식 만으로 규명하기 어려운 매우 복잡하고 방대한 주제라는 점이고, 둘째 당연한 귀결로서 재미를 정의하기 위해서는 그 범위와 한계를 명확히 할 필요가 있다는 사실을 의미한다.

사실 재미라는 주제는 최근 미래의 학문적 접근방법으로 회자되고 있는 복합학, 융합학, 통섭학적 관점에서 다학제적 연구가 이뤄져야 할 대표적 주제라고 할 수 있다. 그러나 재미에 관한 본격적인 연구는 사실상 2차 대전 종전 후 영화, 라디오, TV 등이 등장하고 문화산업이 태동한 이후부터 시작되어 그 역사가 매우 일천하다고 할 수 있다.[31)]

그런 이유로 재미를 다양한 관점에서 체계적으로 이해한다는 것은 매우 어려운 일일 수밖에 없다. 재미를 정의하기 위해 현재 시점에서 중요한 것은 그동안 따로 떨어져 분리된 시각으로 탐구되었던 것을 한 자리에 모으고 떨어진 퍼즐들을 붙여 재미라는 완성된 형상을 드러내보려는 시도가 필요하다는 것이다. 그리고 그동안 개별적으로 이해되었던 재미를 입체적인 시각으로 바라보고 이를 통해 다양한 재미의 공통적인 속성들을 발견함으로써 재미를 지배하는 근원적이고도 본질적인 원리를 파악할 수 있을 것으로 기대한다.

따라서 재미의 개념을 정의하기 위해서 우선 재미의 범위와 한계는 무엇인지, 어떤 활동을 재미로 보고 어떤 활동들은 재미로 포함하지 않을 것인지를 정할 필요가 있다. 그런 다음 각 영역에서 그동안 개별적으로 어떤 연구 성과들이 축적되어 있는 지를 확인한 다음, 각 연구들의 공통적인 부분들과 한계는 무엇인지 파악하도록 한다. 이런 탐구 과정을 통해 머리 속 추상적 개념으로만 존재하는 재미의 실체를 구체화할 수 있을 것으로 본다. 마지막으로는 비판적 관점에서 이들을 종

---

31) 물론 학자에 따라서는 재미 개념을 넓게 보아 서사의 재미구조에 관해 쓴 아리스토텔레스의 『시학』을 그 연원으로 볼 수도 있겠으나, 근대 문명 이후로는 문화인류학 관점에서 호이징가가 『호모 루덴스 : 문화의 놀이 요소에 관한 연구』를 쓴 것이 1955년으로 이 분야 연구에서 가장 빠른 편이라고 할 수 있다.

합적으로 수렴하여 재미의 핵심적 요건들을 제시함으로써 재미의 본질에 한 걸음 다가가고자 한다.

1) 재미의 범위

재미의 개념을 정의하기 위해서는 무엇을 재미로 볼 것인가의 문제, 즉 재미의 범위와 한계를 정해야 한다. 왜냐하면 어떤 것을 재미에 포함시킬 것인가에 따라 재미의 개념은 달라질 것이기 때문이다. 사람들이 일반적으로 '재미있다' 고 하는 것에는 다양한 것들이 존재한다. 그것은 인구통계학적으로 연령대, 성별, 직업, 생활수준 등 다양한 요인들에 따라 무한한 스펙트럼을 보일 수 있는 현상이라고 할 수 있다.

예를 들자면 아이 때는 놀이의 재미에 빠지고 청소년이 된 후에는 쾌락적 재미를 알게 되고, 성인이 되면 다양한 활동적 재미를 즐기게 되는 식이다. 남녀 성별로도 추구하는 재미가 다르다. 여자는 수다와 같은 소통의 과정을 더 즐기는 반면 남자는 동적이고 긴장을 즐기는 활동들에 더 탐닉한다. 심지어 같은 영화를 보고도 반응이 다르게 나타나는 개인적인 인상 차이도 존재한다.

이처럼 어쩌면 지극히 주관적이라고 할 수 있는 현상의 경계를 설정하는 것이 과연 가능할까. 하지만 여기서 말하는 재미의 범위는 주관적인 차이까지 고려한 것을 의미하는 것은 아니고 일반적으로 어떤 대상, 어떤 활동을 재미로 볼 것인가에 관한 문제이다.

재미의 한계를 정하는 것은 사실상 재미가 매우 주관적인 개념이란 점에서 애매한 측면이 있지만 그럼에도 불구하고 일반적으로 사람들이 재미있는 것이라고 하는 공통적인 대상과 활동들은 분명히 있을 것이다. 재미의 영역을 지나치게 좁게 해석하면 재미의 범위를 제한함으로써 재미의 확장과 활용의 기회를 놓치게 될 것이고, 반대로 지나치게 넓게 해석하면 재미의 보편적 원리를 발견하기 어려울 것이다. 그런 점에서 재미의 적정 한계를 정해 보려 하는 것이다.

따라서 재미의 범위를 생각함에 있어서 좋은 접근법은 이미 사람들이 일반적으로 재미있는 것이라고 인정하는 분야를 설정하고, 재미라고 판단하기 어려운 것들에 대해 왜 그것이 재미라 볼 수 없는지 기준과 원칙을 정하는 방식이 될 것이다. 다만 재미의 영역을 정함에 있어서 상호 중복되어서도 안되고(이 경우는 사고의 낭비가 발생한다) 중요한 것이 누락되어서는 안된다(이 경우는 사고의 부실이 발생한다)는 것은 물론이다.[32] 이에 따라 재미의 대상으로 거론될 수 있는 것으로 여가, 놀이, 게임, 이야기, 유머, 배움, 소통을 들 수 있다. 각각에 대해 아래에서 설명하기로 한다.[33]

① 여가

이후에 설명할 기존의 재미 연구에 따르면 우선 가장 광범위하게 재미와 관련된 분야가 바로 여가leisure 분야라고 할 수 있다. 앞서 재미 추구 배경에서 본 바와 같이 여가는 역사적으로 가장 먼저 재미를 포섭하는 영역으로 인식되어왔다. 여가와 레저는 같은 말이면서도 사실상 우리나라에서 의미하는 용어적 개념은 약간의 차이가 있다.

---

32) 이는 미시MECE; Mutually Exclusive, Collectively Exhaustive원칙이라 하여 논리를 구성하는 중요한 원칙으로 유형과 범주를 구성하는 데 필수적이다.

33) 이외에도 재미의 범위를 넓게 보아 음악, 미술 등 심미적 감상 활동을 포함해야 한다는 견해가 있을 수 있겠으나, 뒤에 '재미의 유사 개념'에서 설명한 것처럼 이는 '재미'의 대상이라기보다 '즐거움'의 대상이란 점에서 구별된다. 또한 재미의 정의에서 설명하는 것과 같이 재미는 '정서적 변화'를 추구하는 데 반해 심미적 감상 활동은 '정서적 유지'를 지향하는 경향이 높다는 차이도 있다.

여가는 생활시간을 제외한 자유시간이란 측면에서 휴식도 포함하고 있는 반면에 레저는 좀더 적극적인 활동을 의미한다는 점에서 보면 여가가 레저보다 더 넓은 개념이라고 할 수 있다. 학술적으로는 여가라는 용어가 더 일반적으로 사용되는 편이다. 여가의 대표적인 활동이라고 할 수 있는 것들을 열거하면 레크리에이션, 휴양, 관광, 스포츠에서부터 놀이, 게임 등 거의 대부분의 재미 활동을 포괄하고 있다. 더 범위를 확장하면 컨벤션, 축제와 같은 이벤트, 행사까지 포함한다.

레저백서(서천범, 2008)에 따르면 레저는 스포츠, 취미 · 창작, 오락, 관광 · 행락으로 구분하면서 카지노, 경마, 노래방, 사우나까지 포함하고 있다. 여가백서(문화관광부 · 한국문화관광연구원, 2008)에서 설명하는 여가의 범위는 이보다도 훨씬 넓어서 여가용품, 공간, 서비스영역으로 나눠 방송, 영화 관람은 물론이고 갬블링(도박), 주점 등 유흥사업에서 점술과 같은 것까지도 포함시키고 있다.

앞에서 살펴본 바와 같이 여가는 재미 활동의 범위를 정하는 데 사실상 지나치게 광범위한 영역을 포괄하고 있다는 것을 알 수 있다. 오히려 일반적으로 재미 대상에 포함시키기 어려운 것까지 포함하고 있다는 것도 문제이다. 따라서 재미의 범위를 설정함에 있어서 여가는 적절한 재미 대상이나 활동을 지칭하는 용어로 사용하기가 어렵다고 할 수 있다. 오히려 이는 재미 유형의 분류를 통해 재미의 범위를 자세히 설명하는 편이 효과적일 것으로 보인다.

여가에서 재미를 분류하는 데 가장 애매한 부분은 바로 취미의 영역이다. 취미 활동 역시 사람마다 다르고 너무나 광범위하기 때문에 재미를 분류하는 용어로서 취미는 적절치 않다고 할 수 있다. 다만 취미는 크게 보면 여가적 속성을 가진 취미와 새로운 것을 배우는 학습적 속성을 가진 취미가 있을 뿐이다. 따라서 취미는 아래에서 설명할 놀이와 배움의 영역에 포함시킬 수 있을 것이다.

② 놀이

다음으로는 놀이를 들 수 있다. 놀이는 사실상 재미를 대표하는 개념으로서 이를 재미에 포함시키는 데는 이견의 여지가 없다. 재미하면 떠오르는 기억은 누구나 유년시절 동네 골목에 삼삼오오 모여 술래잡기, 말뚝박기, 딱지치기, 자치기, 땅뺏기, 연날리기, 제기차기, 공기놀이, 구슬치기, 고무줄놀이 등 이루 열거하기 어려울 정도로 다양한 놀이를 하며 시간을 보냈던 즐거웠던 일들일 것이다.[34)]

놀이는 이런 나름의 형식을 갖추고 있는 것 외에도 남을 속이기, 지루한 시간을 보내기 위해 친구들과 함께 하는 장난스런 행위들, 농담, 말장난, 인터넷 채팅과 같이 개인들 사이에서 행해지는 사적 놀이들도 포함한다. 놀이는 또한 앞서 여가에서 설명한 것들 중에 스포츠, 레저 차원에서 행해지는 다양한 활동들도 뒤에서 설명할 놀이의 정의에 포함하는 속성들을 갖고 있는 것은 다 놀이의 영역에 포섭할 수 있을 것이다.

③ 게임

놀이를 도전이나 경쟁과 관련된 행위로 이해한다면 게임도 놀이의 범주에 포함시킬 수 있을 것이다. 게임은 분명 놀이의 정의에 정확히 일치되는 속성들을 갖고 있다. 그러나 다만 요즘 일반적으로 게임이 의미하는 것은 어떤 경쟁적 규칙과 같은 보통명사적 의미가 아니라 컴퓨터, 인터넷, 스마트폰과 같은 디지털 기기를

---

34) 이런 놀이 문화는 디지털 문명의 세례를 받은 세대들 이후엔 더 이상 일반화하기 어렵게 됐다. 스마트폰과 같은 디지털 놀이 도구의 등장과 함께 유년기부터 경쟁적 교육 환경에서 자란 젊은 세대에겐 전설과 같은 얘기가 됐다. 뒤에 '놀이와 재미'에서 논의할 아동 발달 관점에서 중요한 놀이의 기능이 심각하게 위협받고 있다.

통해 가상적 놀이 환경 안에서 이뤄지는 놀이로서의 게임을 의미하는 용어로 더 많이 사용되고 있기 때문에 게임을 별개의 재미 영역으로 이해하려고 하는 경향이 높다.

게임은 최근 산업적으로도 기존의 엔터테인먼트사업을 능가하는 성장세를 보일 정도로 중요한 영역으로 인식되는 만큼, 개념적으로는 놀이에 포함시키되 게임만이 갖고 있는 재미의 특수한 요소들과 원리가 무엇인지 파악해 보는 것은 의미가 있다고 하겠다.

④ 이야기

다음으로 사람들이 가장 재미있게 생각하는 재미의 영역은 바로 이야기story라고 할 수 있다. 이야기는 사실상 인류 문명이 시작되면서 신화와 전설, 민담 등의 형태로 사람들을 즐겁게 해주는 최고의 재미 요소로 존재해왔다. 이야기는 일반적으로 극적 전개방식(서사)을 따르는 꾸며낸 것으로, 그것이 말로 하는 것일 수도 있고(구전) 글로 하는 것(소설)일 수도 있다. 여기서 의미하는 이야기는 꼭 꾸며낸 허구의 이야기에 한정되지 않는다. 사실과 관련된 것이라도 이야기의 형식을 갖추고 있는 것 역시 넓게 보아 이야기라고 할 수 있다.

요즘 소위 문화콘텐츠라고 하는 것에서 콘텐츠는 사실상 이 이야기를 핵심요소로 삼는 것이라고 할 수 있다. 소설과 같이 글로 된 것은 물론이고 드라마, 영화, 애니메이션에서부터 광고에 이르기까지 대부분의 영상물들도 이야기에서 비롯된 것이다. 이야기는 사람들을 실제로 경험하지 못한 환상 속 세계로 이끌어 그 속에서 웃고, 슬퍼하고 감동을 느끼게 하는 강력한 몰입적 힘을 갖고 있다. 그런 점에서 이야기는 사실상 인간에게 재미를 전달하는 핵심적 수단이자 존재 형식이라고 할 수 있겠다. 이야기의 어떤 요소들이 재미를 유발하는 지를 이해하는 것은 어쩌면 재미의 절반을 이해할 수 있는 길이라고 해도 과언이 아닐 것이다.

이야기와 관련된 것 중에 연극, 뮤지컬, 오페라, 발레 등 공연 같은 관람형 재미 활동들도 이야기적 요소에 의해 재미를 전달한다는 점에서 재미를 다룸에 있어서는 이야기의 범주에 포함시킬 수 있을 것이다. 공연은 어쩌면 사실상 가장 진보적인 재미의 형태라고 할 수 있다. 대부분의 간접 체험을 전제로 한 엔터테인먼트 형식들은 그 자체로 재미를 전달하지만 질적 차원에서 공연과 같은 직접 체험이 가능한 재미는 다를 수 밖에 없다. TV나 영화로 보는 것들을 단순히 시청각에만 의존해서 감상하는 재미와, 현장에서 느끼는 공기와 분위기까지 온 몸으로 전달되는 재미는 차원이 다르기 때문이다. <레미제라블>을 영화로 보는 것과 뮤지컬 공연으로 직접 보는 것의 차이를 상상하면 이것이 무엇을 의미하는 지 분명히 알 수 있을 것이다. 공연(서사 스토리에 기반한 연극, 오페라, 뮤지컬 등)은 그런 점에서 사실 독립된 재미의 영역으로 봐야 할 충분한 이유가 있다. 그러나 본서에서 재미의 본질을 다룸에 있어서는 재미의 요소와 원리에 초점을 맞추고 있다는 점에서 편의상 이를 이야기 영역에 포함시키고자 한다.

⑤ 유머

이야기에 이어서 유머humor는 이야기 전개의 중요한 한 극적 요소이면서도 매우 독특한 재미의 영역이라고 할 수 있다. 이야기와 유머를 구별해야 하는 것은 예를 들면, 이야기에서 일반적으로 소설, 드라마, 영화, 만화, 애니메이션이 파생되었다면 유머는 코미디, 개그와 같은 별도의 장르를 파생시켰기 때문이다.

사실상 이야기가 포괄하는 재미는 웃겨서 즐겁게 하는 것은 물론이고 극도의 슬픔이 우리의 감정을 정화시키는 감동적인 이야기도 포함한다. 그런 면에서 이야기는 유머를 포함하는 개념이라고 할 수 있다. 그러나 유머가 독립적으로 재미의 영역으로 다뤄질 필요가 있는 것은 유머는 이야기의 재미 요소를 갖고 있으면서도 가장 짧은 시간에 가장 빠르게 사람을 즐겁게 만드는 강력한 재미 요소를 추가적으로 갖고 있기 때문이다. 재미는 감동을 포함한 개념이지만 '재미와 감동' 을 대비시킬 때의 이 재미는 바로 유머를 의미하는 것이라고 할 수 있을 정도로 재미에서 유머가 차지하는 비중은 결코 작지 않다. 따라서 유머를 통해 발견할 수 있는 재미의 원리를 이해하는 것은 중요한 것이다.

⑥ 배움

다음으로 설명해야 할 재미의 영역은 배움이다. 학습을 의무로 생각하는 학생의 입장에서는 결코 배움이 재미의 영역이라는 사실에 동의하기 어렵겠지만 이것은 동서를 막론하고 모든 사람들이 동의하는 사실이다. 사실상 배움이 가장 재미없는 일이 된 이유는 배우는 것이 입시와 같이 달성해야 할 목표를 둔 '일' 이 되었기 때문이다. 재미의 동기는 자발성에 있다는 점을 고려하면 왜 아이들에게 학습이 가장 재미없는 것이 되었는지 쉽게 이해될 것이다.

재미의 영역으로서의 배움이란 것은 매슬로우의 용어를 빌면 '지적 욕구' 에 해당하는 것으로 '자발적인 앎에 대한 호기심', '새로운 지식 습득을 통한 성장의 욕구' 로서의 재미를 의미하는 것이다. 그런 점에서 배움의 재미는 정보와 지식과 같은 인지적 학습에 한정되지 않으며 스포츠, 댄스, 연극과 같은 신체적 학습, 음악, 미술 교육 등 정서적 학습을 포괄한다. 그것이 전에 몰랐던 것을 새롭게 배우는 것인 한도 내에선 취미를 포함한 모든 활동이 배우는 재미를 제공할 수 있다고 본다.

⑦ 소통

마지막으로 빠질 수 없는 재미 활동 중의 하나는 커뮤니케이션(소통)을 들 수 있다. 사람들은 원시 시대부터 다양한 소통의 수단을 만들어 왔으며 시대를 거치면서 전보다 더 발전된 기술의 미디어를 개발함으로써 시간, 공간의 한계를 넘어 더 빠르고, 더 간편하고, 더 쉬운 소통 수단을 보유할 수 있게 되었다. 소통은 생존에 필요한 정보를 교류하기 위한 목적 외에도 그 자체가 일상의 소소한 즐거움을 제공할 수 있는 재미의 영역이기도 하다. 일례로, 자신의 속내를 드러냄으로써 자연스럽게 쌓인 응어리와 스트레스를 발산할 수 있다는 점에서 일상적인 수다는 그 자체가 매우 '재미있는' 활동이라는 점이다.

그러나 소통은 여기에 제한되지 않는다. 대중 매체를 통해 사회를 이해하고 다양한 장르의 콘텐츠를 이용하는 활동들도 일방향 소통이긴 하지만 상호작용이 발생하는 소통에 해당한다고 할 수 있다. 특히 최근에는 인터넷과 모바일의 등장에 힘입어 이메일, 페이스북, 트위터, 실시간 채팅서비스와 같은 소셜네트워크 서비스SNS 등 다양한 커뮤니케이션 도구들이 등장했을 뿐 아니라 스마트폰, 태블릿 PC 등 다양한 실시간 이동형 커뮤니케이션 수단들이 개발돼 새로운 소통의 재미를 더하고 있다.

소통의 재미는 어떤 면에서 앞서 제시된 6가지 영역을 포괄한다고 볼 수 있다. 왜냐하면 여가, 놀이, 게임, 이야기, 유머, 배움은 그 자체로 소통의 과정을 갖고 있으면서 어떤 면에서 소통을 목적으로 하고 있기 때문이다. 그러나 여기서 말하는 소통이란 본질적으로 상호작용을 목적으로 삼는다는 점에서 구별된다. 그리고 그런 상호작용적 요소가 재미를 전달하는 핵심 요소라는 점이다.

소통과 관련하여 재미의 범위에 포함시켜야 할지 분명하지 않은 것으로 미디어를 들 수 있다. 미디어는 사실상 소통을 매개하는 수단에 불과하다는 측면에서 미디어 자체가 재미에 관여한다는 생각은 쉽게 받아들이기 어려운 측면이 있다. 소통의 역사는 곧 미디어의 역사라고 해도 과언이 아닐 정도로 소통과 미디어는 거의 동의어처럼 받아들여야 하는 부분도 있다.

그러나 저명한 미디어학자 마샬 맥루한Marshall McLuhan이 '미디어는 메시지다'라고 지적한 바와 같이 미디어는 메시지의 내용을 규정할 정도로 소통의 속성을 지배하고, 소통과는 구별되는 독특한 성격을 갖고 있다. 그리고 상호작용이란 측면에서 미디어는 무한히 확장되는 네트워크와의 결합을 통해 다양한 차원의 상호작용의 공간을 확장하고 있다. 그런 점에서 미디어가 창출한 이러한 새로운 상호작용의 재미는 그 자체로서 독특한 재미의 영역으로 봐도 무방하다고 판단된다. 특히 최근 등장한 스마트폰과 같이 소통과 오락을 통합한 융합형 미디어는 재미를 즐김에 있어서 시공간의 제한을 극복하게 해준 핵심적 도구란 점에서 미디어가 제공하는 재미의 요소들은 무엇인지 살펴볼 필요가 있다. 결론적으로 신문을 보고, 방송을 시청하거나 SNS, 채팅 메시지를 주고 받는 커뮤니케이션(소통)과 소통을 위한 매개 수단으로서 미디어는 중요한 재미 영역의 하나로 볼 수 있겠다.

2) 제외되어야 할 영역

끝으로, 재미를 주는 측면이 있지만 재미의 범위에서 제외되는 활동으로는 무엇이 있을까? 결론부터 애기하면 도박, 복권이나 사행성 게임 등 경제적 댓가를 걸고 하는 일련의 행위들은 재미 활동이라고 할 수 없을 것이다. 또한 음주, 마약, 섹스, 폭력과 관련된 선정적이고 말초적인 것은 설사 그것이 인간에게 극단적 재미를 준다하더라도 재미라고 할 수는 없을 것이다. 또한 악의성을 갖고 남을 속이거나 골탕을 먹이는 가학적인 행위 역시 재미 활동이라 할 수 없을 것이다. 사실 재미는 지극히 가치중립적인 개념으로서 옳고 그름을 따질 수 없는 것이다. 따라서 재미가 '이래야 한다'는 당위적 잣대를 들이대는 것은 적절치 못하다고 본다.

그러나 재미의 범주에서 제외해야 한다고 설명한 제 활동들은 그것이 초래하는 부작용으로 재미가 추구하는 '즐거운 기분'을 궁극적으로 유지하지 못하게 한다는 점에서 '지속가능한sustainable' 재미를 제공하지 못하는 문제를 공통적으로 갖고 있다. 진정한 '재미'란 그것을 통해 삶의 의지가 재건되고, 삶의 동기가 더욱 고양되며, 그 결과 긍정적인 정서 효과가 유지되는 것이라는 점에서 이런 활동들은 재미에 포함되기 어렵다고 하겠다.

이제 재미의 범위를 요약하면 재미의 영역은 크게 놀이, 게임, 이야기, 유머, 배움, 소통의 6가지 핵심 영역으로 구분할 수 있다. 앞서 제시된 재미 활동 중 여가는 기술한 바와 같이 기타 영역을 다 포함할 정도로 지나치게 광범위한 개념일 뿐 아니라 그 자체가 놀이적 특성을 갖고 있다는 점에서 놀이의 개념으로 범위를 제한할 필요가 있는 개념이다. 따라서 여가는 여기서는 놀이에 포함된 개념으로 제외하고 취미 역시 그 자체가 학습적 특성을 갖고 있다는 점에서 배움의 영역에 포함시켜도 무방할 것으로 보아 제외한다. 다만 이하에서 재미의 속성과 요소들을 설명함에 있어서는 본질적으로 유사한 속성을 갖고 있는 경우는 논의의 편의상 놀이와 게임, 이야기와 유머 등으로 그것들을 함께 연결하여 설명하도록 한다. 아래와 같이 재미의 6대 핵심 영역에 대한 요약 설명과 특징은 <표 4>와 같다.

[표 4] 재미의 6대 핵심 영역

재미 영역	설명	특징
놀이	놀이는 가장 보편적인 재미활동으로 보상이나 목적의식 없이 자유로운 분위기에서 추구하는 일련의 유희적 활동	가상적 상황인식 여가, 관광, 여행 축제 포함
게임	놀이적 속성을 갖고 있지만 기존의 현실세계의 놀이와는 다르게 컴퓨터, 인터넷, 스마트기기 등을 활용한 가상환경 안에서 이뤄지는 재미 활동	가상현실, 몰입 오락실 아케이드, 콘솔, 모바일 포함
이야기	인물, 사건, 배경 등 기본적인 서사 요소와 구조(플롯)를 갖고 있으며 주인공과 적대자의 대결과 갈등을 기본 토대로 하는 극적 스토리	감정이입, 동일시 소설, 영화, 드라마, 다큐, 공연 등 스토리장르 포함
유머	웃음을 유발하기 위해 의도적으로 구성된 이야기	공감, 사회적 상호작용 패러디 포함
배움	자발적인 앎에 대한 호기심의 발로로 지적 욕구와 성장의 욕구를 충족시키는 제반 활동	몰입 취미활동을 포함
소통	커뮤니케이션을 통한 정보나 지식의 교류나 상호간의 정서적 교류 활동과 전달 수단으로서 미디어의 이용 행위	상호작용과 가상성 미디어 포함 엔터테인먼트 콘텐츠 이용행위

생각해 볼 문제

1. 재미는 인간의 본능적 욕구인가? 아니라고 생각한다면 근거는 무엇인가?
2. 나에게 재미는 필요하고 중요한 것인가? 어느 쪽이든 이유는 무엇인가?
3. 내가 재미를 추구한다면 나의 재미 추구 동기는 무엇인가?

3. 분야별 재미의 이해

기존의 재미 관련 연구들은 기술한 바와 같이 다양한 학문 분야를 아우르는 복합적인 주제로서 어떤 학문적 접근방법을 사용하느냐에 따라 기본적으로 재미를 설명하는 내용이 달라질 것이다. 그러나 이것은 학문 분야에 기인한 사물을 바라보는 관점의 차이일 뿐 서로 다른 설명이라고 할 수는 없다. 그런데 재미의 영역을 무엇으로 보는가 하는 문제는 재미 대상의 차이를 가져옴으로써 서로 다른 속성을 보임에 따라 근본적인 인식의 차이를 초래하게 된다.

따라서 여기서는 기존 연구의 성과들을 비교함으로써 재미에 관해 어떤 인식의 차이가 있는지를 살펴보려 한다는 점에서 학문적 분야가 아닌 영역적 관점에서 각각의 재미 대상별로 재미를 어떤 것으로 이해하고 있는지 설명하고자 한다. 설명한 바와 같이 연구 분야도 논의의 편의상 유사한 것들을 함께 묶어 크게 여가, 놀이와 게임, 이야기와 유머, 배움과 취미, 소통과 미디어 등 네 가지로 나눠 설명하도록 한다. 각각의 연구들은 초점이 어디에 맞춰지느냐에 따라 재미 개념과 유형, 재미의 구성요소들에 대해 서로 상이한 관점의 결론을 내리고 있다.

1) 기존 선행 연구

① 여가와 레저

일반적으로 '재미있는' 대표적인 영역으로 관찰할 수 있는 재미의 하위 영역이 바로 '여가leisure' 라고 할 수 있다. 여가는 직업에 관한 일이나 가사 · 면학 등의 일상 생활에 소요되는 시간을 뺀 나머지의 자유 시간을 의미하는 것으로, 적극적으로 여행을 하거나 스포츠, 댄스 등 신체적 활동을 하는 것 외에 소극적으로 쉬는 휴식 활동을 포함한다. 여가는 수면, 식사 등 생리적 구속시간과 생계를 위한 일의 사회적 구속시간에 대한 상대적 개념으로서 '일과 여가' 라는 이분법적 사고가 전제된 개념이라고 할 수 있다.

여가 관점의 재미 연구는 크게 보면 여가 동기, 여가 체험(과정), 여가 결과(반응) 영역으로 나눠볼 수 있다. 여가 동기는 여가 체험에 앞서 개인이 어떤 여가 활동을 좋아하고, 선택하고 참여하게 되는 의식적 · 무의식적 이유로서 주로 행동의 목적 내용에 초점을 맞추고 있다. 최근에는 여가 참여의 공통 분모로서 내재적 동기intrinsic motivation로 심화하고 있다. 여가 체험은 여가 활동시의 체험 내용을 총체적으로 파악하려고 하는 입장이다. 여가 결과는 동기의 실현에만 한정하지 않고 동기실현과 상관없는 부정적 반응까지 포괄하여 재미의 반응을 살피고자 하면서 주로 여가의 기능적 측면을 파악하려고 한다.

여가와 관광 관점의 연구는 재미를 매우 대중적 관점에서 포괄적으로 이해하려 했다는 점에서 재미에 관해 '경험' 의 측면에서 재미 요소를 구체적으로 파악했다는 장점이 있다. 그러나 여가 중심 재미 연구는 재미의 '활동activity' 에 주로 초점을 맞춰 재미가 가진 인지적, 정서적 측면을 소홀히 하였고, 일과 여가를 분리된 것으로 이해함으로써 재미 전체를 포괄하는 일반 원리를 파악하는 데는 한계가 있다고 할 수 있다. 여가와 관광 영역의 재미는 서로 매우 상이한 속성을 갖고 있는 다양한 활동들을 재미라는 하나의 틀에 넣고 이해한다는 것이 처음부터 어려울 가능성이 있다. 이는 개인적 차원에서 여가 동기나 소구 요인들의 스펙트럼이 매우 넓기 때문이다. 그러나 여가에서의 재미 연구는 분명 다양한 재미 활동들을 '경험' 의 관점에서 다양한 재미 요소를 발견하는 데는 상대적으로 타 분야와 비교하여 월등한 강점을 보인다는 점에서 재미를 이해하는 데 중요한 시사점을 제공할 것으로 보인다.

일례로, 스키와 놀이동산에서의 여가 체험을 중심으로 여가에 있어서의 재미를 연구한 "여가 경험의 심리적 본질" 연구(성영신 · 고동우 · 정준호, 1996)는 여가 체험을 활동지향적 체험, 사회지향적 체험, 환경지향적 체험으로 나누고 각각 자유감, 유능감, 신체적 역동감, 모험감, 일탈감과 자기표현감, 대인교류감, 고독감, 유행심리와 대자연감, 편리함의 11가지 재미 요인을 제시하였다. 이 11가지 여가 체험들은 '재미있다' 는 반응 속에 각각이 따로 떨어져 존재하는 것이 아니라 서로 긴밀한 유대관계를 맺으면서 복합적인 요소가 함께 작용하는 것이라고 설명하고 있는데 이 요인들은 재미의 핵심 재미 요소를 도출하는 데 실질적인 도움을 줄 것이다.

② 놀이와 게임

놀이는 사실상 재미와 동의어로 인식될 정도로 재미의 본령이라고 할 수 있는 영역이다. 일찍이 네덜란드의 인류학자 호이징가Huizinga는 놀이의 재미와 관련하여 『호모 루덴스Home Ludens』라는 저서를 통해 놀이가 갖고 있는 문화적 특질들을 분석적으로 제시한 바 있다. 재미를 좁은 의미에서 규정할 경우 가장 재미에 근접한 개념이 바로 놀이라고 할 수 있다.

놀이야말로 자발적이고, 보상을 기대하지 않으며, 경쟁적 상황에서 재미가 유발되는 등 재미가 갖고 있는 본질적 속성들을 가장 잘 담고 있는 활동이라고 할 수 있다. 또한 어떤 의미에서 놀이는 술래잡기, 고무줄놀이 등 아이들의 놀이에서부터 여가활동으로서 스포츠활동이나 취미활동, 나아가 디지털 미디어 시대의 컴퓨터, 네트워크, 모바일 게임에 이르기까지 광범위하게 확장된 개념으로 이해할 수 있다.

이 분야의 연구는 주로 유아동들의 놀이 심리나 놀이 학습 등 재미요인을 학습의 성취동기를 유발하는 촉매로서 연구하려는 경향을 보이고 있다. 게임 분야는 정보화시대를 촉발한 컴퓨터와 정보통신 네트워크의 발달과 함께 새롭게 대두된 놀이 영역으로 놀이의 경쟁적 속성을 재미의 요소로 최대한 활용하고 있다.

재미의 영역 중 재미의 강도가 가장 강해 과몰입에 의한 중독이 문제시될 정도로 게임에 의한 재미는 매우 넓고 흥미로운 연구 영역을 포괄하고 있다. 게임은 또한 그 자체가 스토리적 요소를 갖고 있기 때문에 재미의 또 다른 영역인 이야기와 서사적 측면에서의 재미와도 관련되어 있다. 게임에서의 재미 연구는 치열한 산업 경쟁 하에서 실질적인 성공 전략 차원에서 재미있는 게임 구성 원리를 도출하는 실용적 목적을 갖고 있다는 점이 특징적이다. 대표적으로는 라프 코스터Raphael Koster의 『A Theory of Fun for Game』(한국 번역서 : 재미 이론)을 들 수 있다. 이와 같이 게임 연구는 주로 재미 요소를 게임 개발이나 디자인 과정에 어떻게 활용할 수 있을 지에 초점을 맞춰 디지털 매체 환경에서의 재미 요소와 작동 원리를 파악하는 연구들이 주종을 이루고 있다.

결론적으로 놀이와 게임은 재미의 본질을 이해하는 데 이론적, 경험적 차원에서 가장 핵심적인 통찰력을 제공해줄 수 있는 영역이라고 할 수 있다. 다만 놀이와 게임에서의 재미는 배움과 소통의 재미같은 목적지향적인 다른 재미 활동을 설명하는 데는 한계가 있다는 점을 명확히 인식할 필요가 있겠다.

③ 이야기와 유머

전통적으로 가장 오래된 재미의 영역은 사실상 소설이나 연극과 같은 이야기를 담고 있는 서사narrative의 영역이라고 할 수 있다. 이 분야의 재미 관련 연구는 실제로 '재미있는' 콘텐츠를 만들기 위한 일반 원리를 찾기 위한 노력들이 오래 전부터 시작되었다고 할 수 있다. 여기서는 주로 '사람들은 어떤 이야기를 재미있어 하는가?' (이야기 소재나 이야기 구조), 또는 '사람들은 이야기를 어떻게 전달하여야 재미있어 하는가?' (플롯이나 스토리텔링)에 관해 사회, 인문학 분야의 연구들이 집중되어 있다. 대표적인 연구로는 토비아스의 『20 Master Plots : and how to build them』(한국 번역서 '인간의 마음을 사로잡는 스무 가지 플롯')이 있다.

이야기는 최근 그 영역이 기존의 전통적 서사 영역에만 머무르지 않고 상품개발과 전략수립(시나리오 기법), 마케팅/광고, 디자인 등 다양한 영역으로 확장되어 실용적인 분야의 핵심 차별화 수단으로 활용되고 있어서 이야기의 재미를 이해하는 것은 활용 가치란 측면에서 매우 중요하다고 할 수 있다. 더구나 이야기는 최근 세계적으로 차세대 핵심 산업으로 꼽히는 문화콘텐츠산업 분야에서 소위 '흥행' 이라는 비즈니스 성과를 담보하는 핵심 수단으로 이해되고 있기 때문에 TV드라마, 영화, 애니메이션, 게임 등 콘텐츠 영역의 성공 열쇠 역할을 할 것으로 기대된다.

유머는 재미의 가장 대표적인 발현인 웃음을 유발하는 재미 요소로서, 서사물로서의 이야기의 하위 영역이라고 할 수 있다. 유머는 코미디나 개그 장르에서 중요한 재미 요소이지만 활용 영역은 그에 제한되지 않는다. 사실상 유머 코드는 소위 '재미있는' 모든 장르의 콘텐츠에서 재미를 이끌어가는 중요한 수단이기도 하기 때문이다. 어쩌면 유머가 없는 재미있는 이야기는 존재하지 않는다고 해도 과언이 아닐 것이다. 따라서 이야기에서의 재미 뿐 아니라 유머에서의 재미를 파악하는 것은 전체 이야기 구성전략 차원에서도 반드시 필요하다고 할 수 있다. 유머 연구는 물론 시청각적 요소도 중요하지만 주로 언어적 요소에 의존한다는 점에서 유머 텍스트와 언어 전략 연구가 주를 이루고 있다. 유머 연구는 재미와 관련 웃음 유발 기제에 관한 시사점을 제공해준다는 점에서 주목해야 할 영역이라고 할 수 있다.

이야기와 유머 연구의 한계는 역시 기타 연구들과 마찬가지로 재미의 원리를 다른 재미 영역으로 확장해서 해석하기 어렵다는 본질적인 문제를 갖고 있다는 점이다. 특히 이야기와 유머에 있어서의 재미는 뒤에서 설명할 여가관광과 취미, 학습과 같은 활동지향형, 목적지향형 재미 영역에 적용되기 어려운 측면이 존재한다.

④ 배움과 취미

배움과 관련된 재미 연구는 교육 현장에서 효율적인 학습 성과를 달성하기 위한 유인 요인으로서 주로 연구되고 있는 실정이다. 학생들이 학습 상황에서 어떤 조건에서 이를 재미있다고 받아들이고 동기를 제공받는지가 배움의 재미의 요체라고 할 수 있다. 이에 관해서는 주로 몰입과 같은 과제 중심의 심리학적 집중 현상과 결부시켜 재미를 설명하는 경우가 많으며, 따라서 그 심리적 조건으로서 인지의 격차gap나 사전 지식, 기존 지식 · 경험 체계스키마schema[35]와의 격차의 적정성

35) '기억 속에 체계적, 조직적으로 저장되어 있는 지식의 구조'를 의미하며 단순한 언어적 지식뿐만 아니라 개인이 이미 경험을 통해 획득한 모든 지식을 포함하는 개념으로, 이

을 재미의 핵심 요소로 보는 입장이 많다.

배움의 재미가 갖고 있는 특징은 다른 재미 영역과는 다르게 재미 그 자체를 목적시하기보단 재미를 수단시한다는 점이다. 재미만을 얻는 것이 목적이 아니라 재미를 통해서 성취 동기를 활성화하여 원래의 학습 목적을 성공적으로 수행하려는 것이다. 따라서 배움에서의 재미는 기본적으로 재미 습득 자체를 목적으로 하는 다른 재미 활동들과는 본질적으로 다른 특성을 갖고 있다는 사실을 인식할 필요가 있다.

배움의 재미 관련 연구는 주로 지식 정보 콘텐츠, 가상 강의 콘텐츠와 같은 학습 콘텐츠의 성공적 구성 전략의 차원에서 재미 요소를 어떻게 활용할 수 있는가 하는 관점에서 실용적인 연구가 진행되고 있는 상황이다. 배움의 재미 영역에서 관심을 가져야 하는 부분은 수단시된 재미가 어떤 목적지향적인 활동에서 성취 욕구와 충돌하는 경우이다. 예를 들어 설명하면, 공부나 일에서의 재미가 불가능한 것은 아니지만 성장이나 성취에 대한 내적 동기가 과도하게 결부되는 즉시 재미는 약해지거나 사라진다는 것이다. 결국 배움의 재미 개념을 이해함에 있어서는 재미가 수단시될 때 나타나는 재미 약화의 딜레마를 어떻게 극복하고 재미를 지속가능하게 할 것인가가 중요한 과제가 될 것이다.

⑤ 소통과 미디어

소통과 미디어 영역은 그동안 주로 전통적으로는 신문방송학과 같은 커뮤니케이션 전공 분야의 주된 연구 주제였다. 그러나 이 분야의 연구는 커뮤니케이션 현상 중에서도 주로 저널리즘Journalism과 같은 언론과 여론 현상이나 매스미디어가

미 수립된 이해방식 또는 경험구성의 방식이 새로운 정보나 사건을 이해하는데 어떻게 사용되는가를 설명해 주는 데 쓰인다(매스컴대사전, 1993).

생산하는 대중문화 현상에 초점이 맞춰져 있어 소통과 미디어를 재미라는 시각에서 다룬 연구는 그리 많지 않은 게 현실이다. 그러나 최근엔 이 분야가 컴퓨터, 인터넷, 모바일 미디어와 같은 새로운 미디어가 등장하여 기존의 전통적인 매체 이론으로는 설명하기 어려운 새로운 커뮤니케이션 현상들이 나타나면서 소위 사이버 커뮤니케이션이나 디지털 미디어 분야와 분리를 시도하거나 이를 포함하여 외연을 넓히는 변화들이 나타나고 있다. 그럼에도 이들 역시 관심 사항은 소통이 제공하는 재미나 즐거움이 아니라 커뮤니케이션 자체의 변화에 여전히 맞춰져 있다.

이 분야의 또다른 현상은 디지털 기술이 확산되고 보편화함에 따라 영상 매체의 영역이 넓어졌으며 미디어에서 차지하는 감성적 요소와 오락적 요소의 비중이 더욱 커지게 되었다. 결국 대중매체의 정보적 측면보다 오락적 측면이 더 중요해짐으로써 커뮤니케이션과 미디어 현상을 경제, 경영적 관점에서 하나의 엔터테인먼트 산업, 혹은 문화콘텐츠산업이란 개념으로 철저히 산업적 관점에서 이를 바라보려는 입장들이 나타나고 있다. 이들이 관심하는 것은 경제적 시각에서 볼 때 생산, 유통, 소비의 가치사슬이 타 산업분야와 어떤 차이를 보이는지, 이것을 어떻게 기업의 입장에서 자원을 효율화하고 성과를 극대화할 수 있는 지와 같은 것이라고 할 수 있다. 요컨대 이는 커뮤니케이션과 미디어 현상을 경제학이나 경영학적 연구 주제로 이해하고 접근한 형태라고 할 수 있다.

따라서 소통과 미디어를 본격적으로 재미의 시각으로 조명하려는 시도들은 이제 시작단계라고 할 수 있겠다. 이와 같은 관점에서 소통과 미디어를 접근한 연구 사례는 김영용(2007)의 『인터랙티브 미디어와 놀이』와 나은영(2010)의 『미디어 심리학』을 들 수 있다. 김영용(2007)은 주로 컴퓨터 기반의 인터랙티브 미디어를 '놀이를 제공하는 놀이터' 라는 관점에서 소통과 매체 현상을 주목하고 있다. 그는 또한 미디어 이용자에 대해 능동적이지만 유희적으로 자아를 실현시키는 놀이끈으로 그 특성을 설명하고 있다. 그는 소통이 왜 놀이가 될 수 있는지, 또 그것을 매개하는 미디어는 왜 놀이터가 될 수 있는지를 다양한 사례를 들어 설명하면서 재미와의 연관성을 탐색하고 있다. 재미의 본질을 이해하는 데 있어 그의 연구는 소통과 미디어가 왜 놀이, 게임, 이야기, 유머, 배움과 같은 다른 재미 현상과 다른 즐거움의 영역이 될 수 있는지에 대한 통찰력을 제공해주고 있다.

나은영(2010) 역시 소통은 그 자체가 '즐김'을 특징으로 한다는 점을 들어 소통과 재미의 관계맺기를 시도하고 있다. 사람이 소통하는 이유는 '즐김'에 그 본질이 있다는 것이다. 그는 기존의 커뮤니케이션 현상을 심리학적 관점에서 미디어가 제공하는 즐거운 경험을 분석하면서 재미의 심리적 측면을 다루고 있다. 그리고 미디어가 다루고 있는 각각의 다양한 소통 현상들이 드라마, 영화, 토크쇼, 청중 참여 프로그램, 코미디, 비극과 공포물, 뉴스와 다큐멘터리, 음악, 게임, 스포츠 등 장르별로 어떤 심리적 기제가 작동하고 있는지를 탐구하고 있다. 나은영(2010)의 연구는 재미를 콘텐츠란 차원에서 재미 요소들을 찾아내려 했다는 점에서 재미에 관한 많은 시사점을 던져주고 있다.

2) 재미 개념에 대한 다양한 견해들

기술한 바와 같이 재미의 개념에 대해서는 재미 대상을 어디에 초점을 맞추느냐에 따라 약간씩 상이한 정의를 내리고 있다. 앞서 논의한 여가, 놀이, 게임, 이야기, 학습의 다섯 가지 관점에서 재미를 어떻게 이해하고 있는 지 살펴보기로 한다.

① 여가 관점

여가관광과 관련된 재미의 개념에 대해서는 재미를 주로 '경험' 적 차원으로 보고 '구체적인 심리적 체험들이 복합적으로 포함되며 이들 심리적 체험을 고려할 때 재미는 상황마다, 또 개인마다 달라질 수 있는 것이며, 재미는 매우 복합적인 긍정적 체험' 이라고 설명한다. 그러면서 재미 체험은 다양한 상황에서 다양한 용어로 표현되는데, 대부분의 여가 경험에서 재미는 긍정적 정서 상태를 의미하겠지만 부정적 심리 상태도 종종 재미있는 경험을 포함하기도 한다고 한다. 예컨대 스키장과 놀이동산 참여자들에게 그들의 경험을 물으면 대부분은 재미있다 혹은 재미없다고 대답하는데, 이 때 재미는 자유감, 유능감, 신체적 역동감, 모험감, 일탈감, 자기표현감, 대인교류감, 고독감, 편리함, 자연교류감 등으로 나타난다. 구체적인 어떤 체험을 하느냐에 관계없이 응답자들은 그 상황을 재미있다고 표현하는 경우가 많다고 한다(성영신 · 고동우 · 정준호, 1996).

한 가지 특징적인 부분은 재미의 심리적 특징 중 하나인 '몰입' 연구학자 칙센미하이Csikszentmihalyi가 설명한 행복한 몰입 경험의 요소인 'pleasure' 와 'enjoyment'[36] 를 여가 관점에서의 재미는 모두 포함한 것으로 본다는 점이다. 이 두 가지에 대한 차이는 뒤에 재미의 유사 개념에서 설명하겠지만 재미는 결론부터 말하자면 두 가지를 모두 포함한다고 보기 어렵고 후자에 한정된다고 할 수 있다. 여가 과정에서의 재미는 단순한 휴식에서 오는 편안한 느낌까지도 재미로

36) 칙센미하이는 "pleasure는 개인의 성장이나 성숙과는 관련이 없으며 대개 기대가 충족될 때 지각된다. 예컨대, 잠, 휴식, 식사, sex와 같은 여가 활동은 pleasure를 가져온다. 반면 enjoyment는 심리적 에너지를 요구하긴 하지만 구체적인 활동을 통하여 더 많은 에너지를 축적할 때 나타난다. 심리적 에너지를 투자하지 않더라도 pleasure는 느낄 수 있다. 그러나 enjoyment는 심리적 에너지의 투자 없이는 도달할 수 없다. 또한 pleasure는 의식상의 기존 질서를 유지할 때 느끼지만 enjoyment는 의식상의 새로운 질서를 창출할 때 경험된다."고 설명한다(Csikszentmihalyi, 1990).

포함시킨다는 점에서 재미를 지나치게 넓게 해석하는 경향이 있다. 왜냐하면 소극적 개념의 단순한 휴식까지 포함할 경우, 적극적 개념의 재미 활동의 결과로 획득하게 된 긍정적 정서로서 재미의 공통 원리를 발견하는 것이 원천적으로 어려울 수 있기 때문이다.

② 놀이 관점

재미를 놀이 관점에서 이해하려는 견해는 크게 보면 놀이의 기능을 바라보는 관점에 따라 소극적 관점과 적극적 관점으로 구분해볼 수 있다. 놀이의 기능이 인간의 부정적 감정을 해소시켜 준다는 측면을 강조하는 입장이 소극적 관점이라면, 놀이가 인간의 유희 충동을 만족시켜 준다는 측면을 강조하는 입장이 적극적 관점이라고 할 수 있다. 전자를 대표하는 학자가 프로이트Freut라면 후자를 대표하는 학자는 쉴러Schiller를 들 수 있다. 프로이트는 주로 인간 내면의 부정적 측면들, 즉 죽음에 대한 충동이나 성적 욕구의 억압과 같은 무의식과 연결된 심리 현상에 초점을 맞추면서 놀이의 기능은 인간의 부정적 감정을 정화시켜주는 '카타르시스catharsis'[37]에 있다고 설명한다. 일상적인 표현을 사용하면 스트레스를 해소시켜 준다는 것이다. 현실세계에서 발생할 수밖에 없는 부정적 정서를 해소하기 위해서는 어떤 형태로든 그것을 표출하고 발산해야 하는데 그것이 현실세계에서는 어렵기 때문에 놀이와 같은 가상적 상황을 통해 소극적으로 이를 표출함으로써 해소하고자 한다는 것이다. 아이가 부모에게 야단을 맞은 후 인형놀이를 하면서 인형을 때리거나 부모님 역할을 하면서 흉내내기 놀이를 하는 경우가 좋은 예이다. 이런 관점에서 설명하는 놀이의 재미는 요약하면 '부정적 정서의 해소',

---

37) 아리스토텔레스의 『시학詩學』 제6장 비극의 정의定義 가운데에 나오는 용어로서, 정화淨化·배설排泄을 뜻하는 그리스어로 일종의 정신적 승화작용을 의미한다(출처 : 두산백과).

즉 '카타르시스' 라고 할 수 있다(김정운, 2011).

쉴러와 같이 놀이의 기능을 적극적 관점에서 바라보는 입장에서는 재미를 '유희충동에 의해서 놀이를 함으로써 얻을 수 있는 긍정적인 심리에너지' 라고 정의한다. 놀이 관점에서는 물리학에서의 힘과 에너지의 관계를 빗대, 유희충동이란 힘이 발생하면 이것이 놀이라는 일을 하게 하고 그 결과 재미라는 심리적 에너지가 발생한다고 설명한다. 유희충동 개념을 활용한 놀이의 재미에 관한 연구는 심리학적 차원에서 재미를 이해하는 데 중요한 실마리를 제공한다는 점에서 이하에 자세히 설명하기로 한다(윤지은 · 이인성 · 김진우 · 최동성 · 박지은, 2006; 김학진 · 김성문 · 김진우 · 박선주, 2007).

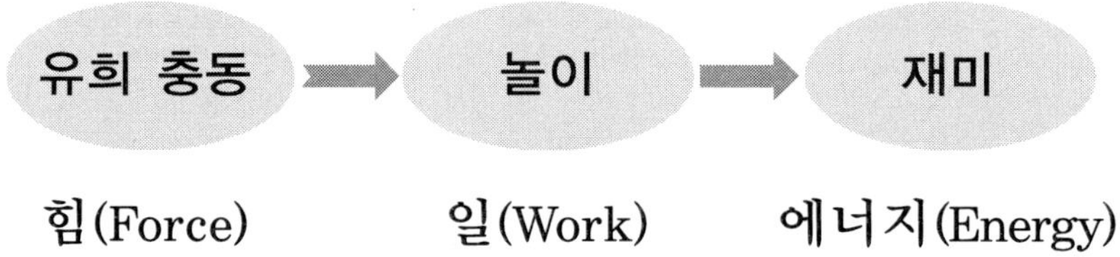

[그림 8] 재미를 얻는 과정(김학진 · 김성문 · 김진우 · 박선주, 2007)

재미의 경험 과정은 다시 내적 요소와 외적 요소로 나눠 더욱 상세하게 분석한다. 즉, 재미는 재미를 인식하는 주체의 내부적 요인과 재미 대상이 갖고 있는 외부적 요인의 상호작용에 의해 구성된다는 것이다. 재미의 내적 요소는 목표와 의식, 감정 상태로 구성되는데 목표, 의식 및 감정 상태는 서로 긴밀히 연관되어 있으며, 목표는 의식 상태에, 의식 상태는 다시 감정 상태에 순차적으로 영향을 미친다.

목표란, 사용자가 제품이나 시스템을 사용함으로써 최종적으로 지향하는 결과로서 제품이나 서비스를 사용하는 목표에 따라서 사용자 경험은 목표 지향적 경험Goal mode과 활동 지향적Action mode 경험으로 구분할 수 있다.

목표 지향적Goal mode, Goal-directed 경험이란, 명확한 목표를 성취하기 위해서 제품이나 서비스를 사용하는 경험이다. 상대방을 이기고 원하는 아이템을 얻겠다는 명확한 목표를 가지고 온라인 게임에 몰두하는 경험 등이 대표적인 예가 될 수 있다.

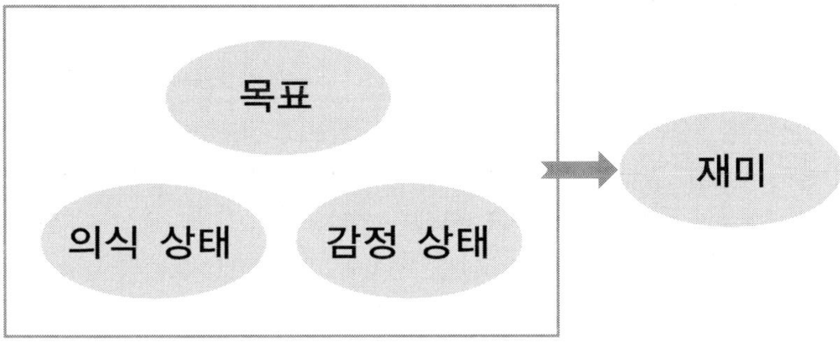

[그림 9] 경험의 구성 요소(김학진 · 김성문 · 김진우 · 박선주, 2007)

목표를 성취하기 위해서 노력하는 과정에서 재미는 무시되기 쉽다. 목표를 성취한 뒤 즐거움이나 만족감을 얻을 수는 있지만 활동 자체를 즐기며 재미를 얻기는 어렵기 때문이다. 반면에, 활동 지향적 경험에서 사용자는 정해진 목표가 없으므로 자연스럽게 활동 자체에서 재미를 얻고자 하는 유희 충동이 생기는 것이다. 예를 들면, 상대방을 이기겠다는 생각없이 그저 무료한 시간을 재미있게 보내기 위해서 퀴즈 맞추기와 같은 게임을 하는 경우와 같이 활동 자체를 중시하며 어떤 제품이나 서비스를 사용할 경우 자연스럽게 유희 충동이 발현되어 보다 쉽게 재미를 얻을 수 있다.

의식 및 감정 상태는 인간이 깨어 있어서 생각하고 느끼는 모든 과정을 포함하는 개념으로, 의식은 경험의 인지적인Cognitive 측면을 구성하고 감정Emotion은 경험의 내용을 결정하는 정서적인 측면을 구성한다고 본다. 따라서 의식 및 감정 상태는 사용자의 주관적인 경험의 내용을 결정하는 중요한 요소라고 할 수 있다.

사용자 경험의 인지적인Cognitive 측면을 구성하는 의식 상태는 지능이나 기억력과 같은 인지적인 요소들을 사용하여 감각체를 통해서 들어온 정보들을 사용자의 목표나 의도에 따라서 순서화한다. 의식의 수준은 각성의 정도인 활성화 상태에 따라 사물을 인지하고 이에 반응하는 속도와 민감도가 달라진다고 할 수 있다.

목표 지향적 경험에서 경험의 내용은 의식에 따라서 질서를 갖추게 되는 반면, 재미를 얻는 활동 지향적 경험을 할 때의 의식 상태는 감각체를 통해서 들어온 정보들을 하나의 통일된 질서를 갖추지 못하고 그때 그때의 흥미에 따라서 처리하게 된다.

재미를 얻기 위해서는 특정한 질서가 강요되지 않는 자유로우면서도 적정하게 활성화된 의식 상태가 필요하다. 특정한 목표에 집중하지 않고 자유롭게 그 활동 자체를 즐기면서 다양한 외부 자극에 자유롭고 즉흥적으로 반응할 수 있어야 보다 쉽게 재미를 얻을 것이기 때문이다.

경험의 정서적인 측면인 감정Emotion은 경험의 결과이면서 동시에 경험의 내용을 결정하는 요소이다. 감정은 각성 상태를 나타내는 활성화Activation와 비활성화Deactivation 그리고 유쾌Pleasure와 불쾌Depleasure로 구분하고, 재미는 적정하게 활성화된 상태에서 쉽게 얻을 수 있으며, <그림 10>의 오른쪽 상단 1/4 분면에 표시되어 있는 신명나는 흥겨움을 느낄 수 있다.

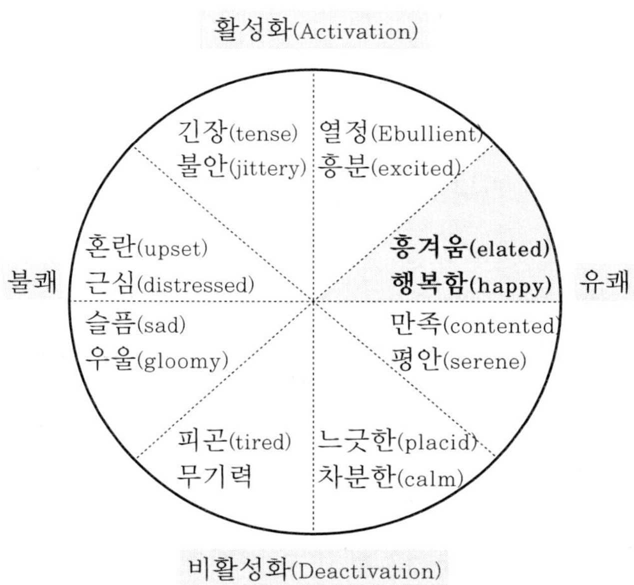

[그림 10] 감정 분류(Russel, 2003; 윤지은 · 이인성 · 김진우 · 최동성 · 박지은, 2006 재인용)

사용자가 제품이나 서비스를 사용함으로써 재미를 얻기 위해서는 목표 보다는 활동 자체를 즐김으로써 통일된 질서를 갖추지 못한 의식 상태에서 외부 자극에 적정한 수준으로 활성화되어 흥겨움이라는 유쾌한 감정을 느끼는 감정 상태를 유지해야 하는 것이다. 재미 경험의 외적 요소는 재미를 제공하는 재미 대상이나 활동의 자극 특성으로서 몇 가지 속성을 갖는다고 한다. 즉 재미를 제공하는 외부 자극은 상상력을 자극할 수 있어야 하고, 신뢰를 기반으로 예상을 깨는 자극을 주어야 한다. 또한 이해와 공감대를 형성할 수 있는 자극을 주어야 하고 살아 움직이는 생생한 자극을 주어야 한다는 것이다.

재미에 있어서 상상력이 필요한 것은 아이들의 놀이를 예를 들면 '~인 체하는' 가상놀이나 다른 사람의 행동을 따라하는 역할(모방) 놀이를 생각하면 쉽게 이해기 될 것이다. 놀이의 재미는 상상력을 자극하는네서 출발하기 때문이다. 신뢰가 필요한 이유는 재미있는 자극이 위협이 되지 않아야 하기 때문이고, 재미 대상에 대한 믿음이 필요하지만 그럼에도 예상을 깨는 자극을 줘야 지루해지지 않기 때문이다.

또한 이해와 공감대가 필요한 이유는 사람들의 예상을 깨고 상상력을 마음껏 발휘하도록 만드는 자극을 제시했다고 해도 사람들이 그것을 이해하지 못하거나 공감할 수 없다면 재미를 주지 못하기 때문이다. 생생한 자극은 시, 청, 촉각 등을 포함하는 감각적 요구로서 즉각적이며 끊임없이 변화하는 감각적 자극이어야 한다는 점을 의미한다(김학진 · 김성문 · 김진우 · 박선주, 2007).

이상과 같은 이런 놀이 관점의 재미에 대한 개념 정의는 기존의 개념 정의와 달리 놀이라는 재미의 핵심 영역에 초점을 맞추었으며 재미의 대상과 주체 측면을 나눠 재미의 심리적 작동 원리를 설명하려고 했다는 점에서 매우 설득력있는 견해라고 판단된다. 특히 재미를 일종의 심리적 '에너지' 라는 점을 제시한 것은 재미가 단순히 정서적 느낌으로 끝나는 것이 아니고, 이것이 다시 다른 창조적 활동에 활용될 가능성을 갖고 있다는 사실을 인식하게 했다는 점에서 장점이 있다고 높이 평가할 수 있다. 즉 재미는 사람으로 하여금 긍정적 정서와 감성을 추동함으로써 구체적인 행동(대표적으로는 설득 행동으로서 구매 행동과 같은 경우)을 유발하는 힘을 갖고 있다는 것이다.

다만 재미 경험을 단순히 인지적 요소와 정서적 요소의 합으로 이해함으로써 재미 정보의 인지 전前 입력input 단계에서의 감각적sensational 측면을 고려하지 않았다는 약점이 있다고 할 수 있다.[38] 또한 재미의 외적 요소에 대한 설명들은 놀이적 측면에 해당된다기보다는 이야기나 유머와 같은 서사적 재미 영역에 가까운 설명이라는 점에서 재미의 내적 요인과 외적 요인을 고려하는 대상 범주의 불일치가 문제점으로 지적된다. 재미의 감정을 설명하는 부분에서 재미에 해당하는 활성화 수준을 적정한 수준이라 하여 <그림 10>의 1/4분면의 아래 부분만 해당한다고 한 설명도 견해에 따라서는 받아들이기 어려운 측면이 있다. 1/4분면의 윗 부분에 해당하는 일종의 '흥분' 상태는 몰입 상태에 해당하기 때문에 지나친 열정에 해당되어 재미로 보기 어렵다는 설명이다. 그러나 재미 상태는 수준이 높아짐에 따라 어느 정도의 흥분을 유발할 수 있다는 점에서 1/4분면 전체를 재미 감정의 영역으로 볼 수 있다고 판단된다. 재미에 있어서 몰입 자체가 문제가 되는 것은 아니고 과몰입에 의한 중독이 재미로 보기 어렵다는 점에서 문제가 된다는 것이다.

결론적으로 몇 가지 약점에도 불구하고 놀이 관점에서의 재미 개념은 재미에 관한 결정적인 구성 요소와 조건을 제시했다는 점에서 재미의 보편적인 구성 원리를 설명하는 데 중요한 시사점을 제공하고 있다고 할 수 있다. 즉, 재미는 목적의식 없이 활동 자체를 과정으로서 즐기며 자유로운 의식상태에서 흥겨운 감정

38) 이 부분에 대해서는 재미 경험의 외적 요인의 조건으로서 '생생한 자극'에서 부분적으로 설명하고는 있지만 체계성이 부족해 보인다.

상태를 유지하는 것이라는 것이다. 또한 재미 대상의 속성은 상상력, 신뢰감, 공감, 생생함(새로움)을 요건으로 한다는 점이다.

③ 게임 관점

게임의 재미 개념에 대해서 많은 연구자들은 재미 자체를 정의하기 보다는 게임의 어떤 요소들이 재미를 제공하는지를 주로 경험적 차원에서 찾아내는 시도들에 치중하고 있다. 게임의 재미 요소에 대한 다양한 연구와 결과들은 추후 Ⅲ부 '재미의 세부 영역'에서 자세히 다루기로 하고 여기서는 재미 개념을 흥미로운 관점에서 설명한 라프 코스터의 견해를 다루기로 한다. 15년 이상 <울티마 온라인>, <스타워즈 갤럭시즈> 등 다양한 게임을 직접 디자인하고 개발한 현장 경험을 토대로 『재미 이론』을 저술한 그는 재미에 대해 '학습을 목적으로 패턴을 흡수하고 있을 때 두뇌가 보내는 피드백'이라고 정의했다. 즉 게임에서의 재미는 게임이 제공하는 패턴(일종의 게임 규칙)을 학습하는 과정에서 뇌가 주는 일종의 쾌락적 보상이라는 것이다. 그는 기본적으로는 게임의 재미를 뇌의 신경생리학적 관점으로 해석하려는 시도를 하고 있다는 점이 기존의 재미에 대한 개념 정의와 차별화된 된 면이다. 재미에 관한 그의 설명은 '패턴'[39]과 같은 불확정적인 용어를 사용하는 등 다소 추상적이어서 그의 개념 정의만 봐서는 쉽게 이해하기 어렵다. 재미를 또한 인지 · 정서적 개념이 아닌 신경생리학적 개념으로 한정한 것도 다소 지나친 측면이 있다. 그리고 재미의 본질을 문제 해결과 같은 학습 과정으로 한정하면서도 기타 재미와 관련성이 있는 심미적 감상이나 본능적 반응, 사회적 관계성의 요소를 재미와 관계가 있다고 보지만 부차적인 요

39) 그가 설명하는 '패턴pattern'은 게임의 반복실행 가능성 차원에서 게임을 실행하는 규칙이나 시나리오를 의미하는 것처럼 보이나 명확하지 않다.

소로 설명하는 부분도 매우 모호한 부분이다. 따라서 재미에 관한 그의 이해를 확인하기 위해 핵심적인 부분을 중심으로 그의 설명을 아래 직접 인용하기로 한다(라프 코스터, 2004).

> 재미는 '기쁨의 원천'으로 정의된다. 이것은 신체적인 자극, 심미적 감상, 또는 직접적이거나 화학적인 조작에 의해 발생할 수 있다. 재미란 체내에서 엔돌핀이 생성되면서 뇌가 기분 좋게 느끼는 것을 말한다. 과학자들은 유난히 강렬한 음악을 듣거나 대단히 감명깊은 책을 읽은 후에 느끼는 행복한 전율이 코카인, 오르가즘, 초콜렛을 맛볼 때 생성되는 것과 동일한 종류의 화학작용이라고 밝혔다. 말하자면 우리의 뇌는 언제나 마약에 취해있다는 것이다. 화학물질이 가장 미세하게 배출되는 경우의 하나는 어떤 것을 배우거나 어떠한 과제를 완수하는 승리의 순간이다. 인간의 학습은 종으로써의 생존에 중요하므로 우리의 몸은 즐거움을 느끼게 함으로써 학습에 대해 보상을 해주는 것이다. 게임에서 재미를 느끼는 방법은 여러 가지가 있지만 이것이야말로 가장 중요한 것이다. 게임의 재미는 숙달로부터 온다. 숙달은 이해로부터 온다. 게임을 재미있게 하는 것은 퍼즐을 푸는 행위 그 자체이다.
>
> 재미의 반대 개념은 지루함이다. 게임에서 더 이상 배울 것이 없을 때 우리는 지루함을 느낀다. 지루함은 두뇌가 새로운 정보를 원한다는 신호로써 흡수할 새로운 패턴이 없을 때 느끼는 감정이다. 단조롭고 지루해 다음 페이지를 넘길 수 없는 책은 우리의 마음을 사로잡는 패턴을 제시하는 데 실패한 것이다. 반복적이거나 다른 것을 모방한 느낌을 주는 음악은 우리의 인지 능력을 전혀 자극하지 않기 때문에 곧 따분해진다. 우리의 뇌는 자극을 갈망한다.
>
> 감각적인 자극이 전혀 없는 방에 갇힌 사람은 아주 빨리 괴로워하게 마련이다. 우리의 뇌는 자극을 갈망한다. 언제나 새로운 것을 탐색하며 그렇게 습득한 정보를 자신의 세계관에 통합하고자 한다. 우리의 뇌는 이렇게 만족할 줄 모른다.
>
> 그렇다고 뇌가 언제나 새로운 경험만을 열망한다는 것은 아니다. 대부분 단순히 새로운 데이터를 원하는 것뿐이다. 패턴을 살찌우기 위해서 필요한 것은 새로운 데이터뿐이다. 완전히 새로운 경험은 뇌에 완전히 새로운 시스템을 요구할 수 있으므로 종종 환영받지 못한다. 이것은 모순이다. 우리의 뇌는 필요

> 이상으로 일하고 싶어하지 않아서 사물을 의미덩어리로 묶어서 저장하며 반대로 뇌가 수용할 수 있는 한계치를 벗어나면 '감각의 과부하' 현상이 나타나기도 한다. 게임이 제공하는 퍼즐에 더 이상 새로운 구석이 없어지면 우리는 지루해진다. 따라서 게임은 결핍과 과잉, 지나친 질서와 지나친 혼란, 침묵과 소음의 항로 사이에서 적절한 균형을 잡아야 한다.

그의 설명을 정리하면, '재미'는 '패턴을 학습하는 과정'에서 온다. 우리의 뇌가 받아들일 수 있는 수준보다 약간 높은 정도의 도전 과제를 주면 우리는 그 퍼즐을 풀기 위해 노력한다. 이 과정에서 '재미'가 생긴다. 또한, 우리의 뇌는 뭐든지 '단순화'하기 위해 끊임없이 움직인다. 우리의 뇌가 단순화하는 과정이 바로 패턴을 찾는 과정이다. 패턴을 찾아서 연습을 하고 숙달이 되면 우리는 재미를 느낀다. 반면 패턴을 찾지 못하거나, 패턴을 찾아도 연습이 안되거나 숙달되지 않으면 재미는 사라진다.

따라서 너무 어려운 게임도, 너무 쉬운 게임도 재미없다. 우리의 뇌가 받아들이기 어려운 난해한 영화도 재미없고, 복잡한 화음으로 얽혀 있는 재즈도 재미없다. 또한, 상투적인 줄거리에 식상한 주인공이 등장하는 만화도 재미없고, 어떻게 진행될지 뻔히 보이는 드라마도 재미없다.

그러나 게임의 룰과 패턴을 조금 눈치 챈다면 칠 줄 모르는 골프 중계도 재미있고, 오케스트라의 클라리넷 소리가 귀에 꽂히는 희열을 맛 볼 수 있다. 뉴스가 재미있다면 세상 돌아가는 패턴을 자기 스스로 이해할 수 있고, 뭔가 자꾸 보이는 게 있다는 것이다. 밤새는 줄도 모르고 <스타크래프트>에 몰입할 수 있는 것은 우리의 뇌가 게임의 패턴을 학습하는 과정에서 오는 재미를 만끽하고 있기 때문이다. 그러나 어느 지점에 다다르면 더 이상 배울 게 없어지고, 당연히 재미도 사라진다. 라프 코스터는 게이머가 지루해지기 전에 게임이 가르칠 수 있는 모든 것을 가르치는 게임이 '재미있는' 게임이라고 말한다.

그는 재미의 유형을 크게 문제를 정신적으로 정복하는 행위, 심미적 감상, 본능적 반응, 사회적 위치 책략문제의 네 가지로 구분하였는데 이 중 게임의 재미에 해당하는 것은 문제를 정신적으로 정복하는 것에 한정했다. 심미적 감상은 게임의 시청촉각 등의 감각 자극적인 부분을 의미하는 것이고 본능적 반응은 일반적으로 신체적 특성이며 주어진 문제를 물리적으로 정복하는 것이며, 사회적 위치 책략은 사람들이 공동체에서 갖는 스스로의 위상과 사회적 위치에 대해 생각하게하는 내재적 동기로서 재미가 제공하는 즐거움은 이 모든 것이 성공적으로 완수되었을 때 얻을 수 있다고 하였다.

그 역시 게임의 재미의 심리적 특징으로 몰입을 다루지만 재미와 몰입은 다른 것이라고 분명히 설명한다. 왜냐하면 명상과 같이 재미없는 몰입도 존재하기 때문이다. 오히려 그는 게임의 재미는 그것이 새로운 자극이어야 하지만, 재미 주체의 인지적 한계 안에서 받아들일 수 있는 '적정 자극' 이어야 하고 자극과 인지상태의 균형을 이루는 것이 게임의 재미를 유발하는 조건이라고 설명한다. 즉 과제 수행에 있어서의 도전감과 숙련도 사이의 균형이란 점으로 이해할 수 있다.

요컨대, 게임의 재미 개념이 제공하는 재미에 관한 통찰력은 게임과 같은 도전적, 경쟁적 상황에서 조차 숙달된 기능을 적용하는 데서 오는 것이 아니라 그 이전 단계에서 패턴을 이해하고 학습하는 단계에서 오는 것이라는 점이다. 다시 말해서 재미가 통상적으로 생각하는 것처럼 도전이나 경쟁 그 자체에서 오는 것이 아니라는 점을 뇌반응과 같은 신경생리학적 관점에서 설명하려 했다는 점이 매우 분석적이고 독창적인 점이라 평가할 수 있다. 게임에 더 익숙해지고 숙련되면 될수록, 더 이상 새로운 것을 발견할 수 없을 때 아무리 게임의 도전적이고 경쟁적 상황에 놓이더라도 게임의 재미는 더 이상 지속되지 않는다는 사실에서 게임의 재미는 바로 '새로운 패턴에 대한 학습' 에 있다고 주장하는 것이다.

④ 이야기와 유머 관점

이야기의 재미 개념이 무엇인가의 문제는 다른 재미 영역과는 다소 다른 점이 주로 재미있는 이야기 소재나 전개 방식, 이야기 구조는 무엇인가의 문제로 치환되어 있다는 점이다. 놀이나 게임과 같은 다른 영역들은 재미가 작동하는 원리 자체를 규명하는 것이 핵심적인 의문이었기 때문에 전제적으로 재미의 개념을 정의하는 것이 중요했던 반면, 이야기와 유머는 결과적으로 어떤 재미 요인이 직접적으로 재미를 유발하는가에 더욱 관심을 보이고 있다. 이는 이야기와 유머가 가진 서사적narrative 특수성에 기인한다. 즉, 놀이나 게임의 경우는 재미의 유발 조건이 가장 핵심적인 사항이지만 이야기와 유머는 그보다 이야기 상에서 어떤 재미 요소가 있는가를 발견하려는 필요가 강하기 때문이란 것이다.

이런 이유로 대부분의 이야기와 유머에 있어서의 재미 개념은 재미 요소들로 제시되어 있는 것이 일반적이다. 다만 다양한 재미 요소들을 통해 추론적으로 재미 개념에 대한 공통점을 모아 보면 이야기와 유머의 재미란 '심리적 정체psychological congestion로 인해 야기된 긴장감이 기대하지 못했던 사건이나 정보를 통해 해소되는 과정에서 나타난 유쾌한 심리적 정서' 라고 요약해 볼 수 있을 것이다. 따라서 여기서는 재미 개념에 대한 정의는 잠정적인 수준에서 압축하고 이 영역에서 어느 정도 합의된 개념 정의는 별도로 다루지 않는다. 다만 뒤에 Ⅲ부의 각 재미 영역별 내용에서 이야기와 유머의 재미 요소들을 자세히 제시하도록 한다.

⑤ 배움 관점

배움의 재미는 20세기 중반 이후, 주로 아동발달을 중심으로 한 교육학 분야와 아동의 놀이심리를 중심으로 한 심리학 분야의 중요한 연구 주제로 떠올랐다. 대표적인 학자들로는 피아제Piaget와 비고츠키Vygotsky를 들 수 있다. 두 사람은 아동의 인지발달이 '상호작용'에 의해 이뤄진다고 보는 공통점이 있는 반면, 그 상호작용의 내용에 대해서 서로 다른 관점을 갖고 있어 자주 비교된다. 피아제는 아동의 인지발달이 환경과의 상호작용에 의해 이뤄진다고 보지만, 아동의 인지구조에 맞춰 사회적 환경을 수용하는 방식이고, '혼자 놀이'와 같은 독립적인 환경 하에서도 가능하다고 보았다.

반면, 비고츠키는 무엇보다 '사회적 상호작용'의 역할을 강조하면서 아동의 인지발달은 환경과의 상호작용은 물론 '함께 놀기'와 같은 인간과의 상호작용 하에서 가능하다고 보았다. 비고츠키는 놀이를 통해 사물과 개념을 분리해 이해할 수 있는 추상적 사고능력이 생기게 되는데 이것은 인간과의 상호작용으로만 가능하다고 본다.[40)]

두 사람이 약간의 차이는 있지만 중요한 것은 놀이의 재미를 설명하는 데 있어서 '상호작용'이 핵심적인 개념이라는 것을 제시했다는 점이다. 놀이의 '상호작용'은 아동의 인지발달에 영향을 미치면서도 놀이의 재미를 규정하는 핵심 요소라는 것이다. 혼자 노는 것도 재미를 주지만 그것은 매우 제한적이고 한계가 있다고 할 수 있다. 함께 노는 과정에서 나타나는 상호작용은 예측하지 못할 다양한 변화를 야기시키면서 놀이의 재미를 증폭시킨다는 점에서 상호작용은 놀이의 재미를 구성하는 핵심 요소라고 할 수 있다.

---

40) 인간의 인지발달에 사회적 상호작용이 미치는 영향의 중요성을 확인할 수 있는 사례는 실제 1920년 인도 정글에서 발견된 두 명의 소녀 이야기이다. 이들은 늑대 무리와 함께 성장한 것으로 알려졌는데 발견 후 인간사회로 데려와 살도록 했지만 한 명은 1년 후 죽고, 한 명은 9년 후에 죽었다. 그나마 9년 동안 배운 것은 단어 45개와 포크를 사용해 음식 먹는 방법 정도였다는 사실이 아동기 사회적 상호작용이 인지발달에 결정적이라는 사실을 설명해 준다.

놀이의 재미를 구성하는 또 하나의 중요한 핵심 요소는 '가상성virtuality' 이다. 놀이의 의사소통 측면을 강조함으로써 '가상성' 의 중요성을 제기한 사람은 베이트슨Bateson이다. 그는 놀이에서 아이가 학습하는 것은 상위의 의사소통을 통해 역할의 틀을 형성하고 재형성화하는 능력이라고 강조하였다(신은수 · 김명순 · 신동주 · 이종희 · 최석란, 2001). 놀이에 참여하는 아이는 놀이에서 일어나는 역할과 일은 가상적인 놀이일 뿐 현실이 아니라는 것을 구별한다는 점이다. 놀이의 내용text과 맥락context을 구별하는 능력[41] 은 놀이의 의사소통을 규정하는 전제 조건이라는 것이다. 가상과 현실을 넘나드는 인간의 능력은 인간의 의사소통에 있어서는 공감empathy을 가능하게 하고, 이야기의 재미에 빠져들게 하는 '감정이입empathy' [42] 과 '동일시identification' 를 가능하게 한다.

이상과 같은 배움의 재미를 인간의 인지발달적 측면과 관련지어 설명하려는 입장 외에 배움의 재미가 나타나는 상황적 조건에 집중한 연구들도 있다. 배우는 것이 어떨 때 재미있어지는가 하는 것이다. 이에 대해 인지평가이론을 주창한 데시와 라이언(Deci & Ryan, 1985)은 인간의 행동에 영향을 미치는 모든 사건에는 통제적 측면과 정보적 측면이 있는데, 어떤 사람이 통제를 당하고 있다고 여겨질 때 스스로 일을 수행하고 결정하려는 자기결정감은 낮아지며 일을 억지로 하게 되는 반면, 통제의 수준이 낮으면 그 일이 자신의 동기나 선택에 의해 일어난다고 여겨 자기결정감과 내적 동기가 증대된다고 설명한다. 우리 속담에 '하던 짓도 멍석을 깔아주면 하지 않는다' 는 말처럼 자발적 동기에 의해 시작한 일이지만 다른 사람들의 통제가 개입되면 하기 싫어지는 사람 심리를 설명하는 것이다.

41) 뒤에 '재미 주체' 에서 설명할 내용 중 상대방의 의도를 읽고 남의 마음을 이해하는 '사회적 관점 획득 능력' 과 상통한다.

42) 감정이입은 영어로는 공감과 같은 'empathy' 로 번역된다. 사실상 감정이입과 공감은 소통 상황에 따른 차이일 뿐 같은 말이라고 할 수 있다.

이런 설명을 통해 재미의 중요한 전제 조건인 '자기결정감' 이나 '자발성' 의 가치를 확인할 수 있다.

정보적 측면은 개인이 경험하는 사건에 관해 긍정적 정보와 부정적 정보가 있을 수 있는데 개인의 '유능감self-efficacy' [43] 에 관한 긍정적 정보가 그 과제에 대한 내적 동기를 높여 일을 잘 수행할 수 있도록 한다는 것이다.

아무리 재미있는 게임도 스스로 하고 싶어서가 아닌 누군가가 하라고 해서 억지로 하는 것이라면 재미를 느끼기 어려울 것이다. 또한 내가 어느 정도 상황을 스스로 통제할 수 있으며 그것을 하고 있는 나 자신이 잘 하고 있음을 느낄 때 더욱 재미있어진다고 할 수 있다. 요컨대, 배움의 재미를 느끼기 위해서는 그 전제 조건으로 자기 스스로 시작한 것이라는 '자발성(자기결정감)' 과 주어진 과제를 잘 할 수 있다는 '유능감' 이 있어야 한다는 것이다.

앞서 배움의 재미를 전제조건 차원에서 설명한 것과 달리 학습 상황에서의 재미가 유발되는 과정에 초점을 맞춰 재미의 구성 요소를 설명한 연구들도 있다. 인간이 재미를 느끼는 부분은 이미 갖고 있는 경험이나 관념, 지식체계와 비교하여 제공되는 학습의 내용이 서로 다른 인지적 격차cognitive gap에 기인한다는 것이다. 기존에 알고 있던 것과 학습의 내용이 달라서 이것이 '새로운 자극' 이라 느낌으로써 학습자는 재미를 느끼게 된다고 보는 것이다. 이런 재미의 유발 과정에 대해 권창현 · 최정운(2010)은 <그림 11>에서 보는 것처럼 각각의 개인이 가진 지식이나 인지 능력, 경험, 축적된 무의식 등에 따라 달라질 수 있으며 이를 토대로 학습 내용이 제공하는 새로움을 해결해 가는 과정에서 발생한다고 설명한다.

---

43) 사람에 따라서는 영어 번역으로 'competency' 를 사용하는 경우도 있고 한글로 '자기효능감' 이라고 사용하는 경우가 있는데, 이는 모두 '특정한 문제를 자신의 능력으로 성공적으로 해결할 수 있다는 자기 자신에 대한 신념이나 기대감' 을 의미한다.

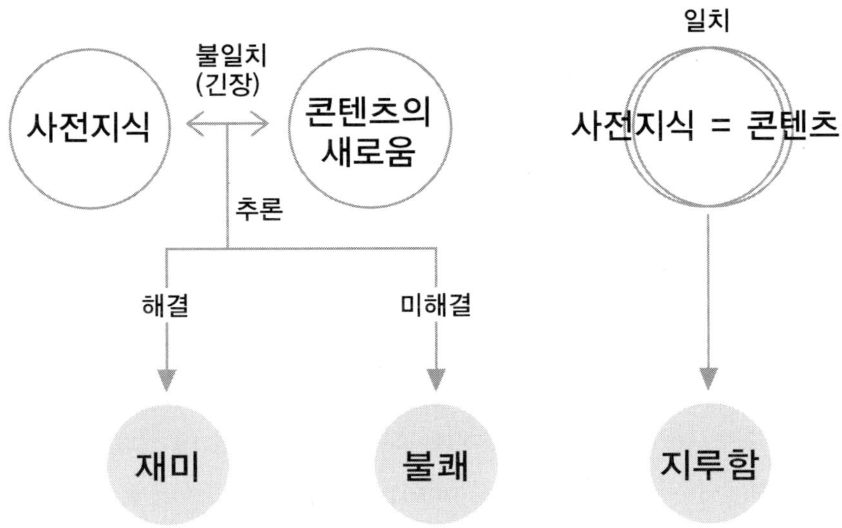

[그림 11] 재미의 유발과정(권창현 · 최정운, 2010)

단순히 몰랐던 것을 알게 됐다는 사실만으로 재미가 곧 발생하지는 않지만 적어도 재미를 느끼기 위해서는 그것이 이미 알고 있는 내용이어서는 안 된다는 사실을 확인할 수 있다는 점에서 이것은 재미의 과정을 이해하는 데 중요하다고 할 수 있다. 이를 김성일(2007)은 '사전지식' 이란 용어를 통해 설명하고 있는데, 배움의 재미를 느끼는 데 있어서 중요한 요소는 그러한 사전지식의 존재 여부가 아니라 사전 지식과 새로운 학습의 인지적 격차의 수준과 정도 차이라는 것이다.

더 자세히 설명하자면 배움의 과정이 재미로 느껴지기 위해서는 당연히 사전지식이 어느 정도 있어야겠지만 재미를 느끼는 데 더 중요한 것은 새롭게 제공되는 학습 내용과의 격차가 재미 주체의 지적 호기심을 자극하는 적정 수준 내에 있어야 한다는 점이다. 즉, 재미 과정의 인지적 격차는 너무 작을 경우 지루하게 느끼게 되고 너무 클 경우는 오히려 학습자를 무관심하게 만들 수 있다는 점에서 '새로운 자극' 의 적정 한계가 재미를 유발하는 요소라는 사실을 인식하는 것이 중요하다고 할 수 있다.

이는 기존에 재미 과정을 과제의 난이도(또는 도전감)와 개인의 능력수준(또는 숙련도)의 상관관계에 따른 몰입의 개념으로 설명한 칙센미하이의 설명과도 상통하는 부분이 있다. 즉 몰입에 의한 재미는 도전감과 숙련도가 상호 적정한 수준에서 일치할 때 발생하는 것이라는 것이다. 어떤 방식으로 설명하든 배움(학습)에 있어서 재미를 유발하는 요소는 사전지식 여부나 사전지식과의 격차가 아니라 그것이 '새로운 것' 이라는 점에 있다는 사실이다. 또한 이 새로움의 요소는 비단 재미의 '내용' 에만 해당되는 것이 아니고 재미의 전달 '방법' 에도 해당되는 것이다. 학습 상황에서 같은 내용이라도 어떻게 전달되느냐에 따라 재미를 느끼는 정도는 확연히 달라진다는 사실을 우리는 경험으로 잘 알고 있다. 재미 인식에 있어 재미의 전달 방법이 내용보다 앞서는 것은 아니지만 방법이 재미의 과정에서 재미를 결정짓는 핵심 요소라고 할 수 있다. 따라서 배움의 재미에 있어서는 재미의 내용뿐 아니라 전달 방법이 함께 고려되어야 한다.

이제 결론적으로 배움의 재미 개념을 요약하면 다음과 같이 정리할 수 있겠다. 즉, 배움의 재미는 선행조건으로 재미 주체의 입장에서는 자발성(자기결정감)과 유능감(효능감)이 있어야 하고, 재미 대상의 입장에서는 재미 주체의 호기심과 도전 욕구를 자극하는 적정한 수준의 '새로움' 을 구성 요소로 한다. 요컨대 배움의 재미란 학습 주체가 갖고 있는 경험 · 지식체계와 다른 새로운 지식을 자발적으로 습득함으로써 자신의 지적 욕구를 충족시킬 때 느끼는 즐겁고 긍정적인 정서라고 정의할 수 있겠다.

⑥ 소통과 미디어 관점

이 분야의 견해들은 소통과 미디어가 제공하는 재미가 구체적으로 어떤 것인지에 관해 명시적으로 설명하지는 않는다. 다만 '놀이' 나 '즐김' 과 같은 우회적인 개념을 통해서 소통과 미디어의 재미를 설명하고 있다. 그러나 소통과 미디어에 초점을 맞춘 연구를 통해 기존의 재미 대상이나 활동과 비교되는 새로운 재미요소들에 대한 탐색은 충분히 가능하다. 앞서 설명한 바와 같이 김영용(2007)은 '상호작용성' 과 '가상성' 을 핵심 개념으로 제시하고 있다. 인터랙티브 미디어가 제공하는 재미는 바로 본질이 상호작용에 있다고 보는 것이다. 왜냐하면 상호작용 자체가 이미 재미를 제공하는 놀이적 요소를 내포하고 있기 때문이다. 맥루한의 '미디어는 인간 기능의 확장' 이란 표현처럼 미디어의 발달과정은 사실상 상호작용의 수준과 심도를 높여온 과정이었다는 점을 인식한다면 미디어 발전과정에서 심화된 재미는 바로 상호작용성에서 초래된 것이라는 사실을 알 수 있다.

김영용(2007)은 원시시대의 알타미라, 라스코 벽화, 고대 폼페이 별장에서 발견된 주신숭배 통과의식을 그린 벽화와 파노라마와 디오라마[44]의 발명에서 시작되어 사진, 영화, TV, 그리고 최근엔 다양한 디지털 미디어의 발명에 이르기까지 그 모두는 환상의 세계로 몰입하게 만드는 상호작용의 재미를 제공하고 있다고 설명한다. 두 번째로 컴퓨터에 의해 창조된 가상세계의 경험은 마치 영화 <아바타>에서와 같이 가면을 쓰고 1인칭 시점에서 다른 존재가 되어보는 황홀한 무

44) 파노라마는 회전하는 거대한 원통형 그림으로 360도 연결된 스펙터클 이미지를 통해 거대한 경관, 이국적인 도시의 모습 등, 역사적 사건들을 실제 보는 것과 같은 환영을 제공하는 시각적 오락거리이다. 디오라마는 파노라마와 비슷하지만 객석을 기계장치에 의해 돌아가게 만든 점이 다르다. 둘다 큰 그림에 의해 둘러싸이게 하고 조명에 의한 광학적 환영을 제공한다.

아지경의 세계에 빠져들게 한다고 설명하면서 '가상성' 이 제공하는 재미의 측면을 강조한다.

김영용(2007)이 주로 최근 디지털 기술이 미디어에 적용되면서 등장하게 된 다양한 인터랙티브 미디어나 가상현실과 같은 새로운 미디어 현상에 초점을 맞춘 데 반해 나은영(2010)은 이와 같은 미디어 기술적 측면에서가 아니라 미디어를 통해 제공되는 재미 객체들의 유형에 초점을 맞춰 장르별로 재미 요인을 분석하고 있다. 나은영도 역시 '상호작용성' 이 '즉각적으로 주고받는 심리적 보상' 이라고 설명하면서 재미를 유발하는 핵심적 요소임을 인정하고 있다. 그는 기본적으로 미디어가 제공하는 재미를 '소통과 즐김' 의 인식 틀로 설명하고 있는데 특히 페이스북, 트위터 등 최근 등장한 소셜미디어는 소통과 즐김이 융합되는 단계로 나아가고 있다고 분석한다.

'소통' 과 '즐김' 의 심리를 각각 타인지향적 정서와 자기지향적 정서로 구별하면서 전자의 경우 감정이입, 동일시, 유사사회적 상호작용parasocial interaction[45]의 심리가 작용하고, 후자의 경우 몰입의 심리가 작용하며 통제 능력을 필요로 한다고 설명한다. 이외에도 그는 미디어 기술이 비언어적 예술작품이나 건축 또는 주변 환경 공간에 적용되어 나타난 미디어 아트도 새로운 재미의 영역으로 분석하면서 '몰입' 을 중요한 재미 요소로 제시하고 있다.

이제 소통과 미디어 관점에서 재미의 개념을 요약하면 재미는 '상호작용성', '가상성', '감정이입', '동일시' 로 인해 나타나는 심리적 보상으로서의 '몰입' 이라고 정의할 수 있겠다. 재미의 작동원리란 차원에서 보면 소통과 미디어 관점의 재미도 다른 재미 영역들과 매우 유사한 속성을 갖고 있다는 사실을 확인할 수 있다.

---

45) 미디어를 통해 경험되는 인물이 마치 실제 인물인 것처럼 인식해 마치 그 사람과 실제로 상호작용을 하고 있는 것처럼 느끼는 것을 의미한다(나은영, 2010).

3) 재미의 사전적 정의

어떤 추상적인 개념을 정의할 때 반드시 빠뜨리지 말고 살펴볼 것은 그 개념에 대한 사전적 정의가 무엇인지 하는 것이다. 사전적 정의의 장점은 무엇보다 일시적 의미보다 오랜 기간 거치면서 어느 정도 합의된 의미를 설명하기 때문에 한 사회의 가장 공통적인 이해를 확인할 수 있다는 사실이다. 또한 사전적 정의는 그 말이 갖고 있는 어원이나 태동 배경을 통해 그 개념이 갖고 있는 원래적 의미까지 확인함으로써 시간이 지나면서 추가되고 변경된 의미를 확인할 기회도 제공해 준다는 점에서 매우 유용한 수단이다.

국립국어원이 제공하는 표준국어대사전(2000)에 의하면 '재미' 에 대해 '1. 아기자기하게 즐거운 기분이나 느낌, 2. 안부를 묻는 인사말에서, 어떤 일이나 생활의 형편을 이르는 말, 3. 좋은 성과나 보람' 이라고 되어 있다. 첫 번째 정의가 우리가 논의 하려고 하는 '재미' 를 가장 가깝게 설명하고 있으며 '동화책이 재미있다', '술래잡기놀이가 재미있다' 라는 식으로 사용된다. 표준국어대사전이 제공하는 두 번째 정의의 사례로는 '자네는 요즘 재미가 어떤가?' 를 물어, 사는 형편이 괜찮은지를 물을 때 사용됨을 설명하고 있으며, 세 번째 정의의 용례는 '그 식당은 밀려오는 손님으로 재미가 쏠쏠했다' 를 들어 벌어들인 돈이 많음을 표현하고 있다.

이 세 가지 정의 모두가 '재미' 의 속성을 반영하고 있다고 볼 수 있다. 이렇게 볼 때 우리 말에서 '재미' 라는 단어는 어떤 상황이나 대상에 대한 긍정적인 표현이며, 그저 즐거운 기분뿐만 아니라 흥미로운 과정을 가지고 있는지, 또 결과에 있어서 좋은 성과가 있는지까지 모두 표현할 수 있는 단어임을 알 수 있다(권창현 · 최정운, 2010). 표준국어대사전의 재미 정의는 재미가 다양한 상황에서 약간씩 다르게 사용되기도 하지만 어떤 경우든 재미가 '긍정적인 정서 반응' 이 있느냐 여부를 핵심 요소로 한다는 공통점을 갖고 있다는 점이다.

『우리말 유래사전』(박일환, 1994)에 따르면 재미는 '아기자기하게 즐거운 기분이나 흥취'를 뜻한다. 재미의 어원에 대해서는 재미가 원래 자양분이 많고 좋은 맛이란 뜻을 지닌 한자어 '자미滋味'에서 나온 말로서, '자미'가 우리말의 'ㅣ' 모음역행동화 현상에 의해 '재미'로 변하면서 말뜻도 함께 바뀌었다고 설명한다.

우리말 유래사전의 정의는 앞의 설명과 비슷하지만, 이 정의에 따르면 추가적으로 재미의 중요한 속성을 읽을 수 있다. 즉, 재미는 '맛을 보는 것', 또는 '어떤 것을 음미하고 즐긴다'는 의미를 제공하고 있다는 것을 알 수 있다. 재미는 어떤 결과적 성취나 목적에 기인하는 것이 아니고 재미 대상 그 자체를 음미하고 즐기는 과정을 포함한다는 의미로 해석해볼 수 있겠다.

종이 사전의 한계는 시대적 변화를 신속하게 반영하기 어렵다는 점이다. 말은 시대가 변함에 따라 조금씩 의미도 변한다는 점에서 온라인에서 제공되는 실시간 사전도 참조해 보았다. 네이버 <지식백과>에 의하면 "재미란 어떤 일이 우리의 관심과 열정을 부추기고 흥미롭게 우리를 사로잡은 결과 우리가 누리게 되는 일종의 심리적 만족감이며 강제되거나 필요성의 압박에 의해 이루어지는 행위가 우리를 재미있게 하는 경우란 드물다. 그런 점에서 재미를 추구하는 우리의 행위는 예외 없이 능동적이며 자발적인 것"이라고 설명한다.

네이버 <지식백과>가 제공하는 재미의 중요한 속성은 바로 자발성이다. 모든 흥겹고 즐거운 기분은 그것이 아무리 즐거운 것이라 하더라도 자발성이 결여된 한도 내에서 결코 재미있다고 느낄 수 없다는 것이다.

이 외에도 『재미 이론』을 쓴 저자 라프 코스터는 재미의 영어 어원을 설명하면서 '영어 단어 'fun'의 어원은 바보를 뜻하는 중세 영어의 'fonne'나 즐거움을 뜻하는 게일어의 'fonn'에서 찾을 수 있다고 하였다. 그러면서 둘 중 어느 것이든

지 간에 재미는 '기쁨의 원천' 으로 정의된다고 설명한다. 또 다른 영어 어원에 대한 설명은 재미fun라는 말이 본래 '다른 사람들의 행동을 우스꽝스럽게 흉내 내는 것' 또는 '사람들을 골탕먹이고cheat 바보 취급을 하는befool 것' 을 의미한다고 한다(윤지은 · 이인성 · 김진우 · 최동성 · 박지은, 2006). '재미' 에 대한 영어 의미를 'fun' 으로 보지 않고 'interest' 로 보는 경우도 있으나(조은예 · 최인수, 2008), 재미가 아닌 '흥미' 정도로 번역되는 'interest' 는 재미를 설명하는 적절한 번역이 아니라고 판단된다. 영어 어원을 통한 재미의 개념 역시 긍정적 정서 반응이란 점에서 크게 벗어나지 않으나 다만 재미를 '가벼운 장난' 이나 재미의 '모방' 적 속성을 강조하고 있다는 점에서 차이가 있다. 여기서 확인할 수 있는 중요한 재미의 속성은 웃음을 잃지 않아야 하며, 심각하지 않은 상황을 전제로 한다는 점이다.

재미에 대한 사전적 정의를 요약하면 재미는 어떤 대상이나 행위에 대한 긍정적 정서 반응으로서, 목적 의식없이 그 자체를 음미하고 즐기는 과정이다. 그러나 무엇보다 중요한 것은 그 즐김이 자발적으로 시작되어야 한다는 점이라고 할 수 있겠다.

4. 재미 정의와 유사 개념

지금까지 재미가 무엇인지 설명하기 위해 선행적으로 이해해야 할 부분으로서 재미의 영역으로서 범위와 분야별로 재미에 관해 어떤 견해와 이론들이 있는지 살펴보았다. 여기서는 지금까지의 이해를 종합하여 재미의 영역 전체를 아우르는 공통적인 속성들을 살펴보고 재미의 보편적 정의를 찾아보려고 한다. 위에서 설명한 다섯 가지 서로 다른 관점에서 본 재미 개념이 무엇이었는지 요약하고 이를 토대로 통합적 관점에서 재미의 정의를 내려보고 재미 개념과 구별해야 할 유사 개념들에 대해 살펴보기로 한다.

1) 재미의 포괄적 정의

여가 관점에서 재미는 소극적으로 쉬는 것을 포함해 '다양한 여가 경험을 통해 유발되는 것으로 다양한 재미 요소들이 상황마다, 개인마다 다르게 조합되고 나타나는 복합적인 긍정적 체험' 이라고 설명한다. 놀이 관점의 재미는 '목적의식 없이 활동 자체를 과정으로서 즐기며 자유로운 의식상태에서 흥겨운 감정상태를 유지하는 것' 이라고 설명한다. 또한 재미 대상의 속성은 상상력, 신뢰감, 공감, 생생함(새로움)을 요건으로 한다는 점이다.

게임 관점의 재미는 다양한 재미 요소들의 복합체로 구성되지만 코스터에 따르면 '새로운 패턴에 대한 학습' 과 '그 학습에 대해 뇌가 주는 신경생리학적 보상' 이다. 이야기와 유머 관점의 재미는 '심리적 정체psychological congestion로 인해 야기된 긴장감이 기대하지 못했던 사건이나 정보를 통해 해소되는 과정에서 나타난 유쾌한 심리적 정서' 라고 설명한다. 배움의 관점에서 재미는 '학습 주체가 갖고 있는 경험 · 지식체계와 다른 새로운 지식을 자발적으로 습득함으로써 자신의 지적 욕구를 충족시킬 때 느끼는 즐겁고 긍정적인 정서' 라고 한다. 마지막으로 소통과 미디어 관점의 재미는 '상호작용성', '가상성', '감정이입', '동일시' 로 인해 나타나는 심리적 보상으로서의 '몰입' 이라고 설명된다.

다양한 관점의 재미 개념에 대한 정의들은 유사한 부분도 있고 서로 다른 부분도 있다. 이 중에서 공통적인 부분과 핵심적인 부분들을 모아 이를 압축해 보면 재미에 대한 포괄적 정의를 다음과 같이 도출할 수 있다. 즉, 재미는 '재미 주체와 재미 객체(대상)간의 지속적인 신체적, 인지적, 정서적 상호작용의 결과로 주어지는 긍정적 심리 반응이자 유쾌한 정서적 변화로서, 재미 주체가 목적 의식없이 자유로운 의식상태에서 자발적으로 재미 활동자체와 재미 객체가 제공하는 다양한 재미 요소를 즐기는 것' 이라고 정의할 수 있겠다. 설명이 길어지긴 했으나 이상의 설명은 여가, 놀이, 게임, 이야기와 유머, 배움, 소통과 미디어 등 본서가 제시한 재미 영역 전체를 포괄하는 핵심 개념들을 담고 있다고 할 수 있다. 여기서 다시 그 핵심 개념을 정리하면 아래 항목들로 요약된다.

A. 재미 주체와 객체의 지속적 상호작용

B. 재미의 무목적성(자기목적성)

C. 자유로운 의식상태

D. 자발적 즐김

E. 긍정적 심리 반응과 유쾌한 정서 변화

① 재미 주체와 객체의 지속적 상호작용

첫째, 'A. 재미 주체와 객체의 지속적 상호작용' 은 재미가 발생하기 위해서는 반드시 두 가지의 요소entity가 동시에 있어야 한다는 것을 의미한다. 재미는 주체가 느끼는 것이지만 그렇다고 객체가 필요하지 않은 것은 아니다. 당연한 얘기지만 재미는 객체를 통해 주체에게 나타난 것이기 때문이다. 주체만 있거나 객체만 있어서 발생하는 것이 아니다. '지속적' 이란 의미는 한 번에 일회적으로 끝나는 것이 아니라 재미가 일련의 과정으로 이뤄진 것이란 것이다. 상호작용의 차원은 신체적인 면(움직임과 감각적인 것 포함), 인지적인 면, 정서적인 면을 모두 포함한다. 여행, 관광, 스포츠레저, 놀이처럼 활동지향적인 여가의 재미는 주로 신체적인 상호작용 측면에서 발생하겠지만 배움과 소통의 재미는 인지적 상호작용 측면에서 나타나고, 이야기와 유머의 재미는 정서적 상호작용을 통해 나타날 것이다. '상호작용' 의 의미는 뒤에 Ⅱ부, 1장의 '재미의 구성요소와 발현조건' 부분에서 상세히 설명하겠지만 '상호작용' 은 재미를 실천적 차원에서 구현하는 주요한 실현 방법으로서 그 안에 놀이성과 재미성이 내재되어 있다고 할 수 있다. 상호작용이 없다면 그 어느 것도 재미를 역동적으로 창출할 수 없기 때문이다.

② 재미의 무목적성(자기목적성)

두 번째, 'B. 재미의 목적성' 은 재미 활동이 특별한 목적 의식없이 재미 활동 자체에 집중한다는 점을 의미한다. 이는 D항목의 '즐김' 과 긴밀한 상관관계가 있다. 우리가 보통 무엇을 '즐긴다' 고 하는 것은 그것을 다른 무언가를 위해 수단으로 활용하는 것이 아니라 그 자체를 음미하고 향유하는 것을 의미하기 때문이다. 다시 말해 재미 활동 그 자체를 수단이 아닌 목적시한다는 것이다. 그런 의미에서 재미는 '자기목적적autotelic' 이다.[46] 앞서 배움의 재미는 학습 목적을 위해 수단시되는 측면이 있다고 설명하였지만 그럼에도 불구하고 학습이 성과 여부와 상관없이 재미있는 활동으로 유지되고 이를 즐기기 위해서는 배움의 과정에서 주어지는 앎의 성취감과 지적 성장에 대한 만족감 자체에 초점이 맞춰져야 한다는 사실에는 변함이 없다는 사실이다. 재미는 재미 활동으로 인한 댓가를 기대하지 않는다는 점에서 무목적적이고 재미 자체가 주는 즐거움을 목적으로 한다는 점에서 자기목적적이다.

③ 자유로운 의식상태

세 번째, 'C. 자유로운 의식상태' 가 의미하는 것은 아무런 제한이나 제약없이 유연하게 다양한 재미 자극을 받아들이고 이에 반응할 수 있는 상태여야 한다는 것이다. 자유로움의 반대 개념으로서 통제된 환경에서는 결코 재미를 체험할 수 없기 때문이다. 이는 또한 근심, 걱정으로 인한 정신적 속박 상태를 벗어나야 한다는 측면을 의미한다. 아무리 게임이나 영화가 재미있는 것이라도 내일 중요한 시험을 앞두고 있거나 처리해야 할 중요한 업무가 있는 상태라면 누구도 그것을 재미있다고 느낄 수 없다는 것을 이해할 수 있을 것이다. 재미는 대상이 갖고 있는 속성과 함께 그것을 즐기는 주체의 주관적 상태에 따라 달라지는 것이란 것을 다시 한번 확인할 수 있다. '자유로운 의식' 이라는 것은 의식의 각성 수준에 관한

46) 자기목적적이라는 것은 행위 그 자체가 목적인 활동으로 사랑, 예술과 같은 것이 예라 할 수 있다.

것으로, 의식의 질서가 강요되지 않는 상황에서 어떠한 강박이나 긴장없이 외부 자극에 유연하게 반응할 수 있는 적정한 수준으로 활성화된 상태를 의미한다(김학진 · 김성문 · 김진우 · 박선주, 2007).

④ 자발적 즐김

네 번째 'D. 자발적 즐김' 은 태도의 측면에서 자발적으로 참여한다는 것이고, 행위의 측면에서는 재미 대상의 속성을 음미하고 향유하면서 재미 활동에 집중한다는 것을 의미한다. 이것은 재미의 몰입적 속성과 관련있는데 여기서의 즐김은 결과가 아닌 과정에 대한 즐김의 의미이다. 재미 대상이 재미있어서 즐기게 되는 측면이 아니라 즐김으로써 재미를 느끼게 되는 측면으로서의 즐김이다. 예컨대 '피할 수 없으면 즐기라' 는 말에서와 같이 여기서의 즐김은 능동적으로 자발적이고 선행적인 의미에서의 즐김이다. 당연한 얘기지만 그렇게 하기 위해서는 어느 정도 재미를 즐기겠다는 의지를 주관적으로 발휘해야 하는 측면이 있다는 것이다. 재미와 관련된 몰입의 개념은 두 가지 측면을 모두 포함한다. 즉, 순전히 재미있기 때문에 몰입한 측면의 결과로서의 몰입과, 업무 성과와 같이 달성 목표를 전제한 상황에서 몰입하게 된 결과 재미를 얻게 된 과정으로서의 몰입이 있을 수 있다는 것이다. 일반적으로 전자의 경우는 재미와 몰입을 같은 것으로 볼 수 있는 여지가 있으나 후자의 경우는 몰입 자체가 재미라고 할 수는 없다고 할 수 있다. 이는 뒤에서 설명할 '재미의 유사 개념' 부분에서 더 이해할 수 있을 것이다.

⑤ 긍정적 심리 반응과 유쾌한 정서 변화

다섯 번째, 'E. 긍정적 심리 반응과 유쾌한 정서 변화' 는 재미의 효과적, 기능적, 결과적 측면을 설명하는 개념이다. '긍정적 심리반응' 이라는 것은 재미 대상과 활동을 경험한 결과 재미 주체는 앞서 <그림 12>의 감정 분류의 우측에 해당하는 긍정적이고 유쾌한 심리 반응이 나타나야 한다는 것을 의미한다. <그림 12>의 좌측처럼 재미를 경험한 결과 근심스럽고, 불안하고, 혼란스럽고, 슬프고, 우울하고, 피곤하고, 무기력해진다면 그것은 결과적으로 재미있는 경험이라고 말할 수 없을 것이다.

그러나 이것은 여전히 매우 주관적인 측면이 있다는 것을 받아들여야 한다. 예를 들어, 공포, 스릴러를 본 후 남자들의 정서 변화와 여자들의 정서 변화는 서로 다를 수 있다. 남자들은 공포 스릴러를 본 후에도 여전히 흥겹고, 만족하고 즐거운 정서를 유지할 수 있겠지만, 여성들의 경우는 대부분 혼란스럽고, 긴장되고, 불안한 정서가 나타날 수 있기 때문이다. 이 때 여성들에겐 이런 경험을 재미있었다고 할 수는 없을 것이다.

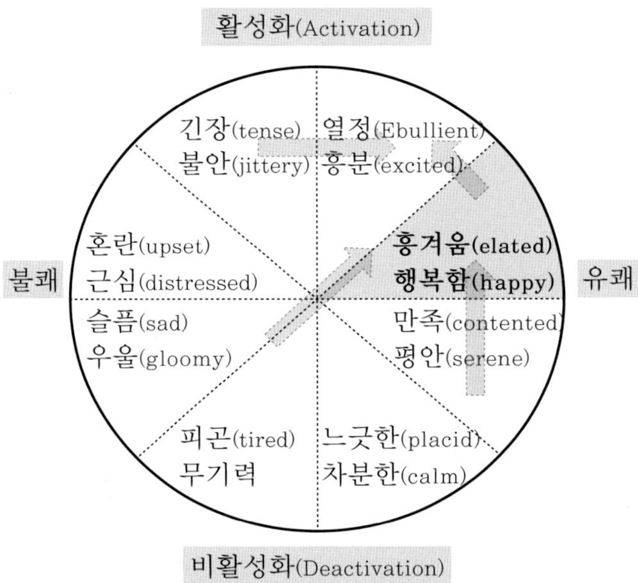

[그림 12] 재미의 정서 변화(Russel, 2003; 윤지은 · 이인성 · 김진우 · 최동성 · 박지은, 2006 재인용, 수정)

'유쾌한 정서 변화'는 재미를 경험하기 전과 후의 정서 상태에 긍정적이고 유쾌한 변화가 나타나야 한다는 것이다. <그림 12>를 기준으로 설명하면 재미를 경험하기 전에는 2/4분면, 3/4분면, 4/4분면의 정서 상태에 있었던 데서 재미를 경험한 후에는 재미의 영역인 1/4분면으로 정서 상태가 변화되어야 하는 것이다. 재미로 인한 정서적 변화는 심지어 1/4분면 내부에서도 발생할 수 있다. 즉, 단순히 유쾌하고 흥겨운 상태에서 흥분과 열정을 느끼는 상태로 정서의 변화가 나타나는 것도 재미로 인한 변화라고 할 수 있을 것이다.

재미를 추구하는 것은 어떤 의미에서 정서 상태의 변화를 추구하는 활동이며 현재 느끼고 있는 감정 상태에서 새로운 감정을 느끼고 싶어하는 데서 출발한다. 예를 들어, 슬프고 우울한 데서 벗어나 즐겁고 생기있는 경험을 하고 싶어하거나 무기력한 느낌에서 벗어나 활기를 찾고 싶어하는 것이다. 또한 분노와 절망, 걱정과 불안과 근심을 바꿔 긍정적인 의식을 되찾고 싶어 하는 것이다. 이런 부정적 정서 상태에서 긍정적 정서상태로 바꾸기 위해 적극적으로 재미를 추구하는 활동 그 자체가 곧 재미라고 할 수 있다. 그러나 엄밀하게 얘기하면 부정적인 정서만 변화시키는 것은 아니다. 일반적으로는 부정적 정서를 긍정적 정서로 변화시키려는 욕구가 크겠지만, 4/4분면의 매우 편안한 상태의 정서에서 1/4분면의 흥겨운 정서 상태로 옮아가는 경우도 전후가 모두 긍정적 정서이지만 중요한 것은 정서 상태의 변화가 초래되었다는 것이다.

2) 재미의 유사 개념

재미의 개념을 제대로 이해하는 데 가장 빠르고 손쉬운 방법은 재미와 관계된 유사 개념과 비교하는 것이다. 유사 개념이란 비슷하지만 다른 것이다. 상반 개념과 비교하지 않는 것은 상반 개념은 비교 대상과 너무나 다른 속성을 갖고 있어서 새로운 사실을 발견하더라도 그것이 너무 자명하거나 인상적이지 않은 결과일 가능성이 높기 때문이다. 유사 개념과의 비교를 통해서 그 공통점과 차이점을 구별함으로써 알고자 하는 대상에 더 가까이 접근할 수 있다. 공통점을 발견함으로써 재미의 세부적인 속성을 확인할 수 있고 차이점을 발견함으로써 재미의 한계와 경계를 확인할 수 있다. 인간이 새로운 사실을 발견하고 인식하는 데는 비교만큼 유용한 방법이 없다.

수업 때 나는 학생들에게 비교가 매우 유용한 학습과 탐구의 수단이라는 점을 설득하기 위해 다음과 같은 예를 자주 든다. 처음에 검은 색 마커를 들어 보이며 이것이 무엇이냐고 질문한다. 그러면 학생들은 단순히 '마커' 라고 대답한다. 그런 다음 검은 색 마커를 한 손에 든 채로 바로 옆에 빨간 색 마커를 들어 보이며 이번에 다시 이것이 무엇이냐고 질문한다. 그러면 그때서야 학생들은 '검은 색 마커' 라고 대답한다. '검은 색' 이라는 추가적인 정보를 확인하기 위해 비교의 방법이 힘을 발휘한 것이다. 내가 이를 통해 보여주고자 하는 것은 이미 알고 있는 사실이지만 인간은 습관적으로 중요한 사실을 놓치는 경우가 많다는 것이다. 그리고 무심코 지나쳤던 사실을 다시 드러내기 위해서는 비교의 방법이 매우 유용하다는 것이다. 비교는 우리의 인지적 안일함을 일깨우고 새로운 사실을 발견하게 하는 매우 유용한 접근방법이라고 할 수 있다.

재미의 유사 개념으로는 행복, 즐거움, 기쁨, 몰입, 쾌락을 들 수 있다. 이들과 다른 점을 구분함으로써 재미가 무엇인지 더 명확하게 이해할 수 있게 된다.

① 행복

행복happiness은 긍정심리학의 가장 대중적인 주제로 인간의 긍정적 정서를 포괄적으로 지칭하는 개념이다. 학자들마다 약간씩 차이가 있긴 하지만 대체적으로 즐거움, 기쁨 등 다양한 긍정적 정서를 포함하는 정서적 만족 상태로 '주관적 안녕감' 이라 정의된다. '안녕감' 이란 용어에서 추론할 수 있듯이 행복은 정신적으로 편안한 상태, 소극적 의미에서 불편함이나 고통이 없는 상태를 의미한다. 서울대 최인철 교수는 행복이 즐거움, 감사, 고요함, 관심, 영감, 경외감, 고요함, 유쾌함, 희망, 자부심, 사랑 등 열 가지 긍정정서를 포함하고 있다고 설명한다.

연세대 서은국 교수는 진화생물학적 관점에서 인간이 생존과 번식이라는 목적을 달성하기 위해 행복이라는 쾌감을 느끼도록 진화된 존재라고 설명한다. 즉, 행복은 생존과 번식이라는 목적을 달성하기 위한 수단에 불과한 것으로, 인간은 행복하기 위해 사는 것이 아니라 살기 위해 행복감을 느끼도록 설계된 존재라고 이해한다. 또한 행복의 핵심적 소인이 외향성, 낙관성과 같은 유전적 성향이라고 설명하면서 행복은 선천적인 자질일 가능성이 높다고 설명한다.

이와 같은 행복론이 갖고 있는 한계는 행복을 대부분의 긍정정서를 모두 포함한 개념으로 지나치게 넓게 이해함으로써 결과적으로 인간이 행복하기 위해 취할 수 있는 행동 전략을 구체화하기 어렵고, 긍정적 마음먹기, 좋은 관계 맺기, 좋은 사람과 식사하기, 여행하기, 운동하기와 같이 일반론으로 흐르게 된다는 점이다. 또한 진화생물학적 설명이 설득력있기는 하나 매우 결과론적 확대 해석일 가능성이 있고 인간은 단지 생존과 번식만으로 만족할 수 없는 실존적 존재라는 점에서 행복을 추구하는 인간의 욕구를 설명하는 데 한계가 있다고 본다.[47)]

행복은 단지 살아남거나, 고통이 없는 상태, 안락한 상태로 설명되는 것이 아니

47) 어떤 것이 모든 것이라는 얘기는 구체적으로 보면 아무 것도 아니란 얘기나 다름없다. 행복하기 위해서는 행복한 사람들과 함께 시간을 보내라는 식의 실천방안들도 '행복하려면 행복하게 살면 된다' 는 허무한 결론과도 같다. 이는 검증되지 않은 전제로 결론을 내리는 일종의 순환논리의 오류에 해당한다. 심지어 행복에 대한 진화생물학적 설명은 행복은 노력해서 얻을 수 있는 것이 아니어서 행복하려고 애쓰지 말아야 한다는 얘기가 돼버린다.

고 프리드리히 쉴러가 '유희 충동' 이란 개념으로 설명한 바와 같이 인간은 본능적으로 더 적극적으로 즐거워지길 기대하는 존재라는 점을 이해할 필요가 있다. 인간은 단지 안락한 상태를 넘어 더 흥겹고 즐거운 상태가 되기를 원하고, 구체적으로는 삶의 시간들을 즐거운 경험으로 채우기를 원한다. 요컨대, 인간은 행복하더라도 재미는 느끼지 못할 수 있지만, 뭔가에 재미를 느끼고 있다면 행복할 가능성이 높다는 점에서 재미는 행복보다 구체적이고 실천적인 개념이다. 인간은 행복하더라도 재미가 없을 수 있지만 재미있는 삶은 결코 불행할 수 없다. 재미없는 행복은 있을 수 있어도 행복없는 재미는 있을 수 없다는 얘기다.

② 즐거움, 기쁨

재미에 대한 가장 큰 오해는 재미가 즐거움과 비슷한 감정이라는 생각이다. 이 둘은 모두 기분이 좋은 긍정적 감정이란 점에서 구별하기가 어렵다. 그러나 재미는 즐거움과 근본적으로 다르다고 할 수 있다. 앞서 '3. 분야별 재미의 이해' 에서 칙센미하이가 설명한 바와 같이 즐거움pleasure은 잠, 휴식, 식사, sex와 같은 인간의 기본적인 욕구가 충족될 때 심리적 에너지의 투입 없이도 느낄 수 있는 감정이다. 그와 달리 기쁨joy은 자신이 원하던 것을 노력하여 성취했거나 얻었을 때 느낄 수 있는 감정이다. 그에 반해 즐거움이나 기쁨과 달리 재미fun[48]는 생리적 욕구가 충족되거나 원하는 것을 달성한다고 해서 느낄 수 있는 것이 아니고 별도의 심리적 에너지를 필요로 한다는 점에서 다르다. 또한 재미있는 활동은 결과적으로 대부분 즐거운 감정 상태를 유발하지만, 즐거운 활동이 다 재미가 있다고 할 수는 없기 때문이다.

---

48) 재미는 어떤 것을 즐기는 상태라는 점에서 즐김enjoyment에 가깝다.

즐거움, 기쁨, 재미를 구별해볼 수 있는 간단한 방법은 '즐겁다', '기쁘다', '재미있다' 가 어떨 때 쓰이는지를 생각해 보는 것이다. 예를 들어 '즐겁다' 는 것은 '식사를 하고 좋은 음악을 들어서 즐겁다', '기쁘다' 는 것은 '월급을 받거나 목표를 달성해서 기쁘다', '재미있다' 는 것은 '영화나 축구가 재미있다' 와 같이 서로 다른 상황에서 쓰인다. 이들을 서로 바꿔 '월급을 받아서 재미있다' 고 하거나 '영화를 봐서 기쁘다' 라고 하거나 '축구가 즐겁다' 라고 하면 매우 어색하다는 것을 금세 알 수 있다.[49]

이점은 즐거움에 해당하는 영어 'pleasure' 와 즐김에 해당하는 영어 'enjoyment' 를 구별해보면 더 분명한 차이를 발견할 수 있다.[50] 즐거움은 '즐거운 상태' 와 같은 형용사적 의미에서 출발했고 즐김은 어떤 것을 '즐기는 행위' 로서 동사적 의미에서 출발했다.[51] 따라서 즐거움은 재미있는 활동이 아니라도 얻을 수 있지만 즐김은 그 자체가 재미를 얻기 위한 활동을 통해서 얻을 수 있다는 점에서 다르다. 즐거움은 결과이고 즐김은 과정이란 점에서도 다르다. '피할 수 없으면 즐기라' 라는 말에서 알 수 있는 것처럼 여기서의 즐김은 결과가 아닌 과정을 즐거워하려는 마음을 가지라는 의미에서 원하는 결과가 나오는 것과 상관없이 선행적으로 나타나는 행동이다.

결론적으로 재미는 목표 성취와는 상관없이 그 과정에서 다양한 활동 자체를 즐김으로써 느낄 수 있다. 재미는 '즐거운' 것이 아니라 '즐기는' 것이다.

---

49) 우리 나라에서는 즐거움과 기쁨을 명확하게 구별하지 않고 혼용해서 쓰는 경향이 있기는 하나 개념적으로는 서로 다른 것이다.

50) 프랑스 철학자 롤랑바르트는 이를 '플레지르Plaisir', '주이상스Jouissance' 로 설명했으나 같은 개념으로 각각 pleasure, enjoyment를 지칭한다.

51) 영어 사전에 따르면 pleasure 는 자기가 하는 일이나 일어난 일에서 얻을 수 있고, enjoyment는 자기가 하는 활동에서 얻을 수 있다고 설명한다.

③ 몰입

재미와 유사한 개념으로 또한 몰입[52)]을 들 수 있다. 어떤 사람들은 재미와 몰입을 거의 동의어처럼 사용하는 경우가 있는데 몰입과 재미는 엄연히 구별해야 할 개념이다. 몰입과 재미를 보통 같다고 보는 견해는 이 둘이 모두 어떤 것에 마음이 뺏겨 시간가는 줄 모르고 열중한 상태라는 공통점을 갖고 있기 때문이다.

뒤에서 재미의 심리적 상태를 지칭하는 용어로 몰입을 설명하는 내용에서 몰입과 재미의 관계에 대해 더 자세히 설명하겠지만 결론적으로 얘기하면 몰입과 재미가 다른 점은 몰입이 재미의 조건이거나 결과이지, 재미 그 자체는 아니란 점이다. 몰입은 어떤 상황에서 발휘되는가에 따라 그 개념이 달라지는 유동적 개념이기 때문이다. 이렇게 설명하면 더 이해하기 어렵게 느껴질텐데, 예를 들면 쉽게 이해가 될 것이다.

몰입이 사용되는 경우는 크게 보면 두 가지이다. 일반적인 경우는 재미있는 것에 마음이 뺏긴 나머지 그것에 온통 정신이 집중된 상태를 말한다. 또 하나의 경우는 어떤 도전 과제를 수행함에 있어서 이를 해결하기 위해 거기에 전념하게 되는 상태이다. 전자와 후자는 사실 몰입의 성격이 완전히 다른 경우라고 할 수 있다.[53)]

전자의 경우는 분명 어떤 것이 재미있어서 몰입하게 된 경우이다. 그 반대로 몰입한 나머지 재미있게 느끼는 경우도 전혀 없다고 할 수는 없겠지만 대부분은

---

52) 몰입flow은 원래 칙센미하이가 주창한 개념으로서, 사람들이 느끼는 최적경험으로서 특정 활동에 몰두하고 있을 때 경험하게 되는 심리적 상태를 지칭하는 용어이다. 몰입은 주로 과제 수행과 같은 목적이 있는 행위에 있어서 과제수행의 난이도와 실행자의 숙련도간의 관계가 일치할 때 일어나는 최적의 경험으로 설명한다.

53) 황농문(2007)은 이를 각각 능동적 몰입과 수동적 몰입으로 구별하였다. 즉, 취미활동과 같이 좋아서 자발적으로 열중하는 경우는 능동적 몰입이라 하고 직무활동과 같이 해야 하기 때문에 의도적으로 열중하는 경우는 수동적 몰입이라고 설명한다.

재미있어서 몰입하게 되었다고 할 수 있다. 여기서의 몰입은 재미의 결과로 나타난 상태로서의 몰입이다.

그런데 두 번째 상황과 같은 경우는 도전 과제를 해결하고자 하는 열망이 큰 나머지 그 외의 모든 다른 것은 잊고 그 한가지에 골똘히 집중하게 된 것이다. 그래서 온 정신적 에너지를 집중한 결과 그 과제를 성공적으로 수행해 냄으로써 집중했던 전 과정을 재미있다고 느낀 것이다. 이 경우의 몰입은 재미의 선행 조건으로서의 몰입을 의미하는 것이다.

이처럼 몰입은 사용되는 상황에 따라 재미의 선행적 개념이 되기도 하고 후행적 개념이 되기도 한다는 점에서 재미와 같은 것이라고 보기 어렵다. 다만 두 가지 모두의 경우에서 보는 것처럼 재미를 느끼게 된 심리적 상황에서 몰입은 긴밀히 재미와 관련되어 있다는 것만은 사실이다. 그런 이유로 몰입은 어떤 활동에 완전히 몰입했느냐로 그 활동이 재미가 있었는지 없었는지를 판단하는 기준이 되기도 한다.

④ 쾌락

쾌락은 신경생리학적 반응이란 차원에서 보면 도파민이란 신경물질의 분비로 인한 즐거운 기분이란 점에서 재미와 같다고 할 수 있다. 다만 그 양과 질의 차이가 있을 뿐이다. 쾌락은 사실 영어로는 즐거움과 같은 pleasure로 번역되지만[54] 우리가 일반적으로 사용하고 있는 쾌락이라는 용어는 그런 포괄적인 관념이 아니라 주로 시각, 청각, 촉각, 미각, 후각 등 인간의 감각적인 만족과 관련되는 개

54) 헬레니즘 시대 쾌락주의자로 알려진 에피쿠로스학파의 쾌락은 '영혼의 평정'을 의미하는 아타락시아ataraxia를 의미하는 것으로 욕구가 충족된 상태가 아니라 결핍이나 고통이 없는 상태로서 금욕주의에 가깝다.

념으로 쓰인다. 이런 개념으로서의 쾌락은 분명 재미와 구별된다. 재미에 쾌락적 요소가 전혀 없지는 않다. 그러나 재미는 그 자체가 심리적, 정서적 반응에 주로 관련된 개념이란 점이다. 즉, 재미는 어떤 것을 경험하고 난 이후에 느끼는 인지적, 정서적 즐거움으로서 심리적 영역의 즐거움에 주로 한정된다.

따라서 재미는 자신이 원하는 모든 것을 갖춰놓고 맛있는 음식을 먹고 편안하게 휴식을 취하면서 느낄 수 있는 쾌락이나 행복감과 다르다. 재미는 쾌락을 위한 말초적인 자극으로 얻을 수 있는 것이 아니다. 말초적인 자극들은 처음에는 재미있게 느껴질지 모르지만 시간이 갈수록 오히려 인간을 지배하여 더 강한 자극을 계속 추구하도록 만든다. 이렇게 자극적인 쾌락에 중독될수록 인간은 수단으로 전락하고 재미도 없어진다(김학진 · 김성문 · 김진우 · 박선주, 2007).

칙센미하이의 설명에 따르면 쾌락은 우리 몸의 생리적 상태나 사회적 조건에 의해 형성된 기대가 충족되었다고 의식할 때 생긴다. 반면 즐김에는 단순히 기대했던 욕망이 충족되는 것을 넘어 예기치 못한, 또는 전에는 상상하지 못했던 것을 성취했을 때 느끼는 것까지 포함된다. 즐김은 이처럼 새로움이나 성취의 느낌으로 생기는 전진적인 움직임forward movement이 있을 때 생긴다. 또한 쾌락은 심리적 에너지를 투입하지 않아도 느낄 수 있지만, 재미는 주의 집중이나 정신적 에너지를 보통 이상으로 투입하여 얻어진다는 점에서 구별된다고 하겠다(Csikszentmihalyi, 1990; 나은영, 2010 재인용).

생각해 볼 문제

1. 재미 개념을 구성하는 핵심 요소는 무엇이라 생각하는가?
2. 교재 내용과 상관없이 나에게 재미란 무엇이라고 정의할 수 있는가?
3. 행복과 재미의 차이는 무엇이고 행복론이 갖는 한계는 무엇인가?

II
재미의 구조와 원리

1. 재미의 구성요소와 발현조건

2. 재미의 유형, 효과, 차이

3. 재미의 심리 상태 – 몰입

4. 재미와 뇌

1. 재미의 구성요소와 발현조건

지금까지 논의한 재미에 관한 설명은 재미는 어떤 것들이 있으며, 재미란 관념적 대상이 어떤 상태를 의미하는 것인지를 알아보았다. 즉, 재미 대상으로서의 주된 재미 영역과 재미의 개념을 정의해 보았다. 하지만 이는 여전히 추상적이어서 이것만으로는 아직 재미를 이해했다고 하기 어렵다. 세부적으로 재미가 어떤 자극을 받아들이고 어떤 과정을 거쳐서 어떤 반응이 나타나는 것인지 재미의 외적, 내적 구성 요소들의 관계와 발현 조건은 무엇인지 이해할 필요가 있다.

지금까지는 재미의 외피를 설명했다면 이젠 재미의 내부로 들어가 알맹이를 들여다 볼 차례이다. 재미를 과일로 비유한다면 껍질을 벗기고 과일의 본질에 해당하는 과육을 맛봐야한다는 의미다. 여기서 설명하려는 재미의 구조와 원리가 바로 과일의 과육과 같은 부분으로서 재미를 이해하기 위한 핵심적인 부분이라고 할 수 있다.

재미의 구조structure는 재미가 어떻게 이뤄졌는지의 구성 내용에 관한 것이고, 재미의 원리principle는 재미의 구성요소간의 상호작용이 어떻게 이뤄지는지의 작동 방식에 관한 것이다. 재미의 구조와 원리를 이해함에 있어서 또한 중요한 것은 재미를 유발하는 조건은 무엇이고 재미의 정서는 어떤 감정들에 의해서 느껴지는 것인지 구체적인 재미 요인들을 파악하는 것이 핵심적인 문제이다.

그런 다음 설명해야 할 남은 문제는 재미는 같은 것이라도 왜 다르게 느끼는가의 문제, 즉 재미의 차이 유발요소로서 재미의 주관성에 대해 생각해봐야 한다. 이 외에 재미에는 어떤 종류들이 있는지, 재미가 갖고 있는 기능과 미치는 영향으로서 재미의 효과는 무엇인지 이해해야 한다. 지금부터 이 문제들을 순서대로 살펴보도록 하자.

재미의 구성요소는 크게 외적 구성요소와 내적 구성요소로 구분해볼 수 있다. 외적 구성요소는 재미라는 것이 존재하기 위해 재미의 마당에 입장하는 참여자 entities들은 무엇이냐에 관한 것이고 내적 구성요소는 재미가 결과적으로 재미 주체의 내부에서 처리되는 과정에서 상호작용하는 요소는 무엇인가에 관한 것이다.

1) 재미의 외적 구성요소

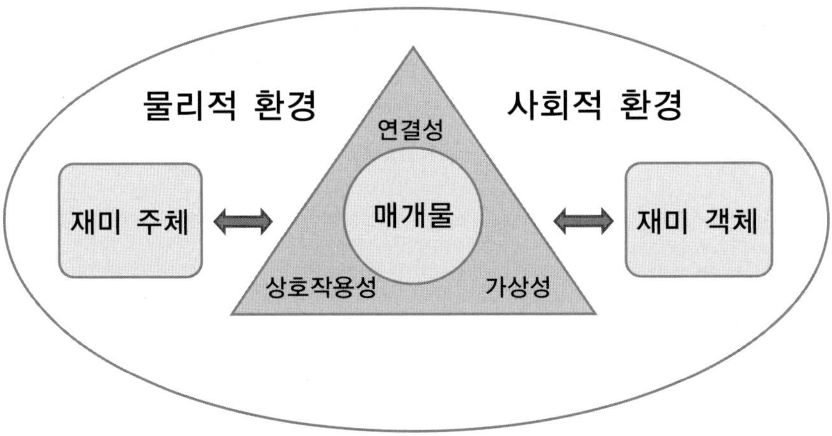

[그림 13] 재미의 외적 구성요소

재미가 형성되기 위해서는 크게 보면 <그림 13>에서 보듯이 네 가지 외적 구성요소들이 존재해야 한다. 즉 재미를 인식하는 주체인 재미 주체와 재미를 제공하는 대상인 재미 객체, 그리고 이 둘을 연결하고 재미를 전달하는 매개물과 이 전체를 둘러싼 환경적 요인들이 있어야 한다. 재미는 이 네 가지 참여 요소들간의 역동적인 상호작용의 결과로 나타난 산물이라고 할 수 있다. 이들 각각이 무엇을 의미하고 어떤 조건들을 갖춰야 하는 지를 자세히 살펴보자.

① 재미 주체

재미 주체는 재미를 인식하는 주체로서 사람을 의미한다. 재미는 사실상 사람이 재미 대상의 자극을 받아들이거나 재미 대상과 관련된 활동을 함으로써 최종적으로 사람 내부에서 심리적으로 처리된 결과로서의 반응이라고 할 수 있다. 따라서 재미있다, 없다를 결정하는 가장 중요한 역할을 하는 존재로서, 주체가 갖고 있는 각성 수준, 인지 능력, 감정 상태 등에 따라 재미는 다양한 결과를 초래한다는 사실에서 알 수 있듯이 재미의 평가는 매우 주관적인 문제라고 할 수 있다.

재미는 재미 주체의 내적 상태에 따라 기본적으로 달라지지만 외부 요소들에 의해서도 영향을 받는다. 즉, 재미 객체가 무엇이냐, 재미 객체를 전달하는 매개물이 무엇이냐, 그리고 재미주체와 객체 간의 이러한 상호작용을 둘러싸고 있는 환경요인이 어떤가에 따라 달라진다고 할 수 있다.

재미 주체의 관점에서 재미를 인식하기 위해 필요한 조건을 설명하면 재미 주체는 현실과 가상에 대한 구분 능력과 공감 능력을 갖고 있어야 한다. 현실과 가상을 구분하는 능력이 필요한 이유는 재미를 느끼는 상황은 현실을 있는 그대로 받아들이는 것에서 오는 것이 아니라 현실 속에 있으면서도 현재 받아들이거나 하고 있는 재미 활동이 가상적이란 사실을 인정함으로써 가능한 것이기 때문이다.[55] 이것은 인간의 인식 통제능력과도 상관관계가 있는데 이런 인식 통제능력에 문제가 생기면 현실과 가상을 구분하지 못하게 되는 현상이 나타나 일상 생활에 문제가 발생한다. 예를 들자면 드라마 속 등장인물과 현실 속 배우를 구분하지 못하고 욕을 하거나 스토킹을 하는 사례나, 게임의 경쟁자와 실제로 현실 세계에서 만나 싸움을 하는 것과 같은 행동(이것을 인터넷 용어로 '현피'[56]라고 한다.)을 하는 것을 들 수 있다.

매개물의 조건에서 설명하겠지만 사실상 재미는 재미 주체가 현재 느끼고 있는 현실과 재미 대상이 제공하는 가상적 내용 사이의 차이에서 발생한다고 할 수 있다. 여기서 말하는 차이란 가상의 내용이 현실적이지 않아야 한다는 의미가 아니라 현실에서는 잘 발생하지 않거나 현실에서 일어나는 것과 다른 조건을 가정함으로써 발생하는 차이를 의미한다.

예를 들어 설명하면, 소설이나 영화의 이야기는 현실적인 얘기를 다루고 있는데, 현실에서는 잘 일어나지 않지만 사람들이 바라는 기대를 충족시켜주도록 가상적인 상황을 만든다. 여기서 현실과 가상의 차이가 발생하는 것이다. 또 아이들의 소꼽 놀이를 예로 들면, 그 안에서 아이들이 서로 정한 가상적인 역할 설정이나 모방 행동에 대해 그 가상적인 조건을 받아들임으로써 현실과 가상의 차이를 만들어낸다는 것이다.

이와 같이 현실과 가상의 차이가 없다면 재미 주체는 결코 재미를 인식할 수 없을 것이다. 그리고 그 차이가 크면 클수록 재미는 크게 느껴질 것이다. 그러나 재미는 이 차이가 존재한다는 것만으로 나타나진 않는다. 이는 가상이 현실을 얼마나 실감나게 재현하느냐에 따라 재미의 정도도 달라지게 된다. 재미를 극도로

---

55) 동물들도 재미를 느끼지만 게임과 같이 규칙제한을 이해하는 인간의 고차원적 재미가 아닌 장난과 같은 초보적 재미라고 할 수 있다. 현실과 가상을 구별하지 못한다는 점에서 또한 재미 향유 능력의 제한이 있다고 본다.

56) '현실'의 앞 글자인 '현'과 PKPlayer Kill의 앞글자인 'P'의 합성어로 만들어진 인터넷 상의 신조어이다.

느끼게 되는 단계는 현실과 가상의 차이를 구분못할 정도로 깊이 빠져들어 몰입의 상태에까지 들어가야 하지만, 재미의 상황이 끝나고 난 후에는 인식의 통제력을 발휘해서 가상의 세계로부터 빠져나올 수 있어야 한다. 그렇지 않을 경우 과몰입의 결과로 중독에 빠질 수 있기 때문이다. 중독은 재미의 한계를 넘어간 상태로 더 이상 재미라고 할 수 없을 것이다.

공감 능력은 재미 주체가 재미 대상이 제공하는 구성물로서 등장인물이나 캐릭터, 또는 재미 활동에 함께 참여하는 다른 재미 주체들에 대해 정서적 일체감을 느끼는 것을 의미한다. 이는 사람에 따라서는 감정이입 능력, 또는 동일시 능력이라고 하기도 한다. 김정운(2011)은 공감 능력을 심리학의 '마음 이론'[57]을 차용해 '사회적 관점 획득 능력'이라고 표현한다. 그는 이것이 아동기에 놀이를 통해 획득되는 것으로, 타인의 관점에서 상대방의 의도를 읽고 남의 마음을 이해하는 능력이라고 설명한다.

공감능력은 인간과 같은 영장류만이 갖고 있는 것으로 뇌과학 분야에서는 이를 '거울뉴런mirror neuron'의 존재로 설명한다. 우리 뇌 안에서는 '공감'을 느끼는 영역이 있는데 그것이 바로 거울뉴런이란 것이다. 거울뉴런은 이탈리아의 파르마대학 지아코모 리졸라티Giacomo Rizzolatti 연구팀이 원숭이 뇌신경 실험을 통해 발견했는데, <그림 14>[58]에서 보는 것처럼 원숭이의 모방 행동을 통해 거울 뉴런은 다른 사람의 행동을 보는 것만으로도 자신이 직접 할 때와 같은 뇌반응을 보인다는 것을 발견함으로써 이를 증명했다.

사람은 누구나 4세 정도가 되면 놀이와 같은 상호작용을 통해 이 공감능력을

---

57) 마음이론Theory of Mind은 타인이 무엇을 알고, 무엇을 모르는지를 이해하는 능력을 의미한다. 'Sally & Ann Test' 라는 심리 실험으로 마음이론을 확인하는데 인간의 경우 4~5세 이후에 생긴다고 본다. 이를 자폐아 확인에 활용하기도 한다.

58) 위키피디아Wikipedia '거울 신경 세포' (http://ko.wikipedia.org/wiki/거울_신경_세포).

갖게 된다고 알려져 있는데, 대뇌의 전두엽과 두정엽 대뇌피질 아래 쪽에 있다고 확인된 거울 뉴런이 물리적인 손상을 입으면 공감능력에 문제가 발생하게 된다는 것이다. 확실히 입증되지는 않았으나 자폐가 이 거울뉴런의 손상과 관련있다고 보는 견해도 있다.

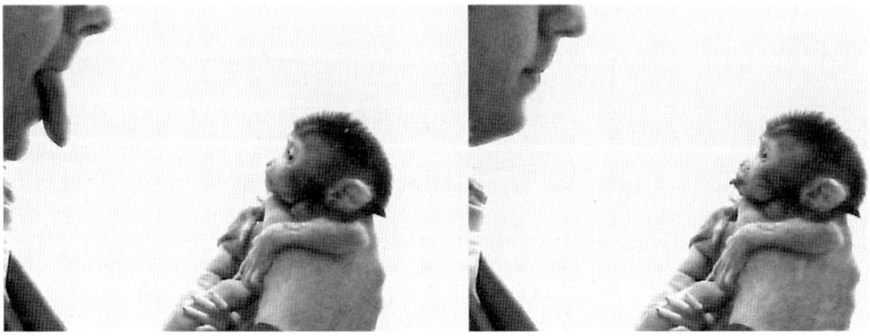

[그림 14] 새끼 원숭이가 사람의 얼굴 표정을 흉내내는 모습(위키피디아Wikipedia)

이 외에 재미 주체가 재미를 인식하기 위해 갖춰야 할 조건이 또 한 가지가 있다. 이는 일종의 인지적 조건으로서 '사전지식' 이라고 할 수 있다. 이는 인간이 재미 정보를 입력받아 처리하기 위해서 필요한 요소이다. 앞서 배움의 재미 부분에서 설명한 바와 같이 인간은 자신이 이미 갖고 있는 지식이나 경험체계를 인식의 준거로 삼기 때문에 그 선행적 정보로서 사전 지식이 필요하다고 설명하였다. 사전지식은 배움의 재미에만 한정된 개념은 아니고 놀이, 게임, 스토리, 유머, 소통 등 거의 대부분의 재미 영역에서 필요한 것이라고 할 수 있다. 배움에서는 '사전지식' 이란 용어로 사용된다면 다른 재미의 영역에서는 '맥락context' 의 이해로 설명할 수 있겠다. 맥락은 주어진 대상 이외에 그 대상과 함께 제시된 모든 정보를 의미하는 것으로 일종의 배경 정보에 해당한다고 보면 된다. 아이들이 성인 드라마나 영화를 봤을 때 재미를 느끼지 못하는 경우나 <개그 콘서트>와 같은 젊은 층 주시청 프로그램을 중장년층이 볼 때 웃지 못하는 경우가 바로 맥락을 이해하지 못하기 때문이다.

사전지식 이외에 김성일(2007)은 재미 요인으로 '가치(목적, 활용가치, 중요도)'의 인식을 제시하면서 재미 대상에 대한 가치를 느낄수록 더 재미 대상에서 재미를 찾게 된다고 설명한다. 김성일은 이를 주로 배움이나 학습의 영역과 관련하여 설명하고 있으나 다른 영역의 재미는 물론이고 배움의 재미에 있어서도 가치의 인식이 재미를 유발한다고 보기는 어렵다고 본다. 왜냐하면 가치의 인식은 목표와 연관되어 있고 재미 외에 특별한 목표를 갖는 목표지향적 활동에서는 오히려 재미를 느끼기 어렵게 만들기 때문이다. 재미 개념에서 설명한 바와 같이 재미는 특별한 목적의식 없이 재미 활동 자체를 즐기려는 데서 출발한다는 점에서 가치의 인식은 높고 낮음에 상관없이 재미에 영향을 미치지 않을 것으로 보인다.

성영신 · 고동우 · 정준호(1996)의 연구에서는 또한 재미 주체 관점에서 필요한 요건으로 '자유감'을 들고 있다. 연구자들은 자유감에 대해 다음과 같이 설명한다.

> 자유감은 여가 활동에서 재미를 느끼게 하는 주요 요소가 되며, 자유감을 체험하지 못할 경우 스트레스와 같은 부정적인 정서를 느끼게 된다. 그러나 자유감의 정도는 선택의 폭이 충분한 정도만을 의미하는 것은 아니며, 선택 내용을 행동으로 실현할 만큼 시간이 충분한가의 문제와 사회적 규범이나 의무의 요소가 존재하는 정도 등에 따라 결정된다는 사실에 주의할 필요가 있다.

자유감에 대해 명시적으로 설명하지는 않지만 대략 여가 활동에서 '심리적으로나 육체적으로 부담이나 억압이 없이 자유롭게 행동할 수 있다는 정서적 느낌'의 의미로 설명한다. 이와 더불어 자유감은 자기 의지로 선택할 수 있는 상태에 대한 인식도 포함한다고 하여 '자발성'의 개념을 포함한 것으로 설명하고 있다. 자유감은 재미에 영향을 준다는 사실은 인정하지만 그것은 없을 경우 재미에 부정적 영향을 미치는 것이지 반대로 자유감이 높다는 사실만으로 재미가 발생하지는 않는다는 점에서 재미 요소로 보기 어려운 부분이 있다. 또한 자유감은 소극적인 의미에서 억압받지 않는 상태를 의미하는 것이고 자발성은 적극적인 의미에서 어떤 것을 스스로 선택했느냐의 여부에 관한 것이기 때문에 분명히 구별되는 개념이다.[59)]

무엇보다 자유감이 재미 주체의 재미 요소라 보기 힘든 것은 자유감은 재미 주체가 원한다고 스스로 가질 수 있는 것이 아니고 주체가 처해있는 상황이나 환경적 요인의 영향을 받는 것이고, 또한 재미 객체가 제공해줄 수 있는 것도 아니기 때문이다.

재미 주체에 관해 한 가지 더 생각해봐야 할 문제는 재미를 추구하는 동기에 따라 재미가 달라지는가이다. 즉, 스스로 재미활동을 선택한 자발적-내적 동기에 의해 재미 활동을 할 때와 보상이나 처벌과 같은 외적 동기에 의해 재미 활동을 할 때에 재미를 느끼는 정도가 달라지는가 하는 것이다. 결론적으로 얘기하면 일반적으로 재미활동에서는 그렇다고 할 수 있다. 즉, 재미는 순수한 내적 동기, 스스로 선택해서 할 경우에 재미를 느낄 수 있고, 설사 보상과 같은 긍정적인 것이라도 외적 동기에서 한 것은 재미가 오래가지 못하고 곧 싫증을 느끼게 된다는 것이다. 이것은 최근 EBS의 <다큐프라임 '놀이의 반란'>에서 유치원 아이들 실험[60)]에서도 입증되었다.

---

59) 자유감은 소극적으로는 구속받지 않을 자유liberty와 적극적으로는 선택할 자유freedom를 의미한다. 구속받지 않는 것이 재미가 발현되기 위한 최소한의 조건이지만 그 자체만으로는 재미가 나타나지 않는다. 그런 의미에서 재미는 '선택할 자유'에서 나타난다고 할 수 있다.

60) 아이들을 크게 '자유선택놀이', '교사지정놀이', '교사권유놀이' 세 그룹으로 나눠 놀이하는 아이들 행동을 관찰했는데, 놀이가 종료되고 더 놀 수 있다는 지시에 교사지정놀이

재미 주체 입장에서 재미를 느끼기 위해서 반드시 전제되어야 할 재미 요소는 이와 같은 자기결정감(자발성)과 자기유능감을 들 수 있다. 이 두 가지는 분명 재미 주체 입장에서 필요한 재미 요소이나 편의상 재미 객체를 설명하는 곳에서 재미 요소 전체를 다룰 때 같이 설명하도록 한다.

마지막으로, 재미 주체가 재미를 인식하기 위해서는 현실과 가상에 대한 구분 능력과 공감 능력, 그리고 사전지식을 갖춰야 하지만, 재미의 긍정적 효과를 지속하고 이를 유지하기 위해서는 자기통제력이 필요하다. 재미는 우리에게 즐거움을 주지만 지나치게 빠지게 만들 수 있는 강력한 힘이 있기 때문이다. 재미에 지나치게 빠진 나머지 다른 일상적인 활동들이 영향을 받거나 너무 몰입한 나머지 건강까지 해치게 된다면 재미가 오히려 우리 삶에 독이 될 수가 있는 것이다.

이와 같은 과몰입 상태는 약물 중독, 도박 중독과 다를 바 없는 재미 중독에 이르게 하고 적절한 치료를 필요로 한다. 특히 자제력이 약한 청소년기에는 스스로 재미 활동을 멈추는 것이 어렵기 때문에 성인들보다 과몰입에 빠질 위험성이 매우 높다고 할 수 있다. 인터넷, 게임, 스마트폰은 중독 가능성이 높아 청소년들의 건강한 성장을 보장하기 위해 이에 대한 적절한 사회적 보호대책 마련이 시급한 상태이다.

그러나 재미 중독 문제는 비단 청소년만의 문제라고 보기 어렵고 성인들도 이와 같은 과몰입에 따른 악영향을 피하기 위해서는 자기통제력을 확보할 필요가 있다. 그런데 자기통제력은 엄밀히 말하자면 의지에 관한 것으로서 생각대로 조절할 수 있는 성질의 것이 아니라는 것이 문제이다. 따라서 자기통제력을 키우기 위해서는 무엇보다 일과 여가, 재미 활동들간의 균형을 잡는 것이 중요하다고 하겠다. 즉 일이든 여가든 한쪽으로 치우치지 말고, 또한 재미를 추구하는 경

그룹과 교사권유놀이 그룹 아이들은 재미를 못 느끼고 곧 다른 놀이를 선택했고 자유선택놀이 그룹만 같은 놀이를 계속한다.

우에도 한가지에만 빠지지 말고 정신적 측면과 육체적 측면이 함께 균형적으로 성장할 수 있도록 다양한 재미 활동들을 추구할 필요가 있겠다고 하겠다. 예를 들어, 혼자 할 수 있는 재미 활동을 했다면 그 다음에는 사람들과 같이 하는 활동을 해본다든지, 또 실내에서 할 수 있는 재미활동을 했다면 그 다음에는 야외에서 몸을 움직이는 놀이 활동을 해본다든지, 또는 스트레스를 해소하기 위한 관람형 재미활동을 한 다음에는 생산적 차원에서 자기 성장을 위한 배움형 활동이나 무언가를 직접 만들어 보는 창조형 활동들을 해본다든지 하는 등 재미 활동의 변화와 균형을 추구하는 자세가 자기통제력을 강화시키는 데 도움을 줄 것으로 본다.

② 재미 객체

재미의 외적 구성요소의 두 번째는 재미를 제공하는 대상인 재미 객체이다. 이것은 앞서 설명한 놀이, 게임, 이야기, 유머, 배움, 소통 등 재미 영역을 지칭하는 것이다. 이를테면 재미의 진원지이자 재미의 출발점이라고 할 수 있다. 이것은 대상을 의미하면서 그 대상이 유발하는 활동을 포함한다. 예를 들어 유머의 경우 재미있는 이야기가 재미 대상이면서 동시에 개그를 시청하는 활동을 포함한다.

재미 객체에서는 재미를 유발하는 재미 요소들, 즉 재미 객체들이 생성하는 어떤 느낌feeling이 재미 주체에게 재미로 인식되는가의 문제를 이해하는 것이 중요하다. 어떤 재미 영역의 대상이나 활동이냐에 따라 그것이 제공하는 재미 요소는 매우 다양할 것이다. 그리고 각각의 재미 요소들은 어느 한 가지만 개별적으로 작용하지 않을 것이다. 이들은 서로 긴밀히 연결되어 상호 유기적인 상승작용을 불러일으킬 것으로 보인다. 이를테면 다양한 재미 요소들의 복합적인 정서 작용에 의해 최종적으로 재미가 생성되는 것이다.

이제 재미 요소들이 무엇인지 살펴보도록 하자. 재미 요소라 함은 사람이 재미

있다고 느끼는 정서적 느낌을 유발하는 하위 인자들을 의미하는 것으로, 다음의 몇 가지 조건에 부합하여야 한다. 우선 도출될 재미 요소들은 앞서 설명한 바와 같이 재미 영역 전체를 아우르는 재미 요소이어야 하고(누락이 없어야 하고), 재미 요소들 간엔 상호 중복되는 개념이어서는 안된다(중복이 없어야 한다). 두 번째, 재미 요소는 그 자체가 있음으로써 재미가 발생하는 것이어야 하지, 그것이 없을 경우 재미를 반감시킨다고 해서 재미 요소로 볼 수는 없다(아래 자유감이나 편리함의 경우). 세 번째 어느 한 영역에 특수한 것으로서 재미 유발의 주 요소가 아닌 보조적인 재미 요소(이야기와 유머에서 설명할 '기대이탈감' 이나 놀이와 게임에서 설명할 '선택다양성' 의 경우)[61]는 부차적인 것으로 본다는 것이다.

이러한 원칙하에 기존의 재미에 관한 연구들과 재미 활동 분석을 통해 12개의 재미 요소를 도출해 보았다. 이 부분은 여가분야에서 여가 경험을 중심으로 분석한 여가 체험의 유형들(성영신 외 2인, 1996)에서 많은 통찰력을 제공받았다. 이는 스키와 놀이공원 체험을 통해 여가 경험의 심리적 본질을 분석한 이 연구에서 제시한 요소들 중에 상기 원칙에 의해 배제되는 특수한 것들(자유감, 유행심리, 편리함)[62]을 제외하고 재미 활동 분석을 통해 도출된 새로운 요소들을 추가하여 구성되었다. 이 부분은 아직 학술적으로, 과학적으로 검증된 것은 아니지만 새로운 사실을 발견하는 논리적 접근방법으로써 경험적 가설추론abduction 사고에 기초하였으므로 경험적 타당성은 충분히 있다고 본다. 추후 학술계에서 더 심도 깊은 연구가 이뤄질 것으로 기대한다.

---

61) 재미의 심리적 기제를 설명하는 요소이지, 재미의 심리적 요소는 아니다.

62) '자유감', '유행 심리', '편리함' 을 일반적으로 재미있는 경험의 범주에 포함시키기 어려울 것이라 본다. '자유감은 앞서 재미 주체를 설명할 때 이미 재미 요소가 될 수 없는 부분을 설명했으며, '유행 심리' 는 '남들이 하는 건 나도 한다' 는 차원의 심리로, 재미를 경험하게 해주는 요소라기보다는 일종의 자기방어심리라고 할 수 있다. 편리함은 그 자체가 재미라기 보단 대상이 제공하는 이익이나 기능적 요소로서 그것이 부족할 경우 재미를 반감시킬 수 있는 부정적 요소라고 할 수 있다.

구체적으로 재미 요소는 <표 5>에서 보는 바와 같이 크게 보면 재미를 주는 정서적 느낌이 혼자서도 느낄 수 있는 개별적인 차원인가. 다른 사람들과 함께 함으로 느끼는 관계적인 차원인가 여부에 따라 아래와 같이 크게 세 가지 관점으로 구별할 수 있다.

[표 5] 관점별 재미 요소

차원	재미 요소
개별적 차원	자기 결정감, 자기유능감, 감각적 생생함, 고독감
관계적 차원	자기표현감, 대인교류감, 공감
공통적 차원	신체적 역동감, 모험감, 일탈감, 대자연감, 새로운 경험

재미 요소 12가지는 개별적 관점의 재미 요소로 자기결정감, 자기유능감, 감각적 생생함, 고독감과, 관계적 관점의 재미 요소로 자기표현감, 대인교류감, 공감과, 공통적 관점의 재미 요소로 신체적 역동감, 모험감, 일탈감, 대자연감, 새로운 경험의 총 12가지이다. 이 12가지는 엄밀히 얘기하면 재미 주체가 느끼는 느낌이란 측면에서 보면 재미 주체의 요소라고 할 것이다. 특히 자기결정감과 자기유능감은 재미 객체와 상관없이 재미 주체 측면의 요소라고 할 수 있다. 그러나 이들을 한꺼번에 재미 객체의 요소로 묶어서 설명하는 것은 재미의 전달이란 측면에서 이들은 재미 객체가 있음을 전제로 생성된 것이며, 재미 객체로부터 전달된 느낌이라는 측면에서 재미 객체의 요소로 보는 것이 타당하다. 각각에 대한 자세한 내용은 이하 '2) 재미 요소' 에서 설명하기로 한다.

마지막으로 재미 객체가 재미를 유발하기 위해 상기의 재미 상황별 재미 요소를 제공하는 것 외에 공통적으로 갖춰야 할 기본 요건을 들면, 그것은 바로 '새로움'과 '변화'이다. 새로움이란 재미 내용의 정적 차원에 관한 것이고 '변화'는 재미 과정의 동적 차원에 관한 것이다. 재미 객체가 '새로워야' 한다는 것은 심지어 재미 유발 요인인 재미 요소라도 그것이 오랜 경험으로 이미 익숙해진 경험이 된다면 더 이상 재미를 제공하기 어렵기 때문이다. 익숙한 것은 지루함을 주기 때문이다. 이처럼 재미는 영원히 지속되지는 않는다는 사실이 바로 재미가 갖고 있는 딜레마적 운명이다.

그러나 여기서 새로움은 절대적 개념이 아닌 상대적 개념이다. 낡고 묵은 개념인 '복고'가 재미의 요소가 될 수 있는 것은 먼 기억 속에만 존재하던 것을 현재 시점에 재현함으로써 새롭게 느끼는 것이다. 또한 새로움은 한계가 있다. 재미 주체가 재미 객체의 새로움을 인식함에 있어 이전의 것과 완전히 동떨어진 별개의 것으로 인식한다면 그것은 새롭다고 느껴지기 보단 생소하다는 부정적 반응을 불러일으킬 수도 있기 때문이다. 사람의 기존 경험이나 지식 체계 하에서 수용하기 어려운 지나친 새로움은 오히려 인지적, 정서적 거부감을 초래한다. 따라서 새로움은 비교대상이 된 것과 동일한 범주 안에서의 독특함이란 한계를 갖는다.

변화는 재미 경험의 과정에서의 동적인 측면을 의미하는 것으로 그 자체가 정체되어 있지 않고 역동적인 것을 의미한다. 바꿔 얘기하면 변화는 재미 경험 '과정의 새로움'이다. 새로움의 반대 개념인 익숙함도 지루함을 주지만 변화의 반대 개념인 단조로움도 지루함을 준다. 변화는 재미 대상 자체가 새로운 것이어야 함과 동시에 그것은 정체되어 있지 않고 계속 변화하는 것이어야 한다. 놀이를 예로 들면, 놀이의 규칙이 바뀔 수도 있고 그 결과도 달라져야 재밌다. 아이들의 놀이과정을 지켜보면 스스로 규칙을 만들고 유연하게 규칙을 바꾸기도 하면서 노는 것을 알 수 있다. 놀이의 성패가 쉽게 예측가능하거나 뻔하면 재미가 없을 것이다. 결과도 예측하기 어려울수록 재미가 상승하고 계속 변해야 재미있다.

③ 매개물

재미 주체와 재미 객체를 연결하고 재미의 내용을 전달해 주는 요소가 재미의 외적 구성요소 중 매개물이다. 재미의 영역이 놀이든, 게임이든, 스토리든, 유머든, 배움이든, 소통이든 이들이 인간에게 직접 전달되진 않는다. 그것은 어떤 형태로든 재미를 전달하기 위해서 구체적인 전달 수단으로서 매개물을 필요로 한다. 구체적이어야 한다는 것은 재미를 전달하는 물리적 도구라는 것을 말하는 것이다.

각각의 예를 들어 설명하면 놀이의 경우는 놀이에 활용되는 도구로서 장난감 같은 것을 들 수 있을 것이다. 게임에서는 그것이 아날로그 방식의 게임이든, 디지털 방식의 게임이든 다양한 게임 도구들이 있겠다. 예를 들면, 카드게임의 카드, 보드게임의 보드, 컴퓨터와 하드웨어 게임기, 소프트웨어, 주변기기, 인터넷과 같은 통신망 등을 들 수 있다. 스토리와 유머의 경우는 표현수단인 언어 담화discourse와 스토리가 상품화된 다양한 형태들을 모두 포괄할 수 있을 것이다. 소설의 경우는 책, 이북eBook, 태블릿, 드라마, 영화의 경우는 DVD, TV, 필름 · 영사기 같은 것이 되겠고, 공연 같은 경우는 무대, 소품, 조명 등 공연을 완성하기 위해 필요한 제반 도구들이라고 할 수 있다.

배움의 경우는 학습이 이뤄지는 수단으로서 책, 실습재료, 가상교육에선 이러닝eLearning 콘텐츠와 통신망 등을 들 수 있겠다. 소통의 경우는 말 그대로 소통을 구현하는 데 사용되는 모든 미디어로서 크게 보면 TV, 라디오, 전화기, 휴대폰, 태블릿과 같은 하드웨어 기기와 카카오톡, 페이스북, 트위터와 같은 채팅, 소셜네트워크서비스SNS, 이메일 같은 소프트웨어를 포함한다고 할 수 있다. '수다'와 같이 일반적으로 특별한 매개물이 개입되지 않는 경우도 있겠으나 그 경우에도 수다가 이뤄지는 공간을 구성하는 요소들, 분위기를 조성하는 다과나 차 같은 것을 보조적인 매개 수단이라고 볼 수 있을 것이다.

매개물이 재미를 유발하기 위해 갖춰야 할 속성은 <그림 13>에서 매개물을 둘러싸고 있는 삼각형 도형 내부에 있는 것처럼 크게 '연결성Connectivity', '상호작용성Interactivity', '가상성Virtuality' 등 세 가지를 들 수 있다. 각각에 대한 자세한 내용은 이하 '3) 매개물의 속성'에서 설명하기로 한다.

④ 환경

재미의 외적 구성요소 중 환경 요소는 재미가 생성, 전달, 향유되는 전 과정을 둘러싸고 참여 요소들과 상호작용 과정에 영향을 미치는 외적 조건과 요인을 의미하는 것이다. 환경은 <그림 13>에서 보듯이 크게 물리적 환경과 사회적 환경으로 구분된다.

물리적 환경은 말 그대로 지리적 환경 또는 생태적 환경으로 유형적인 환경을 말하는 것으로 장소, 조명, 습도 등 재미에 영향을 미치는 모든 물리적 조건을 포함한다. 이에 비해 사회적 환경은 일종의 심리적 환경 또는 행동적 환경으로 재미에 대한 사회적 가치관(사회 인식이나 사회 평가)[63]이나 전통, 관습, 문화, 법 · 제도 등의 무형적 환경요소를 일컫는 것이다.

환경은 물리적 환경이나 사회적 환경이나 모두 재미를 구성하는 환경적 토대로서 긍정적이든, 부정적이든 재미에 영향을 미치는 주요 요소라는 점을 인식할 필요가 있다. 재미가 구현되는 환경적 여건이 어떠하냐에 따라 재미 활동에 참여하는 재미 주체의 인식 정도는 달라질 것이다.

물리적 환경에 관해 예를 들어 공포 이야기를 밝은 대낮에 열린 공간에서 하는

---

63) 위어스마Wiersma는 재미를 발생시키는 환경 요소 중에 외적 요인으로 '긍정적 사회평가와 사회인식'을 들고 있다(권창현 · 최정운, 2010 재인용).

경우와 으슥하고 어두운 산길이나 한밤 묘지 곁에서 하는 경우는 재미를 느끼는 정도가 달라질 것이다. 사회적 환경은 특히 재미를 바라보는 시선 측면에서 재미 인식에 영향을 미친다. 이는 특히 재미 객체와 대상이 무엇이냐에 따라 영향의 방향이나 정도가 달라질 것이다.

예를 들어 놀이를 아동 신체발달 등 전인적인 성장의 주된 수단으로 인식하는 경우와 이를 단순히 교육적 효과를 높이기 위한 보조 수단으로 인식하는 경우는 재미를 바라보는 가치가 달라질 것이다. 또한 게임과 같이 청소년 정신 건강에 부정적 영향을 미치는 것으로 바라보는 사회적 분위기에서는 재미 영역에 대해서도 차별적인 시선을 형성함으로써 재미에 부정적 영향을 미칠 것이다.

이처럼 재미를 인식함에 있어서 환경 요소는 재미를 둘러싼 주된 외부 변수로써 반드시 전략적으로 고려되어야 한다. 재미의 활성화에 있어서 환경 요소가 갖춰야할 중요한 조건은 통제되지 않고, 억압받지 않는 자유로운 분위기의 환경을 조성해야 한다는 것이다. 그렇지 않을 경우 재미를 추구하는 일이 한 사회 안에서 매우 음성적인 활동으로 존재하게 될 수도 있다.

[표 6] 재미의 외적 구성요소별 필요 요건

외적 구성요소	필요 요건
재미 주체	현실 · 가상 구분능력, 공감능력, 사전지식(맥락), 자기통제력
재미 객체	새로움과 변화
매개물	연결성, 상호작용성, 가상성
환경	통제 · 억압이 없는 자유로운 분위기

2) 재미 요소

재미 요소는 사람이 재미있다고 느끼게 하는 정서적 느낌으로서 어떤 유형의 재미 활동을 하고 있느냐에 따라 활성화되는 재미 요소는 달라질 것이다. 기술한 바와 같이 재미 요소는 크게 혼자서도 느낄 수 있는 개별적인 관점의 재미 요소로 자기결정감, 자기유능감, 감각적 생생함, 고독감과, 다른 사람들과 함께 함으로 느끼는 관계적 관점의 재미 요소로 자기표현감, 대인교류감, 공감과, 공통적 관점의 재미 요소로 신체적 역동감, 모험감, 일탈감, 대자연감, 새로운 경험의 총 12가지를 제시했다.

① 자기결정감

재미 활동을 하기에 앞서 재미를 인식하기 위해 필요한 선행적 필수 재미 요소로 자기결정감을 들 수 있다. 어떤 재미 활동을 하든 자기결정감이 결여되어 있다면 결코 재미를 느낄 수 없을 것이기 때문이다. 아무리 즐거운 일이라도 시켜서 한 일은 곧 재미없는 일이 되어버리고 만다. 이것은 자기결정감의 부재에서 온다. 자기결정감은 어떤 행동을 자신의 자발적이고 내재적 동기에 의해 시작했다고 느끼는 상태를 의미한다.

자기결정감은 자유감이나 통제감과 밀접한 상관관계가 있다. 어떤 사람이 얼마나 자유로운가, 달리 말해 얼마나 통제력을 발휘할 수 있는가에 따라 자발적으로 결정할 여지가 더 넓어질 것이고 그에 따라 자기결정감도 높아질 것이다.

자기결정감은 모든 재미의 영역에 중요한 요소지만 특히 배움의 영역에서는 지대한 영향을 미친다. 배움과 같이 특정 수행목표와 과제를 수반하는 활동의 경우엔 특히 스스로 선택하는 것이 과정의 재미를 결정하는 것은 물론 성과에도 영향을 미친다. 학습이 의무가 되는 학교 교육의 근본 문제가 바로 학생들이 스스로 선택할 수 있는 기회가 부족하기 때문이다. 자기결정감의 부족을 보상이나 처벌과 같은 외부적 동기로 활성화시키려 하지만 이는 근본적으로 한계가 있다.

어떤 의미에서 오늘날 한국 교육의 핵심 문제도 자기결정감의 부재에서 출발한다고 해도 과언이 아니라고 생각한다. 누구나 경쟁에서 이겨야 하고 그러기 위해서는 남보다 좋은 성적을 얻어야 한다는 강박관념에서 시작해 자신의 선택이 아닌 부모님의 선택, 또는 사회가 바라는 선택을 따라 공부하는 현실이 공부하는 것 자체의 흥미와 재미를 박탈한 것이다. 이런 수동적인 경험이 누적되어 다른 상황에서도 혼자서는 아무 것도 주도적으로 결정하거나 선택하는 것이 어려워지는 또 다른 부적응 문제를 야기한다. 그런 면에서 자기결정감 역시 단순히 재미의 영역에서만 해당되는 것이 아니라 삶의 주도성이란 전반적인 문제로서 스스로 선택하는 경험의 기회가 많아져야 한다. 다시 말해 스스로 결정하면 할수록 더욱 개인의 자기결정감이 높아지게 된다는 것이다.

그런 점에서 미국 저널리스트 리노어 스커네이지Lenore Skenazy가 시작한 '프리레인지 키즈'(Free Range Kids; 자유방목 육아) 운동[64]은 시시하는 바가 크다. 자기결정감은 자기 자신과 자기를 둘러싼 환경에 대한 통제 능력을 확인하면서 자신이 참여하는 활동들에 재미를 부여하는 필수적인 정서라고 할 수 있다.

② 자기유능감

자기유능감은 자기가 잘한다는 느낌이나 감정을 가지고 있는 상태로서, 인간

---

64) 열살 아들이 혼자 뉴욕 지하철을 타고 집을 찾아오도록 한 경험을 뉴욕타임즈에 "Advice from 'America's worst Mom"이란 글로 게재하면서 아이들을 과잉보호에서 벗어나 스스로 하도록 격려하는 교육이 필요함을 역설했다.

이 행동하게 만드는 동기 유발의 원인이 되며 자존감과 연관된다고 할 수 있다. 그런 점에서 자기유능감은 자기결정감과 함께 재미 체험의 선결 요건이라고 할 수 있다. 그러나 일반적으로 자기유능감은 모든 재미 영역에 필수적인 요소는 아니며, 앞서 설명한 자기결정감과 같이 놀이, 게임, 배움 등과 같은 경쟁이나 과제 수행과 결부되는 재미 영역에서 재미를 유발하기 위해 반드시 수반되어야 하는 재미 요소라고 할 수 있다.

자기유능감은 처음부터 생기는 것은 아니고 이전의 다양한 상호작용과 수행 경험이 누적되면서 자연스럽게 내면화되는 것이라 할 수 있다. 따라서 작은 성공 경험들이 중요하지만 그보다 더 중요한 것은 직접 도전하고 시도하여 실패와 성공을 반복하면서 스스로 이를 극복한 경험을 쌓는 것이다. 그런 점에서 이런 실패와 성공의 경험을 가상적 상황에서 얼마든지 반복해볼 수 있는 놀이는 유년기에 긍정적인 자기유능감을 형성하는데 매우 중요하다고 아동발달 심리학자들은 일관되게 강조한다.

재미 상황에 관련된 자기유능감이란 재미 활동을 하는 동안 그 활동과 관련한 자기의 능력이나 기술을 확인하는 체험을 의미한다. 재미 영역 중 게임이나 배움의 경우 이를 산술적으로 수치화된 결과로 제시하여 확인하게 하기도 하는데 그 자체로 재미를 증가시키는 효과가 있다. 물론 이것이 심각한 성과 목표와 관련된다면 재미를 반감시키겠지만 그렇지 않은 일상적인 활동이라면 재미에 긍정적인 효과를 가져올 것이다.

자기유능감이 경쟁의 상황에서는 도전감이나 성취감과도 깊은 상관관계를 갖는다. 재미 활동의 시작단계의 도전감이나 종료단계의 성취감이 재미 활동에 대한 전반적인 평가로서 자기유능감을 결정하는 요소가 된다는 것이다.

여기서 한 가지 의문이 생기는 것은 경쟁 자체가 재미의 요소라고 할 수 있지 않을까 하는 것이다. 즉 재미에서 경쟁이 갖는 의미를 살펴보면 분명 경쟁은 '재미있는' 상황을 만드는 것은 분명하다. 재미 영역 중 이야기에서도 '경쟁'은 재미있는 스토리를 구성하는 요소이다. 최근 인기를 얻고 있는 각종 TV연예 배틀battle 프로그램, 오디션audition 프로그램들이 이것을 입증하는 예라고 할 수 있다.

모든 놀이와 게임은 경쟁을 사실상 핵심 원리로 한다고 해도 과언이 아닐 정도로 경쟁의식은 재미에 중요한 요소이다. 그러나 경쟁 자체가 목적이 되면 원래 재미있는 활동 조차 일이 되고 재미를 잃고마는 결과를 초래하게 된다는 점에서 경쟁은 재미를 증가시키기도 하고 반감시키기도 하는 야누스적 속성을 갖고 있다.[65] 따라서 경쟁은 재미를 상승시키는 요소이지만 재미 자체를 유발한다기보다 재미를 부가하고 활성화하기 위한 촉매의 요소로 이해하는 것이 타당하다.

③ 감각적 생생함

감각적 생생함이란 재미 활동에서 제공되는 자극이 시각, 청각, 촉각 등 우리의 오감을 직접 만족시키는 상태를 의미한다. 이 재미 요소가 다른 요소들과 구별되는 것은 인지적, 정서적 소구보다 감각적 소구에 초점을 맞췄다는 점이다. 즉, 감각적 생생함은 그 자체가 인지적 요소나 정서적 요소로 연결되어 재미 감정을 유발하는 데 있는 것이 아니라 오감을 자극하고 그 생동감있는 경험 자체를 재미 요소로 즐기는 것을 말하는 것이다.

이후 소통의 재미에서 설명할 미디어 기술의 진화는 사실상 이 감각적 생생함을 증진시키려는 노력의 결실이었다고 할 수 있다. 외부 영향에 취약한 아날로그 방식의 표현 수단에서 정보 전달과정의 오류를 극소화하고 원본에 가장 가까운

---

65) 학습에서의 경쟁과 게임에서의 경쟁이 다른 결과를 초래한다는 것에서 이를 알 수 있다. 경쟁이 심각해지면 경쟁은 재미를 증가시키는 요소가 아니라 반대로 감소시키는 요소로 작용한다.

표현이 가능한 디지털 방식으로 전환된 것도 이것을 위한 것이었다. 시청각 요소는 3D 입체를 도입하여 현실을 완벽하게 재현하는 단계에 이르렀을 뿐 아니라 가상현실VR을 통해 촉각, 후각까지 구현할 수 있는 단계에 이르러 '감각적 생생함' 의 재미를 더욱 촉진하고 있다.

이처럼 감각적 생생함의 재미 요소는 몰입Immersion과 밀접한 관계를 갖는다. 재미 자극과 경험이 생생하면 할수록 사람들은 더 쉽게 재미 대상과 활동에 몰입하게 되고 그 결과 더 실감나는 재미를 경험하게 되는 것이다. 그러나 여기서 한 가지 주의할 점은 그렇다고 해서 2D가 3D보다, 또한 3D보다 가상현실이 일방적으로 더 큰 재미를 준다는 것은 아니다.[66] 재미란 모든 재미 요소들이 총체적으로 전달함으로써 결정되는 것이란 차원에서 보면 감각적 생생함만으로는 재미를 유발할 수 없다는 점에서 감각적 생생함은 다른 재미 요소들을 보완하는 요소에 불과하다고 할 수 있다. 안젤리나 졸리 같은 실제 배우를 3D 모델링하여 가상배우로 등장시킨 3D 영화 <베오 울프BeoWulf>나 정교한 표현력으로 실제와 흡사한 수준으로 제작된 3D 애니메이션 <파이널 판타지Final Fantasy>가 그다지 흥행에 성공하지 못했던 사실을 보면 이를 쉽게 확인할 수 있다.[67] 즉, 얼마나 사실적으로 묘사되었는가 하는 이미지의 핍진성逼眞性, verisimilitude[68]이 몰입을 보장하지는 않는다는 것이다.[69]

66) 여기서 실감난다는 의미는 물리적 사실감이 아니라 심리적 사실감이라 할 수 있다.

67) 로보틱스 이론에서 얘기되는 불쾌한 골짜기Uncanny valley 현상은 너무 실감나게 인간을 닮을 때 오히려 거부감을 주는 현상을 의미하는데 3D 애니메이션에서도 이런 현상이 관찰된다.

68) 원래 문학 용어로서 텍스트에 대해 신뢰할만하고 개연성이 있다고 독자에게 납득시키는 정도로서, 박진감 혹은 생생함의 의미로 사용된다.

69) 몰입은 얼마나 사실적으로 표현되었는가가 아니라 얼마나 사실적이라고 받아들이는가의 문제라고 할 수 있다.

[그림 15] 3D 영화 <베오울프>(출처 : 네이버 카페 http://cafe.naver.com/digitaldream)

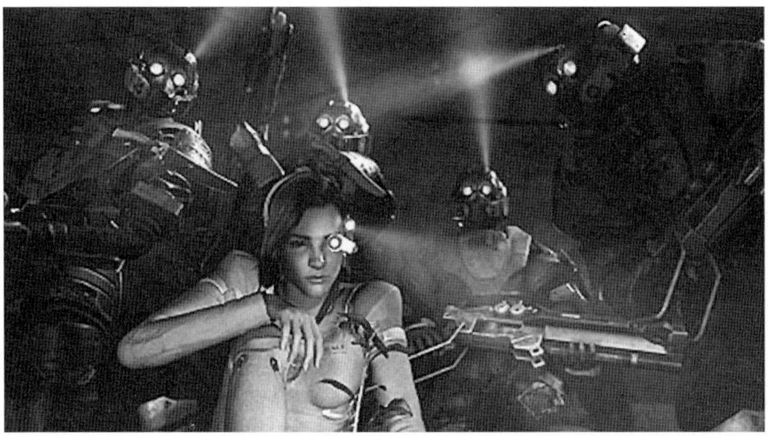

[그림 16] 3D 애니메이션 <파이널 판타지>(출처 : 화면 캡처)

④ 고독감

고독감은 일반적으로는 세상에 혼자인 것 같은 감상적感傷的 느낌의 의미로 사용하지만 여기서 말하는 고독감은 적극적으로 자신을 혼자인 상태로 격리하고자 하는 마음의 의미로 사용된다. 이는 뒤에 나올 대인교류감과는 정반대 현상으로 복잡한 일상으로부터 떨어져 혼자 있고자 하는 인간의 욕구를 나타낸 정서라고 할 수 있다.

이것은 외로움과 같은 부정적 정서와는 구분되는 것으로 두 가지 측면의 동기에서 이를 설명할 수 있다. 하나는 타인의 영향으로부터 벗어나고자 하는 타인회피적 동기이고, 다른 하나는 자기의 선택과 결정을 즐기는 자기몰입적 동기라고 할 수 있다.

대개 이 두 가지는 동전의 양면처럼 동시에 표현되는 경향이 있으며 자신의 삶을 돌아보고 앞으로 삶의 방향을 점검하고자 하는 내면적 동기에서 나타나는 정서적 느낌이라고 할 수 있다, 고독감은 당연히 혼자서 하는 재미 활동으로부터 나타난다.

⑤ 자기표현감

자기표현감은 자신의 특성을 다른 사람에게 드러냄으로써 자기를 나타내는 데서 오는 정서적 친밀감이라고 할 수 있다. 쉽게 얘기하면 이는 '나를 알아봐주기를 바라는 기대' 를 표현한 감정이라고 하겠다. 이는 기본적으로 인간이 사회적 동물이기 때문에 자신의 소속감과 정체성을 확인하려는 태도에서 자연스럽게 나타나는 욕구에서 비롯된다. 이는 기본적으로는 자기지향적 정서에서 출발하지만 기본적으로는 자기표현의 대상인 사회를 지향한다는 점에서 관계지향적 정서라고 할 수 있다.

겸양을 미덕으로 여기는 동양사회에서는 전통적으로 자신을 드러내는 행동을 바람직하지 않은 것으로 받아들이는 정서가 보편적이었으나 이런 태도는 최근 개성과 개인이 중시되는 문화가 중시되면서 자기표현은 더 이상 금기시되지 않는다. 오히려 이제는 개인이 수동적 소비자에서 능동적 프로슈머Prosumer로 바뀌는 시대전환적 흐름과 맞물려 UCCUser Created Content, 블로그, 미니홈페이지, 페이스북, 트위터 등의 다양한 수단을 통해 자신의 의견과 가치관, 나아가 자신의 사생활까지 드러내보이는 것을 자랑스럽게 받아들인다. 자기표현감은 심리적으로는 현대사회에서 대중들의 추종의 대상이 된 스타와 같이 자신도 사람들의 시선을 끄는 것 같은 느낌의 유사 심리 효과와도 연관성이 깊다고 할 수 있다.

자기표현감의 내용은 크게 보면 외적인 것과 내적인 것을 포함한다. 외적인 것은 자신의 외모나 스타일, 능력과 같은 것이고 내적인 것은 자신의 가치관이나 성격, 사회적 이슈에 관한 견해, 자신의 사회, 경제적 지위와 같은 것이 될 것이다. 자기표현감은 현실세계에서도 나타나지만 가상세계를 통해서 더욱 잘 발현될 가능성이 높다.

이는 현실세계에서 억압된 자신의 자아와 정체성을 가상세계의 익명성에 힘입어 더욱 이를 표출하고자 하는 욕구가 쉽게 드러나기 때문이다. 가상세계에서의 자기표현감은 현실의 욕구를 대리만족하는 경향이 있는 것은 물론이고 현실세계의 잠재의식에 잠복하고 있는 본능적 자아를 표출할 가능성도 높다.

⑥ 대인교류감

가장 대표적인 관계적 관점의 재미 요소로서 대인교류감은 자기표현감과 함께 자신의 소속감과 정체성을 확인하려는 욕구에서 비교적 가까운 타인과 긍정적인 영향을 주고받는 체험을 말한다. 대인교류감은 무엇보다 자신이 외톨이가 아니라 큰 사회라는 구성체와 연결된 존재라는 안정감에 대한 기대와 연결되어 있다. 대인교류감은 크게 두 부분으로 구성되는데, 하나는 재미 활동을 통해 새로운 관계를 형성함으로써 대인교류의 영역을 넓히는 느낌이고, 다른 하나는 재미 활동의 공유를 통해 기존의 친밀한 관계를 유지, 강화하는 느낌이다.[70)]

앞서 고독감이 자신을 더 이해하려는 내적 요구에서 출발한다면, 대인교류감은 자신이 아닌 타인을 더 이해하고자 하는 마음에서 출발한다고 할 수 있다. 즉, 대인교류 과정에 참여함으로써 타인에 대해 몰랐던 새로운 사실을 발견하고 그럼으로써 타인을 더 이해하게 된다는 사실을 즐기는 것이 바로 대인교류감이 제공하는 재미 요소라고 할 수 있다. 대인교류감은 구체적으로는 타인들과 동일한 경험을 함께 한다는 공유감과 동조감의 형태로 나타난다.

대인교류감은 또한 자신의 관계망을 확장하고자 하는 욕구의 표현으로서, 가상세계에서는 다양한 소셜네트워크서비스를 통해 현실세계에서의 관계 형성의 기반인 혈연, 친구, 동료관계의 한계에서 벗어나 사회적 이슈나 관심사항과 같은 새로운 차원의 관계 기반에 기초해 더욱 빠르고 쉽게 관계망의 외연을 확장해 나가려는 욕구가 현실화하는 특징이 있다. 이와 같은 예는 자신이 좋아하는 음악, 동영상이나 뉴스 등 다양한 콘텐츠를 페이스북 같은 개인 소셜미디어에 게재하면 그와 연결된 팔로어follower들과 또 그 팔로어의 팔로어들이 자신과의 유사성, 관련성이 높다고 인식할 경우 이를 자발적으로 공유하면서 무한 급수로 연결과 관계가 확장되는 경우를 들 수 있다.

---

70) 진화인류학자 로빈 던바의 사회적 뇌가설에 따르면 한 개인이 수용할 수 있는 인간관계의 수는 150명으로, 이는 심리학자 수잔 핑커가 마을 공동체 효과를 통해 사회적으로 개인이 원활히 교류할 수 있는 마을 공동체의 규모 역시 150명 정도였다는 실증적 연구와 일치한다.

⑦ 공감

재미 요소로서의 공감은 재미 객체가 유발하는 특성으로서 재미 주체가 재미를 인식하기 위해 필요한 조건인 공감능력과는 구별되어야 한다. 공감능력이 재미 활동에 참여하는 타인이나 재미 대상에게 투사하는 정서적 일체감이라면, 재미 요소로서의 공감은 재미 대상이 재미 주체에게 전달함으로써 재미를 활성화하는 특성이다.

재미 주체의 공감능력과 재미 객체의 공감은 동전의 양면처럼 공존하는 것이며 불가분의 것이라고 할 수 있다. 이들이 구별되는 것은 사람의 공감능력은 정상적 성장 발달과정을 거칠 경우 누구나 기본적으로 갖게되는 것이지만 재미 객체의 공감은 자연히 발생되는 것은 아니란 점이다.

재미 객체가 공감을 불러일으키기 위해서는 무엇보다 재미 객체가 다루는 내용이 재미 주체와의 관련성과 이해관계가 높아야 한다. 사람들은 자신과 밀접한 관계가 있을 때 이를 관심을 갖고 반응할 자세를 취하기 때문이다. 또한 공감은 기본적으로 상대에 대한 신뢰와 개연성있는 관계 설정에 의해 가능하다는 사실도 고려해야 한다. 즉 기본적인 신뢰가 형성된 상태 하에서 얼마나 그럴법하거나, 있을법한 상황을 연출했느냐가 공감을 불러일으키는 기본적인 조건이라는 것이다. 이처럼 공감은 재미 주체로 하여금 재미 객체로부터 전달되는 재미를 향해 문을 열어주는 역할을 하는 주요한 재미 요소라고 할 수 있다.

⑧ 신체적 역동감

여러 재미 요소 중 신체적 역동감은 감각적 생생함의 요소와 함께 감각적 차원의 재미를 전달해주는 요소로서 직접 몸을 움직이는 느낌이 긍정적인 정서 상태로 체험된 것이다. 어린 아이들이 시소, 그네, 목마타기같은 놀이기구를 좋아하는 것이나 놀이동산의 기구를 타는 이유도 신체적 역동감이 제공하는 재미 때문이라고 할 수 있다. 직접적인 신체적 움직임을 지각할 때 재미 주체는 재미를 느낀다. 따라서 신체적 역동감은 다양한 재미 대상 중 스포츠나 댄스, 놀이와 같은 활동지향적 재미에서 주로 나타난다.

게임의 경우 아케이드형 장르를 제외하고는 원래 상대적으로 정적인 재미 유형에 속했으나 최근에는 컴퓨터 게임이나 가정용 게임, 심지어 콘솔형 게임의 경우에도 신체적 역동감을 주된 재미 요소로 활용하려는 시도들이 증가하고 있다. 이와 같은 재미의 예는 닌텐도 위Wii와 마이크로소프트 XBOX 키넥트Kinect, 아이폰 레이싱 게임같이 동작인식센서[71]를 활용한 게임을 들 수 있다.

[그림 17] 마이크로소프트 XBOX 키넥트 스포츠 게임 장면(출처 : 네이버 블로그 http://blog.naver.com/iamdesign)

---

71) 물체의 움직임이나 위치를 인식하는 센서로서, 지자기 센서, 가속도 센서 등 각종 센서와 고도계, 자이로Gyro 등의 기능이 하나의 칩에 들어가 있는 복합 센서. 나침반, 만보기, 내

신체적 역동감을 느끼는 방식은 여러 가지가 있을 수 있다. 직접 몸을 움직임으로써 느끼는 직접 확인 외에 시각, 청각, 촉각 등 감각적 단서를 통해 움직이는 것처럼 느끼는 간접 확인을 포함한다. 4D영화관에서 체험하는 신체적 역동감이 간접 확인을 의미한다. 이 경우 신체적 역동감의 단서가 많을수록 재미 주체는 그것을 더 재미있다고 느낀다. 영화관이 일반 2D 영화, 3D 입체 영화, 4D 영화로 진화하는 것도 같은 이유이다.

신체적 역동감은 스스로 움직임을 정상적으로 잘 통제할 수 있는 상태에서 느끼는 유쾌한 느낌뿐 아니라 정상적인 통제가 어려운 상태에서 느끼는 불쾌한 느낌도 포함한다. 급작스런 움직임이나 격렬한 활동에 의해 나타나는 현기증과 같이 잠깐 동안 이뤄지는 한도 내에서 그것은 감각적으로 재미있다는 느낌을 주기도 한다. 이는 물론 오래 지속된다면 재미가 아니라 고통이 되겠지만 그렇지 않을 것이라는 믿음에서 그런 지나친 역동감을 의도적으로 수용하는 것이다. 이것은 일종의 모험이란 점에서 신체적 모험감이라고 표현할 수도 있겠다.

신체적 역동감이 제공하는 재미는 무엇보다 재미 주체의 능동성을 촉발하는 데 있다고 할 수 있다. 재미는 단순히 수동적으로 듣거나 보는 것보다 직접 하는 것이 더 즐거워지기 때문이다. 이와 더불어 신체적 역동감은 감각적 생생함의 재미 요소와 함께 현장감과 실재감presence[72]을 높여 재미의 느낌을 생동감있게 강화하는 작용을 한다.

비게이션 기능은 물론, 화재나 노약자 등 인명 사고 시 위치 추적이나, 휴대폰의 움직임대로 게임을 즐길 수 있는 3차원 입체 게임 기능 등에 활용할 수 있다(출처 : IT용어사전, 두산동아).

72) 어떤 가상적인 것이 존재하는 것과 같이 느끼는 것으로 현존감이라고 하기도 한다.

⑨ 모험감

모험감은 인간의 기본적인 생존 욕구인 안전의 욕구와 상충되는 심리에서 유발되는 긴장을 즐기는 정서적 느낌이다. 현실세계에서는 생존을 유지하기 위해 안전을 원하지만 문제는 안전이 지루함을 야기한다는 것이다. 재미 활동에서 모험감을 추구하는 이유는 현실세계의 지루함을 깨면서도 가상적 상황이 주는 안전함을 믿기 때문이다.

만약 가상세계에서 모험이 위험한 일이 된다면 그것을 추구하지도 않을뿐더러 재미는 더더욱 발생하기 어려울 것이다. 안전을 보장할 수 없고 위험을 초래할 수 있는 모험이 심리적 긴장을 초래하지만 그것은 결국 해소되고 안전한 상태로 돌아올 수 있다는 사실을 받아들이는 데서 재미가 발생하는 것이다.

다시 말해서 모험감은 현실세계에서는 발생하기 어렵고 따라서 도전하려 하지 않을 상황을 가상적으로 만들어 그 위험을 극복하고 현실세계로 다시 복귀함으로써 발생하는 흥분감이나 전율의 느낌이라고 할 수 있다. 모험감은 일시적으로 두려움과 공포라는 부정적 정서를 체험한 뒤 다시 안전한 상태로 돌아왔을 때 느끼게 될 긍정적 정서감이 주는 심리적 격차를 통해 재미를 느끼는 감정이라고 할 수 있다.

모험감과 뒤에 나올 일탈감은 다른 재미 요소와 달리 현실과 가상의 격차를 주된 전제로 하고, 말초 신경을 자극한다는 점에서 감각적 재미에 가까운 특징을 보인다. 이 두 가지는 재미 영역 중 특히 게임이나 이야기에서 주로 활용하는 재미 요소이자 전략이라 할 수 있다.[73)]

---

73) 게임에서의 모험감이란 플레이어의 캐릭터가 죽을 위험을 감수하는 것이라 할 수 있다. 그러나 이 모험감은 캐릭터가 죽은 후에도 언제든지 다시 시작할 수 있단 점에서 그다지 큰 모험감은 아니라고 할 수 있다. 그런데 <디아블로2Diablo 2>의 경우 '하드코어 모

⑩ 일탈감

사회문화적 개념의 일탈은 정해진 사회규범을 벗어난 행동을 의미하지만 재미 요소로서의 일탈감은 단조로운 일상으로부터 벗어나는 데서 느끼는 포괄적인 해방감 같은 것을 의미한다. 당연히 재미 영역 중 이야기에서 다루는 사회적 일탈도 여기서 말하는 일탈감을 제공함으로써 재미를 충족시킨다. 일탈감이 주는 재미는 앞서 설명한 모험감과 비교하면 현실과 가상의 격차에서 오는 재미라는 공통점이 있지만 정도에 있어서 다른 측면이 있다. 즉, 모험감은 좀 더 감각적 차원에 가깝다면 일탈감은 정서적 차원에 가깝다고 할 수 있다. 물론 일탈감의 경우도 성이나 폭력과 같은 말초적 문제와 연관될 경우에는 감각적 차원으로 확대되기도 한다.

일탈감의 체험은 호기심의 충족과 밀접한 관련이 있다. 권태로부터 벗어나고 싶다는 동기에서 출발해 새로운 자극을 얻고싶다는 호기심으로 발전함으로써 이 호기심을 충족시키려는 시도로부터 일탈감을 체험하게 되는 것이다. 즉, 호기심의 실현 여부가 재미의 체험과 관련된다는 것을 보여준다.

결국 재미 요소로서 일탈감은 두 단계로 구분된다. 하나는 일상의 단조로움에서 벗어나는 것을 의미하고, 다른 하나는 새로운 종류의 활동에 대한 호기심의 충족을 의미한다. 일상을 떠나고 싶다는 느낌은 아직 익숙하지 않은 비교적 새로운 체험을 하고 싶다는 동기와 연계되며, 호기심이 충족된다는 것은 이미 일상의 암묵적인 규칙과 질서, 자극을 벗어나는 것이다. 그러므로 일탈감의 두 내용인 일상 탈출과 호기심 충족은 상호 독립적인 두 차원이라기보다는 연속적인 심리적 과

드Hardcore Mode' 에서는 플레이어의 캐릭터가 죽으면 예전 저장해둔 걸 다시 불러올 수도 없고 캐릭터를 부활시킬 수도 없어 게임이 완전히 끝나게 된다. 이로써 모험감을 더 극대화하려는 것이다.

정으로 이해할 수 있다.

⑪ 대자연감

대자연감은 자연의 일부로서의 인간의 정체성을 확인하는 데서 오는 안정적이고 편안한 징서적 느낌으로서 다른 재미 요소들이 자신과 사회를 대상으로 하는 것과 달리 자연을 대상으로 한다는 점에서 구별되는 재미 요소이다. 대자연감은 아무리 인간 문명과 기술이 발전하더라도 자연은 그 어떤 것으로도 대체 불가능하며, 자연의 무한성 앞에 유한한 인간으로서 겸허해지는 자신을 발견하는 인지적, 정서적 만족감이라고 할 수 있다.

자연을 재미 체험의 공간으로서 즐기는 대자연감은 자연의 광활함, 평화로움과 같은 자연 자체가 갖고 있는 속성을 음미하려는 정서에서 출발하고 이는 다양한 옥외 여가 활동에서 주로 체험할 수 있다. <내셔널지오그래픽채널National Geographic Channel>과 같은 자연다큐 채널이 제공하는 재미가 이와 같은 것에 관한 간접적인 체험을 제공하는 좋은 예라고 할 수 있다.

대자연감의 내용에는 두 가지 차원이 있는데, 하나는 자연 환경을 소유, 통제, 정복한다는 느낌의 내용이며, 다른 하나는 자연의 일부가 되어 자연에 동화되었다는 느낌이다. 이러한 자연 정복감은 스스로 세상의 주인이 되어 자연을 정복함으로써 주변 환경을 통제한다는 느낌으로서 이 때 상쾌함이나 통쾌함과 같은 감정을 체험하게 된다.

자연에 동화된 느낌은 자연의 뜻을 거스르지 않고 자연과 조화를 이룰 때의 체험 내용을 표현하고 있다. 대자연감의 심리적 체험은 자연환경에 대한 통제와 소유의 욕구, 그리고 의존의 욕구가 활성화되기 때문에 나타나는 현상이다.

⑫ 새로운 경험

기설명한 재미 요소들이 모두 사실상 '새로운 경험' 이라고 할 수 있음에도 이것을 별도의 재미 요소로 구별하여 제시하는 것은, 여기서 설명하고자 하는 '새로운 경험' 은 상상력과 창의력의 결합, 또는 새로운 기술의 등장으로 인해 이전에 경험하지 못한 새로운 제품과 서비스로 인해 경험하는 놀랍고 신기한 느낌이 앞서 제시한 재미 요소와 구별되기 때문이다.

새로운 경험은 기존의 기술 요소들을 결합하여 새로운 것을 창출하기도 하지만 기존의 것들의 가치를 무의미하게 만들 정도의 '창조적 파괴' 를 속성으로 하는 기술적 혁신에 의해서도 가능하게 된다. 아이폰과 같은 혁신적 상품의 등장이 초래한 우리 삶의 전방위적 변화가 물론 놀라운 일이지만, 구체적으로 일상 속에서 상상도 못했던 새로운 기능을 가능하게 하고 이를 경험하게 될 때 느끼는 정서적 느낌은 그 자체가 매우 재미있는 경험일 수 밖에 없다.

이 경험은 주로 얼리 어답터early adopter들이 추구하는 재미 요소이나 그에 한정되지 않고, 기술 확산 단계를 거쳐 해당 기술이 보편적 상품으로 정착될 때 이를 처음 경험하는 누구나 체험할 수 있는 재미라고 할 수 있다.

인류 문명의 혁신이 계속되는 한, 인간은 상상 속에만 존재했거나 또는 상상도 못했던 새로운 것들이 속속 현실화되면서 사람들이 놀랄만한 신기한 경험을 하게 될 것이고 이런 새로운 경험은 그 자체로서 신기함이나 놀라움의 느낌을 넘어 재미있다는 느낌을 제공할 것이다.

이제까지 제시한 12가지 재미 요소는 '자극-반응' 의 관점에서 재미라는 정서적 반응을 유발한 자극은 무엇인가를 설명하는 개념들이다. 견해에 따라서는 '고독감', '대자연감' 같은 경우는 적극적으로 즐거운 감정을 초래하는 것은 아니란 점에서 재미 요소로 보기 어렵다고 할 수도 있다. 또한 '대인교류감' 과 '공감' 의 재미 요소는 개념상 상관성이 높은 측면이 있다. 그럼에도 불구하고 이들을 재미 요소로 보는 것은 6가지 주요 재미 영역이 포괄하는 정서요인들을 상호 중복되지 않는 차원에서 최대한 도출한 데서 기인한다. 각 개념의 범주에 대한 이해를 돕기 위해 <표 7>에 그 상관 개념들을 참고로 정리하였다.

이하의 <표 8>은 재미 영역별로 어떤 재미 요소가 유발될 가능성이 높은가를 살펴보기 위해 상관성을 일반적인 개념 정의에 따라 평가해본 것이다. 물론 이것은 재미 영역별로 실제 구체적인 재미 활동이 무엇이냐에 따라 상관성의 정도가 다를 것이기 때문에 일률적으로 분석결과가 적용된다고 볼 순 없다. 또한 이 표를 통해 재미 요소별로 재미의 상대적 강도를 비교할 수도 없다. 다만 여기서는 각 재미 영역별로 주된 재미 요소들은 무엇이고(★ 표 부분) 약한 재미 요소는 무엇인지(▲표 부분)에 관한 대체적인 경향을 살펴보려는 데 의의가 있다.

[표 7] 재미 요소별 하위 개념

구분	상관 개념
자기결정감	자유감, 통제감, 선택
자기유능감	도전감, 성취감, 경쟁, 문제 해결
감각적 생생함	몰입
고독감	자아성찰감
자기표현감	창작(만들기)
대인교류감	공유감, 동조감, 친밀감, 애정
공감	신뢰감, 개연성(핍진성)
신체적 역동감	현장감, 실재감, 현기증
모험감	탐험감(발견), 기대감, 불확실성
일탈감	해방감, 호기심, 상상력, 가상정체성
대자연감	외경감
새로운 경험	신기함

[표 8] 재미 영역별 재미 요소 상관성(범례 : ★ 높음 ◆ 보통 ▲ 낮음)

구분	놀이	게임	이야기	유머	배움	소통
자기결정감	★	★	◆	◆	★	★
자기유능감	★	★	▲	▲	★	◆
감각적 생생함	★	◆	▲	▲	◆	★
고독감	▲	◆	◆	▲	◆	▲
자기표현감	★	◆	▲	▲	★	★
대인교류감	★	★	▲	◆	▲	★
공감	◆	▲	★	★	▲	★
신체적 역동감	★	◆	▲	▲	◆	▲
모험감	◆	★	★	▲	▲	▲
일탈감	◆	★	★	◆	▲	▲
대자연감	★	▲	◆	▲	◆	▲
새로운 경험	★	◆	▲	▲	★	★

생각해 볼 문제

1. 주체적으로 사는 삶을 위해 왜 재미를 추구하는 삶이 중요한가?
2. 즐거운 삶을 위해 필요한 재미 주체로서의 재미 향유 능력은 어떻게 키울 수 있나?
3. 나는 어떤 사람인가를 이해하기 위해 어떤 재미요소를 더 좋아하는가를 생각해 보라.
   (개인을 유용성의 잣대가 아닌 호불호의 잣대로 이해한다는 관점에서)

3) 매개물의 속성

① 연결성

재미에 있어서 매개물의 기본적인 역할은 우선 재미 주체와 재미 객체간의 효율적인 '연결성Connectivity' 이라고 하겠다. 여기서의 연결은 다양한 재미 자극이 재미 객체로부터 재미 주체로 전달되는 통로conduit로서 시청각과 같은 감각적 요인, 생각하고 기억하게 하는 인지적 요소, 이것을 정서적 느낌으로 해석하는 정서적 요인들을 적절히 자극할 수 있어야 한다는 것을 의미한다.

즉, 연결성은 전달하고자 하는 재미 요소들을 얼마나 효과적으로 재현represent하느냐의 문제로서 도구로서의 매개물이 얼마나 효율적인 도구여야 하는가에 관한 측면이다. 따라서 연결성의 개념은 가시적이고 물리적인 연결의 차원만을 의미하는 것이 아니고 감각적, 정서적 연결과 같은 비가시적, 추상적 연결을 포함한다. 매개물의 연결 수준이 어떤가, 다시 말해 재미 객체의 재미 전달 효율이 얼마나 높은가 여하에 따라 재미 주체가 느끼는 재미의 강도가 달라질 수 있다는 점에서 연결성은 분명 매개물이 갖춰야 할 중요한 속성이라 할 수 있다.

요즘은 대부분의 매개물들이 디지털 방식으로 통합되어 있는 상황이어서 도구들이 정상적으로 작동되고 재미 과정에서 물흐르듯이 상호 연결될 수 있어야 한다는 점에서 디지털 기기들의 기능과 통신망이 정상적으로 운영되는 것이 '연결' 을 유지하기 위해 매우 중요한 조건이라고 할 수 있다.

그런데 연결이 재미 주체와 매개물, 매개물과 재미 객체의 연결만을 의미하는 것이 아니다. 최근의 디지털 컨버전스(융합)적 미디어 환경에서는 매개물과 매개물의 연결이 편리성 차원에서 매우 중요한 요인으로 떠오르고 있다.

예컨대 스마트폰으로 영화를 보고 있다가 이것을 태블릿으로 이어 보거나, 다시 대형 화면으로 보기 위해 디지털TV로 보고 싶어하는 상황이 발생할 때 콘텐츠를 매번 다시 받아내리고 다시 재생하는 불편한 과정을 회피하고 싶어한다는 것이다. 이는 콘텐츠 결제라는 경제적인 이슈도 결부되어 있어서 사용자들이 동일한 콘텐츠에 대해 기기마다 비용을 지불하지 않도록 하기 위해서도 필요한 부분이다.

이와 같은 연결성의 문제가 바로 소위 디지털 미디어의 '끊김없는 연결성 Seamless Connectivity' 의 문제라고 할 수 있다. 최근 삼성전자나 SK텔레콤 같은 가전, 통신회사들은 이것을 중요한 과제로 이를 구현하기 위한 다양한 기술적 방법들을 구현하고 있다.[74]

이미 앞서 재미 요소에 관한 설명 중 '편리함' 에 대해 지적했듯이 '편리함' 의 요소는 그 자체로 재미를 유발하는 요소는 아니지만(편리하다는 것 자체가 재미를 제공하지는 않는다), 불편할 경우는 재미를 반감시킬 수 있다는 점에서 재미에 부정적 영향을 줄 수 있는 요인이다. 재미를 즐기고 있는 상황이 방해를 받는다면 맥이 끊겨서 재미가 유지되기 어렵기 때문이다.

요즘과 같이 모바일 기기의 발달로 인해 이동성이 심화되는 생활 패턴 하에서는 재미 대상에 대한 지속적인 감상을 보장하기 위해서 매개물간 연결이 매우 중요한 이슈로 떠오른 것이다. 'N스크린' [75]이니 '클라우드Cloud' [76]서비스니 하는 것들이 이와 같은 끊김없는 연결을 보장하기 위해 개발된 최신 서비스라고 할 수

---

74) 가전 기기간의 폭넓은 연결성을 보장하기 위한 표준으로 DLNADigital Living Network Alliance를 기기들에 적용하고 있으며, 와이파이Wi-fi, 블루투스Bluetooth와 같은 무선통신 기능을 기본으로 탑재하고 있다. SK텔레콤은 스마트폰, PC, 태블릿PC, TV 등의 다양한 기기에서 영화, 드라마, 뉴스 등 동영상 콘텐츠를 끊김없이 이어서 볼 수 있는 N스크린 서비스 'hoppin(호핀)' 을 개발했다.

75) 스마트폰, PC, TV 등을 네트워크로 연결해 이용자가 어떤 기기를 통해서도 동일한 콘텐츠를 이용할 수 있는 서비스다. N스크린 의 'N' 은 '다수' 를 의미하는 것으로 스마트폰, PC, TV는 물론 앞으로 등장하게 되는 많은 기기에서 이용 가능하다는 의미다.

76) 영화, 사진, 음악 등 미디어 파일 문서 주소록 등 사용자의 콘텐츠를 서버에 저장해 두고

있다.

매개물의 연결성에 있어서 생각해 볼 또 다른 차원은 연결성이 가져온 재미 공간의 확장 문제이다. 매개물의 연결성의 차원은 그림으로만 보면 재미 주체와 재미 대상으로서의 객체만을 연결하는 것처럼 보이지만 사실 두 가지의 차원이 더 있다. 바로 재미 주체간의 연결성과 재미 객체간의 연결성이다. 전자의 상황은 재미 영역 중 게임과 소통을 생각하면 쉽게 이해할 수 있을 것이다. 후자의 경우는 콘텐츠와 콘텐츠가 연결되어 새로운 콘텐츠를 창출하는 예를 들 수 있겠다.

인터넷 공간에서 웹2.0[77]이 등장하면서 확산된 공유의 철학에 의해 이제는 일상적인 것이 되어버린 '공개API'[78]와 '매시업mashup'[79]의 사례들이 바로 그런 것들이라고 할 수 있다. 최근 포털을 능가할 정도로 빠르게 성장한 페이스북, 트위터와 같은 소셜네트워크서비스SNS도 '좋아요' 나 '뉴스피드News Feed' 와 같은 공유 기능에 의한 연결성을 극적으로 활용한 결과이다. 이것은 편리성을 더할뿐더러 이전에는 생각하지 못했던 나누는 새로운 재미의 기회를 제공한다.

스마트폰이나, 스마트TV를 포함한 어느 기기에서든 다운로드 후 사용 할 수 있는 서비스이다.

77) 2004년 10월 오라일리미디어사O'reilly Media, Inc.,의 대표인 팀 오라일리Tim O'reilly에 의해 도입된 개념으로, 데이터의 소유자나 독점자 없이 누구나 손쉽게 데이터를 생산하고 인터넷에서 공유할 수 있도록 한 사용자 참여 중심의 인터넷 환경을 지칭하는 용어이다(출처 : 인터넷 두산백과).

78) 공개 APIOpen Application Programmer Interface는 이미 제공되고 있는 기능을 누구나 사용할 수 있도록 공개된 통합 표준을 의미하는데, 구글맵이 대표적인 예이다(출처 : 인터넷 위키백과).

79) 매시업은 원래 1960년대부터 음악계에서 쓰던 용어로, 다른 가수의 히트곡 여러 개에서 일정 구절을 따서 이를 섞어 새로운 노래를 만든다는 뜻이다. 최근엔 음악뿐 아니라 기존 동영상, 사진, 컴퓨터 프로그램, 애플리케이션 등 어떤 형태의 창조물을 섞어 완전히 새로운 창조물을 만들어 낸다는 뜻으로 널리 쓰인다(출처 : 매일경제 매경닷컴).

[그림 18] 유튜브 심포니 오케스트라 개념도(출처 : 유튜브, youtube.c0m)

지난 2008년 시작돼 매년 시행되는 세계 최초의 온라인 오케스트라 프로젝트 '유튜브 심포니 오케스트라Youtube Symphony Orchestra'[80]는 재미 주체간의 연결성이 새로운 재미 기회를 창출한 사례이다. <그림 18>의 개념도에서 보는 것처럼 세계 곳곳에 흩어져 있는 연주자들이 각자 연주한 내용을 온라인으로 모아 하나의 오케스트라를 완성하는 것이다. 참여한 연주자들은 물론이고 완성된 연주를 감상한 청중들에겐 재미를 넘어 감동을 전하는 신선한 경험을 제공해 주었다.

전 세계 유명 미술관의 미술작품을 고화질 사진으로 보여주거나 미술관 안을 3D 입체화면으로 마치 내부를 옮겨다니며 보는 것 같은 실감 경험을 주는 '구글 아트 프로젝트Google Art Project[81], 가기 힘든 세계 문화유산 명소들을 스트리트뷰Streetview[82]로 선명한 3D 화면으로 볼 수 있게 한 '구글 월드 원더스 프로젝트Google

80) 인터넷 http://www.youtube.com/symphony

81) 인터넷 http://www.googleartproject.com/ 구글과 파트너 관계인 미술관 소유 작품을 온라인에서 고해상도로 감상할 수 있도록 하는 프로젝트이다. 2012년 현재 40개국 151개

World Wonders Project' [83]는 세계 유명 관광 명소는 물론, 아마존 오지, 에베레스트산, 남극, 북극 같은 곳까지 직접 가본 것 같은 새로운 경험을 제공한다. 이러한 사례들은 매개물의 연결성이 제공하는 무한한 재미의 가능성을 극적으로 보여주며 재미 공간의 무한한 확장을 가능하게 했다.

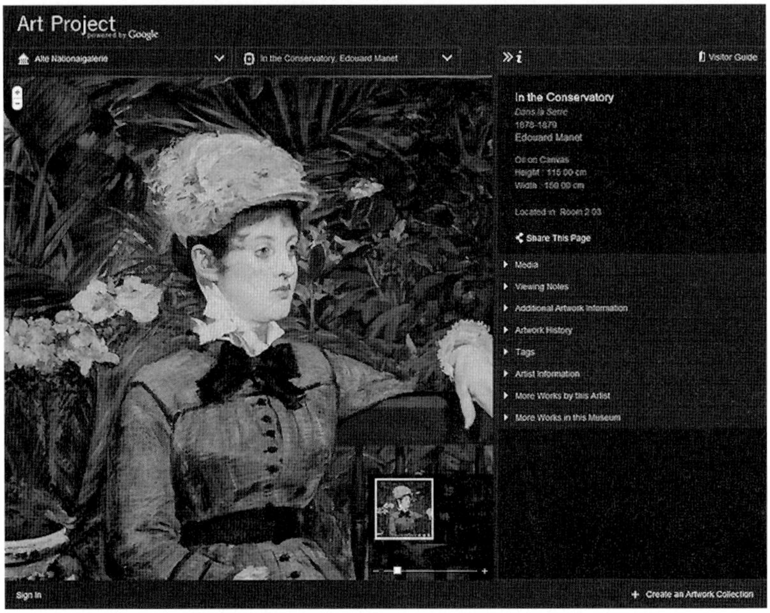

[그림 19] 구글 아트 프로젝트 고화질 가상미술관

미술관이 참여하고 있으며 3만점 이상의 작품이 등록되어 있다(출처 : 위키백과).

82) 구글의 3차원 지도 서비스로, 길거리의 사진을 웹브라우저를 통해서 360도 회전이 가능한 3차원 형태로 볼 수 있다.

83) 인터넷 http://www.google.com/intl/en/culturalinstitute/worldwonders/

[그림 20] 구글 아트 프로젝트 3D 가상미술관

[그림 21] 구글 월드 원더스 프로젝트 화면

[그림 22] 구글 스트리트뷰 '아마존'

연결성에 이어서 매개물이 재미를 전달하는 데 중요한 속성은 '상호작용성Interactivity'과 '가상성Virtuality'이라고 할 수 있다. 연결성은 재미에 직접적인 영향을 미치지는 않는 기본적인 조건에 속한다면 이 두 가지는 재미의 시작부터 끝까지 어쩌면 앞서 설명한 재미 요소들의 활성화를 촉진하고 재미 과정 전체를 지배하는 핵심적인 속성이다. 이미 Ⅰ부, 3장의 '분야별 재미의 이해'에서 기술한 것처럼 상호작용성과 가상성은 아동발달 과정과 놀이에서도 핵심적인 재미라고 설명한 바 있다. 이 둘은 특히 게임, 소통과 미디어 영역에 있어서는 재미의 핵심 요소라고 할 수 있다.

② 상호작용성

상호작용성은 앞서 재미의 포괄적 정의에서 다룬 것처럼 재미를 실천적 차원에서 구현하는 주요한 실현 방법으로 재미의 핵심 개념이다. 재미는 상호작용을 통해서 촉발된다는 점에서 상호작용성 안에 이미 놀이성과 재미성이 내재되어 있다고 할 수 있다. 상호작용의 놀이성은 핑퐁게임을 생각하면 쉽게 이해할 수 있다. 단순히 공을 주고 받는 것만으로도 게임이 될 수 있는 것이다. 상호작용성의 재미는 한쪽이 주면 한쪽이 그것을 받아넘기는 것과 같다. 만약 바둑이나 장기를 두고 있는데 상대편이 다음 수를 고민하느라 오랫동안 아무런 행동을 하지 않고 있다면 얼마나 재미없어질지 생각해보라. 그런 의미에서 상호작용성이 제공하는 재미성은 '즉각적인 피드백'에 있다고 할 수 있다.

상호작용의 놀이성을 확인할 수 있는 또 하나의 측면은 바로 살아있는 것같은 '생생함'에 있다. 생동감이 있어야 재미있기 때문이다. 상호작용의 경험은 상대방이 살아있다는 확인과 동시에 자신도 살아있음을 확인하는 과정이다. 서로 즉각적인 반응이 있기 때문에 살아있다는 것을 알 수 있는 것이다. 예를 들어 우리가 자동화된 기계와 컴퓨터를 비교해 본다면 기계보다 컴퓨터가 더 재미있다고 느끼는 이유도 같은 이유이다. 기계도 움직이기 때문에 살아있는 느낌을 주지만, 정해진 방식의 대응이 아니라 사람의 불특정한 요구에 대응할 수 있다는 면에서 컴퓨터가 훨씬 살아있다는 느낌을 준다.

미디어에 있어서 이런 살아있는 것 같은 생생함의 수준에서 상호작용의 놀이성을 극적으로 확인시켜준 사례가 바로 애플의 스마트폰인 아이폰의 시리Siri[84]였다. 시리는 음성으로 스마트폰에 명령을 내려서 전화를 걸거나, 메시지를 보내거나, 노트를 받아쓰거나, 날씨를 확인하는 등 다양한 일을 사람에게 시키는 것처럼 상호작용할 수 있게 해 주었다. 시리가 처음 등장했을 때 사람들은 마치 시리가 진짜 사람인 것처럼 다양한 대화를 시도했고, 그에 대한 시리의 사람같은 답변에 매우 재미있어했다. 시리는 단순히 첨단기능을 선보임으로써 기술발전의 충격만

---

84) 음성인식 기능과 인공지능AI; Artificial Intelligence 기능을 결합시킨 일종의 가상 비서 소프트웨어를 말한다.

전해준 것이 아니라 살아있는 생생함이 주는 신기한 재미도 전해주었다.

상호작용의 재미는 이처럼 생생한 정도에 따라 재미의 깊이도 달라진다. 이를 게임의 경우로 예를 들면, 컴퓨터 게임의 진화과정을 생각해보면 쉽게 이해할 수 있다. 처음 등장한 PC 컴퓨터 게임Stand Alone은 사람과 컴퓨터가 상호작용하는 단계였다. 그 다음은 컴퓨터를 매개해서 사람과 사람이 상호작용하는 단계의 네트워크 게임이다. 사람과 경쟁하는 것이기 때문에 더욱 실감나는 게임을 할 수 있었던 것이다. 그 다음 단계는 사람들이 그룹을 이뤄 다중적인 상호작용을 하는 그룹 게임의 단계이다. 이처럼 상호작용은 생동감이 깊어질수록 재미를 강화시킨다.

상호작용의 재미는 또한 간접적이냐, 직접적이냐에 따라서도 재미의 정도가 달라진다. 이를 이해하기 가장 쉬운 예는 대화의 상황이다. 음성만 듣고 얘기하는 전화보다는 얼굴도 보면서 하는 영상전화가, 영상전화보다는 얼굴을 맞대고 직접 대면하는 대화가 훨씬 더 깊은 재미를 줄 수 있다는 점에서 상호작용이 직접적일수록 더 재미에 긍정적인 효과를 미친다고 볼 수 있다.

③ 가상성

매개물의 상호작용성은 또 하나의 속성인 가상성과 결합하여 재미에 상승효과를 나타낸다. 앞서 설명한 연결성과 상호작용성은 가상성이란 최종 목적지에 도달하기 위해 거쳐야 하는 통과지이다. 가상성은 현실성의 대응 개념으로서 현실의 세계에서 나와 상상이 허구적으로 제공하는 세계로 몰입하게 하는 속성이다. 가상성이 갖는 재미성을 이해하는 데 가장 좋은 예는 아이들의 상상놀이다. 혼자서 장난감을 갖고 혼자말을 하면서 노는 아이는 현재 의식은 몸 안에 갇혀있지만 상상을 통해서 가상의 세계로 이동해 현실의 한계를 벗어나서 아이가 원하는 일을 경험하는 것이다.

가상성의 재미 효과를 최대로 활용한 실제적인 사례를 들자면 미국의 사막 도시 라스베가스Las Vegas를 들 수 있다. 아무 것도 없었던 사막 위에 신기루처럼 믿기지 않는 거대한 위락 공간을 재현했다는 사실부터가 환상성을 제공할 뿐 아니라 프랑스, 이탈리아, 고대 로마까지 그대로 옮겨온듯한 도시 경관은 그 자체로 이미 환상의 세계를 제공한다.

[그림 23] 라스베가스 시저스팰리스 호텔 트레비분수 전경

무엇보다 라스베가스에서도 가상성의 좋은 예는 고대 로마를 주제로 만든 시저스 팰리스Caesars Palace 호텔이다. 이 호텔에 들어서면 로마의 길거리를 걷고 있는듯한 환각에 빠져들게 하는 상가 거리가 있다. 이 곳은 심지어 천정을 푸른 하늘 그림과 조명으로 꾸며놓아 항상 낮처럼 느껴지게 해 시간의 흐름마저 인식하

지 못하게 만든다. 이 모든 장치들은 인간에게 현실세계를 벗어나 환상세계를 경험하게 해주는 가상성의 재미를 극대화하기 위해 활용된다.

앞서 김영용(2007)의 지적과 같이 인류 문화의 발전 과정은 가상성의 수준을 더 실감나게 심화시켜온 과정이었다고 할 수 있다. 문자의 시대가 제공한 가상성은 정신적 작용으로서 상상의 세계에 머물러 있었다. 이것이 영상의 시대로 옮겨오면서 영상의 가상성은 시청각 경험을 통해 상상을 실제 보고 들을 수 있는 것으로 확장되었다. 이제 이것은 가상성의 완성 단계라 할 수 있는 가상현실VR; Virtual Reality로 다시 확장된다. 가상현실의 가상성은 시청각 경험에 중력, 움직임 등 촉각 경험을 더해 그야말로 가상세계 속의 객체들을 만지고 움직이고 변형시킬 수 있는 단계까지 나아간다. 가상현실 속에서는 단지 상상하고 보고 듣는 정도가 아니라 1인칭 시점에서 감각적 체험이 가능하게 되는 것이다.

가상성이 갖는 유희적인 측면에 대해 김영용(2007)은 가상세계가 다음과 같은 속성을 갖고 있으며 '현실의 나와 다른 존재 되기'를 가능하게 하는 아바타Avatar[85]를 제공하는 데 있기 때문이라고 설명한다.

· 가상 세계를 재현하는 형식이 흔히 만화적이다.
· 점을 찍거나 클릭만으로 순식간에 지점과 지점 사이를 날아다닌다.
· 마술봉과 같은 도구를 이용하여 순식간에 변화를 불러 일으킨다.
· 아바타를 통해 자신을 변신시킬 수 있다.

또한 가상공간은 현실세계의 물리적 공간과는 다른 독특한 성격을 갖는데 이와 같은 성격 자체가 현실적인 관점에서 유희적인 경향이 높다. 가상공간의 독특한 성격을 요약하면 다음과 같다.

---

85) 원래 인도 산스크리트 '아바따라avataara'에서 유래한 말로, 분신分身 · 화신化身을 뜻한다. 사이버공간에서 사용자의 역할을 대신하는 애니메이션 캐릭터를 말한다(출처 : 두산백과).

· 한 지점과 또 다른 하나의 지점을 쭉 통과해서 횡단하는 것이 아니라 순간적으로 이동한다. 즉, 점프로 이동하는 트랜스포팅transporting의 방법을 취한다.
· 무한대로 확장이 가능한 공간이기 때문에 나의 공간의 확장이 다른 사람의 공간에 영향을 미치지 않는다.
· 비물리적이기 때문에 물리적 세계의 모든 지점으로부터 동일한 거리에 있다. 즉 뉴욕에 있든 서울에 있든 아마존닷컴과의 거리 차이가 없다.
· 동적이어서 항상 확장되고 지속적으로 변하기 때문에 지도를 그릴 수 없다.
· 가상공간에서는 물체의 통일된 모습이 사라져버릴 수 있다. 여러 개의 다발로 묶어서 보낼 수 있고 받을 때는 다시 나눠 볼 수 있게 된다.
· 뉴욕이 바로 옆집보다 접근성이 높을 수 있다. 즉, 가상공간에서의 거리 개념은 현실세계의 물리적 거리와는 전혀 다르다.
· 가상세계의 삶은 연속적인 것이 없다. 네트워크가 끊어지면 즉시 그 세계는 사라진다.
· 모든 지점이 중심이 될 수 있고, 어디에도 경계선은 없다. 즉, 모든 이용자는 전체 시스템의 중심이 될 수 있고, 동시에 자신의 시스템 영역을 무한정으로 넓힐 수 있다.

가면은 전통적으로 의식이나 의례에서 사용된 가장 오래된 커뮤니케이션 수단이었다. 가면을 뜻하는 이탈리아 말은 'masca' 인데 이 말의 뜻은 '악마 또는 유령' 과 같은 공포의 캐릭터를 나타낸다. 라틴어에서는 가면을 나타내는 다른 말로 'persona' 가 있는데 이 말의 의미는 '역할' 을 가리킨다. 고대 그리스에서는 연극에서 가면을 사용하였는데 이때 가면은 극중의 역할을 나타내기 때문에 '마스크' 와 '페르소나' 는 동일한 의미로 사용된 것으로 보인다. 가면은 크게 세 가지 역할을 갖는데 첫째, 은폐 또는 감추기 역할을 통해 악령으로부터 자신을 보호하기 위한 것이고 둘째, 가장 또는 변신으로 다른 존재로 바뀌는 것이고 셋째, 다른 사람을 겁주고 두렵게 만드는 것이다. 가면의 세 가지 역할은 서로 독립적으로 작용하는 것이 아니라 세 가지가 서로 중복되어 기능하면서 가면을 쓴 사람은 황홀한 무아지경의 다른 세계에 빠져들기도 한다. 이런 다른 세계란 다시 말해서 하나의 가상세계라고 볼 수 있다. 이런 가상적 작용 때문에 가면은 몇 가지 서로 다른 맥락에서 사용되었다. 첫째는 성스러운 종교적 의식에서 가면을 통해 신의 세계를 접하는 목적으로 사용하였다. 둘째, 신과 인간 사이에서 매개자 역할을 함으로써 신과 커뮤니케이션 하는 방법으로 믿어졌던 가면은 무당에게 특별한 힘과 권위를 부여하였다. 끝으로 가면은 춤과 연극에서 어떤 캐릭터를 재현하는 등 오락적 역할을 한다. 우리나라 광대놀이가 좋은 예이다.

위에서 논의한 가면의 역할과 기능은 새로운 가상세계로 들어가는 통로, 즉 인터페이스였기 때문에 사람들은 가면을 이용하여 자신을 감추거나 은폐하였으며 자신의 본래 모습에서 해방되어 다른 모습으로 가장하거나 변환을 꾀하였다. 이와 같은 가면의 역할은 인터랙티브 미디어에서 아바타로 연장되어 계속되고 있다.

가상세계가 현실세계의 제한을 극복하고 탈출구를 제공한다는 측면에서 가상성의 재미 측면을 설명하기도 한다. 마이클 하임(Michael Heim, 1993)은 피할 수 없는 죽음, 되돌릴 수 없는 시간, 신체적 상처를 입을 가능성 때문에 생기는 위험성이라는 세 가지 제한을 기준으로 가상현실과 현실세계를 존재론적으로 구분하였다. 가상세계에서는 이와 같은 제한을 극복하고 자유롭게 가상세계가 제공하는 경험을 반복적으로 체험할 수 있다는 사실이 유희적 재미를 제공한다는 것이다(김영용, 2007 재인용).

가상성에 대한 이상의 설명을 압축해보면 결국 가상성이 제공하는 재미의 핵심은 현실세계 속에서의 시간, 공간의 제한을 뛰어넘는 '변신transformation'과 '이동transportaion'[86]으로 요약할 수 있겠다. 이 두 개념은 각각 '아바타를 통한 가상 정체성을 갖는다는 의미'와 '현실 세계를 벗어나 가상 세계를 탐험하거나 순간이동과 같은 원격현전tele-presence[87]을 경험한다는 의미'로서 이 두 개념은 몰입을 설

86) 게릭(Gerrig, 1993)은 서사 몰입을 설명하면서 이동 개념을 메타포로 제시했으며 머레이(Murray, 1997)는 가상현실의 핵심 개념으로 변형(변신transformation)을 들었다.

87) 실제 세계에서 거리상 멀리 떨어져 있는 대상에게 물리적 영향을 미치는 것을 의미

명하는 핵심개념이라 할 수 있겠다.

마지막으로 매개물의 주요 속성을 요약하면, 재미를 재미 객체로부터 재미 주체에게 전달하는 연결성, '즉각적 피드백'과 '생생함'을 제공하는 상호작용성, 현실세계의 장애와 제한을 극복하고 탈출구를 제공하는 '변신'과 '이동'의 가상성이란 세 가지 특성으로 설명된다.

4) 재미의 내적 구성요소

재미의 내적 구성요소는 기술한 바와 같이 재미가 결과적으로 재미 주체의 내부에서 처리되는 과정에서 상호작용하는 요소를 의미하는 것이다. 재미의 인식은 좁은 의미에서는 재미가 나타나는 결과적 관점에서 감정의 영역인 정서적 작용에 한정된 것이라고 볼 수도 있으나 재미의 처리 과정 전체를 고려해야 한다는 점에서 재미는 감각적(지각), 인지적(의식), 정서적(감정) 요소 등 세 가지를 포함하고 있다고 보는 것이 타당하다.[88]

내적 구성요소를 설명하기에 앞서 재미를 표현하는 용어에 대해 사람마다 다양한 표현을 사용하고 있어 이에 대해 먼저 설명할 필요가 있겠다. 재미를 표현하는 용어로는 현재 감성sensibility, 정서emotion, 감정affect, 느낌feeling 등 다양한 표현이 사용되고 있다. 이들은 모두 심리학적 개념어로서 감성은 '자극과 자극의 변화에 대한 감각적 감도의 예민한 정도'[89]로, 보다 안정되고 지속적인 감정 상태를 정서

한다(Heim, 1993).

88) 괄호안에 다른 용어를 사용한 것은 학자마다 사용하는 용어가 약간씩 다를 수 있으나 같은 개념을 의미한다는 차원에서 대표적인 용어를 병기했다.

89) 임석진 외 편저(2009)

라고 부르고 보다 단속적이거나 단기적인 부분, 그러면서 신체 생리적 변화와 자각 증상이 강한 상태를 감정이라고 부른다고 구별하기도 한다(이현비, 2004). 그리고 느낌은 감정이나 정서보다 더 구체적이고 세부적인 상태를 설명하는 용어로 사용한다. 심리학 분야에서는 정서와 감정의 두 용어를 일반적으로 많이 사용하며 구별하지 않고 거의 혼용해서 사용하고 있다. 여기서는 주로 재미를 표현하는 용어로 정서를 사용하기로 한다.

① 재미 처리의 3단계

<그림 24>에서 보는 것처럼 재미는 재미 자극을 세 가지 단계를 거쳐서 처리한다. 감각적 요소perception는 물리적physical 요소이고 인지적 요소conception와 정서적 요소emotion가 합해져서 심리적psychological 요소를 구성한다. 이 세 가지 요소는 재미 객체로부터 전달된 재미를 각각의 측면에서 개별적으로 처리process한다고 볼 수도 있으나 라자로Lazarus나 프리다Frijda 같은 대표적인 심리학자들은 <그림 25>에서 보는 것처럼 이들을 순차적이고 선형적인 처리에 따른다고 보는 것이 일반적이다(이성환, 1999).[90]

90) 인지와 정서의 관계에 관한 이런 이분법적이고 선형적이며 인지우월적인 설명에 동의하지 않는 견해도 있다. 심리학자 플러칙plutchik은 인지는 정서를 보조하기 위하여 발전하여 왔다고 주장하면서 정서와 인지는 분리되어 있지 않으며 정서가 오히려 인지를 지배한다고 본다. 어떤 정서상태에 있느냐에 따라 사람의 인지능력, 사고력, 판단력, 문제해결능력이 영향을 받는다는 사실은 이런 견해의 타당성을 설명하기도 한다. 다만 일반적 견해를 따르는 것은 재미 처리과정의 특성상 설명의 편의를 위한 것이다.

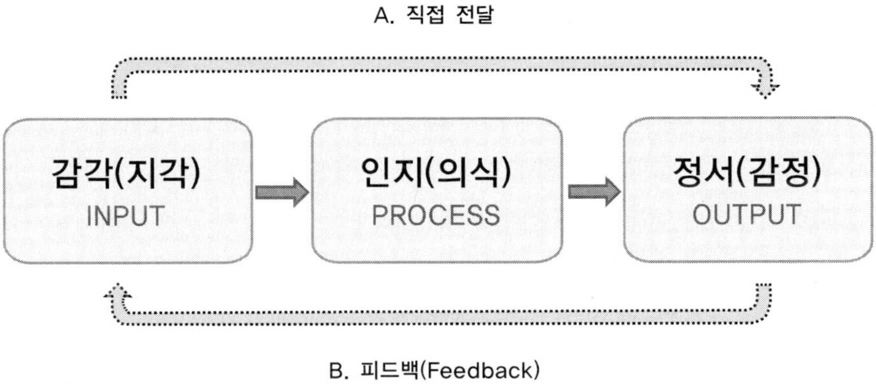

[그림 24] 재미의 내적 구성요소

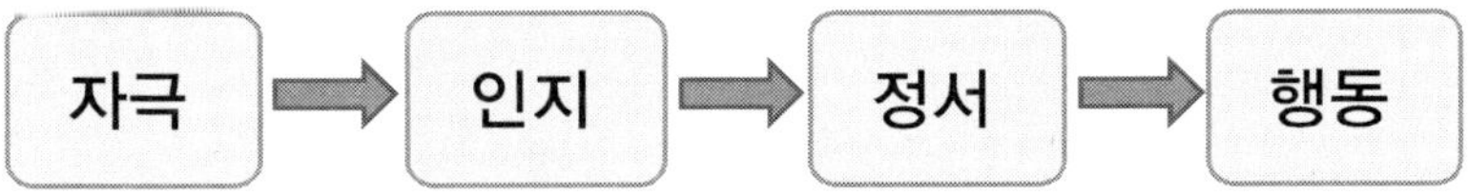

[그림 25] 라자로의 정서 과정 전개

재미가 인간 내부에서 최종적인 처리가 완성되는 영역인 정서에 대해서는 이해를 돕기 위해서 부연 설명이 필요할 것 같다.

정서를 연구하는 심리학자들은 정서 개념에 대해 약간씩 서로 상이한 견해를 갖고 있는데, 크게 보면 정서에 수반하는 생리반응에 초점을 맞추는 생리적 접근, 내적 · 주관적 경험을 중시하는 경험적 접근, 정서 표현 또는 행동 위주의 표현적 접근의 세가지 관점으로 나뉜다(이성환, 1999). 이 세가지 접근 방식은 그 각각이 앞서 설명한 재미 처리의 3단계 과정인 감각, 인지, 정서의 개념과 순서대로 거의 일치하는 모습을 보여주고 있는데, 이는 정서를 결과만이 아닌 과정 전체를 포괄하는 것으로 볼 수 있기 때문이다.

칼슨Carlson과 햇필드Hatfield는 이런 정서의 세 가지 측면을 모두 고려하는 포괄적인 정의를 내놓았다. 그들은 정서란 어떤 내적, 외적 변수에 대해 생리적, 경험적, 행동적으로 반응하려는 동기적 경향motivational predisposition이라고 정의하였다(이성환, 1999). 이에 따르면 정서는 인간의 삶에서 학습과 경험을 통하여 더욱 발달되고 세련되며, 정서적 체험의 결과는 그에 상응하는 행동을 유발하는 힘이 있다는 사실을 강조한다. 재미의 관점에서 이를 바꿔 말하면, 재미가 긍정적인 정서 체험으로서 갖는 효과는 설득의 상황에서 사람을 행동하게 하는 힘으로 작용할 수 있다는 사실을 확인시켜준다. 재미가 그 자체로서 인간에게 즐거운 경험이라는 효익을 제공해줄 뿐만 아니라 재미가 다시 창조적인 활동을 위해 활용된다는 사실을 암시한다. 재미의 정서적 작용의 중요성은 바로 이점에 있다고 하겠다.

② 재미 처리 과정

선형적 정서과정의 관점에서 재미의 처리 과정을 설명하면, 우선 재미 자극을 시각, 청각, 촉각, 후각, 미각 등 감각기관을 통해 받아들이면Input 기억, 연상, 평가 등의 생각의 과정을 거쳐 그것이 무엇인지 확인하여 어떻게 행동할 것인지를 판단하고Process, 최종적으로 그에 상응하는 정서적 반응을 보이게 되는 것Output이다.

요약하면 재미의 발현 과정은 감각기관에서 받아들인 자극을 심리적 단계에서 인지적으로 인식하여 이를 처리하고 재미에 해당하는 정서적 반응을 표출하는 것이다. 그런데 여기서 예외적으로 감각적 처리 뒤에 인지적 처리를 거치지 않고 바로 정서적 처리 단계로 넘어가는 경우(A. 직접전달)도 발생한다.

이 경우는 상황이 매우 모호하거나 너무 급박하게 나타나는 경우에 해당한다.

사고Think 단계를 거치기에는 너무 반응이 늦기 때문에 나타나는 반사적 대응이라 볼 수 있겠다. 이런 직접적인 정서 반응은 인간이 진화론적으로 원시시대부터 생존을 위해 자연스럽게 형성된 것이라고 한다. 이는 실제로 뇌발달 차원에서도 정서를 담당하는 변연계는 사고와 언어를 담당하는 대뇌피질보다 먼저 형성된다는 점을 들어 설명의 타당성을 인정한다.

예컨대 맹수를 만났을 때 인지 기능보다 정서 반응이 먼저 나타나 도망가는 행동을 함으로써 살아남을 수 있었다는 것이다. 이처럼 감정은 생각의 과정을 깊이 거치지 않고 거의 자동화된 과정으로 나타나는 경우가 많다. 이것이 애초에는 학습이란 인지과정을 거치지만 이것이 어느 정도 익숙해진 다음에는 보통의 사고과정의 개입이 없이 거의 무의식적이고 본능에 가까운 반응을 보이게 된다는 것이다.

이렇게 나타난 정서 반응은 재미있다는 감성적 느낌을 물리적 단계로 전달하여(B. 피드백) 자율신경계에 의한 혈압 변화, 땀 분비와 같은 생리적 반응과 표정 변화가 나타나게 하는 것이다.

이상의 삼단계는 사실상 재미의 처리 과정을 나타내기도 하지만 재미의 차원을 의미하기도 한다. 즉, 재미를 느끼는 차원은 크게 감각적 차원, 인지적 차원, 정서적 차원이 있다고 볼 수 있다는 것이다. 감각적 재미는 오감과 같은 감각기능에 의해 수용된 빛깔, 모양, 소리, 냄새, 맛, 촉감 등의 감각적인 느낌이 유발하는 재미를 의미하고[91], 인지적 재미는 새로운 사실을 발견함으로써 사고를 자극하는 재미를 의미하며, 정서적 재미는 비현실적이고 비논리적인 현상에 따른 감정 변화가 초래하는 재미를 의미한다. 인지적 재미와 정서적 재미를 구별하는 좋은 예가

91) 일례로, 스마트폰에서 제공하는 촉각 인터페이스인 터치의 재미 심리는 현실에서 가상세계를 만지고 움직이고 영향력을 행사할 수 있게 함으로써 넘나들 수 없는 가상과 현실의 경계를 넘어 불가능한 일을 가능하게 하는 것 같은 신기한 체험에 따른 것이다.

있어 이를 소개하면 다음과 같다.[92)]

인지적 재미는 동전확률실험 사례를 예로 들 수 있다. 피험자에게 동전이 떨어질 때 앞면과 뒷면이 나올 확률은 각각 얼마가 나오겠냐고 질문하면 대부분 수학적 확률만 생각하고 5 대 5라고 답한다. 그런 다음 실제로는 7 대 3의 비율로 앞면이 많이 나온다는 사실을 알려주고, 그 이유는 그림이 그려진 앞면은 숫자가 적힌 뒷면에 비해 볼록하게 도드라진 부분이 많기 때문이라는 논리적 설명을 덧붙인다. 그러면 사람들은 알고 있었던 것과 다른 새로운 사실에 흥미를 느끼고 사고기능을 관장하는 뇌의 전두엽이 활발하게 반응하는데 이런 경우를 인지적 재미라고 한다. 예상과 다른 무언가를 발견하며 놀랄 때 이를 추리로 설명할 수 있으면 만족감을 느끼는데 이 느낌이 인지적 재미다.

[그림 26] 인지적 재미 사례(출처 : EBS <다큐프라임 '공부의 왕도'>)

---

92) "정서가 학습을 지속시킨다"(2008. 8. 4), EBS <다큐프라임 '공부의 왕도'> 2편

정서적 재미는 <그림 27>에서 보는 것처럼 피험자들에게 춘향전에서 암행어사가 출두하는 장면의 이야기를 들려준 후, 그 다음 연결되는 세 가지 이야기 중 어떤 이야기가 재미있다고 느끼는가를 질문하면 '이도령과 춘향이는 포옹을 하였다', '어사 박문수가 춘향이를 보고 있었다', '춘향이는 만성 치질로 고생했다' 중 세 번째 이야기를 꼽는데 이런 경우의 재미가 정서적 재미이다. 세 번째 이야기는 엉뚱한 상상을 제공함으로써 단순하게 어떤 상황을 떠올리며 웃게 되는 재미가 정서적 재미라고 할 수 있다.

[그림 27] 정서적 재미 사례(출처 : EBS <다큐프라임 '공부의 왕도'>)

재미라는 것은 좁은 의미에서 보면 긍정적 정서 반응이란 관점에서 결과적으로 재미는 정서적인 것이라고 할 수도 있겠지만 현실적으로 보면 결과로 나타난 정서적 반응은 사실상 앞 단계에서 시작된 감각적 재미와 인지적 재미를 포함하여 나타난 것이라고 보는 것이 타당하다는 점에서 재미를 꼭 정서적 재미로만 한정할 필요는 없다고 본다.

예컨대, 놀이 체험의 과정을 생각해보면 놀이의 재미란 물론 가장 중요한 재미 요소는 경쟁, 도전, 갈등이 초래한 심리적 긴장과 해소라고 할 수 있겠지만 그것이 놀이의 재미를 모두 설명하는 것은 아니란 것이다. 놀이를 하고 뛰어다니면서 아이들과 부딪히는 느낌, 깔깔대는 소리, 스치는 바람의 시원함과 같은 감각적 재미, 그리고 놀이 규칙을 이해하고 이를 심리적으로 적용함으로써 느끼는 인지적 재미를 빼놓을 수 없다는 사실이다. 그리고 사실상 이런 재미의 크기는 처리 단계가 심화되면 될수록 강화된다는 점에서도 재미의 차원은 이 세 가지를 모두 포함하는 것이라고 보는 것이 타당하다.

2. 재미의 유형, 효과, 차이

지금까지 우리는 재미가 어떻게 이뤄져 있는지와 재미가 어떤 과정을 거쳐서 전달되는지 등 재미의 구조와 원리에 대해 알아보았다. 이와 더불어서 재미를 유발하는 소건은 무엇이고 재미의 정서는 어떤 감정들에 의해서 느껴지는 것이지 구체적인 재미 요인들을 살펴보았다. 이번엔 재미들은 어떤 유형으로 구분할 수 있는지와 각 재미 유형들은 어떤 특성을 갖고 있는가에 관한 재미 유형을 알아보고, 재미가 미치는 효과는 어떤 것이 있는지의 재미 효과와, 재미의 차이를 만들어내는 주관성의 문제를 이해해보도록 하자.

1) 재미의 유형과 특성

어떤 개념을 더 깊이 이해하기 위해서는 그 개념들을 구성하고 있는 세부 요인들을 나눠보고 그것들을 속성별로 유형화하는 것이 큰 도움이 된다. 유형화는 사물을 더 잘게 나눠본다는 점에서 분석적인 탐구방법 중의 하나이다. 어떤 개념을 유형화하는 방법은 그 개념을 구성하고 있는 핵심적인 속성을 기준으로 해서 영역 구분을 하는 것이 좋다. 재미의 핵심 속성을 활용한 구분 기준에는 매우 다양한 견해들이 있을 수 있다.

여기서는 가장 유용한 판단 기준으로 재미 주체의 재미 활동이 홀로 즐기는 것인가, 함께 즐기는 것인가에 따른 관계성의 문제와 수동적으로 즐기는가, 능동적으로 즐기는가에 따른 참여 방식의 문제를 제시했다. 이런 유형 구분에 따르면 <그림 28>과 같이 크게 네 가지의 재미의 유형으로 나눠볼 수 있다. 각 영역에는 일반적으로 해당 유형에 속할 것으로 보이는 재미 영역을 표기하였다. 이는 물론 각 재미 영역의 구체적인 재미 활동이 무엇이냐에 따라 달라질 수 있음은 물론 이다.

	수동적 참여	능동적 참여
개별	A. 이야기	B. 게임, 배움
관계	C. 유머	D. 놀이, 소통

[그림 28] 관계성/참여방식 기준 재미의 유형

① 개별적 · 수동적 참여

A유형은 재미 주체가 개인적으로 즐길 수 있는 재미 대상을 수동적 입장에서 감상하는 방식이다. 이 유형은 대표적으로는 이야기(서사와 스토리텔링)를 들 수 있다. 이와 같은 재미 유형은 바쁜 현대인들이 주로 많이 활용하는 재미 형태로서

주로 재미를 유발하는 요소는 공감, 모험감, 일탈감이라고 할 수 있다. 고된 업무로 육체적, 정신적으로 지친 현대인들이 편안하게 휴식을 취하면서 재밋거리를 즐기고 싶은 심리에서 이런 유형을 가장 쉽게 선호하는 편이라고 할 수 있다.

일반적으로 스트레스로 인한 기분전환이 필요하거나 정서적 변화를 필요로 할 때 이야기는 자신이 현실세계에서 실현하지 못하는 꿈을 대신 이뤄주고, 지루한 일상에서 벗어나고픈 욕망을 이야기를 통해 충족시킨다. A유형은 쉽게 접근할 수 있는 장점이 있는 반면, 정서적 해소에 뒤따르는 적극적 에너지의 축적이 부족하고 재미의 지속성 정도가 상대적으로 약하다는 단점이 있다.

② 개별적 · 능동적 참여

B유형의 재미는 개인적으로 즐기면서도 직접 재미 활동에 참여하는 방식이다. 대표적으로는 게임과 배움의 재미를 들 수 있다. 여기서 게임은 혼자 하는 게임과 여러 사람과 함께 하는 경우를 포함한다. 네트워크 게임을 관계적 유형에 분류하지 않는 것은 네트워크 게임이 여러 사람과 한다고 하더라도 그것이 지향하는 목적이 일반적으로 사람들간의 관계 자체에 초점이 맞춰져 있는 건 아니기 때문이다.

물론 최근에 등장한 소셜 게임Social Game[93]이나 ＜세컨드 라이프Second Life＞[94]의 경우처럼 현실 세계의 대인관계 모델을 그대로 가상세계에 옮겨놓은 것 같이 운

---

93) 갬블링 게임에서, '페니 앤티penny ante' 포커와 같은 작은 금액으로 게임되는 보통 카드 게임을 말하기도 하는데, 여기서는 페이스북, 싸이월드 등의 소셜 네트워크 서비스 플랫폼을 기반으로, 사용자의 온라인 인맥과 유대관계를 증진하기 위해 사용자참여 및 관계 맺기를 극대화한 새로운 형태의 사회적 인맥 기반 게임을 말한다. 정확히 소셜 네트워크 게임이라고 한다(출처 : 위키백과).

94) 미국 린든랩이 2003년에 시작한 인터넷 기반의 가상 세계이다. 거주자는 다른 거주자들을 만나고 개인이나 그룹 활동에 참가하며, 가상 자산과 서비스를 창조하고 린든달러란

영된다는 점에서 예외적으로 관계적 참여로 볼 수 있는 게임도 있다. 게임의 경우는 주로 자기유능감, 모험감, 일탈감의 재미 요소를 유발하고 배움의 재미는 자기결정감, 자기유능감, 자기표현감의 재미 요소를 유발한다.

B유형은 개인적이면서 능동적이란 점에서 대체적으로 여성보단 남성이, 노년보단 젊은 세대들이 주로 참여하는 유형이라고 할 수 있다. 이 유형의 특징은 속성상 자기만족적이고 상대적으로 A유형보다는 활동적인 측면이 있으나 이 역시 A유형처럼 창조적 에너지를 발휘하는 데는 부족하다고 할 수 있다.

③ 관계적 · 수동적 참여

C유형의 재미는 타인과의 정서 교류와 관계 증진을 염두에 둔 재미활동으로, 관계지향적이지만 참여방식은 스스로 재미 활동을 하는 것이 아니라 주어진 상황을 수동적으로 즐기는 형태의 재미 유형이다. 재미 영역 중 유머가 대체적으로 이 유형에 속한다고 할 수 있는데 이 역시 유머를 즐기는 구체적인 방식에 따라 달라질 수 있다. 일반적으로 유머를 즐기는 방식은 친구들간에 우스개나 농담을 나누는 일상적인 담소나 유머 프로그램을 시청하는 경우를 포함한다.

대개 유머는 관람형으로 즐기는 경우에도 가족, 친구와 함께 함으로써 더 즐거워지는 재미 속성 때문에 관계지향적인 경우가 일반적이다. 즉, 유머를 통해 관계를 강화하거나 이를 부드럽게 하고 개선하려는 목적이 개입되는 경우가 많다고 할 수 있다.

C유형의 재미는 따라서 공감을 대표적인 재미 요소로 하며 이와 함께 대인교류

전용화폐로 다른 이와 거래할 수 있다. 일반 게임처럼 목표나 승패가 없고 가상세계에서 아바타를 통한 일상생활을 하는 것으로 게임이 아닌 커뮤니티적 성격이 강하다(출처 : 위키백과).

감, 일탈감 등을 유발한다. C유형의 특징은 심각하지 않고 가벼운 분위기에서 일상적인 재미를 추구하려는 경우에 주로 찾게 되는 재미 유형이라고 할 수 있다. 관계지향적이지만 수동적인 입장에서 즐길 수 있어 재미 활동 자체에 대한 부담도 상대적으로 적다는 장점이 있어 특별히 성별, 연령 등 계층의 구별도 적다.

④ 관계적 · 능동적 참여

D유형의 재미는 타인과의 정서 교류와 관계 증진이 매우 중요한 동기이며, 재미 활동에 적극적으로 참여하는 방식으로 즐기는 형태의 재미 유형이다. 주로 재미 영역 중 대체로 놀이와 소통이 이 유형에 해당한다고 할 수 있다. 다만 소통을 위한 미디어 활용은 구체적인 활동에 따라 이 역시 달라질 수 있는 부분이 많다. 미디어 활용은 크게 두 가지 목적, 즉 소통과 즐김이라는 다소 상이한 동기를 갖고 있기 때문이다.

D유형의 재미는 타 유형과 달리 가장 광범위한 재미 요소를 유발할 가능성이 높다는 장점이 있다. 이 유형은 또한 타 유형에서 나타나기 어려운 신체적 역동감, 감각적 생생함, 새로운 경험과 같은 차별적 재미를 유발하기도 한다. 물론 이 말이 개별적 재미보다 관계적 재미가, 또는 수동적 참여보다 능동적 참여가 더 나은 재미를 유발한다고 얘기하는 것은 아니다. 재미의 질적 측면은 개인의 정서 상태, 수용 태도 등에 따라 다르게 평가될 수 밖에 없는 것이기 때문이다.

다만 재미 활동이 재미 자체의 즐거움만이 아닌 창조적 에너지로 전환될 수 있도록 활용된다는 측면에서 보면 D유형이 매우 효과적인 경우가 될 가능성이 높다는 점이다. 다시 말해 관계적 · 능동적 참여방식의 재미 유형은 즐거움으로 끝나지 않고 삶의 질을 개선한다는 차원에서 재미가 적극적으로 활용될 기회가 많다는 차별점을 갖는다는 것이다. 또한 대표적인 재미 영역인 놀이와 소통은 공통적으로 나타나는 공감의 재미 요소를 통해 재미 활동에 참여하는 재미 주체가 더 건강한 사회의 일원으로 성장하는데 기여할 수 있다는 점도 매력적인 재미 활동이라고 할 수 있다.

2) 재미의 효과

① 긍정적 효과

재미를 체험함으로써 나타나는 긍정적 효과로는 첫째, 재미로 인한 긍정적 정서 변화가 재미 주체의 몸과 마음의 부정적 상태를 원상태로 되돌리는 생물학적 기능을 들 수 있다. 신경생리학적으로 보더라도 재미는 우리 몸에 즐거운 느낌을 제공하는 유익한 신경물질을 분비하게 함으로써 실제로 몸과 마음의 스트레스가 완화되고 즐겁고 긍정적인 기분을 느낄 수 있게 한다. 재미 활동으로 분비되는 신경물질인 엔돌핀endorphin[95)]은 가장 강력한 진통제인 모르핀morphine보다 강한 진통 효과를 갖고 있어 생리적으로 통증을 완화시켜주는 것으로 알려져 있다. 이외에도 도파민은 쾌락과 행복감, 몰입 및 의욕에 관련된 감정을 느끼게 하는 신경물질로, 이 역시 재미 활동으로 인해 즐거운 흥분상태를 지속하게 하는 역할을 한다. 재미로 유발되는 웃음은 코르티솔cortisol[96)]이라는 스트레스 호르몬은 낮추고 면역 활동에 관계하는 NK세포(Natural Killer Cell ; 자연살상세포)[97)]는 증가시키

---

95) 동물의 뇌 등에서 추출되는 모르핀과 같은 진통효과를 가지는 물질의 총칭으로 이름은 내인성內因性 모르핀endogenous morphine을 줄인 말이다(출처 : 두산백과).

96) 콩팥의 부신 피질에서 분비되는 스트레스 호르몬으로, 스트레스에 대항하는 신체에 필요한 에너지를 공급해 주는 역할을 한다(출처 : 두산백과).

며 신진대사를 활발하게 해 줌으로써 스트레스와 불안과 긴장을 낮추는데 크게 기여하여 건강에 도움을 준다.

둘째로는 재미로 인한 긍정적 정서변화는 인지적 변화에도 영향을 미쳐 자연스럽게 관점의 전환을 경험하게 하고 이는 결국 창조적 발상의 기회를 제공한다. 김정운(2011)은 재미를 느끼는 과정이 사실상 '관점의 전환'에 의해 가능하며 창의력의 본질도 '관점의 전환'에 있다고 설명한다. 재미가 제공하는 새로운 경험이란 이미 우리 주위에 일상적으로 존재하던 것들에 대한 새로운 의미의 재발견이라는 의미에서 그렇다. 재미는 그 자체가 새로운 것을 추구하는 정신과 상통하고 재미가 유발한 관점의 전환이 결국 당면 문제들을 새로운 관점에서 해석하고 새로운 대안을 찾을 기회를 제공한다는 점에서 재미는 창조적 사고능력을 키워주는 활동이다.

셋째, 재미는 그 자체로 사람을 순화시키는 기능을 갖고 있다. 우리 사회에 재미가 특별히 필요한 이유를 설명하면서 김정운(2011)은 우리나라 사람들이 아름답고 행복하며 쾌적한 경험이 부족하고 그래서 유독 매사에 신경이 곤두서있고 적대적이게 된다고 해석한다. 이것은 무엇보다 경쟁 과잉이란 사회 구조에서 비롯된 것이긴 하지만, 다른 측면에서 즐거운 경험이 부족한 나머지 관대해질 마음의 여유를 찾지 못한 것도 중요한 이유라고 할 수 있다. 학교 폭력과 따돌림같은 교육 사회의 문제는 입시 경쟁에 내몰린 아이들이 즐거운 경험이 없기 때문이라는 해석이 가능하다. 다시 말해 재미 활동을 통해 즐거운 경험이 쌓이면 쌓일수록 매사 긍정적인 사고방식과 태도를 유지할 수 있고, 그에 따라 사람들이 순화되는 효과가 나타나 폭력적이고 투쟁적인 사회 분위기가 개선될 수 있을 것으로 본다.

---

97) 혈액 내 백혈구의 일종으로 인간 골수에서 생성되어 암세포를 직접 파괴하는 면역세포이다(출처 : 두산백과).

② 부정적 효과

재미가 삶에 없어서는 안될 요소로서 설명한 다양한 긍정적인 기능을 갖고 있지만 이 역시 '과유불급過猶不及'이란 말처럼 지나치게되면 안함만 못한 결과를 초래한다. 바로 재미가 과몰입을 야기할 때 발생하는 부정적인 효과를 말하는 것이다. 재미는 다른 활동과 달리 그것이 주는 즐거움 때문에 자신이 현재 처한 상황, 자신의 역할, 의무, 책임 같은 것을 의식하지 못하고 몰입하게 만드는 힘이 있다. 재미를 추구하는 데 있어서 재미 주체가 반드시 갖춰야 하는 조건으로 자기통제력이 있어야 하는 이유가 바로 여기에 있다.

재미에 지나치게 빠져드는 과몰입 상태를 중독[98]이라고 말할 수 있는데 인터넷 과의존, 게임 과의존, 스마트폰 과의존이 최근 매우 심각한 사회적 문제를 일으키고 있다. 특히 자제력이 부족한 청소년들의 재미 과의존 현상은 성인들보다 더 심각하다고 할 수 있다. 신체적인 부분과 함께 인지, 정서와 같은 심리적인 부분이 함께 성장하는 시기의 청소년기에 발생하는 의존증은 성인과 달리 청소년들의 미래를 갉아먹을 수 있다는 점에서 폐해가 더욱 크다고 할 수 있다. 특히 청소년기의 과의존증은 뇌 발달을 저해시켜 이해력, 어휘력 등 지적능력이 크게 떨어질 뿐 아니라 이와 함께 충동조절능력, 집중력에도 악영향을 미칠 수 있다는 데 문제의 심각성이 있다.[99]

행정안전부가 2016년 실시한 '2016 인터넷 과의존 실태조사'에 따르면

---

98) 중독addiction은 원래 알코올, 마약, 담배 등 물질 중독과 인터넷, 도박, 쇼핑 등 행위 중독으로 구분되는데 특히 행위 중독의 경우 중독이란 용어가 의학적으로 진단 기준이 명확하지 않다는 점에서 '과의존', '과몰입', '장애disorder'라는 용어를 사용하는 것이 좋다는 의견이 있다. 최근 세계 보건기구WHO는 게임 장애gaming disorder를 질병으로 포함한 국제질병분류기호ICD 개정안을 공개해 논란이 된 바 있다.

99) 서울성모병원이 지난 2009년 인터넷 중독 중 · 고등학생 59명과 일반 청소년 43명을 대상으로 지능검사를 실시한 결과 이해력에서 인터넷 중독 청소년의 점수는 9.92로, 일반 청

<그림 29>에서 보듯이 전체 과의존 위험군(고위험군+잠재적 위험군)[100]은 2016년 17.8%로 꾸준히 증가하는 추세를 보이고 있으며, 유아동 17.9%('15년 대비 +5.5%p), 청소년 30.6%(−1.0%p), 성인 16.1%(+2.6%p), 60대 11.7%(신규 조사)로 청소년 위험도가 가장 높고 유아동의 위험도 증가율이 높은 수준을 보이고 있다.

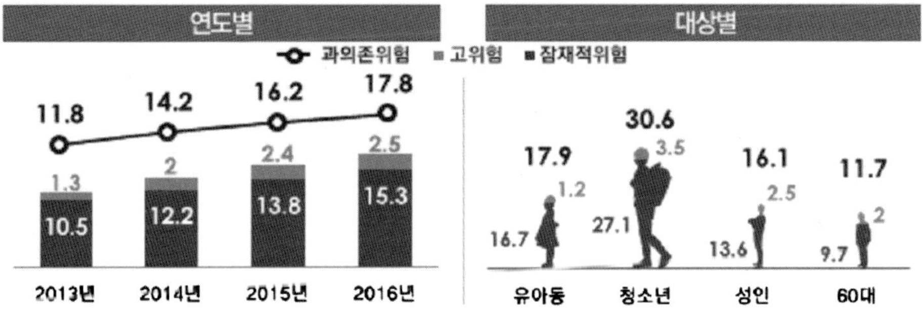

[그림 29] 스마트폰 과의존 위험 현황(단위:%)(출처 : 2016 인터넷 과의존 실태 조사, 미래창조과학부)

청소년 스마트폰 고위험군은 3.5%로 <그림 30>에서 나타나듯이 전년(4.0%) 대비 0.5%p 감소하였고, 잠재적 위험군은 27.1%로 전년(27.6%)대비 0.5%p감소하였으며, 성별로는 고위험군 · 잠재적 위험군 모두 여성(고위험 4.1%, 잠재적 위험 27.8%)이 남성(고위험 2.9%, 잠재적 위험 26.4%)보다 높게 나타났다는 사실

소년(11.65)에 비해 현저히 떨어지는 것으로 나타났다. 이런 아이들의 경우 우울증, 성격장애, 집중력 장애, 주의력결핍과잉행동장애ADHD 등을 동반하는 경우가 많다고 한다. 뇌의 인지, 감정 능력을 통제 불능으로 만드는 게임 중독이 범죄로 이어지기도 하는데, 경찰청에 따르면 지난 2010년부터 2012년 8월까지 3년간 발생한 인터넷 게임 관련 범죄는 총 4만604건에 이른다고 한다(엄영지, 2013. 2. 12, "청소년 미래 갉아먹는 인터넷게임 중독", 청년의사).

100) 과의존 개념은 과도한 스마트폰 이용으로 스마트폰에 대한 현저성이 증가하고, 이용 조절력이 감소하여 문제적 결과를 경험하는 상태로 정의된다. 이는 현저성salience, 조절실패self-control failure, 문제적 결과serious consequences 단계로 구분되고, 모두 해당되는 경우를 고위험군, 이중 1~2가지 특성을 보이는 경우를 잠재적 위험군으로 분류한다.

을 주목할 필요가 있다.

스마트폰 과의존 위험의 경우 여학생이 남학생보다 높게 나타나는 것은 대인관계와 소통을 중시하는 여학생들이 채팅 메신저를 더 많이 사용하는 등 사용태도의 차이가 영향을 끼친 것으로 보인다.

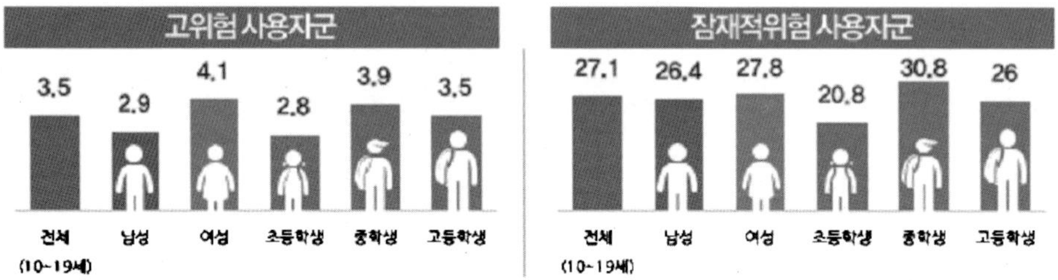

[그림 30] 청소년 스마트폰 과의존 위험 현황(단위 : %)(출처 : 2016 인터넷 과의존 실태 조사, 미래창조과학부)

사용에 따른 부작용이 우려되는 콘텐츠로는 게임(35.4%)이 가장 높게나타났고, 다음으로 메신저(24.0%), 웹서핑(21.1%), 영화/TV/동영상(15.1%) 등의 순으로 나타났다. 과의존 위험군은 일반 사용자군에비해 게임, 영화/TV/동영상, SNS 사용에 따른 부작용을 더 많이 걱정하는 것으로 나타났다. 연령별로 살펴보면, 유아동은 음악(33.1%), 청소년 및 성인은 게임(각각38.6%, 36.0%), 60대는 메신저(32.3%)사용을 가장 우려하는 것으로 나타났다.

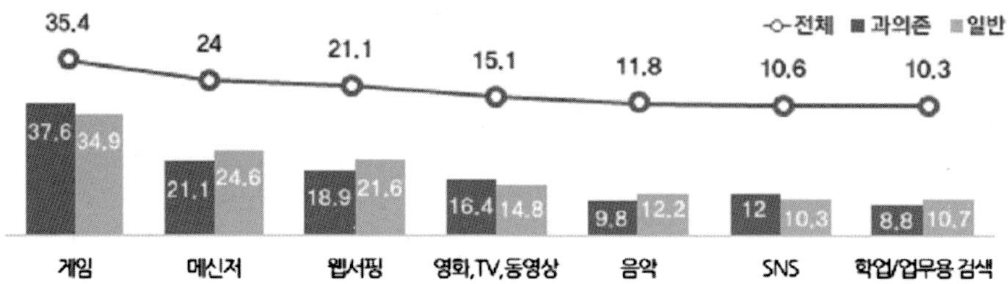

[그림 31] 부작용 우려 콘텐츠 현황(1+2순위, %)(출처 : 2016 인터넷 과의존 실태 조사, 미래창조과학부)

스마트폰 중독은 청소년들뿐 아니라 성인들에게도 정신 건강과 신체 건강에 악영향을 미치고 있다. 정신 건강 측면에서 나타날 수 있는 부정적 영향으로는 디지털 치매를 들 수 있다. 이것은 무언가를 기억하는데 있어 자신의 기억력보다 디지털 기기에 의존해 기억력이 약화되는 현상을 의미한다. 가족이나 친한 친구 전화번호를 기억하지 못하거나, 쉬운 계산도 못하며, 네비게이터가 없으면 길을 찾지 못하는 것과 같은 경우들이 디지털 치매의 예라고 할 수 있다. 이는 디지털 미디어에 대한 과도한 의존증에서 기인되는 것으로 기억력과 같은 뇌 기능의 퇴화를 가져올 위험성을 갖고 있다.

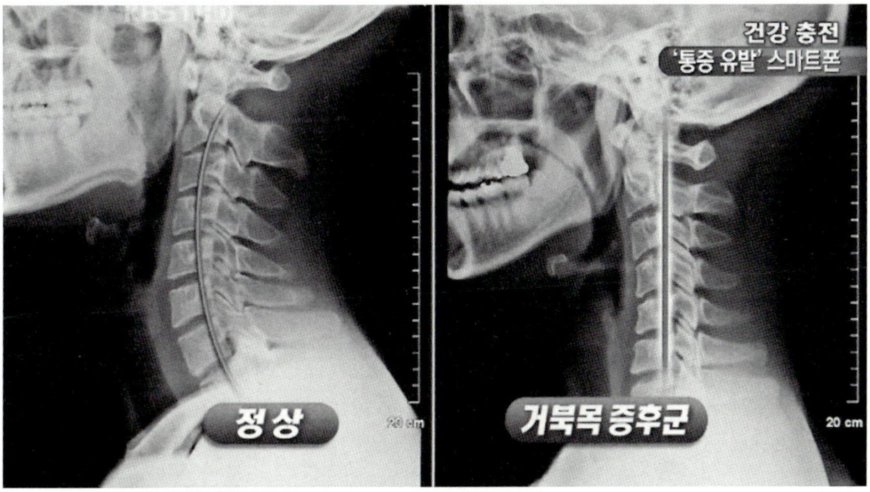

[그림 32] 스마트폰 중독이 야기할 수 있는 거북목증후군(출처 : KBS 뉴스)

스마트폰 중독이 신체 건강에 미치는 악영향은 대표적으로 거북목증후군과 손목터널증후군을 들 수 있다. 스마트폰을 과도하게 사용하는 사람들은 목과 손이 장시간 같은 자세를 유지하면서 이와 같은 증세들이 나타나게 된다. 거북목증후군은 오랫동안 목을 숙인 자세로 스마트폰을 보면서 목이나 어깨가 결리는 고통을 겪게 되는 병이고, 손목터널증후군은 특정 손가락을 반복적으로 사용하게 되면서 손목 인대나 손가락에 염증이 생겨 손이 저리고 감각이 둔해지는 병이다. 이외에도 손바닥보다 작은 스마트폰에 집중을 하다 보면 눈을 잘 깜빡이지 않아 안구건조증에 걸리기도 하고 무절제한 사용으로 인해 수면장애 등으로 건강을 해칠 수도 있다.[101]

이상과 같은 결과를 통해서 추론해볼 수 있는 것은 사람들이 재미를 일종의 심리적 도피 수단으로 탐닉하게 되는 경향이 나타난다는 점이다. 재미가 중독으로 이어지지 않고 재미의 부정적 효과를 회피하는 길은 자기통제력을 발휘하는 데 있겠지만, 궁극적으로는 재미를 순간적, 쾌락적 목적의 소모적 도피 수단이 아니라 재미가 자신의 삶을 더욱 건강하게 만드는 활력소가 되어야 한다는 인식과 함께 다양한 재미 활동을 스스로 선택하고 주도적으로 이들의 균형을 잡는 것이 중요하다 하겠다.

---

101) 노태영(2013. 3. 28), "장시간 스마트폰 사용…건강 위협", KBS

3) 재미의 차이 유발요소 – 주관성

재미는 재미 객체가 제공하는 재미 요소와 속성 차이에 따라서도 달라지지만 같은 재미 대상에 대해서 느끼는 재미의 정도가 달라지는 것은 사람마다 느끼는 재미가 다르기 때문이다. 즉, 재미의 차이를 유발하는 것은 바로 재미의 주관성 때문이라는 것이다.

이 차이는 우선 자극과 각성에 있어서의 개인차라는 관점에서 설명할 수 있다. 사람들은 저마다 서로 다른 자극과 각성의 수준을 갖고 있다는 것이다. 즉, 상당히 자극적인 것을 보아야만 비로소 재미있어 하는 사람이 있는 반면, 조금만 자극적이어도 금방 스트레스를 받는 사람도 있다. 이에는 성별과 연령에 따른 차이도 있어, 대체로 남성이 여성보다 더 높은 수준의 자극을 원하며, 남녀 모두 연령이 증가함에 따라 자극 추구 성향이 감소한다고 설명한다(나은영, 2010).

재미의 개인차는 하워드 가드너Howard Gardner의 다중지능이론[102]의 관점에서 해석할 수 있다. 그는 지능을 크게

① 언어linguistic

② 논리 수학logical-mathematical

③ 공간spatial

④ 신체 운동bodily-kinesthetic

⑤ 음악musical

⑥ 대인 관계interpersonal

⑦ 자기 이해intrapersonal

---

102) 지능이 높은 아동은 모든 영역에서 우수하다는 종래의 획일주의적인 지능관을 통렬히 비판하면서, 인간의 지적 능력이 서로 독립적이며 상이한 여러 유형의 능력으로 구성된다고 보는 교육이론으로 사람들은 저마다 뛰어난 지능 영역이 따로 있다고 보는 것이다(출처 : 국립특수교육원(2009), 『특수교육학 용어사전』, 도서출판 하우).

⑧ 자연 탐구natural

의 8개 지능 유형으로 구분하였는데 사람마다 타고난 발달 지능이 다르다는 것이다. 그에 따라 사람들은 자신이 잘하는 것을 좋아하고 거기서 더 재미를 느낄 가능성이 높다. 즉, 다중지능이론에 따른 개인별 역량 차이에 따라서 더 재미를 느끼는 활동이 달라질 수 있다는 것이다. 실제로 학습에 있어서도 사람들은 저마다 다른 속도와 방식으로 학습한다. 연구 결과에 따르면 사람들은 정해진 학습 패턴을 갖고 태어난다고 한다. 시각화하여 생각하는 사람이 있는 반면 그보다는 언어 능력이 더 우수한 사람도 있다. 쉽게 논리를 사용하는 사람이 있는 반면, 강한 직관에 의존하는 사람도 있다.

따라서 신체 운동 지능이 우수한 사람은 자연스럽게 스포츠에 더 끌리는 반면[103] 언어적 지능이 높은 사람은 결국 낱말 맞추기나 스크래블scrabble[104]같은 언어 관련 재미 활동을 선택할 것이라는 것이다.

재미는 성별에 의해서도 차이가 나타난다. 평균적으로 여성은 남성에 비해 특정 유형의 공간 지각에 보다 더 어려움을 느끼는 경향이 있다. 임의의 형태를 다른 방향으로 회전시킨 후 그것의 횡단면의 생김새를 맞추는 것을 일례로 들 수 있다. 이와는 달리 남성은 언어 기술면에서 여성보다 떨어지는 것으로 알려져 있다. 재미에 관한 이러한 성별의 차이는 매우 일관된 것이란 사실은 간단한 퀴즈로 성별을 알아맞힐 수 있다는 것에서도 입증된다.[105]

재미 이론을 쓴 라프 코스터는 게임에 있어서의 재미의 주관성을 설명하면서

---

103) 끌림은 재미를 발견하는 선행적 신호로서, 어떤 것을 다른 것보다 더 좋아하게 되는 것이 사람마다 차이가 발생하는 것은 유전적 소인과 같은 선천적 원인에 의한 것이라 할 수 있다.

104) 알파벳이 새겨진 타일을 보드 위에 가로나 세로로 단어를 만들어 내면 점수를 얻게 되는 방식의 보드 게임이다.

105) 인터넷 http://community.sparknotes.com/gender/ 에서 퀴즈 성별테스트를 해보면 테스트를

성별에 의한 차이와 연령에 의한 차이를 다음과 같이 설명한다.

> 게임은 젊은 남성에게 어필할 가능성이 높은데 이것은 이들이 형식적인 추상 시스템에 잘 맞는 종류의 두뇌를 가지고 있기 때문이다. 여기서 다음의 내용을 유추해볼 수 있다.
> 여성 플레이어들은 보다 단순한 추상시스템을 사용하며, 공간추리능력이 보다 적게 요구되고 대인관계, 이야기 및 감정 이입에 초점을 두는 게임에 끌릴 것이다. 하드코어 게이머들은 성별에 따라 확연히 다른 플레이 스타일을 보일 것이다. 즉, 남성은 힘의 사용과 영토의 지배를 강조하는 게임을 선호하는 반면 여성은 멀티플레이어 게임과 같이 행동 모방을 허용하고 엄격한 위계질서를 요구하지 않는 게임을 선택할 것이다.
> 젊을수록 도전하기를 좋아하고 나이가 들수록 익숙한 것을 좋아한다. 젊을 때 진보적이었던 성향이 나이가 들면서 보수화하는 경향도 마찬가지이다. 이런 맥락에서 젊을수록 새로운 것을 배우고 도전하는 것에서 재미를 찾는 반면 나이가 많을수록 기존의 배웠던 것을 활용하는 것에서 더 재미를 찾으려 할 가능성이 높다.

타고난 생물학적 성별과 상관없이 뇌 성향에 따라 재미의 차이를 설명할 수도 있다. 영국 심리학자 존 매닝 교수가 제안한 손가락 이론에 따르면 검지와 약지의 손가락 길이비digit ratio는 외모, 성격, 행동, 건강, 직업, 학습능력, 운동능력 등 다양한 특징과 관계가 있다고 본다. 인간의 뇌는 임신 6~8주 사이 태아 발생 시기에 남성 호르몬인 테스토스테론의 영향을 얼마나 받느냐에 따라 남성 혹은 여성적 성향이 결정된다고 한다. 즉, 테스토스테론의 영향을 많이 받으면 검지보다 약지가 길어지고 남성적 성향으로 뇌가 발달하며, 영향을 덜 받으면 상대적으로 여성 호르몬인 에스트로겐의 영향이 커져 약지보다 검지가 길어지고 뇌가 여성적 성

받은 수백만명의 사람들에 대한 축적된 통계를 기초로 테스트를 받은 사람의 성을 매우 정확하게 예측한다고 한다.

향이 강해진다는 것이다.[106)]

이 이론에 따르면 검지/약지의 비율이 작을수록 남성적 성향(공격 성향, 위험 감수 성향, 승부욕, 경쟁심 등)이 강해지고 이 비율이 클수록 여성적 성향(공감, 감수성, 친화성, 사회성 등)이 강해진다고 한다. 그 결과 약지가 검지보다 긴 사람은 심폐 기능, 운동 능력, 공간 지각력이 뛰어나고 수학, 재무, 논리, 음악에 강하며 직업적으로는 투자자, 사업가, 군인, 운동선수 등이 많다. 검지가 약지보다 긴 사람은 언어 지능, 공감 능력, 대인관계, 냄새/색상/촉감 감각이 뛰어난 반면 공간 지각 능력, 운동 능력 등은 약해 직업적으로는 교사, 상담사, 간호사 등이 많다.[107)] 손가락 이론 역시 다중지능 이론에서 설명한 바와 같이 선천적으로 어떤 역량이 강하냐에 따라 선호하는 재미 취향이 달라진다고 볼 수 있다.[108)] 즉, 위험과 경쟁을 추구하는 남성적 성향은 활동적인 스포츠나 액션 장르를, 소통과 공감을 추구

106) 서양인 검지/약지(테스토스테론 민감도가 오른손이 더 커 오른손을 기준으로 하는 경우가 많다.)의 남성 평균은 0.96, 여성 1이란 연구가 있고, 한국의 경우 50대 남성, 여성이 각각 평균 0.947과 0.952이고, 20대 남성과 여성은 각각 평균 0.954와 0.967으로 나타난 바 있다(출처 : Kim, Soo-Il & Cho, Keun-Ja, 2012)(https://doi.org/10. 11637/kjpa.2012.25.4.137). 일반적으로 남성은 검지보다 약지가 길고 여성은 검지가 약지 길이와 같거나 긴 편이다. 남녀 모두 각각 통계적으로 17% 정도의 사람들은 성별로 반대의 성향을 가진다고 한다(남성이 여성적 성향, 여성이 남성적 성향을 가진 사람).

107) 손가락 이론은 이외에도 특정 질병, 성적 취향 등과 관련성을 갖고 있다는 연구 결과들이 많은데 약지가 긴 남성의 경우 심장질환, 전립선암, ADHD(주의력결핍 과잉행동 장애), 자폐증, 아스퍼거 발병 비율이 높고, 검지가 긴 여성의 경우 유방암, 자궁암 발병 비율이 상대적으로 높다고 알려져 있다. 또한 검지가 긴 남성의 경우 우울증, 검지가 긴 여성의 경우 정신분열증 발병 비율이 높다. 성적 취향은 검지가 긴 남성과 약지가 긴 여성이 동성애 비율이 높다고 한다.

108) 선천적 역량과 선호에 관해서는 이외에도 성호르몬의 영향을 받기 시작하는 사춘기 이후 얼굴의 가로/세로 비율(가로는 좌우 광대뼈 바깥선 사이의 거리, 세로는 윗입술에서 눈썹 중간 사이의 거리)에 따라 손가락 이론과 같은 방식으로 남성적, 여성적 성향을 판별할 수 있다고 한다. 즉, 이 비율값이 클수록(가로가 긴 편, 각진 얼굴, 테스토스테론의 영향이 큰 경우) 남성적 성향이 강하고, 작을수록(세로가 긴 편, 계란형 얼굴, 에스트로겐의 영향이 큰 경우) 여성적 성향이 강하다고 한다(Haselhuhn, M. P., Wong, E. M., & Ormiston, M. E., 2013). 이 이론은 관상과 같은 사이비 과학으로 알려진 골상학과는 다른 과학적 이론과 근거가 있다고 본다.

하는 여성적 성향은 정적인 스토리텔링 기반의 드라마 장르를 더 선호할 가능성이 높다고 하겠다.

재미의 주관성을 다중지능 이론의 개인차, 손가락 이론의 성차를 기초로 이해함에 있어 앞서 설명한 내용과 다른 예외적인 경우(예를 들어 약지가 긴 사람인데 운동 능력이 약한 경우)를 어떻게 볼 것인가 하는 점이다. 이는 결정적 시기 가설critical period hypothesis[109]로 어느 정도 설명이 가능하다고 본다. 즉, 타고난 역량이 각 역량별로 정해진 시기에 제때 제대로 개발되지 않은 결과(해당 뇌신경이 충분한 자극을 받지 못한 결과) 해당 능력이 약화된 것이라고 볼 수 있다. 이 외에도 생각해 볼 수 있는 것은 사회, 문화적 환경 요인이 영향을 미친 결과일 수도 있다고 본다. 즉, 우리나라같이 성 역할에 대한 고정관념이 강한 사회에서 어린 시절 사회화 과정에서 타고난 성향을 무의식적으로 억누른 결과일 수도 있다는 것이다.

이와 같은 재미의 주관성 문제는 다양한 재미 대상과 활동을 정의함에 있어서 목표하는 재미 주체가 누구인가를 반드시 고려해야 함을 의미한다. 인구통계적 차이는 물론이고 선천적 성향, 다양한 행동적 특성을 통해 그들의 재미 선호를 파악하는 것이 중요하다고 하겠다.

---

109) 언어학, 심리학 분야에서 언어 습득에는 결정적 시기가 있다고 보는 가설이다. 언어 발달의 결정적 시기는 12세 전후로 보는데 이 시기가 지나면 제1언어(모국어)를 습득할 수 없고, 제2언어(외국어)도 원어민만큼 유창하게 못 하게 된다고 한다(출처 : 위키백과)(13년 동안 감금됐다 발견된 소녀 지니Genie의 사례가 가설의 계기가 됐다.). 시각 능력은 12개월, 운동 능력은 9세 전후라고 본다. 이 시기에 적절한 자극을 받지 못하면 해당 능력의 신경망(시냅스)이 제대로 형성되지 못해 기능을 상실하거나 약화된다고 할 수 있다. 예를 들어 남성적 성향을 타고났어도 어릴 때 운동신경을 자극받지 못하면 성인이 된 후에 운동을 시작해도 쉽게 늘지 않는다고 할 수 있다. 운동신경은 예술 영역에선 음악과 미술에 다르게 작용한다. 세밀한 운동신경을 사용하는 악기 연주의 경우는 상관이 있지만 그렇지 않은 미술은 상관이 없다고 할 수 있다. 따라서 성인이 된 후에는 음악의 악기 연주를 배우기 시작하면 습득 속도도 느리고 경지에 이르기 어렵지만, 미술의 경우는 성인이 되고 늦게 시작해도 얼마든지 배우고 성장할 수 있다고 할 수 있다.

생각해 볼 문제

1. 지각, 인지, 정서 등 재미의 내적 요소 중 나는 어떤 것에 더 끌리는가?
2. 재미의 주관성 차원에서 나는 어떤 것을 좋아하고 이유는 무엇이라 생각하는가?

3. 재미의 심리 상태 - 몰입

어떤 것을 재미있다고 느꼈는지 아닌지를 판단하는데 가장 쉬운 방법은 재미주체가 그 대상이나 활동에 깊이 몰입했는지를 확인하는 것이다. 이처럼 재미는 몰입이라는 심리적 집중 상태를 유도한다는 점에서 몰입은 재미를 설명하는 핵심적 개념으로 인식되고 있다. 분명 재미와 몰입은 어떤 것에 마음이 뺏겨 시간가는 줄 모르고 열중한 상태를 의미한다는 점에서 긴밀한 상관관계를 갖는다는 것은 분명하다. 그러나 앞서 재미의 유사개념에서 설명한 바와 같이 재미와 몰입을 동일한 개념으로 이해하는 것은 정확한 이해는 아니란 점이다. 몰입의 심리적 상태가 꼭 재미활동에 의해서만 발생하는 것은 아니기 때문이다.

또한 몰입이란 개념은 재미와도 결부되지만, 명상활동이라든지, 공부나 직무활동처럼 의도적으로 높은 성과나 목표달성을 위한 고도의 정신적 집중을 의미하는 용어로도 사용되기도 한다. 일상적으로는 연기자가 자신이 맡은 배역을 실감나게 표현하기 위해 그 역할에 깊이 감정이입을 하는 과정을 의미하기도 하고, 책의 독자나 드라마의 시청자가 스토리 전개과정에 깊이 빠져드는 경우를 의미하기도 한다.

그것이 재미와 결부된 것이든 아니든, 능동적으로 몰입한 것이든 아니든 상관없이 공통적으로 몰입은 주위의 모든 잡념, 방해물들을 차단하고 원하는 어느 한

곳에 자신의 모든 정신을 집중하는 일이라고 할 수 있다. 몰입은 재미의 경우에서 발휘되든, 의무적인 상황에서 발휘되든 결과적으로 모두 즐거운 상태를 가져온다는 점에서 그 자체가 정신적 재미를 의미하기도 한다. 이런 이유로 몰입은 재미의 심리적 작동원리를 설명하는 주요 개념으로 인식되고 있다. 다만 뒤에 살펴볼 심리학의 몰입이론의 경우 직무나 학습의 재미를 설명하는데는 유용하지만 재미 영역을 모두 설명하는 것은 아니라는 한계가 있다는 점을 인식할 필요가 있다.

몰입이란 용어에 관해서는 영어로 'immersion'과 'flow'를 혼용해서 쓰고 있는데, 문학이나 교육 분야에서 몰입의 일반적인 용어는 원래 'immersion'이었으나, 심리학 분야에서는 칙센미하이의 몰입이론이 대두된 이후로는 'flow'를 더 자주 사용하는 경향이 있으나 개념의 차이가 있는 것은 아니다.

심리학자 칙센미하이가 몰입을 굳이 'flow'라고 명명한 이유는 몰입했을 때의 느낌이 마치 '물흐르는 것처럼 편안한 상태'와 같다는 의미에서이다. 그는 또한 몰입이 '하늘을 날아가는 자유로운 느낌'이라고 하면서, 일단 몰입을 하면 몇 시간이 한순간처럼 짧게 느껴지는 '시간개념의 왜곡' 현상이 일어나고 자신이 몰입하는 대상이 더 자세하고 뚜렷하게 보인다고 한다. 그와 함께 몰입대상과 하나가 된듯한 일체감을 주며 자아에 대한 의식이 사라진다고 설명한다.

그런 관점에서 보면 몰입은 우리 말의 '삼매경三昧境'이나 '무아지경無我之境'과 같은 개념이라고도 할 수 있다. 그러나 엄밀한 의미에서 몰입과 삼매경은 구분되어야 하는 부분이 명확하다. 몰입이 심지어 마치 자신을 의식하지 못하는 무아지경의 상태에 간다고 하더라도 그것은 주체가 자발적으로 선택한 것이고, 필요하면 언제라도 그 상태에서 스스로 벗어나 다시 자아를 인식할 수 있는 의식상태를 유지하고 있다는 점이다. 이것은 앞서 설명한 개념을 활용하면 일종의 자기통제력을 유지한 상태라는 점에서 다르다고 설명할 수 있겠다.

몰입은 기술적 장치를 사용해 감각적으로 실제 있는 것처럼 느끼는 지각적perceptual 몰입과 별개의 기술적 장치 없이 이용자 스스로 자발적으로 갖게 되는 심리적psychological 몰입으로 나눌 수 있다. 예를 들면, TV 드라마에 심취한 나머지 눈과 귀 등의 감각기관을 미디어에 독점당해 외부와 차단된 것을 지각적 몰입이라고 하고, 소설읽는 재미에 깊이 빠져든 상태를 심리적 몰입이라고 할 수 있다. 몰입이 최고조에 달하는 것은 이 두 형태가 결합될 때라고 할 수 있는데 가상현실Virtual Reality의 몰입이 다른 경우보다 강력한 이유는 이 두 가지가 동시에 작용하기 때문이라고 할 수 있다.

우선 심리학의 몰입이론이 설명하는 몰입은 무엇인지 살펴보도록 하겠다. 몰입이론의 주창자 칙센미하이는 인간이 자신의 능력을 최대로 발휘할 수 있는 조건으로서 몰입의 개념을 생각했는데, 사람은 어떤 과업을 수행함에 있어 과제의 난이도(도전감)가 자신의 숙련도(스킬)와 일치될 때 자신의 능력을 최대로 발휘하게 되고 이런 심리적 상태를 몰입이라고 하였다.

그는 몰입에 대해 '다른 생각이 개입할 여지없이 목적하는 문제에만 집중하는 상태'로 정의하였는데, 몰입의 특성으로는 강한 집중, 자아 상실, 왜곡된 시간관념 등을 들었다. 몰입 현상은 대개 심리와 육체 양쪽에 동시에 반응하는 특성이 있다. 몰입하는 동안 인간은 재미와 긴장을 느낌과 동시에, 외부세계와의 단절을 통해 소리를 듣지 못하거나 주변의 사건을 인지하지 못하는 등 신체반응을 수반하는 심리경험을 하게 되는 것이다(김기홍, 2009).

칙센미하이(1977)는 처음에 도전감과 숙련도의 수준에 상관없이 두 요인의 균형만 이루어지면 몰입이 발생할 수 있다고 보았다. 즉, <그림 33>에서 보는 것처럼 낮은 수준에서도 도전감과 숙련도의 균형만 이루어지면 되고, 불균형이 발생하는 경우에만 불안이나 권태가 발생하는 몰입의 3경로모형을 주장한 것이다.

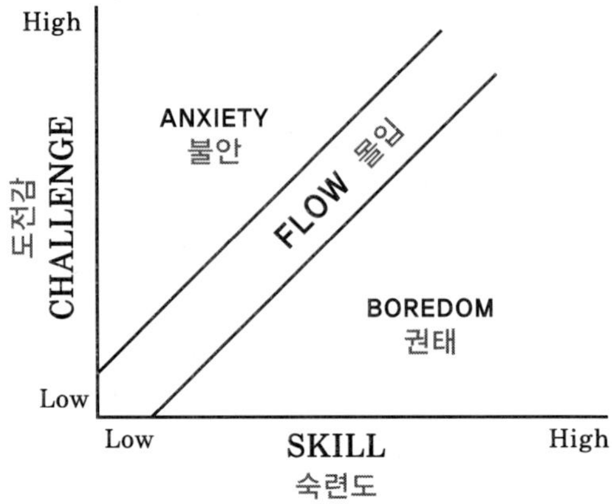

[그림 33] 몰입의 3경로모형

그후에 몰입의 3경로모형은 도전감과 숙련도가 일정 수준 이상에서 균형을 이루어야만 몰입이 발생하는 것으로 수정되었다. <그림 34>에서 보는 것처럼 도전감과 숙련도가 균형을 이루더라도 그 수준이 일상적으로 개인들이 경험하는 수준보다 낮을 경우는 무관심이 나타난다는 것이다(Csikszentmihalyi and LeFevre, 1989). 이것을 몰입의 4경로모형이라고 한다.

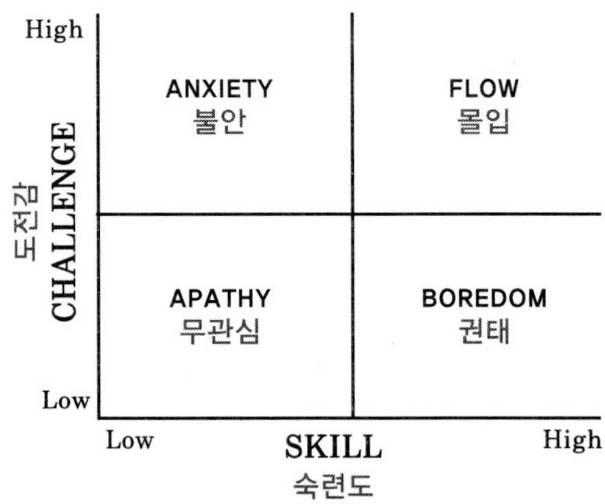

[그림 34] 몰입의 4경로모형

이후 4경로모형은 더욱 세분화되어 <그림 35>의 8경로모형(Massinini and Carli, 1988) 등 다양한 응용모델이 등장하였으나 현재는 4경로모형이 설명의 단순화를 위해 일반적으로 많이 활용되고 있다. 몰입의 4경로모형에서는 사람들의 도전감과 숙련도가 일정 수준 이상에서 균형을 이룰 때, 보다 능동적이고, 주의력이 높아지며, 집중하는 경향을 나타낸다고 본다. 이에 따라 몰입 주체는 행복감을 느끼고 만족하며 창의적이 된다고 한다(Csikszentmihalyi and LeFevre, 1989). 그러나 도전감과 숙련도가 최적의 상태에서 결합되지 않으면 사람들이 경험하는 감정의 질과 과업에 대한 가치지각은 떨어진다고 한다. <그림 34>의 4경로모형에서 구분된 4가지의 심리 상태에 대해 설명하면 다음과 같다.

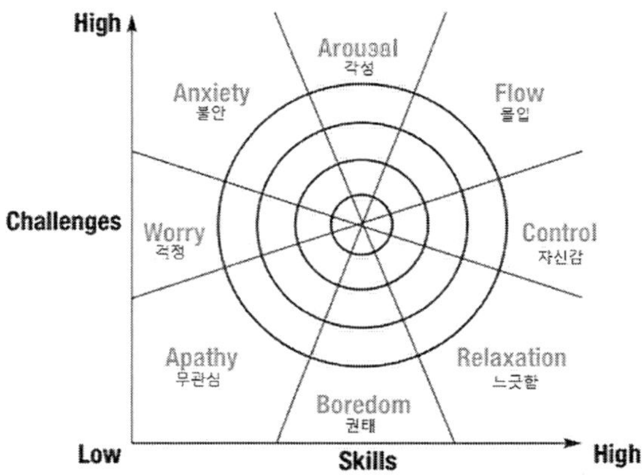

[그림 35] 몰입의 8경로모형

몰입flow은 도전감과 숙련도가 일정 수준 이상에서 균형을 이룰 때 발생하는 것으로, 사람들이 느끼는 최적경험으로서 특정 활동에 몰두하고 있을 때 경험하게 되는 심리적 상태를 뜻한다. 이는 자신의 행위에 완전하게 몰입하고 있는 상태에서 경험하게 되며, 대상에 완전히 집중하여 시간적, 공간적으로 자신을 잊어버리는 상태를 의미한다.

불안Anxiety은 도전감은 높으나 숙련도가 이를 뒷받침하지 못할 때 발생한다. 이런 상황에서 사람들은 의욕은 넘치지만 과업을 해결하는 능력이 부족함을 지각하여 긴장하거나 불안감을 갖는 마음상태를 경험한다. 일상생활에서 도전감과 숙련도의 괴리에 의해 나타나는 영향은 그 사람의 숙련도 수준에 따라 다양하게 나타난다. 난이도가 높지 않은 중간정도의 도전적 과업에서는 과업을 완성하고자 하는 욕구에 따라 몰두할 수도 있다. 이럴 때에는 어렵고 가치있는 무엇을 달성하기 위해 자발적으로 노력함으로써, 사람의 몸과 마음이 한계를 뛰어 넘는 최고의 순간으로 발전할 수도 있다고 한다. 그러나 도전감이 지배적이고 숙련도와의 차이를 크게 지각하면 불안이라는 부정적 감정이 지배할 수도 있다.

권태Boredom는 숙련도는 충분하지만 도전감이 높지 않은 불균형 상황에서 발생한다. 반복적인 과업수행을 통해 과업에 대한 숙련도가 완숙단계에 도달하였으나, 목표를 달성하고자 하는 동기부여가 제대로 되지 않을 때, 사람들은 지루함이라는 심리상태를 경험하게 된다. 지루함을 느끼면 사람들은 집중도가 저하되며, 충분한 통제능력은 보유하고 있으나 감정상태는 일상적 수준 또는 그 이하에 머물 수도 있다.

무관심Apathy은 도전감과 숙련도가 일상생활에서 느끼는 평균적인 수준보다 낮은 상황에서 발생하는데, 사람들을 부정적 심리상태로 떨어뜨리는 요인이 된다. 무관심은 사람의 마음을 부정적으로 억누르며, 결과적으로 사람들의 경험의 질을 크게 떨어뜨린다(Massimini and Carli, 1988).

몰입이 나타나는 주요 상황으로는 서사narrative, 학습, 가상현실, 미디어 몰입을 들 수 있는데 이들 각각에 대해 살펴보기로 한다.

1) 서사 몰입

몰입의 유형 중 서사 몰입은 책의 독자나 드라마의 시청자가 스토리 전개과정에 깊이 빠져드는 경우처럼 허구적인 이야기에 몰입하는 것이다. 이것은 서사가 이야기하는 텍스트 세계를 경험하는 것이고, 이는 텍스트 안의 세계를 의심 없이 받아들임으로써 가능하다. 즉, 소설 읽기에서 나타나는 것과 같은 심리적 몰입은 수용자의 자발적 참여태도에 따른 것으로서, 이런 자발적 참여는 허구적 이야기의 사실성 정도에 영향을 받는다. 서사의 몰입을 경험하기 위해서는 '실제같은' 허구를 만들어내고 이를 사실로 믿게 만드는 것이 중요하다는 것이다. 여기서 '사실성'은 가공의 세계가 얼마나 현실세계처럼 리얼한가가 아니라, 체험하는 동안 체험자가 가공의 세계에 대한 불신을 자발적으로 유예하기에 충분한 정도로 리얼한가 하는 점이라는 사실이 중요하다(Pimentel and Teixeira, 1993).

현실에 존재하지 않는 인물과 사건을 담은 문학, 연극, 영화 등 허구서사 작품에 대한 수용자의 몰입현상은 인간과 예술, 매체를 연구하는 학자들의 오랜 탐구 대상이었으며, 그 기원은 플라톤과 아리스토텔레스의 이데아Idea[110], 미메시스Mimesis론[111]으로 거슬러 올라간다. 서사 몰입의 작동원리를 설명한 대표적인 설명이 심리학자 게릭Gerrig의 '이동transportation' 개념이다. 그는 소설 독서 행위에 대한 연구를 통해 몰입을 서사 세계로의 '이동' 개념으로 설명했는데, 이는 현실 세계

---

110) 우리가 살고 있는 세계와는 다른 진리의 세계 즉 이데아가 존재한다고 믿고, 지금 우리가 살고 있는 세계는 진리를 표상한 세계에 불과하며, 경험은 진리를 표상한 것을 체험한 것에 지나지 않는다고 이해한다. 플라톤은 문학을 포함한 예술은 이데아를 모방한 현실을 다시 모방한 것으로서, 환영illusion의 창조라고 부정적으로 보았다.

111) 춤 · 몸짓 · 얼굴표정 등에 의해서 인간 · 신 · 사물 등을 모방하는 것을 의미한다. 문학을 포함한 예술은 인간 행동과 생활을 모방한 것이라고 본다.

를 벗어나 다른 세계를 여행한다는 개념으로서, 독서로부터 가상현실에 이르기까지 다양한 몰입의 원리를 설명하는데 쓰이고 있다. 게릭의 '이동이론Theory of transportation' 은 '이야기 이론folk theory' 이라고도 하는데, 독자가 독서를 통해 낯선 세계로 이동하면 텍스트 세계는 그 안에서 그의 역할을 결정해 그의 텍스트적 존재identity를 조형하고, 독자는 그 세계에 규정된 법칙을 알고 따르게 되면서 점점 더 빠져들게 되어 스스로 가상세계 안에 사실적 모델reality model을 만들어 결국 실제 세계world of origin와 단절을 경험하게 된다고 설명한다(Gerrig, 1993).

소설의 경우 서사 세계로의 '이동' 은 서사를 풀어가는 작가의 스킬보다는 독자들 스스로 창안해 낸 상상에 더 크게 의존한다고 한다. 게릭은 서사체의 몰입에 필요한 '최소한의 이동의 형식minimal form of transportation' 개념을 제안하며, 그것이 언어와 우리 마음의 인지 구조 안에 생성된다고 보았다. 따라서 수용자가 서사 몰입에 들어가는데는 서사의 표현이 얼마나 사실적인가가 중요한 것이 아니고 수용자의 감정이입 여부가 더 중요하다고 할 수 있다.

이는 사실성을 무기로 하는 3D 애니메이션을 예로 들면, 극사실적 3D기법으로 만들어진 '파이널 판타지Final Fantasy' 보다, 같은 3D라도 표현의 사실성은 떨어지지만 감정이입이 잘되는 픽사Pixar의 '토이 스토리Toy Story' 같은 영화가 훨씬 더 몰입 효과가 크다는 것에서도 확인할 수 있다. 가상세계는 하나의 표현기교나 기술에 의해 창조되지 않는다. 새로운 세계로의 이동과 몰입에 중요한 것은 수용자의 참여라고 할 수 있다.

라이언Ryan은, 내러티브 세계에 동화absorption되어 가는 과정을 '책 안에서 길을 잃다Lost in a Book라고 표현한 넬Nell의 논의를 바탕으로, 서사 몰입의 과정을 아래와 같이 4단계로 설명한다(Marie-Laure, 2001 ; 김기홍, 2009 재인용)

1. 집중concentration : 어렵고 몰입적이지 않은 작품들을 이해하기 위해 주의를 기

울이는 단계. 이 단계에서 텍스트 세계는 독자를 미혹시켜 산만하게 만드는 현실 세계의 자극에 취약하다.

2. 상상적 몰두imaginative involvement : 독자의 자아가 분열되는 단계로서, 독자는 텍스트 세계로 진입하지만 미학적이거나 인식론적인 분리detachment를 인지할 가능성이 남아있다. 즉, 수용자에게 '현실 세계'와 '텍스트 세계'는 분열되어 있지만, 텍스트 내의 화자의 발화행위와 실제세계 작가의 수행능력 양자의 존재를 모두 알고 있다. 감독의 표현력에 대해 논평을 할 수 있는 여지가 있다.
3. 도취entrancement : 자기존재를 의식하지 않는 상태로서, 텍스트 세계에 완전히 사로잡힌 단계다. 수용자는 현실세계에 신경쓰지 않으며, 작품의 미학적 질이나 텍스트 진술의 진정성의 가치 등에 대해 논평할 정신적 여지가 없다. 꽤 깊은 단계의 몰입임에도, 이 단계의 수용자는 마음 한 구석에 텍스트의 내용이 진짜가 아니라는 정도의 의식은 견지하고 있다. 예를 들어, 화재 장면이 상영되었다고 놀라서 진짜 뛰어나가지는 않는다.
4. 중독addiction : 이 단계는 극소수의 열광자들만이 이해할 수 있다거나, 혹은 작품세계와 현실을 구분하지 못하는 단계로서, 권장되지않는 감상 수위이며, 몰입에서도 논외의 유형이다.

지금까지의 논의를 요약하면, 서사에 있어서 새로운 세계로의 몰입이라는 것은 텍스트의 수준의 문제라기보다 독자의 참여와 더욱 밀접한 문제라는 것을 알 수 있다.

2) 학습 몰입

칙센미하이는 몰입이론을 설명하면서 삶에서 최적의 경험은 자신의 한계를 뛰어넘어 자발적인 노력을 함으로써 능력을 끌어올려 어려운 일을 성취하도록 확장하는 가운데 느낀다고 말한다. 이럴 때 몰입의 상태에 도달하는데 이 경우가 바로 뭔가를 배우는 학습 몰입을 말하는 것이다. 배움은 재미를 유발하며 그 재미를 지속시키는 중요한 동인이라고 할 수 있다(김학진 · 김성문 · 김진우 · 박선주, 2007).

칙센미하이의 몰입이론은 학습과정에서의 몰입을 설명하는 매우 유용한 심리학적 이론이라고 할 수 있다. 일반적으로 학습은 누구에게든 지적 부담을 주는 일로 인식되기 때문에 재미를 유발하기 어려운 활동으로 받아들여진다. 그러나 몰입이론에 따르면 학습에서도 몰입에 따른 재미가 발생하는 조건이 있다는 것이다. 그것은 앞서 설명한 것처럼 학습자의 숙련도와 학습 내용의 난이도가 균형을 이룰 때(<그림 36>의 A1, A3 상태) 몰입이 발생하고 이를 통해 학습자는 재미를 느끼게 된다는 것이다.[112] 즉, 학습자가 호기심을 갖고 학습 내용을 습득

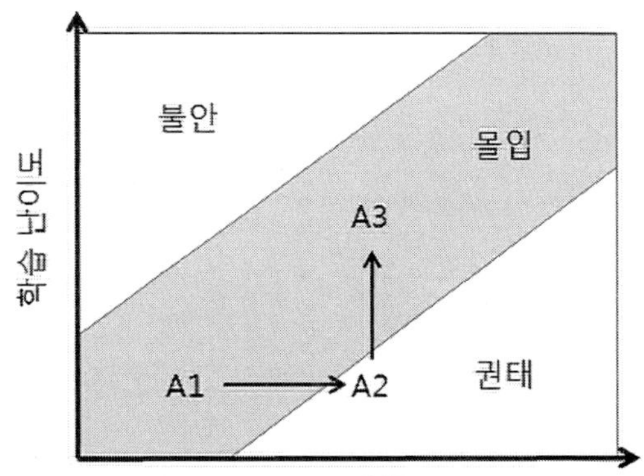

[그림 36] 학습 몰입(김학진 · 김성문 · 김진우 · 박선주, 2007)

하려고 할 때 학습 수준이 자신의 이해력으로 수용할만한 정도의 난이도를 갖고 있다고 느낄 때 그것에 쉽게 몰입하게 되고 학습 결과가 나타난다.

여기서 다시 학습자의 숙련도가 높아지면 해당 학습 내용의 난이도가 더 이상 균형을 이루지 못하기 때문에 이를 지루하게 느끼고 몰입상태를 벗어나게 되는 문제가 발생한다(<그림 36> A2 상태). 결국 이를 해결하고 몰입을 유지하기 위해서는 학습자의 높아진 숙련도에 상응하는 수준으로 학습 내용의 난이도를 높여 균형을 맞춤으로써(<그림 36> A3 상태) 다시 몰입을 유지할 수 있다는 설명이다. 여기서 중요한 것은 결국 몰입의 재미를 유지시켜주는 것이 바로 한 단계의 재미에서 다음 단계의 재미로 옮겨가도록 하는 학습이란 점이다.

그러나 여기서 학습이 종종 어려움에 빠지는 것은 학습의 단계적 성장 과정에서 아이들이 학습에 흥미를 잃게된다는 사실이다. 학습 난이도가 올라감에 따라 학습의 숙련도도 같이 올라가야 하는데 여기서 학습자의 노력이 필요하기 때문

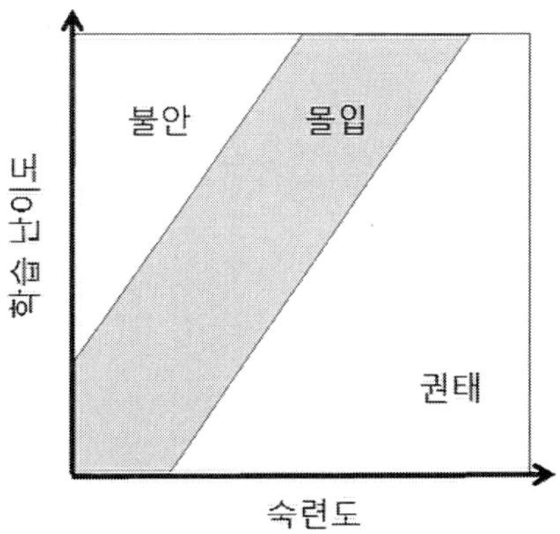

[그림 37] 학습 몰입 A
(김학진 · 김성문 · 김진우 · 박선주, 2007)

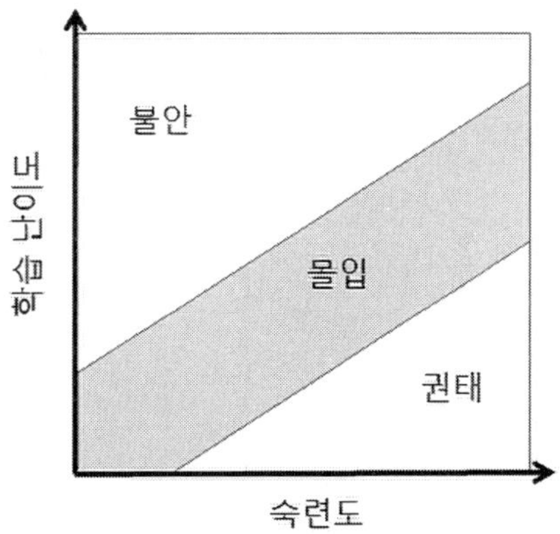

[그림 38] 학습 몰입 B
(김학진 · 김성문 · 김진우 · 박선주, 2007)

---

112) 몰입의 조건은 학습 내용의 난이도와 숙련도의 균형 외에도 목표가 구체적일수록, 즉각적 피드백이 있을수록 높아진다.

이다. 학습의 몰입을 유지하기 위해서는 따라서 적절한 수준의 난이도 조절이 중요하다고 하겠다. 이를 설명하기 위해 다음의 두 가지 경우를 비교해 보자.

<그림 37>의 학습몰입 A경우는 상대적으로 <그림 38>의 학습몰입 B보다 적은 숙련도의 상승으로 더 높은 난이도 목표를 달성할 수 있다. 이는 학습몰입 A가 상대적으로 학습몰입 B보다 적은 노력으로 학습의 재미와 몰입을 유지할 수 있다는 것을 의미한다. 결국 배움과 재미가 선순환을 이루기 위해서는 노력 대비 성취가 학습자가 수용할 수 있는 수준으로 유지되는 것이 중요하다는 것을 알 수 있다.

결론적으로 학습 몰입이 지속적으로 일어나기 위해서는 <그림 39>에서 보는 것처럼 학습 난이도가 몰입 통로를 벗어나지 않도록 단계적으로 높여가고 학습자 역시 난이도 수준에 맞게 상응하는 노력을 통해 숙련도를 단계적으로 높여감으로써 학습에서 몰입의 재미를 잃지 않아야 한다고 할 수 있다.

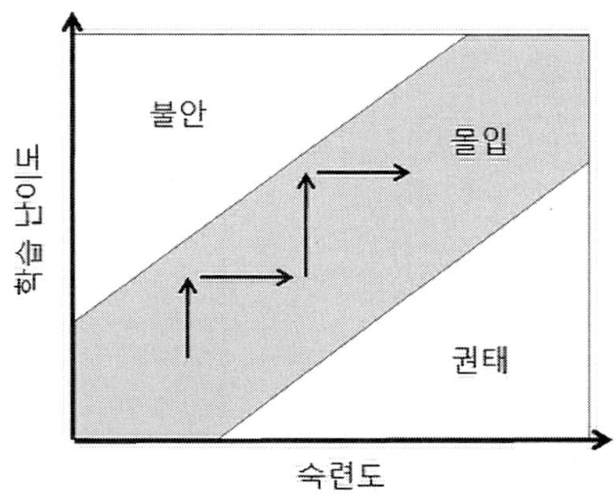

[그림 39] 학습 몰입의 선순환 구조(김학진 · 김성문 · 김진우 · 박선주, 2007)

한가지 학습 몰입에 있어서 고려할 사항은 학습의 대상이 지나치게 심각한 활동이어서는 안된다는 점이다. 예를 들어 몰입활동을 설명할 때 가장 대표적인 예로 사용되는 외과 수술이나 암벽 등반과 같이 심각한 활동을 하면서 배우는 것은 많겠지만 재미를 얻기는 어렵다는 것이다. 이와 같이 심각하지 않으면서 자신이 정말 좋아하는 일에 몰두하여 배우는 재미를 얻음으로써 학습자는 성장할 수 있다. 이것이 몰입활동을 통한 배우는 재미의 강력한 힘이다(김학진 · 김성문 · 김진우 · 박선주, 2007).

3) 가상현실 몰입

보드리야르J. Baudrillard가 설명한 개념인 원본과 복사물의 구별 자체가 소멸해버린 상태를 뜻하는 시뮬라시옹simulation이나 현실보다 더욱 현실적인 것, 즉 '과잉현실' 을 뜻하는 하이퍼리얼리티hyperreality가 디지털 매체에 의해 창조된 것이 가상현실VR이라고 할 수 있다. 이와 같은 가상현실의 몰입은 앞서 설명한 서사 몰입이나 학습 몰입이 심리적 자발성에 의존하는 것에 반해 심리적일 뿐 아니라 동시에 지각적이라는 점에서 큰 차이가 나타난다.[113] 또한 서사몰입은 관찰자 입장에서의 간접 체험을 하는 간접적 몰입인 반면 가상현실 몰입은 재미 주체가 직접 체험하는 방식이란 측면에서 직접적 몰입으로 구별된다. 가상현실은 심리적 몰입과 함께 감각적 몰입이 동시에 발생함으로써 가장 강한 몰입적 체험을 제공한다.

가상현실은 인터넷과 같은 기존의 사이버 스페이스Cyber Space와 혼동되어 사용되기도 하나 몰입 대상으로서의 가상현실은 3D 그래픽에 의존하며 사용자와 그 그래픽 세계 속을 구성하고 있는 요소들과의 상호작용을 전제로 하며, 감각기관

113) 문학비평용어사전(2006. 1. 30), 국학자료원

에 대한 직접적인 자극을 통해 감각적이고 비언어적인 체험을 하는 경우에 한정한다. 그 구현방식은 데스크톱, 영상 투사형projection, HMDHead Mounted Display형[114], CAVEComputer Assisted Virtual Environment형[115] 등을 포괄한다. 현실세계와의 차단에 따른 단절 효과가 클수록 높은 몰입도를 보인다.

자넷 머레이(Janet Murray, 1997)에 따르면 가상현실은 몰입Immersion, 감정이입Empathy, 행위주체성Agency, 변형Transformation을 특징으로 한다고 한다. 즉, 이는 감정이입을 통해 타자의 관점에서 현상을 체험하는 것이고 직접 가상현실이 제공하는 환경요소와 상호작용하고 그 결과로 나타난 변화를 동시에 체험하는 것이다. 변형의 체험은 일종의 만화경kaleidoscope과 유사한 재미를 맛볼 수 있게 되는 체험이다(박명진 · 이범준, 2004 재인용).

가상현실의 몰입감에 영향을 주는 요인으로 박명진 · 이범준(2004)은 화면의 시각적 구현수준, 복합적 감각의 구현, 시야의 차단, 가상현실의 내용, 동일시의 대상과 방식, 동료 사용자와의 관계, 상호작용성을 들고 있다. 즉, 실제의 시공간과의 완전한 단절, 보다 현실감을 느끼게 하는 고해상도의 입체 영상 같은 시각적 차원의 요소와 이와 동기화된 청각적, 촉각적 요소들이 몰입을 가져오는 핵심 역할을 하며, 상호작용을 통한 환경 변형의 체험은 환경을 직접 조작하고 통제하고 있다는 능동적인 매체 체험을 제공함으로써 몰입을 강화시킨다고 하겠다. 이를 위해서는 상호작용성의 반응의 정확성과 속도, 입력 방식, 상호작용의 대상과 조작 결과 등에 따라 달라질 수 있다.

---

114) 안경 형태의 HMD를 착용한 상태에서 컴퓨터가 합성한 3차원 가상 공간을 체험하게 하는 방식이다.

115) 컴퓨터가 합성한 화면에 둘러싸인 방이나 돔 형태의 가상현실 장치를 의미한다.

4) 미디어 몰입

TV, 라디오, 스마트폰, 태블릿과 같은 미디어를 사용하는 상황에서도 몰입이 발생할 수 있다. 예를 들면 미디어가 제공하는 소설이나 영화, 게임 등이 창조한 가상세계 안에서 의식의 유희를 즐길 수 있기 때문이다. 이와 같은 미디어 몰입은 앞서 설명한 서사 몰입, 학습 몰입, 가상현실 몰입의 개념으로 충분히 설명될 수 있으나 다만 미디어 몰입의 적정 수준이 무엇이냐가 문제시된다. 즉, 미디어 몰입은 앞서 재미의 효과에서 지적한 것처럼 과몰입의 형태로서 지나친 미디어 의존증이 부정적 효과를 초래하기 때문이다. 특히 디지털 미디어가 지니는 상호작용성은 이용자로 하여금 '행동'의 개입을 요구하는 경우가 많기 때문에 더욱 '빠져들기'가 쉽다는 것이다(나은영, 2010).

이에 관해 나은영(2010)은 미디어 사용에서의 몰입은 지나친 흥분 상태가 아니라 적정 수준의 각성상태에서 적정 수준의 몰입을 유지하는 것이라고 주장한다. 사람들이 미디어를 이용하는 이유는 현재 상태의 감정 상태를 벗어나 새로운 기분을 느끼기 위해서나 단조롭고 지루한 일상에서 즐거움을 경험하기 위해서이

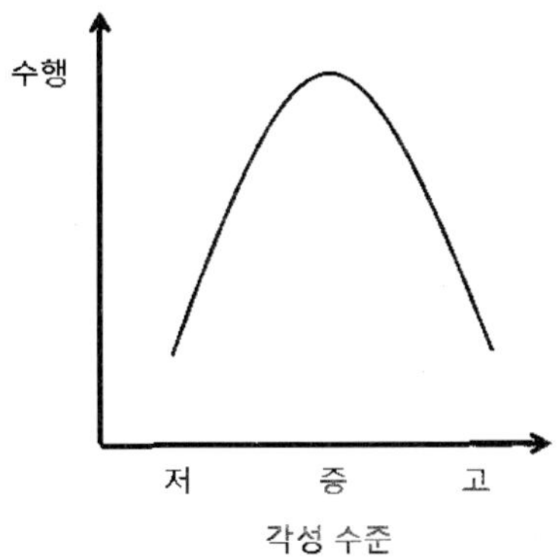

[그림 40] 각성과 수행관계(나은영, 2010)

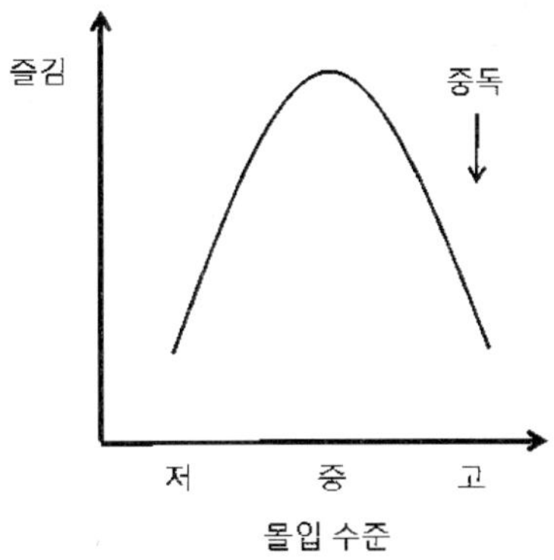

[그림 41] 몰입과 즐김관계(나은영, 2010)

다. 그런 이용 목적을 달성하기 위한 최적 조건으로서 몰입 경험을 이해하고 있는 것이다.

여기서 그는 미디어를 즐기기 위해서 몰입이 필요하지만 지나친 몰입은 중독을 가져오기 때문에 몰입을 '무관심'과 '중독'의 중간 정도에 해당하는 개념으로 이해하였다. 따라서 최적의 수행을 위해 적정 각성 상태가 유지되어야 하며(<그림 40>), 적절한 몰입 수준에서 가장 큰 즐거움을 맛볼 수 있다고 설명한다(<그림 41>). 즉, 각성 수준이 너무 낮으면 무관심하거나 깨어있지 않은 상태로, 각성 수준이 너무 높으면 지나치게 긴장하기 때문에 최적의 수행을 못한다는 것이다. 또한 몰입 수준이 너무 낮으면 내용을 충분히 음미할 수 없고, 몰입 수준이 너무 높으면 중독에 빠지게 되어 즐거움을 느끼기 어렵다는 것이다. 여기서 적정 수준의 몰입 상태란 자기통제력을 유지하고 있는가의 여부로 판단할 수 있다고 본다.

4. 재미와 뇌

재미라는 정서적 반응은 엄밀한 의미에서 일종의 뇌반응이란 측면에서 재미와 뇌는 밀접한 관련을 맺고 있다. 좀 더 상술하면 재미란 새로운 경험이나 학습과 같은 자극에 대해 뇌가 주는 심리적 보상이란 점에서 그렇다. 현대 뇌과학의 도움으로 이제 인간의 사고, 의식과 행동, 감정은 모두 뇌 속 화학물질의 작용으로 상당 부분 설명할 수 있게 되었다. 재미의 정서를 느끼게 하기 위해 뇌는 신경세포(뉴런; Neuron)간에 다양한 신경전달물질을 통해 감정신호를 전달하는 복잡한 과정을 거친다. 재미현상을 설명하기 위해서는 인간의 심리적 이해와 더불어 그런 심리적 반응을 지배하는 생리적 차원의 뇌신경 반응을 알아볼 필요가 있다.

재미와 관련하여 지금까지 축적된 뇌과학의 기초적인 이해를 위해 뇌 구조와 기능[116]에 대해 알아보고, 재미 반응에 관여하는 신경전달물질들은 무엇이고 어떤 신호전달 과정을 거치는지 살펴보려고 한다. 마지막으로 재미의 신경생리학적 작동방식에 대해 종합적으로 설명하도록 하겠다.

인간이 생각하고 행동하고 느끼는 모든 일상 활동은 전적으로 뇌에 의해서 이

116) 한국과학문화재단 사이언스올(http://www.scienceall.com), 브레인미디어(http://kr.brainworld.com)를 참고하였다.

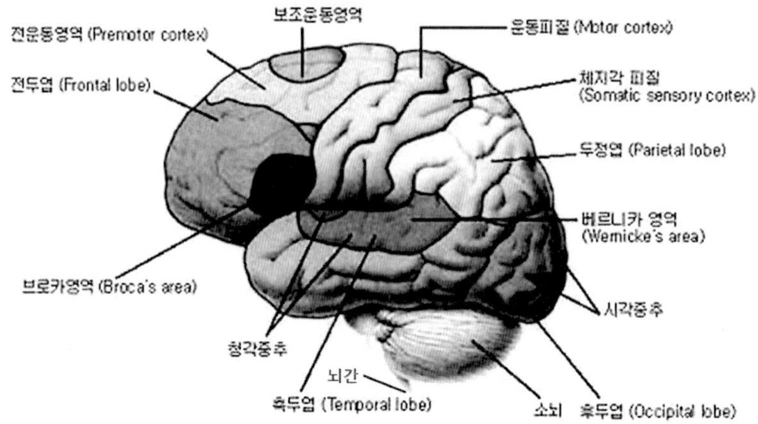

[그림 42] 뇌 구조(출처 : 네이버 카페 http://cafe.naver.com/orientwonkwang)

루어진다. 인간 뇌는 무게가 성인 남자의 경우 약 1.45kg, 여자의 경우 약 1.35kg이다. 전체 체중의 2%에 불과해 외적으로 매우 왜소하지만 그와는 달리 우리 몸 전체에 흐르는 혈액의 양이나 산소량의 약 20%의 에너지를 소비하는 부분으로써 인간에게는 가장 중요한 기능을 하는 기관이다.

인간의 뇌는 크게 대뇌(대뇌변연계 포함), 소뇌, 뇌간으로 나누는데, 포유류 뇌의 발달단계로 보면 뇌간(파충류), 대뇌변연계(포유류), 대뇌(영장류)의 순서로 발달되어 인간만이 고차원적인 인지기능을 갖게 되었다.[117] 뇌 구조와 기능[118]을 이

117) 인간의 뇌는 몸 전체를 지배하는 일종의 중앙통제기관으로서 인간의 합리적 이성을 대표하는 것으로 이해된다. 주의할 점은 뇌과학자들의 연구에 따르면 우리 뇌는 기대와 달리 매우 비합리적인 기관이라는 사실이다. 이는 '뇌는 몸 상태를 해석하는 기계다'라는 뇌과학의 명제가 설명하듯이 상식적으로는 뇌가 전적으로 명령을 하달하는 것으로 이해하지만 실제로는 거꾸로 몸 상태를 인식하고 그대로 받아들이는 처리를 하기도 하기 때문이다. 마가렛 헤퍼넌은 저서 『의도적 눈감기Willful Blindness』(2011)에서 인간의 뇌는 매우 게을러서 평소 생각과 일치하는 정보만 쉽게 받아들이는 경향이 있다고 설명한다. 이런 현상유지 심리는 과로, 수면부족, 친밀감, 사랑, 이데올로기에 의해 강화되는데 그 결과 기존 정보와 다른 정보를 차단한다고 한다.

해할 때 주의할 점은 이것은 편의상 나눈 것일 뿐, 실제 다양한 인지, 정서적 작용은 한 부분이 어떤 한 기능을 전담한다기보다는 여러 부분이 연결되어 작용한다는 것이다. 이는 뇌의 한 부분에 문제가 생기면 뇌의 다른 부분에서 그 역할을 담당하게 되는 것으로 알 수 있다.

1) 뇌 구조와 기능

① 대뇌 - 감각과 사고의 중추

대뇌는 가장 나중에 생긴 뇌이다. 그럼에도 불구하고 대뇌가 전체 뇌에서 차지하는 비중은 80%나 된다. 포유동물의 등장과 함께 진화해서 발달했기 때문에 대뇌를 '포유동물의 뇌' 라고 부르기도 한다.

A. 대뇌 피질

대뇌의 가장 바깥쪽 부위는 대뇌피질이다. 이것은 뇌 전체의 80%를 차지한다. 여러 감각기관을 거쳐 들어온 정보를 통하여 인지 · 사고 · 기억능력 등을 발휘하는 부위로서, 학습과 기억 및 문제해결 과정의 중추가 되는 부위이다. 좁은 두개골 안에 많은 신경세포를 담기 위해서 주름이 잡혀있다. 그 두께는 2- 5mm

118) 뇌 구조와 기능은 기존에는 83개 영역으로 구분했으나 최근 워싱턴 의대는 PET, fMRI 등 뇌기능 영상화기술의 도움으로 피질 두께, 영역간 연결성, 세포 구조, 미엘린(축색돌기의 신경 절연물질) 수준 등 다양한 속성 차이를 기초로 97개 영역을 새로 추가하여 총 180개의 구획으로 세분화하였다.

정도이며 주름을 펴서 펼쳐놓았을 때 신문지 한 장 정도에 해당하는 넓이인데, 그 안에 백억에서 이백억개의 신경 세포가 존재한다. 이곳이야말로 인간을 다른 동물과 구별되게 하는 차별적인 영역이라고 할 수 있다. 인류 역사에서 예술 활동이 시작된 시기도 대뇌 피질이 발달하기 시작하면서부터이다. 이 대뇌 피질은 좌우 두 쪽으로 나뉘며, 각 반구는 다시 전두엽, 두정엽, 측두엽, 후두엽의 네 부분으로 나뉘게 된다. 좌뇌는 언어 중추를 대표로 하는 분석적, 논리적 기능을 담당하고, 우뇌는 공간 관계를 대표로 하는 종합적, 전체적 접근을 담당한다.

이 중 두뇌의 앞부분에서 정수리에 이르는 전두엽은 앞쪽에 존재하는 가장 넓은 부위로 계획을 세우고, 의사 결정을 하고, 논리적 사고를 하는 등의 사고를 주관하는 부위이다. 이곳이 손상될 경우 계획을 세우는 등의 복잡한 사고가 불가능해지며, 창조적인 활동을 할 수가 없게 된다. 또한 전두엽은 1차적인 본능적 정서로부터 2차적인 감성적 정서가 만들어지는 곳이기도 하다.

공포, 분노, 쾌락 등의 정서가 1차적인 본능적 정서라면, 기쁨, 슬픔, 동정심 등의 감성적 정서가 고차원적인 정서이다. 인간 이외에 영장류는 일차적인 정서는 가지고 있으나 고차원적인 감정은 미비하다.

특히 전두엽의 가장 넓은 부위인 전전두피질은 인간을 다른 동물과 가장 분명하게 구분해주는 부위이다. 이 영역이 내외의 감각계에서 오는 정보가 종합되고 가장 고차원적 정신활동이 일어나는 부위이다. 인간은 더 멋진 미래를 꿈꾸고, 계획하고, 사랑하고, 미워하며 정서적 고통을 겪게 되는데, 그것은 의식 즉, 우리가 사고하고 느끼며 행동하고 있음을 인식하게 해주는 이런 부위가 있기 때문이다. 최근 연구결과에서는 전전두피질 부위가 정서조절에 중요함을 시사하고 있다.

대뇌의 두정엽 부분에 온몸의 근육을 움직이는 중추가 존재한다. 두정엽은 정수리 부분에 있는 부위로서, 이곳에는 인체의 해당 기관에 운동 명령을 내리는 운동 피질과 체지각 피질이 존재한다. 이곳에서 손과 발, 혀와 입술, 허리 등 다양한 부위의 운동을 담당하게 되는데, 이때 체지각피질이 우리 환경의 촉각과 온도에 대한 정보, 피부에서 오는 통각과 압각 및 사지의 위치에 대한 정보도 처리하는 역할을 담당한다.

인간의 경우에 손과 언어 소통과 관련된 운동 부위가 차지하는 넓이가 상대적으로 넓어서 인간이 하는 활동 중에서 손으로 만드는 창조적인 행위나 언어 활동이 차지하는 중요성이 크다는 것을 알 수 있다. 그 외에 두정엽은 외부로부터 오는 정보들을 조합하는 역할을 한다. 문자와 단어를 조합하고, 문장으로 조합하여 생각이나 의미들을 만들어내는 곳이다. 두정엽의 마지막 역할은 주의를 집중하거나 공간적인 주의를 유지하는 것이다. 개인이 특정 자극에 주의 집중할 때나 주의를 바꾸어야 할 때 두정엽이 활성화된다.

귀 바로 윗부분의 양쪽에 있는 측두엽은 뇌의 좌우측에 존재하는 부위로서 그 주요 기능은 청각처리와 언어처리이다. 측두엽의 일차적인 청각영역이 자극을 받을 때 소리를 감각하게 된다. 청각연합영역은 일차적인 청각영역 및 다른 두뇌 부위들과 연결되어 있어서, 청각정보에 대한 자각을 도와주어 우리가 무엇을 듣고 있는지를 알게 해준다.

이렇게 중요한 두 부위의 뉴런집단은 소리의 크기, 음도 또는 음색을 등록하는 것과 같은 특수한 일을 한다. 좌측 후두엽, 두정엽 및 측두엽의 연결부위에 베르니케라는 세포집단이 있다. 좌반구에 있는 베르니케 영역은 언어를 이해하고 해석하는 일에 관여하며, 말을 할 때 단어를 정확히 구문으로 종합해 준다. 이런 기능을 주로 하는 베르니케와는 달리, 브로카 영역은 주로 말하기를 담당한다.

후두엽은 뇌 뒷부분의 중심부 아래에 있으며, 시각 자극을 처리하기 위한 중추이다. 후두엽은 여러 개의 작은 부위들로 나뉘며, 외부세계에서 뇌에 들어오는 시각자료를 처리하는 데 중요한 몫을 한다. 자극이 시각피질에 이르면 먼저 일차적인 시각영역에서 처리되는데, 입력된 정보가 이들 부위에 모아지면, 2차적인 시각영역 또는 시각연합영역으로 가서, 그 정보를 전에 본 적이 있는 정보와 비교하여 그것이 무엇인지 정확하게 알게 해준다.

시각적으로 주의 집중하는 것은 여러 두뇌체계가 함께 반응하여 이뤄지는 기능이다. 먼저 시각영역은 실제 사물을 지각한 후에, 사전에 어떤 시각정보가 저장되어 있는지를 판단하기 위해 다른 두뇌체계와 교류한다. 그런 과정에서 시각자극이 이전에 저장된 정보와 조화되면 그런 자극은 비로소 의미를 갖게 된다.

B. 대뇌 변연계

대뇌 변연계는 대뇌피질과 시상하부 사이의 경계 부위에 위치한 일련의 구조물들로서, 변연엽, 해마, 편도체, 시상, 시상하부 등으로 이루어지며 감정과 행동, 욕망 등을 조절하고 기억에 관여한다. 이 부위는 체온, 혈압, 심박, 혈당과 같은 자율 기능을 조절할 뿐만 아니라 공포, 분노, 쾌락과 같은 본능적인 정서에 관여한다. 변연계 내부의 편도는 기쁨과 공포를, 해마는 기억을, 시상하부는 잠, 식욕, 성욕 등의 호르몬 조절을 담당하고 있다.

즉 공포를 느낄 때 심장 박동이 증가하고 땀이 나는 것이 바로 변연계에서 처리하는 현상이다. 항상성에 따른 생체리듬을 조절하는 중추이며 식욕과 성욕과 같은 기본 욕구에도 관여한다. 그래서 이곳에 손상을 입은 동물들에게서 먹는 것을 멈추지 않는 모습, 공포를 느끼지 않는 모습, 다른 종의 동물이나 인형 등을 대상으로 성행위를 하려는 모습 등이 나타나기도 한다.

② 소뇌 – 운동을 관장하는 중추

소뇌는 뇌간의 뒤쪽으로 좌우 한쌍으로 붙어있는 뇌로서 뇌 전체 무게 중에서 10%를 차지하는 200g정도이다. 매우 깊게 주름이 지어져 있는 이곳에는 몸의 평형을 유지하고 공간감각을 조절하는 중추가 존재한다. 조건 반사와 감각 기관의 활동도 조정하고, 대뇌만큼은 아니지만, 간단한 학습, 기억기능도 있다고 알려져 있다. 동물 실험에서 소뇌를 제거한 동물은 움직임을 연결하는 과정에 심한 장애를 보이는 것을 알 수 있다.

③ 뇌간 – 생명과 직결된 중추

뇌간은 뇌의 가장 안쪽에 존재하는 부분으로 척수가 확대 팽창해서 생겼다고 보는 견해가 많다. 뇌간의 무게는 약 200g으로 생명을 유지하는 일을 주된 임무로 하고 있다. 뇌간의 가장 아래쪽인 연수 부분은 호흡과 심장 운동을 조절하는 생명 중추가 있다. 그 외에도 혈관의 수축과 이완, 하품, 기침, 재채기, 구토 등의 반사작용도 뇌간에서 이루어진다. 연수 위에 있는 뇌교는 온 몸의 신경으로부터 오는 정보를 전달하고 두개의 소뇌 사이의 정보를 교환하는 역할을 한다.

중뇌는 뇌간의 가장 앞쪽에 해당하는 곳으로 중뇌의 앞에는 시상과 시상하부라 불리는 곳이 존재한다. 시상은 두 개의 작은 타원형 모양이고, 이것이 좌우 대뇌반구에 하나씩 자리 잡고 있다. 시각, 청각, 피부 감각 등의 주요 감각계가 바로 시상을 거쳐서 대뇌 피질로 이어지게 된다.

시상하부는 대뇌 아랫부분과 시상, 중뇌의 교차점에 존재하며 매우 중요한 역할을 담당하는 곳이다. 콩알만한 크기에 4g에 불과한 조직이지만 자율신경 중추가 모여 있어서 생명과 직결되는 곳이다. 시상하부는 뇌하수체와 인접해 있는데,

시상하부에서 분비하는 호르몬은 뇌하수체의 기능을 통제할 뿐 아니라, 뇌하수체 호르몬과 함께 우리 온 몸의 호르몬을 통제하는 역할을 한다. 이를테면 우리 몸의 대장노릇을 하는 호르몬이라고 할 수 있을 것이다.

대뇌나 소뇌는 어느 정도의 손상이 있더라도 그 손상이 죽음으로 이어지지는 않는 반면에 뇌간의 손상은 바로 죽음과 직결된다. 뇌간에 출혈이 일어나거나 아주 작은 상처가 나더라도 죽음에 이를 수밖에 없다. 반면, 대뇌, 소뇌의 기능이 마비되었으나 뇌간의 기능이 살아있어 호흡과 심장박동은 정상적으로 유지되어 살아 있는 경우, 이런 상태를 '식물인간' 이라고 부른다.

2) 신경세포와 신경전달물질

① 신경세포의 구조와 역할

뇌에서 사고작용이 일어난다는 것은 뇌 안에서 신경세포간에 서로 정보의 전달이 일어난다는 것을 의미한다. 인간의 뇌는 약 1천억 개의 신경세포Neuron 와 1천조 개의 시냅스Synapse로 구성되는데,[119] 그 중 외부로부터 들어오는 감각정보들을 받아들이고 처리해서 명령을 내리는 등 일련의 정보전달을 주관하는 것들은 신경세포들이 하는 일이다. 인간의 대뇌피질 1㎟에는 약 십만 개의 신경세포가 있다는 것을 감안하면 사람의 뇌에는 총 수 백억 개의 신경세포가 끊임없이 외

119) 출생 이후 뇌 발달은 각 뉴런을 연결하는 '시냅스'의 수와 크기에 의해 이루어진다. 뇌 발달의 가장 큰 특징은 일단 많이 만들어 놓고 불필요한 것을 버리는 방식이다. 생후 36개월까지는 뇌에 필요한 시냅스의 150~200%까지 만든 다음 사용되지 않거나 효율성이 떨어지는 시냅스를 없애는 방식으로 신경회로를 정교화한다고 한다.

부의 정보를 받아들여 처리하고 있다는 것을 알 수 있다.

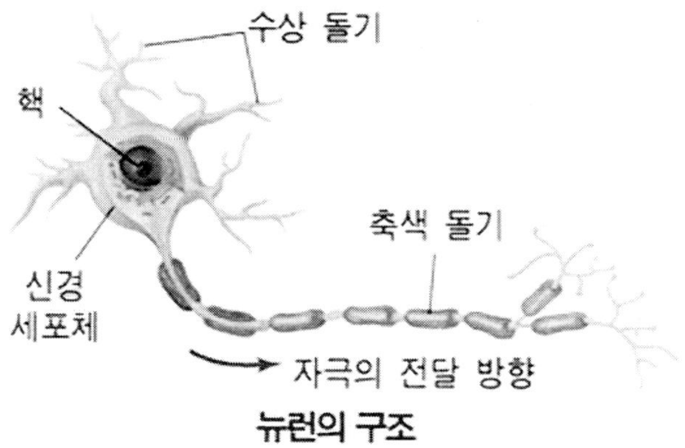

[그림 43] 신경세포의 구조(출처 : 다음 블로그 http://blog.daum.net/hjke2001)

신경세포는 세 부분, 즉 세포체cell body와 수상돌기dendrite, 그리고 축색돌기axon로 이루어져 있다.[120] 세포체는 유전정보를 저장하고 있는 부분이며, 수상돌기는 다른 세포로부터 오는 정보를 받아들이는 역할을 하고, 축색돌기는 수상돌기에서 받아들인 많은 신경정보들을 종합하고 평가하여 그 정보의 흐름을 계속할 것이지를 결정한 후 정보를 다음 세포로 전달하는 역할을 한다.

수상돌기는 한 개의 수상돌기에서 다른 세포들을 향하여 뻗어 나온 가지들이

---

120) 여기서 정보 전달의 정확성과 속도에 결정적으로 영향을 미치는 중요한 부분이 바로 그림에서 축색돌기를 소시지 모양으로 감싸고 있는 미엘린이다. 인지질로 구성된 미엘린은 전선의 피복과 같이 전기신호가 누수되지 않고 빠르게 전달되게 하는 일종의 신경 절연물질이다. 미엘린은 해부학적으로는 하얀 두부같은 모양으로 뇌의 백질을 구성하는데, 아인슈타인의 뇌는 사후 해부 결과 뇌의 용량이나 뉴런 개수는 일반인과 같지만 미엘린(백질)의 양이 월등히 많았다고 한다. 대니얼 코일의 『탤런트 코드』(2009)에 따르면 미엘린은 반복연습, 덩어리연습과 같은 심층 연습으로 두텁게 할 수 있다고 한다. 실제 저글링을 매일 30분씩 연습시킨 사람들의 경우 6주 후 대조그룹과 비교하여 백질이 5%나 증가했다는 연구결과가 있다.

무려 수천 개에서 만 개 정도나 뻗어 있다. 많은 수상돌기가 뻗어있다는 것은 그만큼 정보를 받아들일 수 있는 통로가 많다는 것을 의미하는 것이다. 이는 정보를 받아들일 가능성이 많다는 것을 뜻하며, 정보의 교류를 많이 하면 할수록 수상돌기는 더욱 더 튼튼해지게 된다. 정보가 많이 전달되면 될수록 신경세포들 간의 연결강도는 더욱 강해지고 정보전달이 용이하고 빨라지게 되는 반면, 쓰이지 않는 수상돌기는 소멸되기도 한다. 이렇게 신경세포들의 연결인 신경망은 학습과 사고를 통하여 더욱 복잡한 망이 되어갈 수도 있고 소멸될 수도 있다.[121)]

② 시냅스와 신경정보 전달과정

신경정보를 전달하는 세포와 전달받는 세포가 만나는 부분인 축색돌기와 수상돌기의 연접부에는 작은 틈새가 있는데 이 공간을 시냅스synapse라고 한다. 여기서의 정보 전달은 약 1백여종의 신경전달물질이 맡고 있다. 뇌의 활동은 신경세포가 맡고 있지만 이 신경세포의 활동은 정보를 전달하는 신경전달물질의 종류와 양에 의존하고 있다.

이것은 정보의 종류와 강도에 따라서 그 종류와 양을 달리하여 각각의 기능을 수행하여 신경세포를 흥분시키기도 하고 억제하기도 하며 또 어떤 것은 신경세포의 활동을 조정하기도 하는 역할을 수행한다.

뇌에서 생산되는 대표적인 신경전달물질[122)]에는 엔돌핀endorphin, 도파민dopamine, 세로토닌serotonin, 아세틸콜린acetylcholin 등이 있는데, 특히 도파민은 인간의 정신활

---

121) 시냅스는 일생 동안 새로운 자극과 학습에 의해 새로 생기기도 하고 가지치기를 당하여 소멸되기도 한다.

122) 신경전달물질과 호르몬은 각종 생리작용에 영향을 미치는 화학물질이란 점에서 유사하나, 뇌하수체, 갑상선, 부신, 이자 등 내분비선에서 분비되는 것은 호르몬이라 하고 뇌와 같은 신경조직에서 분비되는 것은 신경전달물질이라 구분한다.

동과 밀접한 관계를 가지고 있다. 뇌간에서 발현한 도파민은 욕구의 뇌인 시상하부를 거쳐 감정을 관할하는 대뇌변연계, 대뇌피질을 거쳐 최종적으로 창조력을 담당하는 전두엽에 도달하는 폭넓은 부위를 거치는 물질이라고 할 수 있는데, 특히 전두엽에서는 과잉이라고 생각될 만큼 많이 사용되고 있다.

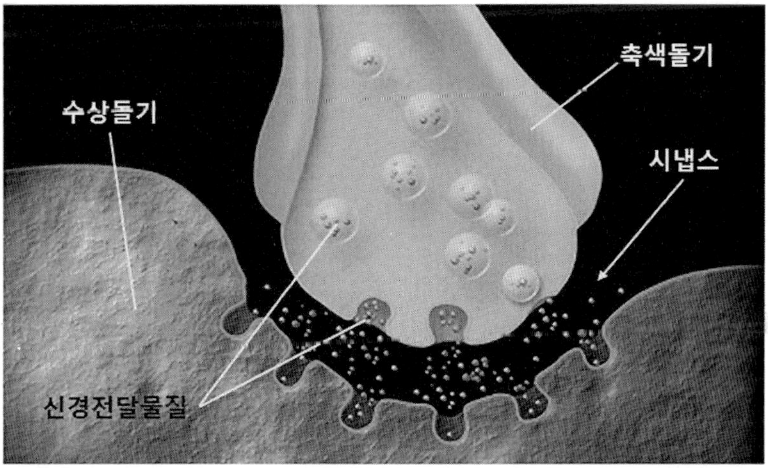

[그림 44] 시냅스와 신경정보 전달과정(출처 : 다음 카페 http://cafe.daum.net/bayota/ 수정)

신경전달물질은 신경섬유 말단부에서 시냅스의 사이로 분비되어 다음 신경세포막에 도달된다. 이 세포막에는 신경전달물질을 받아들이는 '수용체receptor'와 결합하여 신경 정보를 전달하게 된다. 각각의 신경전달물질들은 각자 특유의 수용체(단백질)와 결합하여 특정 정보를 전달한다.

이를 조금 더 구분해서 살펴보면, 정보가 들어와서 뇌 안에서 전달되는 방식은 크게 세포내의 전달방식과 세포간의 전달방식으로 나눌 수 있다. 하나의 세포내의 전달방식은 '전기적' 전달방식이라고 하는데, 이는 축색돌기 막을 포함한 모든 세포막에서 그 안팎의 전위차의 변화를 이용하여 정보가 전달되는 방식이다. 한편, 세포와 세포사이의 전달방식은 '화학적' 전달방식이라고 하는데 이것은 정보를 전달하는 세포의 축색돌기 종말에서 분비되는 신경전달물질이 정보를 전달받는 세포의 수상돌기의 막으로 이동함으로써 다음 세포에 영향을 주는 방식이다. 이렇게 우리의 뇌에서는 전기 화학적 전달방식을 통하여 정보를 전달하고 있으며 이러한 과정을 통하여 우리는 반응을 보이기도 하고 감정을 느끼기도 하며 창조를 해내기도 한다.

요약하자면, 신경정보를 가지고 있는 신경전달물질이라고 하는 화학분자와 그 정보를 받아들이는 수용체라고 하는 특수 단백질 분자의 상호결합으로 고도의 정신기능에서부터 행동, 감정에 이르기까지 모든 것이 결정되는 것이다.

③ 신경전달물질과 정서조절 기능

우리가 경험하는 즐거움과 우울함 등을 포함하는 각종 감정은 우리 뇌에서 분비되는 화학물질인 신경전달물질의 작용이다. 어떤 자극에 의해 일시적으로 생기는 강렬한 기쁨, 슬픔, 분노, 공포 등의 '감정' 은 주로 대뇌의 변연계와 자율신경계의 작용으로 알려져 있다. 밖에서 들어온 정보는 뇌의 시상하부를 거쳐 변연계에서 정보가 통합되고, 자율신경계를 통해 하행하여 신체에 여러 가지 변화를 일으킨다. 이런 과정에 감정 정보에 영향을 주는 다양한 신경전달물질과 호르몬이 작용하게 되는 것이다. 요약하면 사람의 정서조절은 뇌의 중추신경계와 자율신경계가 복합적으로 영향을 미치는 것[123)]이라고 할 수 있다. 그런데 그 중에서도

123) 예를 들면 뇌의 신경전달물질인 베타 엔돌핀이 정신적 스트레스를 해소하는 작용을 한다면 부신피질호르몬(대표적으로 아드레날린)은 육체적 스트레스를 완화하는 역할을 맡는다. 이외에도 정서조절에 관여하는 주요 호르몬인 노르아드레날린(노르에피네프린이라고도 함)은 교감신경 말단에서 분비되는 스트레스 호르몬으로, 아드레날린과 함께 각성을 높이고 투쟁 · 도피 반응을 만들어 내며, 심박수를 직접 증가시키도록 교감 신경계를 움직여서 지방으로부터 에너지를 방출한다(출처 : 과학용어사전, 뉴턴편집부, 2010).

뇌는 최종적으로 이런 감정상태를 느끼는 핵심적 기관이라고 하겠다.

뇌에서 생산되는 신경전달물질은 여러 가지가 있지만 사람의 정서조절에 관여하는 주요 신경전달물질로는 도파민, 엔돌핀, 세로토닌 등을 들 수 있는데 다음에서 각각 알아보도록 하자.

A. 도파민

도파민은 대표적인 쾌감 신경전달물질로, 욕망(성욕 · 식욕), 동기 유발, 보상심리 등에 관여한다. 적정량의 도파민은 사람에게 에너지와 의욕을 불어넣어주고, 한 가지에 대한 몰입도를 올려주며 즐거운 기분을 느끼게 해준다. 도파민 분비가 과다하게 증가하면 환각 상태나 정신분열증을 야기하기도 하고, 지나치게 적을 경우는 행동조절이 어렵고 감정표현을 잘 못하는 파킨슨병(퇴행성 두뇌질환), 세가와병(도파반응성 근육긴장이상증, 뇌성마비 증상과 유사하나 지적장애는 없음)이나 정서장애가 생긴다.[124] 도파민은 즐거운 감정을 촉진하지만 마약과 같은 중독성이 있기 때문에 과도하게 분비될 경우 자제력이 없어지고 생활이 스스로 통제되지 않으며 쾌락적인 행동에 빠지게 만든다는 문제가 있다.[125]

---

124) 쾌락물질이면서 동시에 운동중추의 핵심 신호전달물질이기도 한 도파민은 복측피개영역에서 생산되는 것은 중격측좌핵을 거쳐 대뇌 피질 전두엽으로 이동하면서 쾌락 보상을 제공하고, 기저핵의 흑질에서 생산된 것은 선조체(돌기 신경세포)로 이동하면서 운동신호를 전달하는 역할을 담당한다. 선조체는 도파민에 반응하여 돌기가 진동하는 방식으로 생체시계 역할을 담당하기도 한다. 재미있는 경험을 할 때는 선조체 회로가 빠르게 진동해 실제 시간보다 시간이 느리게 간다고(시간을 길게) 느낀다. 나이가 들수록 시간이 실제보다 빠르게 간다고 느끼는 건 재미있는 경험이 줄어들어 기억할 것이 별로 없어지기 때문이다. 나이들수록 새로운 경험을 해야 하는 이유가 여기 있다.

125) 최근 연예계에서 문제가 된 프로포폴도 도파민을 과도하게 분비시켜 환각 상태를 초래할 수 있어 마약류로 지정관리되고 있다.

B. 엔돌핀

몸안에서 생성되는 모르핀이란 의미를 갖고 있는 엔돌핀은 주로 통증을 완화하는 작용을 한다. 엔돌핀이 직접 정서조절을 하지는 않지만 긍정적이고 즐거운 상태에 있을 때나 웃을 때, 어떤 일에 몰두하고 있을 때 주로 분비되어 사람의 면역기능을 강화하고 스트레스를 해소해주는 기능을 한다.

다시 말하자면, 엔돌핀은 노파민처럼 즐거움을 유발하는 기능을 하는 것이 아니라, 즐거운 상태에 있을 때 분비되어 고통을 줄여주는 효과를 제공한다는 것이다.[126] 엔돌핀은 사람의 기분을 좋게 하는데 그치지 않고, 암세포를 파괴시키기도 하고, 기억력을 강화하기도 하며, 인내력을 강화해주는 작용을 한다고 한다.

엔돌핀은 뇌의 시상하부, 뇌하수체 신경세포에서 분비되는데 엔돌핀은 운동할 때, 흥분시, 고통을 느끼는 경우, 성행위를 할 때에도 분비된다고 한다. 엔돌핀은 즐거운 기분과 같은 긍정적 정서상태에 따라 분비되어 신체 건강에도 긍정적 효과를 발휘하는 신경전달물질이다. 엔돌핀이 즐거움의 신경전달물질인 이유가 바로 여기에 있다.

C. 세로토닌

세로토닌은 기분, 수면, 식욕 제어와 감정의 평정 및 충동 억제를 담당하는데, 세로토닌은 일에 대한 의욕, 끈기, 애착을 갖게 하고, 잠을 청하게 하며, 통증 민감도를 좌우하고, 혈압 조절, 탄수화물 섭취 욕구와 체중 증가를 통제하며, 우울증과

---

126) 최근 연구에서는 도파민은 원함과 관련되어 기대하는 동안 욕구와 동기를 만드는 과정에서 분비되고, 기대가 충족되어 즐거운 기분을 느낄 때 그 결과로 엔돌핀이 분비된다고 본다.

불안감을 억제한다. 세로토닌이 감소되면 자극이나 통증에 예민하게 반응하며 폭력적이고 공격적인 행동을 하게 만든다. 세로토닌은 주의력과 기억력을 향상시키고 생기를 불러 일으켜, 행복물질, 공부물질로 불리기도 한다.

도파민이 쾌감, 의욕, 성욕과 식욕 등을 촉진시키고, 노르아드레날린은 스트레스(두려움)에 반응하기 위해 긴급함과 민감함을 주도한다면, 세로토닌은 위 두 가지 신경전달물질의 기능을 제어한다. 지나치게 흥분하지 않고 초조하고 불안한 감정을 억제하여 평온함과 안정감을 회복하게 하는 신경계의 절제 신경전달물질이다(이준원, 2011).

3) 쾌락중추와 재미의 신경생리학적 기제

인간이 쾌감을 느끼는 것은 어떤 즐거운 활동을 하거나 화학적 약물을 주입받을 때이다. 그런데 이 두 가지는 외부에서 관찰되는 활동은 다르지만 신경생리학적으로는 결과적으로 같다고 할 수 있다. 즉, 뇌 안의 특정 신경계에서 즐거움을 느끼게 하는 신경전달물질을 분비하게 함으로써 그 결과 우리 뇌가 쾌락을 인지하게 되는 것이다.

이와 같이 뇌안에서 쾌락을 느끼게 하는 부위, 더 정확히 말하자면 어떤 활동의 댓가로 즐거움이란 보상을 제공하는 부위를 쾌락중추pleasure center라고 한다. 쾌락중추는 재미의 신경생리학적 작동원리를 이해하는 데 핵심적인 신경계라고 할 수 있다.

쾌락중추는 1954년 캐나다 맥길대학의 제임스 올즈James Olds와 피터 밀너Peter Milner가 했던 자극과 임무수행에 관한 쥐실험에서 처음 확인되었다. 이들은 실험쥐 뇌의 변연계의 한 영역(중격핵)에 전기 회로를 부착한 후 실험쥐가 그 스위치를 마음대로 켤 수 있도록 장치해 두었다. 그러자 그 쥐는 무려 1시간에 7천 번이나 전기신호를 켤 정도로 광적으로 집착하는 모습을 보였다. 먹지도 자지도 않고 탈진할 때까지 전기 스위치를 계속 누르다가 결국 죽음에 이르렀다. 여기서 이들은 쥐의 뇌에 쾌감을 매개하는 부위가 따로 있음을 알게 된 것이다. 대뇌 변연계의 중격핵이 바로 쥐의 쾌락중추라는 것이다(민성길, 2004).

그 후, 인간의 뇌에서도 쾌락중추가 확인되었다. 1963년 히스R. G. Heath는 두 명의 환자를 대상으로 뇌에 대한 전기 자극 효과를 연구했는데, 뇌 수술이 필요한 환자에게 수술하기 전에 뇌의 어느 부위가 잘못되었나를 검사하는 과정에서 이를 발견하였다.

첫 번째 환자는 28세 남자로, 낮이나 밤이나 항상 꾸벅꾸벅 졸거나 잠만 자는 기면증(수면발작)을 앓고 있었다. 지금은 기면증은 약물로 치료가 가능하지만 그 당시는 수술과 같은 외과적 치료 밖엔 할 수 없었다. 히스는 환자의 뇌를 직접 자극하여 잠에서 깨어나게 하는 연구를 한 것이다. 환자의 뇌에 14개의 전극을 삽입하고 환자 자신이 버튼을 눌러 자극하도록 했는데, 그가 자주 자극을 주고 싶어한 부위 역시 중격핵 부위였다. 환자는 이 부위를 자극하면 기분이 좋아지고 때로는 오르가즘을 느낀다고 하기도 했다.

두 번째 환자는 간질을 앓는 25세 남자였는데, 간질이 발생하는 곳을 알기 위해 환자의 뇌에 17개의 전극을 심었다. 그러자 이 남자 역시 중격핵을 자극할 때 즐거움과 행복에 취한 느낌을 경험한다고 했다. 다만 쥐실험과 다른 결과는 이를 지쳐 쓰러질 때까지 계속 자극하지는 않았다는 것이다. 그리고 기면증 환자의 경우는 항상 좋은 기분을 느끼는 건 아니고 오히려 불쾌감을 느낀다고도 했다(최현석, 2011).

인간의 뇌는 인간이 어떤 활동을 한 댓가로 즐거움이란 보상을 제공하는 신경회로를 갖고 있는데 이것이 쾌락중추인 셈이다. 그런 의미에서 쾌락중추는 보상

중추라고도 불린다. 재미있는 활동을 하거나 마약 성분의 약물을 주입받으면, 이것이 시상하부에서 신경전달물질을 분비하게 하고 이 신경신호가 대뇌 변연계를 거쳐 최종적으로는 대뇌피질의 전두엽에 전달돼 즐거움을 느끼게 되는 것이다. 이런 즐거운 느낌에 관여하는 주요 신경전달물질이 바로 도파민과 엔돌핀이다. 여기서 중독성 약물이 계속 몸 안에 들어오거나 도박이나 게임과 같이 중독성있는 활동들을 오래 할 경우, 대뇌 쾌락중추에서 일시에 도파민 분비를 폭발적으로 증가시키고, 보상을 일으킨 자극들은 강화되어 반복적으로 다시 그것을 추구하고 수행하게 함으로써 중독이라는 병적 상태로 가게 된다. 결국 지나친 쾌락의 추구는 중독에 빠지게 되는 것이다.

4) 재미와 뇌신경 가소성Plasticity

이상에서 설명한 뇌과학적 원리 차원에서 사람이 즐거움을 느끼는 과정을 종합해 보면, 뇌는 외부의 어떤 자극에 의해 상응하는 신경물질을 분비하고 이것이 인간에게 어떤 정서적 반응을 나타내게 한다고 할 수 있다. 그런데 이것은 뇌가 그것을 '자극'으로 받아들일 경우에만 해당한다. 그렇다면 결국 인간의 뇌는 무한히 반복되는 습관적이고 일상적인 활동들로는 쾌락중추를 자극하기 어렵다는 것을 알 수 있다.[127] 뇌에서 어떤 활동에 대해 즐거움이란 심리적 보상을 제공하는 것은 그것이 뇌에게도 새로운 자극이 될 수 있기 때문이라는 것이다.

---

127) 습관은 일종의 자동화된 행동으로 지각적physical 차원에 머물러 인지, 정서적 처리가 생략된다고 할 수 있다. 너무 익숙해진 나머지 기계적 처리가 가능하게 된 상태를 말하는 것이다. 재미는 이런 습관적 행동을 깨고 새로운 변화를 경험하는 것이란 점에서 습관화된 관성에 저항하는 힘이라고 할 수 있다.

이런 설명에 의하면 결국 재미란 뇌의 쾌락중추를 자극할 수 있는 새로운 경험을 의미한다는 것을 알 수 있다. 즉, 재미를 활성화하기 위해서는 뇌에게 새로운 자극을 줄 수 있어야 한다는 것을 의미한다. 어떤 일에 재미를 느낀다는 것은 이렇게 뇌에게 새로운 자극을 주게 되고 이것은 뇌신경세포의 관점에서는 이 새로운 자극을 처리하기 위해 주변 신경세포들과의 연결망을 더욱 넓혀나가고 강화한다는 것을 의미한다. 이 신경망은 이런 자극이 많으면 많을수록, 새로우면 새로울수록 연결 강도가 강해지게 되는데, 이것을 뇌세포의 신경가소성可塑性[128]이라고 한다.

요컨대, 뇌신경 가소성은 새로운 자극에 의해 형성된 뇌신경망의 확장과 강화라고 설명할 수 있겠다. 재미를 추구하는 것은 그런 점에서 뇌세포의 신경가소성을 활용해 뇌기능을 더 활성화하고 강화한다고 할 수 있다. 재미를 추구하는 일은 이와 같이 뇌를 더욱 건강하게 한다는 점에서 우리 삶에 가치가 있고 의미있는 일이 되는 것이다.

이제 뇌신경 가소성을 재미 관점에서 활용하기 위해서는 뇌 자극에 변화를 줘야 한다. 재미를 느낀다는 것은 말 그대로 꼭 현재 하고 있는 일상을 바꿔서 완전히 다른 것으로 대체하는 것을 의미하지는 않는다. 평소의 습관을 바꾸는 것만으로도 충분히 뇌에게 새로운 자극을 제공할 수 있다. 예를 들어 평소 가던 길을 바꿔 다른 길로 가본다든지, 사용하지 않던 손을 사용해 본다든지, 평소 들어보지 않던 장르의 음악을 들어본다든지, 평소엔 관심없었던 예술작품이나 공연을 관람해보는 방식으로 습관적인 행동들에 변화를 주는 것이다.

이런 작은 변화로 인해 뇌 신경세포의 신경망에도 변화가 나타나게 되는데, 이것이 처음엔 낯설고 어렵게 느껴지지만, 계속 이를 반복하고 자극의 양을 꾸준히

128) 외부의 힘에 의해서 변형된 물체가 그 힘을 제거해도 원래의 상태로 돌아오지 않는 성질을 의미한다.

늘려간다면 이것이 결국 뇌신경 가소성에 의해 영구적으로 새로운 신경망을 형성함으로써 그와 같은 활동들을 재미있게 느끼고 즐길 수 있게 된다고 할 수 있다.

논의를 더 확장하면, 이러한 뇌신경 가소성은 어떤 행동이나 생각을 하느냐에 따라 그 결과가 신경망의 영구적인 변화로 나타나서 인간의 의식과 존재를 변화시킨다는 것을 의미한다. 희로애락의 감정과 행불행의 느낌과 같은 인간의 정서 변화는 외부 환경에도 영향을 받지만, 내가 어떤 생각과 행동으로 내 안에 신경망을 어떤 형태로 형성시키고 배선해 왔는가에 따라서도 달라진다는 것이다. 그런 의미에서 재미를 추구하는 일은 단순히 결과적으로 즐거운 느낌을 얻기 위한 활동만을 의미하는 것이 아니라, 선행적으로 삶에 대한 태도와 인식을 변화시키는 의미도 있다는 것을 인식할 필요가 있다. 다시 말해 재미란, 재미를 추구한 결과 즐거워지는 것만이 아니라, 삶을 즐기려는 긍정적 태도를 가져서 즐거워지는 것을 포함한다는 것이다.

생각해 볼 문제

1. 내가 몰입을 잘 하는 조건은 무엇이고 몰입을 방해하는 요인은 무엇인가?
2. 뇌의 신경가소성 특성을 고려할 때 뇌발달 차원에서 재미가 왜 중요한가?

III
재미의 세부 영역

1. 놀이와 재미

지금까지 우리는 재미란 무엇이고 재미가 어떤 구조를 갖고 있으며 어떻게 작동하는지를 이론적 차원에서 살펴보았다. 그와 더불어 사람들은 왜 재미를 추구하는지, 재미를 구성하는 핵심 개념은 무엇이며, 그에 따라 어떤 것을 재미라고 할 수 있는지, 그리고 그것들의 어떤 속성이 재미를 유발하는지도 알아보았다.

재미를 추구하는 것은 인간의 본능적 욕구이며 재미는 우리 삶에서 빼거나 대체할 수 없는 중요한 구성 요소의 하나라고 할 수 있다. 재미는 즐거움의 요체이며, 삶을 즐기는 목적이요, 표상이란 점에서 사람들은 남녀노소를 막론하고 재미를 추구하는 것이다.

지금부터는 앞서 살펴본 재미의 주요 영역들에 대해 각각 재미의 특성들을 좀 더 자세히 살펴보기로 한다. 삶이 즐거운 것은 바로 인간이 추구하는 재미가 한 가지가 아니고 다양하다는 사실에 있다. 사람들은 아무리 재미있는 것이라 하더라도 그것만 해야 한다고 하면 누구도 그것을 재미있어하지 않을 것이기 때문이다. 재미는 이를테면 다양하기 때문에 재미있는 것이며, 다양할수록 더욱 재미있어지는 것이다. 재미의 영역은 그 경계를 정하기 어려울 정도로 광범위한 것이다.

그러나 우리는 재미의 본질을 규명하기 위해 앞서 놀이, 게임, 이야기, 유머, 배움, 소통으로 재미의 영역을 범주화하였다. 재미의 영역을 구분하는 것은 재미의 속성을 더 자세하고 깊이있게 이해하는데 도움을 준다. 똑같이 재미를 추구하지만 이들은 서로 비슷한 것들을 공유함과 동시에 각각의 독특함을 갖고 있기 때문에 이들을 단순히 비교하기만 해도 재미에 관한 본질적인 속성들에 가까이 다가갈 수 있는 것이다.

이제 이들 각각이 어떻게 재미를 창출하고 구체적으로 어떤 재미를 유발하는지 살펴보도록 하자.

1) 놀이의 개념과 유형

재미에서 놀이가 차지하는 비중을 말하라고 한다면 절반 이상이라고 해도 과언이 아닐 것이다. 놀이는 재미와 동의어라고 할 정도로 놀이는 재미를 대표하는 활동이라고 할 수 있다. 놀이는 간단히 설명하면 보상이나 목적의식 없이 자유로운 분위기에서 재미를 추구하는 유희적 활동이라고 할 수 있다.

그러나 사실 재미만큼이나 놀이 역시 그 개념을 정의하는 일은 만만치 않다. 사람마다 좁게는 일정한 규칙 하에서 경쟁하는 일련의 게임적 놀이game play로 한정하기도 하고 넓게는 농담이나 장난부터 축제나 스포츠활동에 이르기까지 광범위한 활동들을 포함하는 것으로 이해하기도 하기 때문이다. 따라서 놀이에 대한 합일된 개념을 정의하는 것은 사실상 거의 불가능하다고 봐야 할 것이다. 다만 여기서 놀이의 개념을 논의하는 것은 무엇을 놀이로 볼 것이냐가 중요한 것이 아니라 놀이의 어떤 속성들이 놀이를 재미있는 활동으로 받아들이게 하느냐의 차원에서 필요한 것이다. 이런 견지에서 놀이의 개념과 유형들을 차례대로 살펴보기로 한다.

재미의 영역에서 놀이는 상대적으로 상당한 연구들이 쌓여있다고 할 수 있다. 놀이를 논할 때 빼놓을 수 없는 두 사람이 바로 호이징가Johann Huizinga와 카이와 Roger Caillois이다. 호이징가는 네덜란드의 저명한 인류학자로서 『호모 루덴스Homo Ludens』(1938)란 그의 저서를 통해 놀이의 문화적 속성에 관한 깊은 이해를 제시해 주었으며, 프랑스 사회학자인 카이와는 호이징가의 업적을 토대로 놀이의 본질적인 속성들에 대한 통찰력있는 분석을 그의 저서 『놀이와 인간Les jeux et les hommes』(1958)에 집대성하였다.

이 두 사람은 현대 디지털 미디어 시대가 도래하기 전에 놀이 개념을 정립하여 놀이의 영역에서 새롭게 등장한 디지털 매체, 컴퓨터 게임까지 설명하지 못하는 부분은 있지만, 여전히 놀이의 내재적 재미를 설명하는 데 있어서 이들의 통찰력은 지금도 상당 부분 유효하다고 할 수 있다. 놀이를 구성하는 주요 속성들은 무엇이고 어떤 요소들이 재미를 제공하는지 살펴보도록 하자.

① 호이징가의 놀이 개념

호이징가는 놀이를 인간의 본성이란 관점에서 설명하면서 인간의 문화와 문명의 연원이 놀이에 있다고 강조한다. 인간은 태생적으로 '유희하는 인간(호모 루덴스)' 이기 때문에 놀이는 문화보다 앞서며 문화는 놀이에서 왔다고 설명하고 있다. 그는 놀이를 문화현상으로 인식하며 모든 형태의 문화는 그 기원에서 놀이요소가 발견되며 공동생활 자체가 놀이의 형식을 지닌다고 주장하였다.[129] 그는 놀이 개념에 대해 그의 저서 서문에서 이렇게 정의하고 있다.

---

129) 법률은 사회적 놀이, 예술은 심미적 놀이, 전쟁은 싸우는 놀이 규칙에 기원한다고 보는 식이다.

> 놀이는 어떤 고정된 시간과 공간의 한계 안에서 수행되는, 그리고 자유롭게 받아들여진, 그러나 절대적 구속력을 갖는 규칙에 따라 수행되는 자발적인 행위 또는 일로서, 그 자체의 목적이 있으며 또 거기에는 어떤 긴장감과 즐거움이 따르며 일상생활과는 '다른 것'이라는 의식이 따른다.

이 정의에 따라 놀이의 주요 개념을 정리하면 다음의 네 가지를 들 수 있다.

· 자발적 의사에 의해 행해진다.
· 일상생활의 막간에 이용되며 탈일상적이다.
· 반복화라는 지속성을 가지며, 놀이공간으로 미리 구획되어진 공간에서 행해진다.
· 질서와 규칙이 놀이집단의 존재를 위해 중요한 의미를 갖는다.

놀이의 자발성이라든지, 탈일상성과 같은 놀이의 핵심적 속성을 잘 파악한 그의 통찰력은 탁월하다고 할 수 있다. 하지만 이와 같은 이해는 놀이를 어떤 경쟁적 상황에서 이뤄지는 게임적 놀이[130]에 한정한 측면이 있다는 점에서 놀이의 속성을 포괄적으로 다루지 못한 약점이 있다고 하겠다. 이외에도 그는 문화로서의 내용적 가치를 중요시하는 경향을 보이며 놀이를 비생산적 활동으로 인식하거나, 규칙이 없는 우연이나 현기증과 같은 범주는 비문화적으로 간주하여 제외시킨 점 등은 놀이에 관한 그의 이해가 한계를 갖고 있다는 것을 알 수 있다.

---

130) 샐런과 짐머맨Salen & Zimmerman은 놀이를 규칙을 갖고 있는 게임 놀이game play, 규칙유무가 중요하지 않은 놀이 활동ludic activities, 비활동적, 정신적 놀이를 포함하는 유희적 놀이being playful로 구분하였다(김영용, 2007).

② 카이와의 놀이 개념

놀이에 대한 카이와의 견해는 호이징가의 개념을 비판적으로 계승하고 놀이에 대한 좀더 현실적이고 구체적인 관점을 제시하고 있다. 놀이의 주요 개념에 대해 그는 다음과 같이 정의한다.

> 첫째, 놀이는 사치스러운 행위로서 여가를 전제로 한다. 배고픈 사람은 놀이를 하지 않는다. 둘째로 놀이는 강제로 행해지는 것이 아니라 오로지 즐거움을 느끼는 것에 의해서만 유지되기 때문에 지루함, 싫증이나 단순한 기분의 변화에 좌우된다. 셋째, 놀이는 창조하지도 생산하지도 않는다. 노동은 자신들이 만들어내는 결과를 축적하여 세상을 어느 정도 변화시키는데 반해, 놀이는 본질적으로 자신이 만들어 낸 결과를 폐기(무효화)하기 때문이다.
> 이러한 가벼움에 익숙해지면 현실의 시련과 가혹함에 대해서 살봇 생각하게 된다. 놀이는 확실히 장애를 극복하는 즐거움 위에 있지만, 그 장애라는 것은 놀이하는 자의 역량에 맞추어서 만들어지고 또 그가 받아들인 자의적이고 거의 허구적인 장애이다. 현실에는 이러한 배려가 없다. 그러나 이러한 단점은 놀이의 본성에서 기인하며, 만일 그 결함이 없다면 놀이는 풍부한 창조력도 동시에 잃어버릴 것이다.

이러한 그의 설명에서 그의 놀이에 대한 핵심 개념을 요약하면 다음과 같다.

- 놀이는 자유로운 활동이다. 강요당하는 놀이는 마음을 끄는 유쾌한 즐거움이라는 성질을 잃어버린다.
- 정해진 명확한 공간과 시간의 범위 내에 한정되어 있다.
- 확정되어 있지 않은 활동이다. 놀이의 전개가 결정되어 있지도 않으며, 결과가 미리 주어져 있지도 않다. 어느 정도의 자유가 놀이하는 자에게 반드시 남겨져 있어야 한다.
- 비생산적인 활동이다. 놀이는 재화도 부도 어떠한 새로운 요소도 만들어

놀이에 대한 카이와의 정의는 놀이의 자발성, 시간과 공간 제한성, 규칙에 의한 통제 등 호이징가와 중복되는 점이 있으나 놀이가 갖고있는 추가적인 특성들을 제시했는데, 놀이의 비생산성, 놀이의 진행과 결과의 불확실성, 놀이의 허구성이 그것이다. 카이와의 견해는 호이징가의 이해에서 더 나아간 측면이 있다는 것은 사실이지만 그 역시 놀이의 범위를 현실 공간에서 규칙을 갖고 이뤄지는 활동적인 게임적 놀이에 한정하고 있다는 점은 여전히 한계가 있다고 하겠다.

그런데 실제 카이와가 제시한 통찰의 정수는 놀이를 구성하고 있는 재미의 본질을 꿰뚫어본 데 있다. 그는 놀이의 유형을 구분하는 중요한 기준으로 '규칙성'과 '의지'를 제시했다. 즉, 놀이가 규칙성을 갖고 있는가와 사람의 의지가 개입되는가가 놀이의 속성을 구분하는 중요한 기준이 된다는 것이다.

③ 카이와의 놀이 유형

우선 그는 놀이가 가진 규칙성의 유무에 따라 놀이를 크게 '파이디아paidia'와 '루두스ludus'로 구분하였으며 모든 놀이는 이 양극兩極 안에 있다고 설명한다. 파이디아는 통제되지 않은 일시적인 기분표출로서 기분전환, 소란, 자유로운 즉흥, 대범한 발산 등의 공통원리가 지배하는 것이다. 카니발이나 축제, 몸 가는 대로 추는 춤, 놀이공원의 공중열차 등을 통해서 느낄 수 있는 재미가 여기에 속한다.

루두스는 자의적이고 강제적이며 일부러 불편한 약속에 따르게 하고, 장애물을 끝없이 놓음으로서 그 성질을 구속하려는 놀이로, 운동경기, 서커스, 바둑이나 체스 등이 여기에 속한다. 자의적이지만 강제적이고 일부러 불편한 약속에 따르게 하고, 바라는 결과를 획득하는 데 노력, 인내, 재주나 솜씨의 끊임없는 증대가 요구되는 것을 말한다.

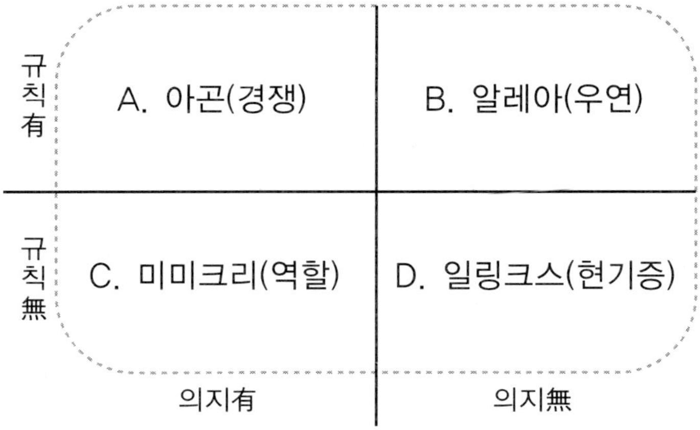

[그림 45] 카이와의 놀이 유형

이를 더 세분하여 그는 규칙 유무와 의지 유무를 축으로 하여 놀이를 '아곤agon', '알레아alea', '미미크리mimicry', '일링크스illinx' 등 네 가지 속성을 가진 영역으로 구분하였다.

'A. 아곤' 이란 경쟁을 의미하는 말로 경쟁자와 겨뤄서 자신의 우수성을 인정받고 싶어 하는 인간의 욕망이 놀이로 표현된 것이다. 따라서 아곤적인 놀이에서 만족을 얻기 위해서는 지속적인 관심과 적절하고 부지런한 연습과 노력, 승리하고자 하는 의지 등을 겸비하고 있어야 한다. 사냥, 퍼즐놀이, 운동경기 또는 전자오락게임 등이 여기에 속한다. 공평한 게임 규칙을 정하고 승자와 패자를 가르는 놀이가 여기에 속한다.

'B. 알레아' 란 놀이하는 사람의 의지와 상관없는 운수나 요행과 같은 우연적인 것에 결과를 맡기는 것으로 카드게임[131]이나, 주사위놀이, 제비뽑기, 복권놀이 등

---

131) 카드놀이의 경우는 완전히 우연적인 운에만 의존한다고 보기 어려운 측면이 있다. 즉,

이 여기에 속한다. 본인의 의지보다는 순전히 운에 의해 결정되는 놀이다. 윷놀이, 슬롯머신, 마작 같은 놀이를 말한다. 아곤과 알레아는 놀이의 규칙을 동일하게 갖고 있지만 인간 의지의 개입에 대해서 완전히 정반대의 태도를 나타낸다. 아곤의 경우 놀이에 이기기 위해서는 그 사람의 승리에 대한 욕망과 노력, 능력을 요하는 것이다. 반대로 알레아는 놀이의 결과에 인간의 의지가 개입될 여지가 없이 운명의 결정을 무조건적으로 받아들이는 것이다.

'C. 미미크리' 란 시간적 또는 공간적 한계를 정해놓고 일시적으로 내가 아닌 다른 사람이 되어보는 것이다. 즉, 허구적인 가상공간 또는 가상인물이 되어 있다는 자체를 즐기는 것이다. 가면을 쓰고 가장무도회에 참여하거나 의사놀이, 엄마 아빠 놀이 또는 연극행위 등이 여기에 속한다. 놀이하는 자가 자신의 인격을 일시적으로 잊고 다른 인격으로 바꾸는 데서 재미를 찾는다.

'D. 일링크스' 는 회전이나 낙하 등의 빠른 운동을 통해 인간 평형감각의 혼란과 착란의 상태를 일으키면서 노는 것(테마파크나 놀이동산과 같은 것)을 지칭한다. 일시적인 공포 상태에 들어가는 것을 즐기는 것으로 회전목마, 그네타기, 제자리 돌기 등이 여기에 속하는 놀이들이다. 서커스나 롤러코스터, 스키처럼 일시적으로 무아지경 상태를 일으키는 놀이 등이 해당된다. 일시적인 지각의 안정을 파괴하고 맑은 의식에 일종의 기분 좋은 패닉(공포) 상태를 일으키려는 시도다(류정아, 2010).

호이징가와 카이와의 놀이의 개념 정의로부터 놀이가 제공하는 재미는 무엇인지 살펴보면, 호이징가의 경우 놀이 주체의 자발성, 자유감, 규칙의 제한성을 들 수 있고, 카이와의 경우는 이 세 가지 외에 불확실성, 허구성 정도가 될 것이다.

놀이 참여자들의 행동 관찰과 확률적인 예측가능성을 이해할 경우 분명히 승률이 높아질 여지가 있기 때문이다. 그런 점에서 카드놀이는 알레아뿐 아니라 아곤의 속성도 갖고 있다고 할 수 있다.

이들의 정의는 기본적으로 놀이의 주요 속성이 무엇인지가 관심 대상이었기에 놀이가 제시할 수 있는 재미 요소의 발견은 사실 부차적인 문제였던 것으로 보인다. 그럼에도 불구하고 놀이 주체의 자발성은 앞서 제시한 12가지 재미 요소 중 자기결정감에 해당하고, 허구성은 매개물의 속성이었던 가상성과 일치하는 것으로 일정 부분 놀이의 재미 유발 요인들을 설명하고 있다고 할 수 있다. 특히 카이와가 제시한 네 가지 놀이 유형에서 경쟁은 앞서 제시한 12가지 재미 요소 중 자기유능감에 해당하고, 우연과 현기증은 모험감에 해당하며, 역할은 공감을 설명한다는 점에서 재미를 더욱 구체화하고 있다.

그러나 이들의 놀이 개념은 이외에도 놀이가 주는 주된 재미요소라 할 수 있는 감각적 생생함이나 자기표현감, 대인교류감, 신체적 역동감과 같은 재미 유발 요인들을 설명하는 데는 한계가 있다고 할 수 있다. 또한 컴퓨터 게임이 제공하는 중요한 재미 요소 중 일탈감 같은 것은 설명하지 못하는 부분도 약점이나 이는 고려대상이 아니었던 당시 현실에서 이해할 수 있는 부분이다. 그럼에도 이 두 학자의 통찰은 놀이가 제공하는 재미를 이해하는 데 대해 중요한 시사점을 제시해준 것만은 분명하다.

④ 김정운의 놀이 개념

우리나라에도 최근 놀이의 중요성을 역설해 주목받고 있는 문화심리학자 김정운(2011)도 놀이의 주요 속성을 다음과 같이 다섯 가지로 요약했다.

> 첫째, 놀이는 일상적인 경험들과 구별된다는 의미에서 비실재적이다. 이러한 비실재성의 경험은 놀이하는 사람의 경험 세계 범위를 '여기와 지금'에서 벗어나 전혀 새로운 차원의 상징적 세계로 넓혀준다.
> 둘째, 놀이는 '내적 동기intrinsic motivation'에서 출발한다. 처벌, 상품, 칭찬 등

은 외적 동기지만 놀이는 보상을 바라지 않고 자기 만족을 위한 내적 동기에 따른 행동이다. 셋째, 놀이는 목표를 이루는 것보다 과정을 즐기는 것이다. 수단이 결과보다 더 중요하게 여겨지며 목표를 달성해야 한다는 부담도 없다. 그렇기 때문에 놀이에서 사람은 더욱 유연하게 사고할 수 있으며 다양한 시도를 할 수 있다. 넷째, 놀이는 자유-선택에 따른 행동이다. 놀이는 스스로 선택한 것이란 의미이다. 다섯 번째, 놀이는 즐거운 활동이다. 이것이 가장 놀이의 결정적인 특성이다.

그는 이와 같은 재미의 속성을 제시하면서 놀이가 아닌 일에서도 놀이와 같은 재미를 느낄 수 있다는 점을 강조한다. 그것은 일은 대표적으로 외적 동기에 의한 것이지만 그것이 자신이 선택한 것이라면 재미있는 활동이 될 수 있다는 것이다. 주어진 과업이 설사 스스로 선택한 것이 아니라 할지라도 그에 대한 선택의 기회가 많을 경우 이를 마치 자신이 선택한 것처럼 내적 동기에 의해 행동하듯 재미를 느낀다고 한다. 이를 '지각된 자유감perceived freedom' 이라 하는데, 실제의 자유가 아니라 내가 얼마나 자유로운 선택으로 느꼈는가가 중요하다는 것이다.

놀이에 대한 김정운의 견해 역시 호이징가나 카이와와 같이 놀이의 자발성, 비실재성(가상성)을 제시했다는 점에서 차이가 없으나 놀이는 과정을 중시하는 활동이란 점과 놀이의 즐거운 속성을 강조한 점이 다르다. 그의 놀이 정의는 놀이의 범위를 제한하지 않은 잇점은 있으나 놀이를 하게 만드는 재미의 유발 요인이 무엇인지를 밝히는 데는 부족함이 있다는 아쉬움이 있다. 사람들이 왜 놀이를 추구하는가에 대해 놀이가 즐겁고 재미있기 때문이라는 설명은 일종의 순환적 논리의 약점을 갖고 있기 때문이다. 그런 점에서 놀이와 재미의 관계를 규명하는 재미요인의 이해는 중요하다고 할 수 있다.

2) 놀이의 재미 요소와 재미 원리

놀이에 있어서 재미의 본질은 자발적으로 제한과 장애를 만들고 역경과 어려움을 극복하는 데 있다. 놀이에서는 심지어 실패하거나 패배해도 재미가 발현될 수 있다. 놀이에서의 실패fail는 끝이 아니라 다시 시작하라는 의미로 이해되기 때문이다. 따라서 인간은 놀이를 통해 실패에 대한 내성을 키울 수 있다. 어릴 때 충분히 놀지 못하면 성인이 되어 실패하게 될 때 쉽게 회복하지 못하고 좌절할 가능성이 높다.

앞서 다양한 학자들이 제시한 놀이 개념의 공통점을 압축해 보면 놀이의 핵심적 재미 요소는 자발성, 탈일상성(허구성), 비생산성(무목적성) 등으로 요약할 수 있는데 한 가지 중요한 전제 조건으로 신뢰성을 빼놓을 수 없다. 앞서 얘기한 놀이의 재미 요소들이 갖춰진다 하더라도 정작 놀이 참여자들 간에 공정한 룰이 지켜질 거라는 믿음이 없다면 놀이의 재미는 한순간에 물거품이 될 것이기 때문이다. 놀이의 규칙(합의)이 깨지는 순간 놀이의 재미는 작동을 멈춘다. 인간이 놀이의 재미를 추구하는 이유도 어쩌면 공정함과 정의로움이 결여된 부조리한 현실보다, 놀이에서는 가상적이긴 하지만 공정함이 살아있을 것으로 믿을 수 있기 때문일 지도 모른다.

놀이에서 재미가 어떻게 발현되는가의 재미 원리를 설명함에 있어서는 카이와의 통찰이 가장 유용한 설명력을 제공한다. 놀이의 재미는 어떤 조건이냐(규칙이 있는가, 없는가 여부)와 인간의 의지(통제력)가 개입할 수 있는가(환경에 대한 통제가능성 여부)에 따라 재미를 발현하는 요인들이 달라진다고 본다. 그 네 가지 요인이 바로 경쟁, 우연, 역할, 현기증으로 요약된다.

즉, 규칙이 있을 때 개인의 노력에 따라 결과가 달라지는 놀이 상황에서는 경쟁이 재미 원리에 해당하고, 규칙이 없고 개인의 능력이 개입될 여지가 없는 놀이

상황에서는 전적으로 우연에 의존하는 재미 원리를 적용할 수 있다. 또한 규칙은 없지만 개인의 역할이 필요한 놀이 상황에서는 역할 모방을 재미 원리로 활용할 수 있고, 규칙도 없고 개인의 노력이나 능력 여부가 개입될 여지가 없는 놀이 상황에서는 감각적 착각에 해당하는 현기증을 재미 원리로 적용할 수 있다.

결론적으로 놀이를 통해 삶에서 재미를 추구하는 방법은 경쟁, 우연, 역할, 현기증 이 네 가지 키워드에 비결이 있다고 할 수 있다. 의도적으로 경쟁의 상황을 만들어 보거나 즉흥적으로 우연한 기회를 만들어 볼 수 있다(예로 번개 모임). 또한 역할 놀이나 가면극, 가장 무도회 같은 행사를 만들어 보거나 착시, 가벼운 어지럼을 유발하는 경험을 시도해 볼 수 있다. 단, 여기서 중요한 것은 지나치게 심각해지지 않는 것이다. 놀이는 놀이일 뿐. 심각함은 놀이의 재미를 소멸시킨다.

3) 놀이의 유용성

놀이는 그 자체로 재미와 즐거움을 주는 효용 가치를 갖고 있지만 놀이가 갖고 있는 잠재적 가치는 그 이상의 유용성을 갖고 있다. 놀이는 무엇보다 인간을 정상적으로 성장하게 하는데 결정적인 역할을 담당한다. 아동의 인지발달에 있어서 놀이를 대체할 만큼 좋은 프로그램이 없다고 할 정도로 놀이는 필수적이다. 이와 더불어 놀이는 자유로운 분위기에서 마음껏 상상력을 발휘하고 실패의 두려움 없이 끊임없이 시도하고 반복해볼 수 있게 함으로써 인간의 창의성을 활성화한다. 그런 점에서 놀이는 결코 '놀기만 하는' 소모적인 활동이 아니다. 오히려 놀이는 인간이 그 안에서 삶에 필요한 능력을 훈련하는 최고의 교육장이라 할 수 있다.

① 아동발달 및 사회화 측면

성인들에게 게임 등과 같은 놀이는 단순히 즐거운 시간을 보내거나 기분전환, 스트레스 해소의 효과가 있을 뿐이지만, 아이들은 성인들보다 훨씬 다양한 놀이 활동을 하면서 놀이를 통해 신체발달, 인지발달, 사회성 발달, 정서적 만족감 등 많은 것을 얻는다.

저명한 아동심리학자 피아제는 유아의 놀이 경험이 인지 발달에 지대한 영향을 미친다고 주장한다. 아이들의 감각, 뇌 성장에 필요한 종합적 자극이 놀이를 통해 주어지기 때문이다. 굳이 그의 말을 인용하지 않더라도 성장기에 놀이는 신체발달은 물론이고 아이들이 함께 하는 즐거움을 경험하게 한다는 점에서 정서적으로도 매우 유익한 영향을 주리란 것은 쉽게 이해할 수 있다. 실제로 연구에 따르면 5세 이하 아이들에게 신체놀이는 감정과 생각 조절능력을 높이고 공격성향을 감소시킨다고 한다. 또한 역설적이게도 아이들은 학습 때보다 놀 때 더 많이 배운다.

인간은 매우 불완전한 존재로 태어난다. 그러다 보니 생존에 필수적인 능력이 매우 부족하다. 놀이는 이런 약점을 보완하는 과정이다. 놀이를 통해 아이들은 생존의 필수적인 기술을 연마하고 독립된 개체로 살아가기 위해 필요한 능력을 습득한다. 마치 사자들이 싸움놀이를 통해 사냥기술을 연마하는 것처럼 인간은 소꿉놀이 등을 통해 성인이 되어 필요한 부모 역할의 기술 등을 연습하는 것이다(김정운, 2011).

놀이를 통해 아이들은 또한 스스로 결정을 내리고 자신의 행동을 통제하며 다른 사람과 어울리는 법을 배운다. 아이에게 놀이는 세상을 탐색해 나가는 과정으로 놀이를 통해 최초의 실패를 경험하고 이를 극복하기도 하며 규칙을 이해하고 사회의 일원이 되는 법을 배운다. 이런 일련의 사회화 과정은 놀이에서의 상호

작용을 통해 이뤄진다.[132)]

앞서 설명한 바 있듯이, 아동심리학자 비고츠키는 특히 아동의 인지발달은 환경과의 상호작용은 물론 '함께 놀기' 와 같은 인간과의 상호작용 하에서만 가능하다고 보았다. 이와 더불어 사물과 개념을 분리해 이해할 수 있는 추상적 사고능력도 다른 사람들과의 상호작용으로만 가능하다고 보았다.

아이들은 놀이를 통해 장애를 극복하고 문제를 해결하는 힘을 기른다. 놀이의 탐색활동과 실험적인 속성이 문제해결능력을 향상시킨다고 한다. 놀이를 많이 하면 할수록 아이들은 어려운 것을 만났을 때 더 자기주도적으로 문제를 해결하려 한다. 그래서 놀이를 하며 자란 아이는 세상을 두려워하지 않는다. 이런 문제해결능력은 신체놀이와 같이 몸을 부대끼며 도전하는 성격의 놀이를 통해 길러진다. 그런 점에서 놀이도 정서적 놀이와 신체놀이가 균형을 이루는 것은 성장기에 매우 중요하다고 할 수 있다.

아이들이 부모와 놀이를 할 때 엄마와 함께 하는 놀이와 아빠와 함께 하는 놀이는 매우 다른 속성을 갖고 있는데, 엄마놀이가 역할극이나 책읽기, 손조작놀이와 같이 정적이고, 내적인 정서적 놀이라면 아빠놀이는 신체놀이, 규칙있는 게임과 같이 활동적이고 외적이며 규범적인 놀이이다. 아이는 엄마놀이를 통해 시각 능력, 언어 능력, 이해력, 공감능력, 정서능력을 키우고, 아빠놀이를 통해 체계적 규칙, 공간지각능력, 사고력, 판단력, 논리 · 분석력, 힘조절능력을 배우게 된다.[133)]

유년기에 같이 놀아주는 아버지의 양육 관여가 실제로 아이들의 지능 발달과 사회적 성공에 밀접한 관계를 갖고 있다는 연구가 발표된 바 있다. 영국 뉴캐슬대 심리학과 다니엘 네틀Daniel Nettle교수는 영국 국가프로젝트로 1958년 3월 둘째주에 태어난 아이 17,146명에 대해 인생 50년을 추적 연구한 광범위한 코호트cohort

132) 이는 앞서 각주 57)에서 설명한 '마음 이론' 에 근거한 '사회적 관점 획득 능력과 관련된다.
133) EBS <다큐프라임 '놀이의 반란'>(2012. 6. 25 ~ 6.27).

연구[134]를 실시했다. 그는 아버지의 양육 참여가 아이 뇌 발달에 얼마나 영향을 미치는지를 연구했는데, 아이가 11세가 되었을 때 지능지수 검사를 한 결과, 만 5세 이전에 아빠가 아이와 적극적으로 놀아주고 양육에 개입한 아이는 지능지수가 훨씬 높았으며, 아이가 42세 성인이 되었을 때도 사회적으로 훨씬 성공한 것으로 조사되었다고 한다(Nettle, 2008).

놀이가 아이들의 성장 발달에 효과적인 영향을 미치기 위해서는 발달단계에 맞게 놀이방법이 제시될 필요가 있다. 아이들의 연령과 발날 단계별로 지각적 재미, 인지적 재미 등 재미를 느끼는 활동이 다르기 때문이다.

예를 들어, 4세 이전에는 다른 아이들과 어울려 놀기보다는 혼자놀이를 즐기며 단순한 반복 놀이를 주로 한다. 이때에는 인지적 재미요소보다는 지각적 재미요소, 즉 시각적, 청각적, 촉각적 요소들을 적극적으로 활용하는 것이 효과적이다. 반면, 5세 이후에는 규칙게임과 집단놀이를 더욱 재미있어 한다. 나와 다른 사람과의 관계를 만들고, 놀이 규칙을 만들고 이를 지키며 좀 더 복잡한 사회문화를 습득하게 되는 것이다. 보는 것으로 만족하지 않고 사용하고 직접 만들어봄으로써 재미를 느끼며, 지각적 재미요소보다 인지적 재미 요소에서 점점 더 큰 재미를 느낄 수 있게 된다. 그러므로 도전과제, 난이도, 성취감과 만족감을 증대시키는 보상장치 등을 반영하여 인지적 재미를 느낄 수 있도록 하는 것이 효과적이다(권창현 · 최정운, 2010).

② 창의성 측면

놀이와 창의성의 긴밀한 상관성에 관해서는 이미 수많은 연구자들이 주장해왔

---

134) 특정한 집단(코호트)이 시간이 지남에 따라 어떻게 변화하는지 조사하는 것으로 장기간의 시간변화에 따른 차이를 살펴보는 종단 연구방법이다.

다. 창의성이란 간단히 말하자면 다르게 보고 다르게 생각하는 능력으로, 여태껏 시도되지 않은 새로운 방법이나 사고과정을 통해 문제를 해결하는 방법이나 태도를 말한다. 창의성과 상상력이 늘 함께 가는 이유가 바로 여기에 있다. 창의성은 기존의 방식과 다르게 생각하기 위해 상상력을 필요로 하기 때문이다.

그런데 이런 상상력의 발휘는 통제받지 않고 자유로운 분위기에서 엉뚱한 것이라 비난받지 않으며, 실패하는 것에 대한 두려움없이 끊임없이 반복하고 시도하는 데서 온다. 아이들에게 이런 환경을 제공해주는 최적의 상황이 바로 놀이이다. 아이들은 놀이에 참여하면서 호기심을 갖고 자신을 둘러싼 주변세계를 탐색하기 시작하는데, 이런 탐색행동은 문제를 해결하기 위해 다양한 방법을 시도해본다는 측면에서 창의성 발달의 시작점이라 할 수 있다.

놀이를 통한 창의성 발달이 놀이가 아이들의 추상적 사고능력을 키워주기 때문이라는 견해도 있다. 피아제는 아이가 놀이에서 장난감 강아지를 진짜 강아지처럼 생각하는 상징적 표상화가 일종의 추상적 사고라고 설명하면서, 아이가 이러한 과정을 통해 구체적인 사물 이외의 것에도 주목하고 새로운 연상을 할 수 있게 되면서 창의성이 발달되는 것이라고 주장하였다. 놀이는 또한 아이들의 놀이성(또는 장난기, playfulness)[135]이 확산적 사고divergent thinking를 가능하게 한다는 측면에서도 창의성 발달을 촉진한다고 한다(Lieberman, 1965; 유애열, 1994 재인용).

하지만 놀이가 아이들만의 전유물이고, 그래서 놀이의 창의성 향상 효과가 아이들에게만 나타나는 것은 아니다. 치열한 경제 전쟁 속에서 살아남기 위해 늘 새로운 혁신을 추구해야 하는 기업들이 인력들의 창의력을 제고하기 위해서도 놀

135) 장난기는 놀이의 질적 특성을 나타내는 하나의 양식으로 신체적 자발성, 사회적 자발성, 인지적 자발성, 즐거움의 표현, 유머 감각 등 다섯 가지 특성을 지닌다고 한다(Barnett, 1990).

이와 재미를 업무 환경에 도입하는 사례들이 최근 늘고 있다.

[그림 46] 인벤션랜드(Invention Land) 놀이 사례(출처 : EBS)

"일도 놀이처럼"이란 모토를 갖고있는 미국의 유명한 발명 · 디자인회사 인벤션랜드Invention Land는 매일 오후 3시가 되면 싸이렌이 울리고 직원들이 스펀지총 싸움을 시작한다. 이 회사는 매일 수십건의 아이디어, 하루 세 개의 특허, 일년에 2천개의 특허를 만드는 회사라고 한다.[136] 이들은 자유롭게 상상하고 실패가 허용되는 놀이에서 중요한 아이디어의 영감을 얻을 수 있다고 한다.

앞서 소개한 '유튜브 심포니 오케스트라', '구글 아트', '구글 월드 원더스' 프로젝트와 같이 다양한 공익적 아이디어는 물론이고, 최근에는 구글 글라스Google Glass[137], 말하는 운동화[138] 등 영화 속에나 나올법한 상상을 현실로 만드는 창의적

---

136) EBS <다큐프라임 '놀이의 반란'> 3편(2012. 6. 27).

137) 이 안경을 착용하면 그림에서 보는 것처럼, ① 실내에서 창 밖을 쳐다보기만 해도 안경테에 달린 작은 투명스크린에 날씨 정보가 표시되고 ② 지하철역을 바라보면 운행 정보

[그림 47] 구글코리아 사무실 전경(이정국, 2007. 6. 17)

아이디어를 자랑하는 대표적 인터넷 검색회사 구글은 일터를 업무공간만이 아닌 놀이터로 만들고[139], 인력들이 근무시간의 20%는 자신의 업무와 관련없는 일을 하게 하는 등 놀이와 재미를 통한 창의력 활용을 업무 현장에 적용하고 있다. 이 역시 자유롭고 재미있는 환경을 마련해 줌으로써 인력들이 자발적으로 혁신적인 아이디어를 발굴할 수 있도록 하려는 취지이다.

가 나타나며 ③ 스크린에 떠 있는 문자메시지, 인터넷 검색, 음악 감상, 사진 촬영 등 14개에 달하는 메뉴를 음성만으로 실행시킬 수 있고 ④ 눈에 보이는 광경을 멀리 떨어져 있는 친구에게 실시간으로 전송해 줄 수 있다. 사진은 자신이 기타 치는 모습을 내려다보며 전송해주는 화면이다(정윤식, 2012. 4. 6, "구글 스마트 안경, 말로 기능 선택", 동아일보).

138) 일종의 '입는 컴퓨터wearable computer' 개발 실험의 일환으로 만든 것으로, 스피커, 압력센서, 가속도계, 지도, GPS, 블루투스 등이 장착되어 사용자의 안드로이드 스마트폰과 연결해 각종 메시지를 텍스트나 음성으로 전달할 수 있다(박정현, 2013. 3. 12, "구글, '말하는 신발' 공개", 조선일보).

139) 이정국(2007. 6. 17), "당구대에 안마의자, 놀이터야, 사무실이야", 한겨레

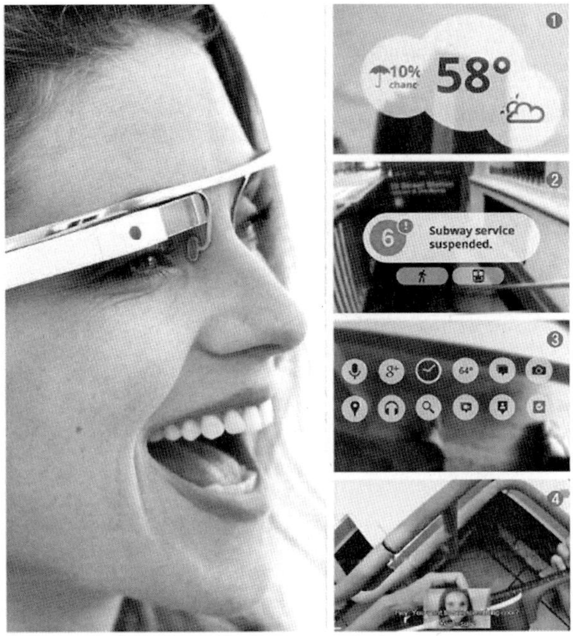

[그림 48] '구글 글라스' 모습(정윤식, 2012. 4. 6)

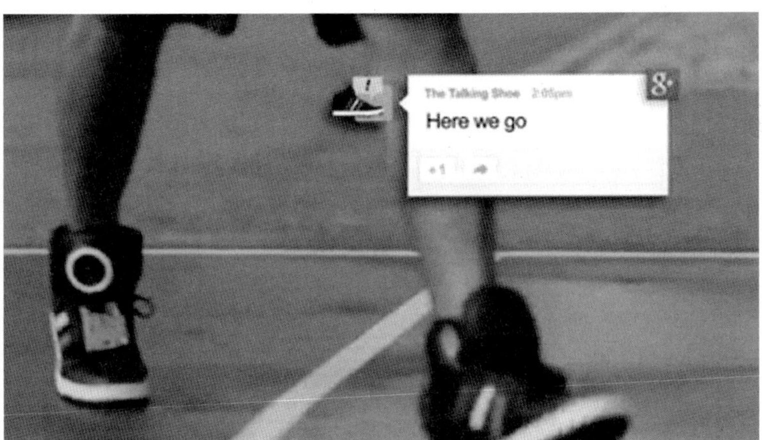

[그림 49] 구글 '말하는 운동화' 모습(박정현, 2013. 3. 12)

지식정보시대를 넘어 개인의 창의성이 가치창출 수단이자 자산이 되는 창조경제 시대의 21세기는 기존의 정보와 지식을 단순히 학습하고 기억하는 능력보다 기존의 지식을 활용해서 새로운 지식을 창출하고 새로운 아이디어와 대안을 찾아내는 능력이 무엇보다 중요한 시대이다. 각 국가와 기업들이 미래의 사활을 창의성에 걸고 있는 이유도 창의성이 경제 뿐 아니라 사회의 총체적 생산 능력의 필수적인 요건이자 경제와 사회 발전을 이끄는 성장 엔진이기 때문이다.

심리학적으로 창의력과 재미는 동의어라고 얘기한 김정운(2011)의 말처럼, 놀이와 재미야말로 인간의 창의성을 점화시키는 힘이 있다. 아이들에게서 놀 권리를 박탈하고 조기교육과 선행학습으로 아이들에게서 창의성을 말살하는 지금의 우리 교육 현실에 근본적인 변화가 절실히 필요한 이유가 바로 여기에 있다고 하겠다.

생각해 볼 문제

1. 카유와의 재미 유형 중 나는 어떤 요소에 더 끌리는가?
2. 놀이의 재미에서 자유는 소극적으로는 구속받지 않을 자유(liberty)와 적극적으로 선택할 자유(freedom)를 의미한다.
   놀이의 재미에서 자유는 왜 중요한가?
3. 놀이 개념의 재미 요소를 삶의 재미에 적용한다면 어떤 전략을 활용할 수 있는가?
4. 놀이의 창의적 속성을 일에서 활용하려면 어떤 방법이 있을까?

2. 게임과 재미

규칙의 한계 안에서 서로 경쟁하는 개념의 게임은 이미 설명한 놀이의 중요한 재미 활동 중의 하나라고 할 수 있다. 여기서 다시 놀이의 하위 영역에 해당하는 게임을 별도로 다루는 것은 게임이 가진 놀이적 속성의 독특성 때문이다. 여기서 말하는 게임은 놀이 영역 안에 있는 규칙성에 의존하는 넓은 의미의 게임적 놀이를 의미하는 것이 아니라 컴퓨터 게임, 인터넷 게임, 모바일 게임과 같이 디지털 게임을 의미하는 것이다.

우선 디지털 게임은 놀이 도구란 측면에서 전통적 개념의 놀이와는 디지털 기기에 의존한다는 점에서 상당히 다르다. 디지털 매체가 제공하는 속성들은 전통적 놀이와는 완전히 차별화되고 새로운 놀이 환경을 제공함으로써 이전에는 없었던 새로운 재미의 영역을 개척하고 있다고 할 수 있다.

디지털 게임은 디지털 기술이 제공하는 상호작용의 장점을 극대화해 게임 내용에 대한 실질적인 관여를 허용하고 인간의 가장 보편적인 표현 양식이라 할 수 있는 서사의 개념을 확대하여 가상현실이라는 새로운 경험 양식을 제공한다. 이를 통해 게임 참여자는 가상 공간이 연출하는 너무나도 사실적인 허구의 세계 속에서 새로운 현실감과 정체성을 경험하기도 한다.

또한 디지털 게임은 재미 영역으로 볼 때 놀이적 속성과 이야기적 속성을 동시에 보유하고 있다는 특징을 보인다. 단순 게임을 제외하고 대부분의 게임들은 기본적으로 서사적 이야기 구조를 갖고 있다. 그러나 게임의 이야기는 사용자 참여가 빚어내는 끝이 없는 이야기라는 점에서 본질적으로 완결된 서사구조를 특징으로 하는 전통적 이야기와도 구별된다.

게임의 이런 두 가지 독특성은 우리가 논의하고 있는 재미의 관점에서 보면 무엇이 게임의 재미를 구성하는지, 그리고 재미의 원리는 무엇인지를 설명하는 데 있어 별도의 탐구를 필요로 한다고 할 수 있다.

그런 의미에서 지금부터 무엇이 게임을 재미있게 하는지, 재미있는 게임이란 어떤 것인지에 관해 게임의 재미를 구성하고 있는 요소들은 무엇이고, 게임의 어떤 측면들이 다른 재미 영역과는 다르게 재미를 유발하는 지에 초점을 맞춰 게임의 재미를 살펴보도록 하겠다.

1) 디지털 게임의 특성

게임은 디지털 미디어라는 매개물의 활용을 필수적 조건으로 한다는 점에서 게임의 재미 속성을 파악하기 위해서는 무엇보다 이 매개물의 특성을 이해할 필요가 있다. 매개물의 종류는 데스크톱 컴퓨터(PC) 에서 닌텐도 게임기(닌텐도 DS, 3DS, Wii), 마이크로소프트 게임기(Xbox), 소니 게임기(PS, PSP) 등 콘솔, 모바일 게임용 스마트폰, 놀이공원이나 게임장의 아케이드에 이르기까지 다양하다. 매개물이 무엇이냐에 따라 게임의 속성도 차이가 날 수 밖에 없겠지만 이들이 공통적으로 갖고 있는 디지털 게임의 특징에 대해 샐런과 짐머맨(Salen & Zimmerman, 2004)은 다음과 같이 즉각적인 협의의 상호작용성, 자료 및 정보의 조작성, 시스템의 자동화, 네트워크 커뮤니케이션의 4가지로 정리했다(김영용,

2007 재인용).

첫째, 즉각적인 협의의 상호작용성immediate, but narrow interactivity은 디지털 테크놀로지의 특징이다. 즉, 플레이어의 입력에 대해 게임 시스템이 즉각적으로 반응을 보냄으로써 실시간 게임 놀이가 가능하게 되었다. 그러나 입출력 인터페이스는 아직 대부분 마우스, 키보드, 화면, 스피커로 제한되어 있지만 계속되는 컴퓨터 기술의 발전은 기술적 제한을 점진적으로 해결하면서 놀이 체험의 몰입도를 더욱 높여가고 있다.

둘째, 자료 및 정보의 조작성은 정보 및 자료를 자유자재로 저장하고 변환시킬 수 있는 디지털 미디어의 특성을 말한다. 자료의 저장과 조작의 편의성은 게임의 반복가능성과 조작자의 통제력 증대라는 효과를 제공한다.

셋째, 시스템의 자동화는 디지털 게임의 실현을 설명하는 가장 강력한 특성에 속한다. 복잡한 움직임과 과정의 처리를 자동화시키지 않고는 지금처럼 실시간으로 놀이를 진행시킬 수 없다. 특히 고속처리를 요하는 비디오, 멀티미디어, 3D를 실시간으로 구현할 수 있는 컴퓨터 처리기술의 발전이 주된 기여를 했다.

넷째, 네트워크 커뮤니케이션은 게임에서 플레이어 사이의 커뮤니케이션을 증진시킬 수 있는 특성이다. 디지털 미디어는 서로 멀리 떨어져있는 사람들이 이야기를 나눌 수 있는 사회적 공간을 제공한다. 이런 공간을 통해서 이메일과 채팅은 물론이고 실시간으로 진행되는 비디오 및 오디오 커뮤니케이션도 할 수 있다.

실제로 게임을 하는 동안 디지털 미디어의 네 가지 특성은 동시에 작동하면서 이용자에게 놀이 체험을 제공한다. 이런 놀이 체험의 과정에서 이용자의 정신적 또는 물리적 상호작용은 높은 몰입감을 제공한다. 정신적 상호작용은 감정적 또는 정신적 차원에서 미디어 세계와 교류하는 것이고, 물리적 상호작용은 이용자의 감각을 자극시키는 지각적 차원에서 미디어 세계와 교류하는 것이다. 정신적 상호작용은 주관적인 체험으로서 전통적 미디어와 디지털 미디어 모두 가능하지만 물리적 상호작용은 디지털 미디어에서만 제공된다. 물리적 상호작용은 이용자의 감각기관을 직접 자극함으로써 높은 몰입감을 제공하고 이로 인해 이용자의 즐거움은 훨씬 커지게 된다(김영용, 2007).

2) 게임의 이야기적 특성

게임은 놀이적 속성과 함께 이야기와 같은 서사narrative적 토대를 갖고 있다. 그러나 게임의 이야기는 전통적 이야기처럼 처음과 끝이 선형적으로 이미 결정된 극적 전개를 따르지 않고 게임 참여자의 개입과 관여를 통해 이야기가 만들어져 가고 그 이야기는 참여자마다 개별적 이야기로 전개되어간다는 차이가 있다. 여기서 게임이 제공하는 재미는 바로 이야기 세계를 통제하고 변화시킨다는 효능감에 있다고 할 수 있다. 이에 따라 전통적 이야기 구성의 3요소인 '인물, 사건, 배경' 은 디지털 게임에서 '배경이야기, 캐릭터, 공간, 아이템' 으로 대체된다(전경란, 2005). 이들을 하나씩 자세히 살펴보도록 하자(김선진 외 7인, 2011 재인용).

① 배경이야기: 전사前史

디지털 게임에서 배경이야기는 그 자체가 이야기적 구조를 의미한다는 점에서 전통 서사에서 얘기하는 시공간적 배경과는 다르다. 이것은 게이머가 그 이야기에 관여하게 되는 출발점이자 게이머의 상호작용 행위에 서사적 의미를 부여해 주는 장치이다. 또한 다양한 이야기 요소들간의 관계구조를 설정해주며, 독자적인 이야기 세계가 성립할 수 있도록 이야기 내 규범, 즉 게임의 규칙을 설정해주는 역할을 한다.

게임 참가자는 배경 이야기를 통해 자신이 관여하게 될 이야기의 내용이 무엇인지, 주어진 목표는 무엇인지를 파악해 이야기를 시작하게 된다. 앞으로 게이머가 하게 될 게임은 이러한 배경 이야기를 통해 허구적 이야기 틀에 입각한 행위로 전환되는 것이다. 또한 배경이야기는 단순히 과거의 역사를 알려주는 것에 그치지 않고, 게임 내에서의 게이머의 행동에 서사적 의미를 부여해줄 뿐만 아니라 목적의식을 강화하기도 한다. 즉, 게이머에게 허구적 이야기 세계 속에서의 자신의 위치를 설정하도록 해주는 것이다.

가령, 게이머가 '괴물을 잡는 행위' 는 기계를 조작하는 행위나 경험치를 높인다는 단순한 의미를 넘어 '악마에게 영혼을 사로잡힌 괴물을 제거해서 사람들을 해방시킨다' 는 서사적 의미를 갖게 된다는 것이다. 그것이 게이머의 행위가 갖는 서사적 위치이다.

② 이야기 공간

디지털 게임에서 이야기 공간은 캐릭터, NPCNone Player Character 및 아이템 등의 다양한 이야기 요소들이 존재하는 곳이자 게이머의 상호작용이 구현되는 장소이다. 동시에 각 공간들이 고유한 사건의 가능성과 이야기를 담고 있기 때문에 그 자체로 잠재적인 이야기 장치로 기능하기도 한다. 가령 <월드 오브 워크래프트>에서 설정하고 있는 도시의 기능들을 보면 도시는 많은 퀘스트quest의 보고이자 교통의 중심지이고 유흥의 장소이기도 하며 어둡고 위험한 장소도 존재한다. 따라서, 이용자가 특정한 공간에 존재한다는 것은 각 공간이 담고 있는 이야기의 설정 속으로 들어가는 것이 된다. 그 공간에서의 이용자의 활동이 자신의 서사경험을 형성하는 것이다.

③ 캐릭터

전통적인 이야기에서 인물은 스토리를 만들어내는 주체이다. 그러나 디지털 게임에서는 이용자가 이 역할을 대신하므로 전통적 이야기에서 중요하게 여기는 인물의 성격변화나 내면묘사 등의 구현이 불가능하다. 실제로 디지털 게임에서 캐릭터는 이용자를 대리하는 행위자로 동기나 생각, 감정 등에 있어 게임 설계자가 설정한 성격묘사 이상으로 발전하지 못하고 평면적이고 전형화된 경우가 대부분이다. 그러나 디지털 게임에서 캐릭터는 이용자의 분신 혹은 자기 자신으로 여겨지게 되므로 이용자가 그 캐릭터를 어떻게 키우느냐에 따라 동일한 캐릭터라도 서로 다른 인물로 변형되고 발전될 수 있다.

또한 디지털 게임에서 NPC는 조력자로서의 인물로 기능한다. NPC는 주로 무기나 갑옷 등을 팔고 사고, 고쳐주거나, 주인공 캐릭터를 다른 공간으로 이동시키는 등의 기능적 역할을 하는데, 이는 전통적 이야기에서 조연이나 조력자가 맡았던 역할이다. 그밖에 NPC는 이용자에게 수행할 임무를 부여하기도 하고 이용자로 하여금 다양한 이야기를 경험할 수 있게 하는 장치로도 기능한다.

마지막으로 디지털 게임에서는 괴물이 전통적 이야기의 적대자 역할을 한다. 괴물이라는 이야기 요소는 특히 각기 다른 성격과 능력, 부여하는 아이템은 물론 고유한 이야기 배경을 지니고 있기 때문에 게이머의 선택과 조작에 따라 다른 이야기를 만들 수 있는 잠재적인 이야기 장치가 된다.

④ 아이템

디지털 게임에서 아이템은 이용자에게 다양한 선택권을 부여함으로써 이야기의 세부적인 내용을 통제할 수 있도록 해준다. 즉, 아이템은 다양한 유형, 특징, 고유한 이야기 배경 등을 지님으로써 게이머가 어떤 아이템을 선택하느냐에 따라 각각 다른 이야기 내용을 경험할 수 있게 해주고, NPC나 다른 게이머와의 상호작용의 매개체가 됨으로써 이용자들의 이야기를 서로 다른 것으로 만들어주는 역할을 한다.

이처럼 컴퓨터 게임으로 대표되는 디지털 스토리텔링에서는 다양한 이야기 요소들이 이용자가 선택해주기를 기다리며 허구적 공간 속에 잠재되어 있다. 어떤 캐릭터를 선택해서 어느 공간을 먼저 탐색하고 어떤 아이템을 얻고 어떤 퀘스트를 먼서 수행하는지에 따라 각 이용자들은 서로 다른 이야기를 경험하게 되고 동시에 그것으로 자신의 이야기를 만들어가는 것이다.

다시 말해서, 시간적 사건 구성에 의한 완성된 하나의 이야기는 디지털 게임의 세계에서 존재하지 않는 것이다. 따라서 디지털 게임의 경우 저자로 명명할 수 있는 이야기의 주인도 명확히 존재하지 않는다. 게임 개발자를 디지털 스토리텔링의 원저자라 한다 해도 그의 역할은 게임이라는 가상의 공간으로 더 많은 이용자를 끌어들여 그들이 더 많은 이야기를 경험할 수 있도록 더 다양한 이야기 요소들을 허구적 공간 속에 설계하는 것이 된다. 실제로 이야기를 구현하는 주체가 게이머들로 바뀐 것이다. 이에 따라 스토리텔링을 경험하는 방식 또한 전통적인 스토리텔링에서처럼 이야기를 읽고, 듣고, 보는 등의 수동적인 것이 아니라 능동적인 참여와 활동으로 변화하게 되었다.

3) 게임의 재미 요소

게임에 의한 재미 효과는 게임의 특수성 때문에 분명 다른 재미 영역과는 다른 요소들을 갖고 있을 것이다. 그러나 게임은 게임 내에서도 매우 다양한 형식과 장르로 나눠져 있고 최근에는 장르간의 융합 현상까지 나타나고 있어 일괄적으로 게임의 재미 요소를 설명하기는 어렵다고 할 수 있다. 다만 이들의 공통 요소들이 무엇인지를 생각해볼 필요는 있다.

이를 살펴보면 <표 9>, <표 10>, <그림 50>에서 보듯이 다양한 견해들이 존재한다. 이들은 재미 요소의 내용에 관해서 학자마다 관점의 차이도 있고, 특정한 게임 장르에 주로 해당되는 경우도 있으며 개념의 용어와 수준이 저마다 너무 다르다는 문제가 있다. 무엇보다 자극-반응이란 관점에서 구체적으로 게임의 어떤 자극 요인들이 재미라는 반응을 유발한 것인지에 대한 설명이 부족하고, 게임의 내적 요소들을 망라하듯이 열거하고 있어 이해를 어렵게 하고 있다.

그 결과 개념들이 중복되거나 개념들간에 상하위 수준의 구별이 안되는 문제를 야기하고 있다. 이는 재미 요소의 개념 도출 과정에서 상호 개념의 중복과 누락이 없도록 논리적 완결성을 기하지 않은 데서 비롯된 것으로 보인다. 다만 <표 9>의 가노(Garneau, 2001)의 재미 요소는 체계적이거나 학술적 검증을 거친 것은 아니나 풍부한 현장 경험에서 오는 통찰력이 돋보이고, <그림 50>의 윤형섭(2009)의 구분법은 특정 장르에 국한되는 것이긴 하지만 체계적인 분석이라고 판단된다. 따라서 이 두 사람이 제시하는 재미 요소들이 각각 어떤 것인지 우선 살펴보도록 한다. 이와 더불어 게이머의 동기 관점에서 게임의 재미 요소를 제시한 바틀(Bartle, 1996)의 모델도 게임의 재미를 설명하는 핵심적 통찰력이 돋보이는 분석이라 그 내용을 소개하고 그 각각이 재미 요소 측면에서 어떤 의미를 갖는지 설명하도록 하겠다.

① 가노(Garneau)의 재미 요소

가노는 가마수트라Gamasutra[140]라는 게임 개발 전문 미디어 사이트의 전문 기고가로서 현장 경험을 토대로 게임의 재미 요소를 다음과 같이 14가지 요소[141]로 세부적으로 정의하였다.

- 아름다움Beauty – 시청촉각 등 감각을 즐겁게 하는 것으로, 가상세계에 대한 현존감과 몰입감을 제공하는 요소
- 몰입Immersion – 물리적인 수단이나 사람의 상상을 통해 다른 환경으로 들어가는 것으로 가상세계 안에서 캐릭터를 조정하고 있다는 느낌이 아닌 자신이 직접 움직인다는 느낌
- 지적 문제 해결Intellectual Problem Solving – 사고를 요구하는 문제적인 상황들에 대해 해결책을 찾는 것
- 경쟁Competition – 어떤 목표를 정하고 자신이 우수하다는 것을 보여주는 활동으로, 타인과의 경쟁 뿐 아니라 레이싱게임 같이 자신과의 경쟁을 포함함
- 사회적 상호작용Social Interaction – 다른 사람들과 함께 교류하거나 같은 목표를 갖고 협력하는 것
- 코메디Comedy – 사람을 웃게 만드는 것들
- 위험에서 오는 스릴Thrill of Danger – 위험한 행동으로부터 오는 즐거움으로, 위험의 정도가 지나치면 플레이어가 재미보다 좌절감을 느낄 수 있는 요소

140) 인터넷 http://www.gamasutra.com

141) 미국 미시건주립대 Carrie Heeter 외 6인(2003)은 이 14가지 요소 외에 이타주의Altruism와 학습Learning을 추가한 바 있다. 이타주의는 타인지향적 감성으로 사회적 상호작용의 일부로 이해할 수 있으며 학습은 지적 문제해결과 관련된 것으로 이해할 수 있겠다(Heeter 외 6인, 2003).

- 신체적 활동Physical Activity – 강렬한 신체적 움직임을 요구하는 행동들로, 댄스게임DDR같이 신체적 노력과 재미를 결합한 것
- 사랑Love – 어떤 사람을 향한 강한 애정으로, 툼레이더와 같은 성적 욕망lust을 포함
- 창조Creation – 이전에 없던 것을 만드는 것으로 심시티Simcity와 같이 성장시키는 즐거움으로 게임 편집 기능을 통한 수정modification을 포함
- 권력(힘)Power – 힘을 갖고 행동하는 능력, 강력한 효과를 발휘하는 능력으로 게임에서 레벨업Level up을 지향하는 동기
- 발견Discovery – 전에 알지 못했던 어떤 것을 발견하는 것으로 게임에 숨겨진 비밀을 찾아내거나 새로운 세계를 탐험하는 욕구
- 향상과 완성Advancement and Completion – 계속 앞으로 나아가서 결국 끝마치는 하나의 활동으로 게임 스테이지를 정복하기 위한 활동
- 능력의 활용Application of an Ability – 어려운 환경에서 신체적인 능력을 사용하는 것으로, 액션 게임과 같이 조작 행동의 순발력을 의미함

가노가 도출한 이상의 재미 요소들은 게임 시나리오를 만들고 설계하는 개발하는 단계에서 실질적으로 게임 플레이어들이 재미있어하는 요소를 중심으로 구성되어 있다는 점에서 실용적 의의를 찾을 수 있다.

구체적으로는 게임 전체 장르를 염두에 두고 재미 요소가 도출되어 본서가 앞서 제시한 재미 요소(Ⅱ부 1장 2절)의 관점에서 보면 아름다움과 몰입은 일종의 원인과 결과란 측면에서 중첩되어 감각적 생생함에 해당하고, 지적 문제해결, 경쟁, 향상과 완성은 자기유능감을 세부적으로 나눈 것이며, 창조는 자기표현감에, 위험에서 오는 스릴과 발견은 모험감에, 능력의 응용은 신체적 역동감에, 사회적 상호작용과 애정은 대인교류감에 해당하는 것으로 몇 가지를 제외하곤(고독감,

일탈감, 대자연감, 새로운 경험) 대체적으로 일치한다고 보인다.

고독감, 대자연감, 새로운 경험은 게임이란 재미 영역의 속성상 포함되기 어려운 요소이겠으나 일탈감은 게이머들의 현실 도피 욕구나 현실에서 하기 어려웠던 잠재적 욕구를 해소하기 위해 가상세계 안에서 규칙을 어기고 반사회적 행동을 하려는 경우(예를 들어 폭력 유형의 하드코어 게임들이 여기에 해당)의 재미 요소를 설명한다는 점에서 고려되어야 할 것으로 보인다.

② 윤형섭의 재미 요소

윤형섭(2009)의 재미 요소는 크게, 재미 유형을 감각적 재미, 도전적 재미, 상상적 재미, 사회적 상호작용의 재미로 나누고 각각에 대해 세부적인 재미 요소들을 제시하였다.

감각적 재미는 인간의 지각에 의해 얻게 되는 재미로, 시청각적 요소에 의해 가장 큰 영향을 받으며, 촉각과 인지능력, 운동능력과의 협응 과정에 의해서도 영향을 받는다고 한다. 하위 요소로 그래픽, 사운드, 실재감, 조작통제감, 타격감을 들고 있다.

도전적 재미는 게임 중 몬스터 사냥, 퀘스트 수행, 보스 몬스터와의 전투 등 다양한 도전 과제를 해결해 나가면서 얻는 재미를 의미한다. 게임 플레이어는 도전 과정 중 스스로 의미 있는 의사결정을 하고, 도전 과제를 성취해 나가면서 재미를 느낀다. 도전과제 혹은 타인과의 경쟁 상황에서 승부를 알 수 없는 불확실한 결과는 긴장감을 유발시키는 역할을 한다. 하위 요소로 수준별 도전과제, 보상, 성취감, 불확실성, 긴장감을 들고 있다.

상상적 재미는 게임 중 상상을 불러일으키는 요소로서, 게임플레이의 전개에 호기심과 상상력을 불러일으키는 스토리텔링, 캐릭터 선택과 치장의 자율성을 의미하는 캐릭터 자유도와 선택다양성, 가상 세계를 탐험하는 새로운 경험, 그리고 게임 속 가상세계에 내가 얼마만큼 영향을 미치는가에 대한 느낌인 가상세계에 대한 영향력을 하위 요소로 제시한다.

사회적 상호작용의 재미는 다른 게임 플레이어들과의 사회적 교류를 의미하는 것으로, 하위 요소로 경쟁, 육성시스템, 소속감 및 공동체감, 자기효능감, 가상화폐 거래를 들고 있다.

그의 분석은 재미 요소를 상위 기준과 하위기준으로 나눠 계층화, 구조화하였다는 점에서 이해도를 높였다는 의미가 있으나 제목에서 보는 것처럼 재미 '평가' 를 위해 재미 요소를 통한 정량적 평가모델을 만드는 것에 집중돼 있어 재미 요소에 대한 구체적인 개념 구분이나 상세한 분석엔 부족함이 있다. 특히 경쟁 요소나 자기효능감은 사회적 상호작용 분류가 아닌 도전적 재미에 해당하는 등 분류 체계상의 불일치도 설득력이 부족한 점이다. 이런 이유로 그의 설명은 게임 플레이어의 입장에서 느끼는 재미를 설명하는 데는 부족함이 있다고 보여진다. 또한 그의 모델의 한계는 롤플레잉 게임 외에 다른 게임의 재미를 해석하기도 어렵다.

그럼에도 불구하고 게임의 네트워크성이란 차별성을 살려 규모가 커져가고 있는 다사용자 온라인 롤플레잉MMORPG[142] 게임 장르에 특수한 재미 요소를 상세히 분석했다는 잇점이 있다고 하겠다.

142) Massive Multiplayer Online Role Playing Game을 의미한다.

[표 9] 연구자별 게임의 재미 요소 비교(박찬일 외, 2007)

매슬로우	정재진	함형호	서미라 외	마크르브랑	니콜라자로	라프코스터	팔스타인	가노
자극	attractive-ness	동영상, 그래픽, 사운드	인터페이스	fantasy	가벼운 재미	심미적		아름다움
몰입	flow	게임 속도		sensation	깊은 재미			몰입
감정이입		시나리오		narrative		문제이 정신적 정복 행위	정신적 재미	지적문제 해결
				challenge	인간적 요인			경쟁
게임의 변화와 확장	norms, word of mouth, community activities	접근성	상호성	fellowship		사회적	사회적 재미	사회적 교류
								코메디
	challenge	분위기1		expression				위험의 스릴
		분위기2		submission		육체적	물리적 재미	물리적 행동
								사랑
								창조
	loyalty							힘
		난이도	정보	discovery				발견
성취감		목표설정			변화된 상태			나아감과 완성
	feed-back							능력의 응용
							혼합적 재미	

[표 10] 카이와의 놀이 영역 기반 재미요소(이승훈 외, 2010)

분 류	재미 요소
경쟁(10)	세부목표 성취, 목표 준비에 대한 기대 목표완료 성취, 목표 수행 규칙준수 친밀감, 사회적 교류, 정서적 유대감 지적 성취감, 기술 성장 성취감, 시간투자 보상감
모의(13)	역할 체험감, 대리 만족감, 자기 표현감 행동의 현실일치감, 물리적 일체감, 조작편리감, 실제공간감, 타격체험감 일탈경험 체험, 환상, 몰입, 극적 상황 체험, 감정이입
기회(8)	새로운 추가 요소에 대한 기대감 지속적 탐험, 창조, 상상력 보상에 대한 기대, 예측 불가한 진행 기발한 아이디어, 탐험
현기증(5)	다양한 공간 체험, 새로운 환경의 체험, 시각적 최적화, 실제 공간감, 위험의 스릴

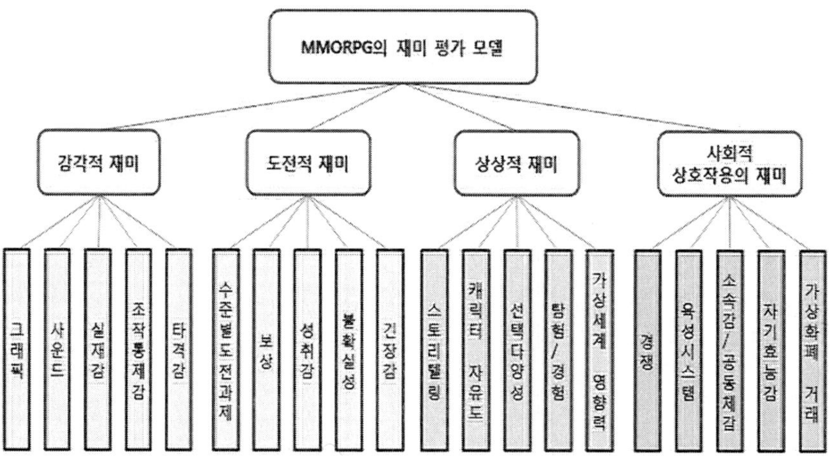

[그림 50] MMORPG의 재미 평가 모델(윤형섭, 2009)

③ 바틀(Bartle)의 재미 요소

바틀(1996)은 텍스트 기반 온라인 게임인 머드MUD[143]의 사용자들을 분석하여 게임 플레이어들의 사용 동기에 따라 크게 친교형socializers, 킬러형killers, 성취형achievers, 그리고 탐구형explorers으로 나눴다(김영용, 2007 재인용)[144]. 바틀의 게임 사용 동기에 따른 구분은 90년대 중반의 초보적 네트워크 게임이 도입된 시절의 분석이어서 지금과 같이 몰입성이 한층 강화된 가상현실 수준의 게임에 그대로 적용하긴 어려울 수도 있으나 게임의 사용 동기는 크게 바뀌지 않는다는 점에서 지금도 매우 유용한 분석이라 할 수 있다.

게임의 이용 동기는 사용자의 사용 욕구를 설명하는 것이고 욕구는 재미 요소와 긴밀히 연결되어 있다는 점에서 게임의 재미 요소에 대한 설명력이 높다고 할 수 있다. 그의 이론은 커뮤니케이션 분야의 '이용과 충족Uses and Gratification' 이론[145]의 4가지 욕구와 긴밀히 관련되어 있다.

첫째, 친교형은 다른 플레이어들의 친구가 되기 위해 게임을 즐기는 유형이다. 이들은 게임을 다른 친구들과 대화를 하는 하나의 배경context로 활용한다. 이용과 충족이론 관점에서는 '사회적 소속감' 의 욕구와 관련된다.

둘째, 킬러형은 다른 플레이어들을 단순히 먹이처럼 사냥하면서 그들을 괴롭히는 유형을 말한다. 이들은 다른 사람들을 괴롭히기 위해 게임을 하나로 도구로

143) Multi User Dungeon/Dimension의 약자로 여러 명의 사용자가 같은 서버에 연결해 각각 하나의 역할을 맡아 상호작용하며 즐기는 텍스트 기반의 롤플레잉 게임이다. 이후 '바람의 나라' 같은 그래픽 기반의 MUGMulti User Graphic으로 발전하였고 이것이 더 발전해 지금의 MMORPG로 성장하였다.

144) 바틀은 뒤에 MMORPG 게임 연구를 통해 게이머 유형을 8가지로 세분화했다. 유형 분류 기준은 관심 대상(다른 게이머/가상세계), 선호 단위(개인/단체), 선호 액션(즉흥적/계획적)으로 설정했다. 8개의 유형은 기회추구형, 계획가형, 과학자형, 해커형, 네트워커형, 친구추구형, 훼방꾼형, 정치가형이다(Bartle, 2005; 김상균, 2014 재인용).

145) 각주 30)번 참조.

사용한다. 이용과 충족 이론에서 말하는 '기분전환'의 개념과 비슷하다고 할 수 있다.

셋째, 성취형은 게임과 관련된 목적을 파악하고, 이를 얻고자 게임을 시작하는 유형을 말한다. 즉, 아이템이나 보물을 취하거나 괴물을 퇴치하여 캐릭터의 경험치를 높이는 것을 즐기는 유형이다. 이용과 충족 이론의 관점에서는 '개인적 정체성'과 관련된다. 즉 자신의 가치를 강화시키고, 자신의 행위에 대한 정당성을 합리화하는 과정이라고 할 수 있다.

넷째, 탐구형은 게임이라는 가상세계에 대해 가능한 한 많은 것을 발견하려는 유형을 말한다. 즉 게임 속에 숨겨진 비밀이나 잘못된 기술까지 찾아냄으로써 게임의 모든 것을 실험하면서 즐기는 유형이다. 이는 이용과 충족 이론에서의 '감시' 동기와 연관된다. 이는 자신이 속한 가상세계에 대한 정보를 더 알아감으로써 가상사회의 책임있는 일원이 되어가는 것을 의미한다.

바틀의 게임에 대한 사용 동기를 재미 요소의 측면에서 설명하면, 친교형은 대인교류감과, 킬러형은 일탈감과, 성취형은 자기유능감과, 탐구형은 모험감과 관련된다. 바틀의 분석이 게임의 재미 요소를 이해하는데 유용한 것은 게임에서 충족시키는 핵심적인 욕구를 설명한 것인데, 이는 앞서 <표 8>의 '재미 영역별 재미 요소 상관성' 분석에서 제시한 게임의 핵심적 재미 요소(★표 항목)와 거의 일치하고 있다는 점이다. 결국 동기와 재미 요소는 깊은 상관성이 있다고 하겠다.

4) 장르별 재미 요소

디지털 기술의 발전에 따라 게임도 다양한 방향으로 진화하고 있어 장르를 구별하는 것이 점점 어려워지고 있으나 가장 보편적인 구분 방법에 의존해 크게 단순 게임(액션 게임), 어드벤처Adventure 게임, 롤플레잉Role Playing 게임, 시뮬레이션 Simulation 게임 등으로 구분하여 살펴보도록 한다.

① 단순 게임(액션 게임)

[그림 51] 단순게임 1인칭슈팅게임 '스페셜 포스' 화면

단순 게임은 흔히 오락실 게임이라 하여 아케이드 게임이나 캐주얼Casual 게임으로 불리며 슈팅 게임, 격투 게임, 스포츠 게임, 퍼즐 게임 등이 여기에 포함된다. 단순게임은 특별한 이야기 구조가 없으며, 비교적 단순한 그래픽에 의존해왔으나 최근에는 1인칭 슈팅FPS : First Person Shooting 게임의 경우, 몰입감을 높이기 위해 영화같은 사실감 높은 입체화면을 구현하는 경우가 많다. 단순게임은 조작이 단순하며 손과 눈의 빠른 통합조정 능력에 의존하고 점수를 제시하는 방식으로 운영되는 것이 특징이다.

단순게임의 재미 요소는 경쟁 상황에서의 자기유능감(또는 자기효능감)을 기본으로 한다. 그에 더해 몰입감을 높이기 위해 3D방식이나 1인칭 시점을 활용해 감각적 생생함을 부가한다. 1인칭 시점은 캐릭터를 조작하는 느낌이 아니라 자신이 직접 그 안에 들어가서 활동하는 것 같은 실재감으로 몰입을 유도한다. 그 외에 재미 요소는 개별 게임의 형식마다 조금씩 달라질 수 있는데 이는 부차적인 요소라고 할 수 있다. 예를 들면 전쟁상황을 배경으로 하는 슈팅게임의 경우는 위험감이 주된 재미 요소이다. 최근에는 이 장르에도 네트워크 기능이 부가되는 경우가 있는데 이런 경우는 대인교류감이 나타날 수 있겠다.

② 어드벤처 게임

[그림 52] 어드벤처 게임 '원숭이섬의 비밀 5' 화면

어드벤처 게임은 말 그대로 모험적 이야기와 같이 소설의 내러티브를 모방한 것으로 게이머가 게임의 줄거리에 따라 사건이나 문제를 해결하면서 최종 목적

지에 도달하는 유형이다. 어드벤처 게임은 탐사, 아이템의 수집과 조작, 퍼즐 풀기와 같은 요소들을 특징으로 한다.

최근에는 액션 게임이나 롤플레잉 게임과 결합하는 등 혼종화 경향을 보이고 있다. 어드벤처 게임은 목표를 제시하고 문제해결을 요하는 내용으로, 순발력, 조작력보다 판단력, 분석력이 더 많이 요구된다. 어드벤처 게임은 일정 기간 게임의 내용을 파악하고 탐사의 과정을 거쳐야 한다는 점에서 다른 게임들에 비해 시간을 필요로 한다는 단점이 있지만 일단 시작하면 오래 몰입하게 되는 특징이 있다.

어드벤처 게임은 장르 자체가 탐험을 주된 내용으로 하고 있기 때문에 탐험감과 지적 문제해결을 재미 요소로 삼는다. 다른 게임들의 재미 요소인 지각적 몰입의 요소는 부족하다고 할 수 있다.

③ 롤플레잉 게임

[그림 53] 롤플레잉 게임 '디아블로 3' 화면

롤플레잉 게임은 게이머가 게임 내에서 정의된 역할을 맡아 임무를 수행하는 과정에서 게임 캐릭터가 성장한다는 특징이 있다. 스토리의 중요성과 캐릭터의 성장이 다른 장르와 구별되는 특징이라고 할 수 있다.

롤플레잉 게임은 가장 대중적인 장르의 게임으로서 보통 특정한 배경 이야기를 갖고 마법사, 기사, 요정, 도둑 등 역할이 주어지며 그 중 한 역할을 맡아 게임을 수행하게 된다. 다른 장르의 게임들이 하나의 캐릭터를 중심으로 단선적으로 게임이 이뤄지는데 반해 롤플레잉 게임은 여러 인물이 등장해 각 인물마다 다른 이야기를 진행할 수 있다는 점이 특징이다.

롤플레잉 게임은 게임이 제시하는 시나리오에 따라 다른 캐릭터들과 싸워 이기는 등의 활동을 통해 능력과 경험치를 키워 성장하는 내용으로, 기본적으로 도전감과 성취감을 맛본다는 점에서 자기유능감이 주된 재미 요소라 할 수 있다. 앞서 가노의 개념을 인용하면 성장을 통해 가상사회에서 힘을 과시하려 하는 욕구도 포함한다고 할 수 있다.[146)]

MMORPG와 같은 다사용자 온라인 롤플레잉 게임의 특징은 게임에서 설정한 임무를 수행하기 위해 몬스터를 사냥하거나 아이템을 수집하는 데서 그치지 않고, 공동체를 구성하거나 경제활동을 하는 등 다양한 사회적 상호작용이 일어난다는 점이다. 이와 같은 게임에서는 가상공동체를 체험하는 것이 게임의 즐거움의 중요한 부분을 차지하기 때문에 무엇보다 대인교류감이 게임의 중요한 재미 요소라고 할 수 있다. 몬스터와의 대결 과정에서의 타격감 등 감각적 몰입감을 강화한 것도 감각적 생생함을 강화하는 독특한 재미 요소라 할 수 있다.

---

146) 역할과 과업 수행에 대한 보상이 재미를 제공하는 근거라 할 수 있는데 재화(골드, 아이템)와 지위(경험치, 레벨)가 중요한 보상 역할을 한다.

④ 시뮬레이션 게임

시뮬레이션 게임은 어떤 복잡한 현상과 경험을 모의 시험하는 것으로 결과적으로 게임을 정복하는 것보다는 주로 게임의 과정에 초점을 맞춘다. 장비 조작, 도시 경영, 전쟁 수행, 기업 경영 등의 주제를 많이 활용한다.

이는 현실과 닮은 조건을 가상적 환경으로 만들어 실제 일어날 수 있는 일들을 실험하기 위한 목적에서 유래했다. 내용에 따라서는 스타크래프트와 같은 전략 시뮬레이션과 같은 파생 장르들을 갖고 있으며, 어드벤처나 롤플레잉 게임과 같은 스토리성은 부족한 장르의 게임이라고 할 수 있다.

[그림 54] 시뮬레이션 게임 '심시티 5' 화면

시뮬레이션 게임은 다양한 게임의 환경 조건 속에서 군주, 지도자, 부모, 비행사, 경영자 등의 주어진 과제를 수행하면서 현실 세계에서 발생하는 것과 같은 다양한 문제들을 해결해 나가는 과정을 즐기는 데 초점이 맞춰져 있다.

따라서 시뮬레이션 게임의 재미 요소는 문제를 해결하는 데 필요한 자기결정감과 자기유능감을 기본으로 하고 새로운 것들을 만들어가는 창조의 즐거움을 통해 자기표현감을 부차적인 재미 요소로 삼는다. 일반적으로 시뮬레이션 게임은 처음에는 오프라인 게임으로 컴퓨터와 상호작용하는 방식에 머물렀으나 최근에는 네트워크 기능을 추가함으로써 다른 게임 참가자들과 소통하거나 협력하는 등 대인교류감을 높이려는 시도들이 강화되고 있다.

5) 게임의 차별적 재미 요인

다른 재미 영역과 비교하여 게임이 재미의 측면에서 더 강력한 흡인력을 갖고 있는 것은 어떤 이유가 있을까? 이 질문에 답해보고자 하는 것이 바로 게임의 차별적 재미 요인을 살펴보고자 하는 것이다.

우선 그 첫 번째 요인을 게임이 갖고 있는 이중적 속성에서 찾아볼 수 있겠다. 게임은 앞서 설명한 것처럼 재미 영역 중 놀이의 규칙성(경쟁성)과 이야기의 서사성을 결합한 특징을 갖고 있다. 이는 곧 놀이의 즐거움과 이야기의 즐거움이 합해져 이중의 즐거움을 제공하는 것이라 설명할 수 있다. 여기서 게임의 강렬한 재미가 유발되는 것이다.

두 번째 요인은 게임이 제공하는 선택가능성과 통제의 자유가 게임 플레이어의 능동성을 보장함으로써 관여도involvement를 높이고 이는 게임 플레이어의 감정이입을 더 강화시켜 몰입에 이르게 하는 힘으로 작용하는 것이다. 이것은 자신이 직접 한 것에 더 빨리 애착을 느끼게 되는 심리와 같은 것이라 할 수 있다. 게임의 재미 활동은 또한 영화나 드라마 감상과 같이 3인칭 관찰자 시점에서 '보는' 것이 아니라 1인칭 참여자 입장에서 '하는' 것이란 점에서 더욱 게임 플레이어의 참여를 요구하고 있는데 이것이 또한 몰입의 요인을 강화하고 있는 것이다.

세 번째 요인은 매개물의 속성에서 차별화 이유를 찾을 수 있겠다. 게임은 다른 재미 영역들과는 달리 재미 유발 요인에서 매개물(미디어와 네트워크)의 역할이 상대적으로 매우 높은 비중을 차지하고 있다고 할 수 있다. 따라서 게임의 재미의 절반은 사실상 매개물의 속성에서 기인된다고 해도 과언이 아닐 정도이다.

이는 앞서 '매개물의 속성'(Ⅱ부 1장 3절)에서 설명한 '연결성', '상호작용성', '가상성'의 3가지 속성이 게임의 재미에 상승작용을 불러일으키는 요소로 작용하기 때문이다. 특히 상호작용성은 다른 게임 플레이어들과의 사회적 상호작용이 가능하게 해 줌으로써 '소통'의 즐거움까지 배가되게 한다.

결과적으로 게임의 재미는 '놀이의 재미'와 '이야기의 재미'와 '소통'의 재미가 결합하여 삼중의 재미를 제공한다는 점에서 다른 재미와는 비교할 수 없을 정도로 강력한 재미를 제공할 수 있게 된 것이다. 어쩌면 게임이 다른 재미 영역과 비교하여 중독 가능성이 높은 것도 바로 이런 강한 흡인력에 기인한다고 할 수 있을 것이다.

마지막으로, 게임이 다른 재미 영역과 비교되는 소비 규모 측면의 차이를 지적할 필요가 있다. 놀이, 이야기, 유머, 배움, 소통의 재미는 대부분 소비 계층의 변동이 크지 않은데 게임은 최근 소비계층의 확대가 급격히 나타나고 있다는 점도 주목할만 하다. 최근 스마트폰, 태블릿 등의 모바일 미디어 보급이 급속히 증가하면서 그동안 게임 소비계층에서 소외됐던 장년층, 여성층 인구가 게임 소비계층으로 빠르게 흡수되고 있다는 것이다.[147]

이 외에 또한 소셜네트워크서비스SNS가 모바일 미디어와 결합하여 급격히 확산되면서 이와 결합한 소셜네트워크게임SNG의 등장도 여기에 상승작용을 불러일으키고 있는 것이다. 모바일 미디어와 소셜네트워크게임의 공통점은 일반 사용자들의 접근성이 높고 사용하기 쉬우며 소통적 재미를 중시하고 있다는

147) 과거 닌텐도 DS의 두뇌 게임(두뇌 트레이닝)이 중노년층에게, 최근 오버워치 게임이 여성층의 호응을 얻었던 것이 성공원인이었다.

[그림 55] 소셜 네트워크 게임 '팜빌 2' 화면

점이다.

소셜네트워크게임은 페이스북이나 트위터 같은 소셜네트워크서비스SNS 사용자들이 서로 연결된 사람들과 즐기는 게임으로 간단히 소셜게임이라고도 한다. 소셜게임은 평소 아는 사람과 게임을 즐기기 때문에 서로 친밀감을 느끼며 온라인게임의 일탈적 부작용을 최소화할 수 있다. 스마트폰과 같은 모바일 기기에서도 접속할 수 있기 때문에 시간이나 장소에 구애받지 않고 즐길 수 있다. 소셜게임은 경쟁에서 승리하거나 레벨업을 목표로 하는 기존 게임들과 달리 무엇보다 게임 내에 형성되어 있는 사회적 관계들과 가상 공동체간의 사회적 소통과 교류가 주 목적이란 점이다.

또한 기존 게임들이 실시간으로 이뤄지는 데 반해 비동기 방식으로서, 예를 들면 이웃의 농장에 비료를 주고 나오는 등, 흔적을 남기는 방식으로 운영돼 게임에 묶이거나 중독에 빠질 위험성이 약하다는 장점이 있다. 대표적 소셜게임으로는 자신만의 농장을 만들고 가꾸는 일종의 시뮬레이션 게임 <팜빌FarmVille>[148]을 들 수 있다.

소셜게임이 지향하는 재미 요소는 협동 농업처럼 협력으로 얻을 수 있는 잇점이 많게 설계되어 있어 게임 운영 자체가 이웃과의 관계에 의존하는 등, 무엇보다 대인교류감이 중요하다고 할 수 있다. 그 외에 자신의 농장을 만들어 이웃에게 보여주는 데서 즐거움을 얻는다는 점에서 자기표현감이 주된 재미 요소이다. 소셜 게임의 제반 특성에서 알 수 있는 것처럼 소셜 게임은 관계를 중시하는 여성 계층의 호응이 높은 게임이라고 할 수 있다.

148) 미국 소셜게임업체 징가Zynga가 개발한 소셜게임의 효시라 할 수 있다.

생각해 볼 문제

1. 나는 게임에서 바틀의 재미 요소 중 어떤 재미를 추구하는가?
2. 게임의 긍정적 효과를 높이고 부정적 효과를 줄이기 위한 방법은 무엇인가?

3. 이야기와 재미

지금까지 설명한 놀이와 게임이 감각적 재미에 가까운 편이라면 이야기와 유머는 인지적 재미에 가까운 속성을 갖고 있다. 놀이와 게임은 적극적이고 능동적으로 재미 주체가 참여하는 재미인 데 반해 이야기와 유머는 소극적이고 수동적 입장에서 보거나 들음으로써 재미를 얻는다. 그런 점에서 놀이와 게임은 '관여'의 재미라고 한다면 이야기와 유머는 '관조'의 재미라고 할 수 있겠다.[149] 또한 놀이와 게임의 재미는 그 내용이 삶과는 어느 정도 거리를 두는 유희적 활동과 관련되어 있지만 이야기와 유머는 그것이 주로 다루는 내용이 우리 삶의 문제를 다루고 있다는 점에서 우리 삶과 긴밀히 관련되어 있다는 차이가 있다.

지금부터 설명할 이야기와 유머가 제공하는 재미는 우리가 살아가는 일상의 삶 속에서 일어나는 일들에 대해 한편으론 진지한 성찰을 통해 삶의 진실을 확인하거나, 한편으론 반대로 그것을 희화화하면서 어려운 상황을 쉽게 극복할 수 있도록 현실을 한발짝 떨어져서 바라보게 하고 그 속에서 삶의 숨겨진 의미를 찾게 만든다는 점에서 단순히 유희적 목적만 추구하는 활동과는 차별화된다. 어떤 면에서 이야기와 유머의 재미는 즐거움을 제공함과 동시에 삶의 진실과 의미

149) 찰리 채플린은 "삶은 가까이서 보면 비극이지만 멀리서 보면 희극이다"라는 말을 남긴 바 있다.

를 발견하게 해주는 유익한 재미 활동이라 할 수 있다.

이야기는 말 그대로 보면 사람들이 어떤 사정의 전후과정을 말이나 글이란 수단을 통해 연대기적으로 전달하는 언어적 소통 양식을 총제적으로 일컫는 행위라고 할 수 있다. 따라서 그것은 소문, 잡담, 일화, 우스개 소리같은 사소한 것부터 강의, 뉴스, 정보 전달 행위와 같이 진지한 활동들을 포괄한다.

그러나 여기서 논의하고자 하는 재미와 관련된 이야기는 사람들이 호기심과 궁금증을 유발하는 좀더 조직화되고 체계화된 전달 양식으로서 서사적narrative 형식을 갖춘 것들을 대상으로 한다. 서사적이라는 의미는 전달하고자 하는 이야기의 인물과 사건들을 인과적인 틀 안에서 재구성하여 극적인dramatic 효과를 유발하는 구성방식을 갖고 있다는 것을 의미한다. 간단히 얘기하면 이야기는 단순히 일상의 대화 차원의 것이 아니라 재미를 유발할 수 있는 극적 구조와 장치를 갖고 있는 이야기를 대상으로 한다.

일반적으로는 허구적인 꾸며진 이야기를 의미하지만 사실과 관련된 이야기도 극적 구성을 갖고 있는 한 배제되지 않는다. 따라서 이야기는 글이나 말로 된 신화, 전설, 민담, 소설, 구연동화와 같은 언어적 서사 뿐 아니라 드라마, 영화, 애니메이션과 같은 영상적 서사, 연극, 뮤지컬, 오페라, 발레와 같은 공연적 서사를 포함한다. 더 나아가서는 이야기의 활용 영역에 해당하는 게임, 광고, 디자인, 테마파크, 전시, 축제, 마케팅의 영역까지 포괄한다. 이처럼 이야기의 확장 가능성은 무궁무진하다.

그런 점에서 이야기는 재미의 영역 중 가장 응용력이 강한 분야이자 다양한 즐거움의 파생 분야들을 창출하는 재미의 원천이라고 할 수 있다. 융합이 새로운 가치를 창조하는 지식창조시대에 이야기는 하나의 장르에 머물러 있지 않고 다양한 확장을 통해 부가가치를 높이는 핵심적 수단이 되고 있다. 소설이 영화로, 영화가 다시 게임으로, 게임이 테마파크로 이어지면서 하나의 이야기가 다양한 문화상품을 만듦으로써 가치 창출의 핵심 원리인 원소스 멀티 유즈OSMU : One Source Multi Use를 실천하는 중심 역할을 담당하고 있는 것이다. <그림 56>은 이런 이야기의 재미의 원천적 자질을 한 눈에 확인시켜준다.

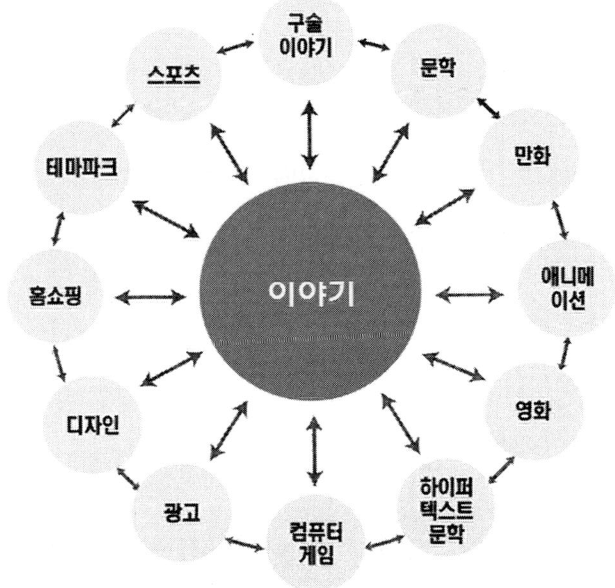

[그림 56] 이야기의 확장성(최혜실, 2006)

지금부터 이야기란 무엇이고 어떤 특징들을 갖고 있는지, 재미있는 이야기의 요소는 무엇인지 자세히 살펴보도록 하자.

1) 이야기의 상관 개념

앞서 설명한 바와 같이 우리가 일상적으로 사용하는 이야기란 단어는 많은 것들을 포함하고 있지만 실제로 우리에게 전달되는 재미로서의 이야기는 그런 원형질적인 줄거리로서의 이야기를 의미하는 것은 아니다. 이야기가 재미를 유발하는 과정도 사실은 그것이 담고 있는 새로운 사실에서 기인하기도 하지만 그것이 어떤 형태로 어떻게 전달되는가의 형식적인 요소가 중요한 역할을 담당한다. 그런 의미에서 이야기와 관련하여 구분없이 사용되고 있는 다양한 상관 개념들이 무엇을 의미하는 것인지 구별할 필요가 있다. 이야기의 상관 개념으로는 서사narrative, 담화 또는 담론discourse, 플롯plot, 스토리텔링storytelling 등을 들 수 있다.

① 서사와 담화

서사는 문학 분야에서 주로 사용하는 개념으로 이야기 구조나 극적 전개 방식을 일컫는 말이다. 이에 반해 이야기는 허구로 구조화되기 전의 상태로서 전체 줄거리를 가리킨다. 말하자면 서사는 이야기를 원재료로 해서 극적으로 구조화시킨 것이라고 할 수 있다. 그리고 구조화된 구체적인 결과물을 문학에서는 담화라고 한다. 그러나 우리가 일상에서 사용하는 이야기의 개념은 서사를 포함한 것으로 여길 때가 많다. 따라서 이야기는 문학에 한정해서 말할 때는 서사라고 하지만 문학 외의 영역에서 사용되는 경우에 이것을 통칭해서 이야기라고 부르게 된다는 것이다. 따라서 우리가 말하는 좁은 의미의 이야기는 서사 구조를 갖고 있는 이야기를 의미한다.

② 플롯

이야기가 내용을 의미하는 것이라면 플롯은 일종의 형식을 의미하는 것이다. 이야기는 사실을 시간 순서대로 배열해서 중심 내용을 전달하는 줄거리 같은 것이라면 플롯은 독자나 관객에게 극적 재미를 전달하기 위해 사건들을 인과관계적으로 재배열한 것이라고 할 수 있다. 이야기가 '무엇'에 해당한다면 플롯은 '어떻게'를 결정하는 문제에 해당한다. 이야기에서 실제로 재미를 유발하는 더 중심적인 장치는 사실상 플롯이라고 해도 과언이 아니다.

이야기와 플롯의 이런 차이에 대한 소설가 포스터E. M. Poster의 설명에 따르면 이를 명확히 알 수 있다. "왕이 죽고 나서 왕비도 죽었다."와 같이 두 가지 사건에 대한 연대기적인 해설은 이야기이다. 그런데 "왕이 죽자 슬픔에 못 이겨 왕비도 죽었다."와 같이 두 사건을 인과적으로 연결하는 경우 이것은 플롯이라고 하는 것이다. 이야기는 단순히 그 다음에 무슨 일이 일어날지에만 초점을 맞추고 있다면 플롯은 왜 그런 일이 벌어지는지에 대한 이유에 초점을 맞춤으로써 독자나 관객의 궁금증을 유발함으로써 이야기에 더 빠져들게 하는 것이다. 따라서 이야기는 사건의 시간적 기록이지만 플롯은 시간의 순서를 전복하기도 한다. 따라서 이야기의 재미는 주로 플롯에서 발생한다고 할 수 있다.

③ 스토리텔링

스토리텔링은 말 그대로 '스토리stoty'와 '텔링telling', 즉 이야기와 이야기의 전달 과정으로서 현재성을 포함하는 동적인 개념으로써 문학과 같은 서사 분야만이 아닌 다양한 응용 분야에 적용될 때 주로 사용하는 개념이다. 이야기와 스토리텔링을 구별하는 것은 앞서 지적한 바와 같이 이야기가 이제 더 이상 서사의 영역에만 머물러 있지 않고 광고, 디자인, 경영, 마케팅 분야에서 사람들의 감성을 자극하고 정서적 만족을 제공하는 전략적 수단으로써 사람들을 좀더 효과적으로 설득하는 데 활용될 수 있다는 데서 기인한다.

이것은 언어적 소통에 의존하는 이야기보다 시청각, 촉각 등 다양한 소통수단을 동원하는 오늘날의 디지털 소통방식이 훨씬 실감적이고 감성적이고 현장성이 높은 이야기 전달이 가능하기 때문이다. 이와 같은 스토리텔링이 디지털 매체와 결합하여 디지털의 강점을 활용할 수 있는 영역을 디지털 스토리텔링이라고 한다. 디지털 스토리텔링의 대표적인 영역이 바로 게임이나 모바일이다. 이와 같이 스토리텔링은 이야기의 상호작용적인 현장성과 이야기를 전달하는 과정의 총체적 경험을 중시한 개념이라 할 수 있다. 스토리텔링이 디자인 분야에서 단순히 제품의 기능적 요소보다 UIUser Interface나 UXUser eXperience[150]와 같은 '경험' 적 요소의 차별성을 꾀하는 데서 활용되는 것도 바로 이런 이유에서다. 그런 점에서 스토리텔링은 일종의 '구성 전략' 의 의미로 받아들여지기도 하는데 이 경우는 플롯과 유사한 특성을 갖고 있다고 할 수 있다. 요컨대 서사적 콘텐츠의 구성 전략이 플롯이라면 이야기의 응용 분야에서의 구성 전략이 스토리텔링이라고 봐도 무방할 것이다.

2) 이야기의 재미 요소

이야기가 재미있게 느껴지는 것은 우리의 삶이 지루하고 재미없다는 사실의

150) UI는 사용자 편의성에 초점을 맞춰 사용자가 제품에 메뉴체계, 외관 설계 등 사용방법을 개선하려는 개념이라면 UX는 사용자의 감성적 만족이나 감동에 초점을 맞춰 사용자가 제품을 받아서 실제로 사용하는 과정 전체의 경험을 개선하려는 개념이다.

반증이다. 우리가 살아가는 일상과 현실은 우연적인 요소들의 연속으로서 반복되는 속성에 의해 지루할 뿐 아니라 그 속에서 인간은 방향을 알지 못해 혼란스러워하게 된다. 이에 반해 이야기는 우리가 늘 맞닥뜨리는 현실과 사건들을 의미 있는 형태로 질서를 잡아주고 인과관계를 설명하기까지 한다. 이야기가 재미를 제공하는 지점은 바로 이곳이라고 할 수 있다.

즉, 사람이 이야기를 추구하는 것은 지루하고 혼란스런 현실에서 벗어나 극적 긴장을 맛보고, 그 속에서 내가 경험할 수도 있는 슬프고 힘들고 위험한 사건들을 상상에 의존하는 매우 안전한 방식으로 간접 경험함으로써 삶에 대한 혼란과 두려움과 불안에서 탈피해 삶의 진실과 의미를 발견할 수 있기 때문이다. 그것은 우리에게 '재미'를 줄 뿐만 아니라 위안, 치유, 깨달음과 같은 '의미'도 제시해 주기 때문이다.

이런 이야기의 재미는 크게 보면 이야기의 내용, 구성 형식, 전달 방법의 차원에서 달라진다고 할 수 있다. 우선 이야기가 어떤 내용이냐에 따라 재미의 정도가 달라질 것이다. 재미있는 이야기는 주로 극적 긴장과 해소를 필요로 하는 갈등적 스토리에 의존한다. 갈등이 없으면 이야기는 재미가 없다. 두 번째 아무리 재미있는 이야기라도 어떻게 구성하느냐, 어떻게 극적 갈등을 고조시켜서 사건들을 배열하느냐에 따라 달라질 것이다. 이것이 바로 이야기 구조와 플롯의 문제이다. 실제로 이야기가 문화상품으로 시장에서 평가를 받는 단계에서는 사실상 이야기의 아이디어보다 이야기를 구성하는 플롯이 재미를 결정하는 중심 요소라고 할 수 있다. 세 번째로는 그것이 아무리 재미있는 플롯으로 꾸며졌다 하더라도 최종적으로 그것이 어떤 형태로 전달되는가, 즉, 콘텐츠의 장르와 매체가 무엇이냐에 따라 달라질 수 있는 것이다. 이에 이야기의 재미를 결정하는 세부 요인들이 무엇인지 그 각각을 살펴보기로 한다.

① 이야기의 원형적 내용

사실상 사람들은 이미 수많은 재미있는 이야기들을 알고 있다. 할머니가 들려주시던 옛날 이야기나 동화부터 오래 전부터 전해 오는 신화나 영웅담, 전설이나 민담들이 바로 그런 것들이다. 어찌 보면 시대가 변하더라도 인간이 본질적으로 경험하는 삶의 주제와 소재란 측면에서 더 이상 새로운 이야기가 없다고 할 정도로 재미있는 이야기들은 어느 정도 정해져 있다고 할 수 있다.[151] 이에 대해 몇몇 작가들은 세상에 존재하는 가능한 이야기들을 모두 분류해 보면 수십 가지로 압축이 될 수 있다고 한다. 『정글북』의 저자 루드야드 키플링Rudyard Kipling에 따르면 그것이 69개라고 했고, 오페라 <투란도트>의 원작인 『중국이야기』의 저자 카를로 고치Carlo Gozzi는 36개로 요약된다고 한다.[152] 이 중에서도 작가들이 창작 차원에서 정말 써먹을만한 재미있는 이야기는 20가지 정도 밖에 없다고 로널드 토비아스Ronald B. Tobias는 주장한다(김석만, 2007; 양수련, 2007).

[표 11] 원형적 이야기의 유형(조르주 폴티와 로널드 토비아스 비교)(김선진 외 7인, 2011)

조르주 폴티 (카를로 고치)	로널드 토비아스
1. 탄원(歎願)	1. 추구– 돈키호테는 사랑을 얻을 것인가?
2. 구제(救濟)	2. 모험– 초점을 여행에 맞춰라.
3. 복수(復讐)	3. 추적– 도망자의 길은 좁을수록 좋다.
4. 육친끼리의 복수	4. 구출– 흑백논리도 설득력이 있다.
5. 도주(逃走)	5. 탈출– 두 번 실패한 다음에 성공하라.
6. 재난(災難)	6. 복수– 범죄를 목격하게 만들면 효과가 커진다.
7. 참혹 또는 불운	7. 수수께끼– 가장 중요한 단서는 감추지 않는다.

151) 디즈니 애니메이션은 전통적으로 이와 같이 재미가 검증된 원형적 이야기를 활용해 흥행 위험을 처음부터 회피함으로써 오랫동안 호응을 얻었다.

152) 프랑스의 조르주 폴티Georges Polti는 고금의 명작 소설 1,200편을 읽고 실제로 36가지의 상황을 도출하였다.

8. 반항 9. 대담한 기획 10. 유괴(誘拐) 11. 수수께끼 12. 획득(獲得) 13. 육친끼리의 증오 14. 육친끼리의 싸움 15. 살인적 간통(姦通) 16. 발광(發狂) 17. 얕은 생각 18. 모르고 저지르는 애욕의 죄 19. 모르고 육친을 살해함 20. 이상을 위한 자기 희생 21. 육친을 위한 자기 희생 22. 애욕을 위한 모든 희생 23. 사랑하는 자의 희생 24. 강한 자와 약한 자와의 싸움 25. 간통 26. 애욕의 죄 27. 사랑하는 자의 불명예의 발견 28. 사랑의 장애 29. 적에 대한 애착 30. 야망 31. 신과의 싸움 32. 잘못된 질투 33. 잘못된 판단 34. 회한(悔恨) 35. 잃어버린 자의 발견 36. 사랑하는 자를 잃음	8. 라이벌- 경쟁자는 상대방을 이용한다. 9. 희생자- 주인공의 정서적 수준을 낮게 하라. 10. 유혹- 복잡한 인물이 유혹에 빠진다. 11. 변신- 변하는 인물에는 미스터리가 있다. 12. 변모- 변화의 책임은 누가 질 것인가? 13. 성숙- 서리를 맞아야 맛이 깊어진다. 14. 사랑- 시련이 클수록 꽃은 화려하다. 15. 금지된 사랑- 빗나간 사랑은 죽음으로 빚을 갚는다. 16. 희생- 운명의 열쇠가 도덕적 난관을 만든다. 17. 발견- 사소한 일에도 인생의 의미가 담겨 있다. 18. 지독한 행위- 사소한 성격 결함이 몰락을 부른다. 19. 상승과 몰락- 늦게 시작하고 일찍 끝을 맺는다. 20. 마무리- 최종 목적지를 잊지마라

물론 이야기 주제를 분류한 것이 아니라 마법담의 기능을 분석한 것이긴 하지만 러시아 형식주의 이론가 블라디미르 프로프Vladimir Prop는 그의 『민담형태론Morphology of the Folktales』(1928)에서 마법담은 31가지의 작은 이야기들로 구성되

어 있다는 것을 밝혔다. 아파타세프가 수집한 민담 중 100편의 마법담fairy tales을 분석한 그에 따르면, 모든 마법담들은 일정한 수의 기능으로 구성된 동일한 구조 유형을 지니고 있다고 한다.

[표 12] 프로프의 마법담 31가지 기능(김선진 외 7인, 2011)

1. 가족의 성원가운데 한 사람이 부재중이다(부재). 2. 주인공에게 금지의 말이 부과된다(금지). 3. 금지는 위반된다(위반). 4. 악한은 정찰을 시도한다(정찰). 5. 악한이 그의 희생자에 대한 정보를 입수한다(정보전달). 6. 악한은 희생자나 그의 재산을 점유하기 위하여 그를 속이려 든다(책략). 7. 희생자는 속임수를 당하여 무심결에 그의 적을 돕게 된다(연루). 8. 악한이 가족 중의 한 사람에게 해를 끼치거나 상처를 입힌다(가해). 9. 불운이나 결여가 알려지게 된다. 주인공에게 요청이나 명령이 주어지게 된다. 그는 가도록 허락되거나 급히 보내진다(중재). 10. 탐색자는 대항행동에 동의하거나 그것을 결정한다(행동개시). 11. 주인공이 집을 떠난다(출발). 12. 주인공은 시험되고, 심문받고, 공격받는데, 그로 인해서 주인공에게 작용물이나 조력자를 얻는 방법을 준비시킨다(조력자의 첫 기능). 13. 주인공이 미래의 조력자의 행동에 반응한다(주인공의 반응).	14. 주인공이 마법의 물건을 사용할 수 있게 된다(마법의 물건 획득). 15. 주인공은 탐색의 대상이 있는 곳으로 이동한다(이동). 16. 주인공이 악한과 직접 싸운다(투쟁). 17. 악한이 퇴치된다(승리). 18. 주인공은 표식을 받는다(표식). 19. 최초의 불행, 결여가 해소된다(해소). 20. 주인공이 귀환한다(귀환). 21. 주인공이 추적당한다(추적). 22. 주인공이 추적으로부터 구출된다(구조). 23. 주인공이 아무도 모르게 집이나 다른 나라에 도착한다(몰래 도착). 24. 가짜 주인공이 근거없는 요구를 한다(근거없는 요구). 25. 주인공에게 어려운 과제가 부과된다(어려운 과제). 26. 과제가 해결된다(해결). 27. 주인공이 인지된다(인지). 28. 가짜 주인공 또는 악한의 정체가 폭로된다(폭로). 29. 주인공에게 새로운 모습이 주어진다(변신). 30. 악한이 처벌된다(처벌). 31. 주인공은 결혼하고 왕위에 오른다(결혼).

또한 미국의 신화종교학자인 조셉 캠벨Joseph Campbell은 소년 시절 북미대륙 원주민의 신화와 아더왕 전설이 놀라울 정도로 유사하다는 사실을 깨닫고 세계 전

역의 신화를 연구했는데, 서로 다른 문화의 다양한 신화들이 비슷한 구조로 구성되어 있다는 것을 발견했다. 그는 그의 저서 『천의 얼굴을 가진 영웅』에서 이를 12 단계로 구성된 '영웅의 여정The Hero's Journey' 이라 명명하였다. 캠벨이 이야기한 '영웅되기 12단계' 는 오늘날의 많은 이야기들 속에 존재하며, 특히 <매트릭스>나 <스타워즈>같은 헐리우드 영화나 게임 등에서 쉽게 발견할 수 있다(김선진 외 7인, 2011).[153)]

[표 13] 캠벨의 영웅의 여정(김선진 외 7인, 2011)

1. 일상세계(the ordinary world)에서 시작
2. 모험에의 소명(the call to adventure)
3. 소명의 거부(refusal of the call)
4. 정신적 스승과의 만남(meeting with the mentor)
5. 첫 관문의 통과(crossing the threshold)

6a. 시험, 협력, 적대자(tests, allies, enemies)

6b. 여신과의 만남(meeting with the goddess)

6c. 아버지와의 화해(atonement with the father)

7. 동굴에의 도착(approaching the cave)
8. 시련(the ordeal)
9. 보상(the reward)
10. 되돌아감(the road back)
11. 부활(resurrection)
12. 불로불사의 영약과 귀환(returning with the elixir)

이 외에도 강상균은 스토리의 기본적인 패러다임으로 '영웅의 여정', '반영웅의 여정', '비영웅의 여정', '악당의 여정' 등 네 개의 스토리 구조를 제시한다(강상균, 2008).

---

153) USC 영화학교 재학시절 조지프 캠벨의 책을 읽은 조지 루카스는 '영웅의 여정' 단계를 잘 적용하여 <스타워즈>를 썼고 엄청난 성공을 거뒀다.

[표 14] 영웅/현대적 영웅/반영웅의 여정(강상균, 2008; 김선진 외 7인, 2011 재인용)

영웅의 여정	1. 기이한 출생을 하고 2. 비범한 능력을 지니고 있으며 3. 여행을 하거나 버려짐을 당하지만 4. 조력자와 만나 5. 위기와 맞서 싸우고 6. 승리하고 귀환하거나 죽어서 영웅이 된다.
현대적 영웅의 여정	1. 인간적인 약점을 지니고 있는 주인공이 2. 어떤 임무를 수행하게 되는데, 그를 위해서는 3. 자신의 약점을 극복해야 한다. 4. 적대자와의 대결에서 위기에 빠진 주인공은 5. 약점을 극복하고 승리 혹은 깨달음을 얻게 된다.
반영웅의 여정	1. 인간적인 약점을 지니고 의심에 차 있고 2. 임무를 피하려고 애쓰며 3. 그 과정에서 내적 두려움을 느끼고 약점을 보이며 적대자와 조우하기도 하다가 4. 어떤 해결책에 도달하게 된다.

첫번째 영웅의 여정은 앞서 논의한 신화의 구조와 거의 유사하나 보다 간략하다. 신화적 영웅 스토리는 가장 기본적인 것이다 보니 너무 익숙해서 현대적 이야기 구성에서는 현대적 감각으로 변형된 형태의 영웅 이야기가 되기도 한다.

두 번째 반영웅의 여정은 영웅의 여정이 모든 스토리를 담을 수 없다는 점과 영웅의 여정에서와 같이 선택받은 인간에 대한 평범한 사람들의 반감을 반영한 것이라 할 수 있다. 반영웅Antihero은 영웅이 되지 않으려고 애쓰는 사람, 즉 주어진 소명을 믿지 않고 피하려는 사람을 말하며 반영웅의 여정은 바로 그러한 사람을 주인공으로 내세워 그가 결국 주어진 소명을 받아들이는 과정을 이야기화한다. 영화 <터미네이터>의 여주인공인 사라코너가 이런 주인공에 해당한다.

세 번째 비영웅의 여정은 비영웅nohero 즉, 평범한 인물의 삶을 따라가는 이야기라 할 수 있다. 투쟁하지 않는 주인공이 등장하는 보통 사람들의 이야기라 하겠다.

네 번째 악당의 여정은 사회적 통념상 '악'에 해당하는 인물이 주인공이 되는 이야기이다. 악당이 주인공인 경우 관객은 악당의 목표가 성취되지 않고 실패하기를 기대한다. 따라서 악당의 여정은 실패의 여정이 되지만 그 결과에 직면해 악당이 가치관이나 삶의 태도에 있어서의 변화를 보임으로써 관객을 만족시키게 된다.

지금까지 살펴본 바에 의하면 재미있는 이야기는 '일련의 패턴을 갖고 있는 한정된 이야기'에서 출발한다. 결국 이야기의 재미는 다양한 시대와 사회 현실을 빈영해 다양한 등장인물들과 사건의 옷을 바꿔 입으면서 만들어진다고 할 수 있다. 따라서 이제 이야기의 재미는 '무엇'의 문제가 아니라 '어떻게'의 문제로 귀착된다. 즉, 재미있는 이야기를 만든다는 것은 원형적 스토리를 토대로 한 사회의 변동과 사회적 이슈를 비롯하여 대중의 관심사와 기호, 기술의 개발 등 다양한 측면을 고려해 이를 어떻게 구성할 것인가의 관점이 중요하다는 것이다. 그런 점에서 플롯과 스토리텔링은 재미를 유발하는 중심적 요소라고 할 수 있다(김선진 외 7인, 2011).

② 이야기의 구성 형식

서사적 이야기는 현실의 이야기와는 다르게 구조적이고 체계적인 재미 규칙을 따른다. 이것은 아리스토텔레스 이래로 이야기를 재미있게 만드는 검증된 형식이다. 이것이 바로 아리스토텔레스가 그의 저서 『시학』에서 모든 서사 예술의 형식 조건으로 얘기한 3장(연극에서는 3막) 구조[154)]이다(Tierno, 2008). 이것은 오늘날 대부분의 소설, 연극, 영화 등 대부분의 이야기들이 따르고 있는 형식이라고 할 수 있다. 세계 영화계를 지배하고 있는 헐리우드의 영화 역시 철저히 3장 구조를 따르고 있다.

3장 구조는 쉽게 설명하면 이야기에 시작과 중간과 끝이 있어야 한다는 것이다. 3장 구조는 독자와 관객의 호기심과 궁금증을 자극하고 긴장을 극대화하여 최종적으로 그들에게 카타르시스라는 정서적 만족감에 이르게 하는 데 최적화되어 있는 구조이다. 일단 이야기가 시작되면 도저히 한눈을 팔 수 없도록 독자와 관객을 빠져들게 하기 위해 작가가 활용하는 일종의 이정표가 바로 '설정-전개-해결'의 3장 구조라고 할 수 있다. 데이빗 하워드David Howard는 3장 구조의 각 장의 내용을 다음과 같이 설명한다(Howard & Mabley, 1993).

> 제1장에서는 관객에게 스토리가 펼쳐지는 세계와 주요 등장인물들을 소개하고, 스토리가 기초하게 될 주요 갈등을 설정한다. 한 명의 주인공이 등장하는 대부분의 스토리에서는 제1장의 끝에 이르러 그의 삶과 그가 처해있는 곤경이 집중 조명되게 마련이다. 즉, 그가 하고자 하는 일이 확정되고 장애물들의 윤곽이 드러나는 것이다.
>
> 제2장에서는 목표에 대한 주인공의 추구를 가로막는 장애물들이 더 상세하고 첨예하게 부각된다. 동시에, 제2장이 진행되는 동안, 주인공은 변화하고 발전하거나, 최소한 변화할 수밖에 없는 압력을 받게 되는데, 이 변화는 제3장에서 확연해진다. 스토리의 서브플롯들이 폭넓게 발전하는 것도 바로 제2장에서이다.
>
> 제3장에서는 메인스토리(주인공의 스토리)와 서브플롯들이 제각기 다른 방식으로 모두 해결된다. 이때 중요한 것은 어떤 종류의 결말이 내려졌다는 느낌, 즉 갈등이 끝났다는 느낌이 확실히 들어야 한다는 것이다.

---

154) 『시학』 7장, '전체는 시작과 중간과 결말을 가지고 있다.'

1장에서 가장 먼저 해야 할 일은 관객에게 이야기의 배경을 설정하는 것이다. 이야기의 시간적, 공간적 배경은 무엇인지, 그리고 주인공이 누구이고 그는 어떤 사람인지 또한 무엇을 추구하게 되는지, 어떤 계기로 그것을 욕망하게 되었는지 등에 대한 설정을 해주어야 한다. 자신의 일상적인 삶을 살던 주인공이 어떤 계기를 통해 구체적인 목표를 갖게 하는 것을 메인 플롯의 발생이라 한다. 이야기 전체가 주인공의 목표추구 과정과 그 결과를 설명하는 것이다.

2장에서는 주인공이 목표를 추구하는 과정, 그 과정에서 직면하게 되는 어려움과 장애들로 채워지고 주인공은 그 과정 속에서 스스로 변화하게 된다. 3장에서는 사건이 해결되고 그를 통해 주인공의 결여가 충족되었는지 실패했는지 등에 대한 마무리로 이야기가 종결된다.

일반적으로 2시간의 헐리우드 영화는 1막이 30분이고, 2막이 1시간, 3막이 30분으로, 거의 이 비율로 만들어진다. 3장 구조는 관객들에게 익숙한 구조로서 만약 영화가 3장 구조가 아니면 관객은 어려운 영화로 느끼거나 이상한 영화라고 생각할 수 있다. 실제로 헐리우드는 이 3장을 더 잘게 세분화하여 작은 사건들의 연속으로 배치함으로써 처음부터 끝까지 관객들이 지루해하지 않고 몰입하게 한다.[155)]

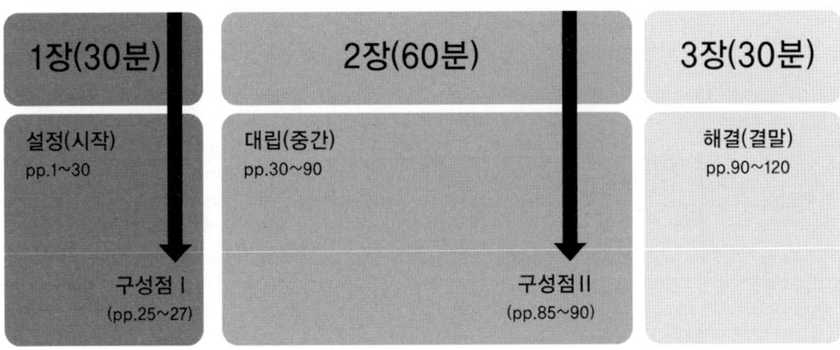

[그림 57] 영화의 3장 구조(pp.번호는 시나리오 페이지 기준)(김선진 외 7인, 2011)

③ 이야기의 전달 방법

마지막으로 이야기의 재미는 그것이 어떤 형태로 전달되는가, 즉, 콘텐츠의 장르와 매체가 무엇이냐에 따라 달라진다. 이는 같은 이야기라도 그것이 드라마냐, 영화냐, 만화냐, 게임이냐에 따라 달라지고 TV냐, 극장이냐, 모바일 미디어냐에 따라서도 달라진다는 것이다. 이것은 이야기를 담고 있는 양식으로서 장르와 매체가 갖고 있는 내재적 속성에 따라 이야기 전개 방식이 달라져야 한다는 것을 의미한다. 대표적으로 영화와 TV 드라마의 속성은 <표 15>에서 보는 것처럼 현저한 차이를 보이고 있다.

[표 15] 영화와 텔레비전 드라마의 차이(주찬옥, 2008)

구 분	영화	텔레비전 드라마
환 경	대형 스크린으로 주위는 깜깜하게 어두워져 있는데 객석에 앉아서 고정화면으로 2시간이나 2시간 반 정도의 영화를 보게 됨	집에서 대체로 습관적으로 틀어놓는 경우가 많음 ⇒ 산만함
	집중력 있게 몰아가는 영화적 화면	차곡차곡 감정 쌓아가는 과정
영상미	큰 사이즈 풀샷이나 롱샷 위주의 영상주의	대사가 중요
	남성적	여성적
	모험의 세계	공감대 형성
	감독의 예술	작가의 위치 절대적
반복성	집중력 있고 밀도 있는 시간이라 쓸데없는 반복이 필요 없음	반복해서 보여줌으로써 친숙해지고 친밀한 어떤 공감대를 형성 영화처럼 너무 생략하고 스피디하게 달려가 버리면, 감정·상황 설명들을 놓침

155) 15분 단위로 8개의 시퀀스(Sequence:영화에서 하나의 이야기가 시작되고 끝나는 독립적인 구성단위로 일반적으로 극의 장소, 행동, 시간의 연속성을 가진 몇 개의 장면이 모

이는 장르와 매체 전환이 일어날 때 그 속성에 맞도록 이야기에 대한 적절한 각색 과정이 반드시 필요하다는 것을 의미한다.

원래 게임이었던 <툼 레이더>가 영화화되면서 여주인공 라라 크로포드 역을 맡은 안젤리나 졸리의 흥행력에도 불구하고 게임과 같은 폭발적 호응을 얻지 못했던 사실은 장르 특성을 고려한 이야기 각색의 중요성을 설명해준다. 그 이유는 게임은 게이머가 아바타를 직접 작동하기 때문에 캐릭터가 단순한 것이 좋은 반면, 영화는 관객이 가만히 앉아서 감상하기 때문에 등장인물이 개성적이고 복잡한 내면을 지니고 있는 편이 훨씬 재미있기 때문이다(최혜실, 2006). 이런 차이를 고려하지 않고 게임적 스토리를 영화에 그대로 옮겨 놓음으로써 같은 이야기임에도 재미없는 이야기가 되어버린 것이다.

[그림 58] 게임 툼레이더와 영화 툼레이더 장면(네이버 블로그 http://blog.naver.com/maniaol)

여서 이루어진다.)로 나뉘고 시퀀스는 다시 3개의 5분 단위 사건으로 구성된다고 한다(권승태, 2012).

3) 이야기의 재미 원리

이야기가 제공하는 재미는 간단히 얘기하면 '공감과 긴장의 축적 · 해소를 통한 카타르시스catharsis' 라고 요약할 수 있겠다. 이야기는 등장인물에 대한 감정이입과 동일시를 통해 독자와 관객들을 몰입하게 하고, 사건의 전개를 통해 긴장을 축적하고 이를 해소하는 과정을 거쳐 최종적으로 카타르시스에 이르도록 한다. 어떤 의미에서 이야기의 재미는 슬픔, 불안, 공포와 같은 부정적 정서를 일시적으로 경험하게 하고 다시 긍정적 정서로 회복될 때 생기는 안도감에서 발생하는 정서적 격차를 경험하는 과정의 재미라고 할 수 있다. 이와 같이 재미있는 이야기를 구성하는 조건은 무엇이고 재미를 유발하는 요소는 무엇인지 살펴보도록 한다.

① 재미있는 이야기의 조건

일반적으로 재미있는 이야기라는 것은 '공감되는 이야기', '그럴법한 이야기', '등장인물의 개성이 살아있는 이야기', '정서적 해소작용(카타르시스)이 있는 이야기' 등이 될 것이다. 이런 이야기를 만드는 기본적인 조건이 무엇일까? 그것은 이야기가 드라마를 구축하는 것이다. 이는 이야기가 본질적으로 우리 삶의 문제들을 다루고 있기 때문이다. 우리가 보통 '드라마틱dramatic' 하다는 표현을 사용할 때 그 의미는 '우여곡절을 겪었다' 는 의미이고 이런 요소가 재미를 생성한다는 것이다. 이에 관해 프랭크 대니얼Frank Daniel은 드라마의 본질을 '누군가가 어떤 일을 하려고 대단히 노력하는데 그것을 성취하기가 매우 어렵다Somebody wants something badly, and is having difficulty getting it.' 는 것으로 정의한다(Howard & Mabley, 1993). 이야기의 주인공은 '어떤 목표를 이루기 위해 대단히 노력' 하고 능동적으로 움직여야 하나 '그 일을 성취하기가 어려워야' 한다. 주인공이 목표 성취에 대해 관심이 별로 없다거나, 목표가 너무 쉬워 별 장애 없이 성취한다거나, 아니면 너무 어려워 목표 성취가 불가능하다면 드라마가 성립되지 않는다.

두 번째는 보편성과 특수성을 동시에 만족시키는 스토리가 되어야 한다는 것이다. 보편성은 이야기가 인간의 보편적 정서를 불러일으킬 수 있어야 한다는 것으로 이를 위해서는 인간의 기본적인 욕구와 욕망을 반영해야 한다는 것이다. 사랑, 성공, 복수 등에 대한 이야기가 시공을 초월해 인기를 얻는 것은 이러한 이야기가 인간의 보편적인 욕망을 건드리기 때문이다. 특수성은 보편적 정서와 욕망이 발현되는 시대와 상황과 조건의 특수성을 반영해야 새롭고 구체적인 스토리가 된다는 것이다. 같은 주제라도 그 시대의 상황과 코드에 맞게 구체화되어야 공감을 얻을 수 있기 때문이다(김선진 외 7인, 2011).

세계 영화 시장을 지배하고 있는 헐리우드 영화는 이야기의 재미에 대해 핵심적인 요소가 무엇인지 엿볼 수 있게 해준다. 데이비드 보드웰David Bordwell은 그의 책 『헐리우드가 이야기하는 방법The Way Hollywood Tells It』에서 다음과 같이 요약했다(권승태, 2012).

> 영화의 주인공은 중요한 목표를 추구하고 그것을 막는 방해꾼에 직면한다. 스토리 전체에 걸쳐 대립은 지속되어야 한다. 인물들의 행동은 모두 철저하게 원인과 결과의 논리를 가지고 있어야 한다. 주요 사건은 미리 예시되어야 하지만 관객이 그 사건을 쉽게 예상할 정도로 드러나서는 안 된다. 긴장은 계속 상승되어 절정까지 다다른다. 그리고 절정 이후에 모든 문제가 깔끔히 풀려야 한다. 이런 원칙들은 1910년 이래로 시나리오 가이드북에서 반복 강조되어 왔었다.

또한 크리스틴 톰슨Kristin Thompson이 『뉴 헐리우드 스토리텔링Storytelling in the New Hollywood』에서 설명한 전통적인 헐리우드 영화의 기본원칙을 이렇게 정리했다(권승태, 2012).

> 주인공은 매력적이고 액션을 이끈다. 주인공의 욕망이 내러티브를 이끈다. 주인공은 적극적으로 목표를 향해 앞으로 나아간다. 주인공은 누군가를 사랑한다. 목표는 한정된 시간 안에 완수돼야 한다. 중요한 스토리 정보를 반복적으로 보여준다. 모티프motif[156]를 활용한다. 확실한 인과성을 갖는다. 친절하게 설명하고 명쾌하게 해설한다.

헐리우드 영화가 이야기의 재미에 관해 공통적으로 강조하고 있는 것은 긴장감을 고조시키기 위한 '처음-중간-끝' 의 3장 구조, 주인공의 욕망과 갈등, 사건들간의 인과적 연결성, 즉 개연성과 필연성을 기본 요건으로 담고 있다.

② 이야기의 재미 유발 요소

이야기를 통해 실제로 독자와 관객에게 재미가 전달되는 과정에서 재미를 일으키는 요인은 공감과 카타르시스로 요약할 수 있다. 앞서 말한 재미있는 이야기의 조건은 모두 결과적으로 이것을 유발하기 위한 것들이다.

공감empathy은 감정이입과 같은 의미로서, 크게 보면 이는 스토리에 대한 공감, 캐릭터에 대한 공감, 이슈에 대한 공감으로 나눠볼 수 있다.

첫째, 스토리에 대한 공감은 개연적인 이야기로서 현실성있는 이야기라는 의미이다. 비현실적이고 과장된 이야기는 독자나 관객의 몰입을 방해한다. 그러나 이야기의 개연성은 현실의 논리성이 아닌 극중의 논리성으로서 일관성을 가져야 한다는 것을 의미한다. 개연적 이야기가 되기 위해서는 누구나 경험할 수 있을만

156) 영화 속에서 반복되는 요소로 분위기나 주제를 드러낸다. 영화 <아이언맨>의 갑옷은 아이언맨의 힘을, <인셉션>의 원뿔형 팽이는 꿈과 현실을 구분해주는 토템으로 사용한다.

한 삶의 보편적 진실을 담아야 한다. 그런 점에서 이야기는 긴장과 갈등만을 주제로 제한하지 않는다. 갈등으로 인한 극적 요소는 부족하지만 동정이나 친절같은 따뜻한 인간애나 관계에 초점을 맞출 수도 있다.

둘째, 캐릭터에 대한 공감은 등장인물의 현실성에 관한 것으로, 독자와 관객이 캐릭터와 자신을 동일시하는데서 발생한다. 이러한 동일시가 나타나기 위해서는 주인공이 약점을 갖고있는 인간으로서 인간의 불완전성을 드러내야 한다. 동일시가 잘 일어나는 조건은 캐릭터와 관객의 유사성이 높을 때, 관객이 더 닮고 싶거나 동경하는 특성을 등장인물이 갖고 있을 때 더 강하게 나타난다. 아리스토텔레스는 캐릭터 공감에 관해 독자와 관객이 완전히 몰입하게 만드는 두 가지 조건으로 '연민과 공포'를 제시하였다. 연민은 주인공이 부당하게 불행에 빠지는 것[157]을 볼 때 나타나고, 공포는 그런 일이 나에게도 닥칠 수 있다고 여겨질 때 느끼게 된다.

캐릭터 공감은 꼭 주인공에게만 발생하는 것은 아니다. 심지어 주인공의 적대자에게도 공감이 발생한다. 소위 나쁜 여자를 의미하는 팜므 파탈femme fatale과 나쁜 남자를 의미하는 옴므 파탈homme fatale에게도 독자와 관객을 끄는 공감의 요소가 있다. 나쁜 여자는 대개 현실 속에서 금기시되는 일을 하지만 그런 현실의 제약에 굴하지 않고 자기 의지대로 행동하는 모습을 보인다. 나쁜 남자 역시 언행이 거칠고 성격이 나쁘지만 자기 일에는 매우 열정적인 모습을 보인다. 이럴 경우 독자와 관객은 이들의 주체적이고 열정적인 행동에 공감하고 현실을 탈피하는 대리 만족의 경험을 하게 된다(나은영, 2010).

---

157) 아리스토텔레스는 그의 책 『니코마코스 윤리학Nicomachean Ethics』에서 연민을 불러일으키는 불행의 유형을 죽음, 상해 또는 학대, 노년과 질병, 배고픔, 고독, 추한 용모, 나약, 불구, 실망, 좋은 일이 지체되는 것, 좋은 일이 전혀 일어나지 않는 것, 좋은 일이 일어났지만 그 일을 즐길 수 없는 것 등 12가지를 제시하였다(권승태, 2012).

셋째, 이슈에 대한 공감은 이야기가 다루고 있는 주제가 독자나 관객이 처한 상황이나 사회 현실을 반영하고 있어야 함을 의미한다. 우리가 살아가는 시대상과 두드러진 현실을 다룸으로써 이야기의 공감을 유발할 수 있다. 한국 영화에서 이와 같이 이슈 공감을 통해 호응을 얻은 예를 들면, 장애인의 성폭력 문제를 다룬 <도가니> 라든지, 동성애 이슈를 다룬 <왕의 남자>를 들 수 있다. 이 영화들은 우리 사회의 소외된 약자와 소수자들의 현실을 적나라하게 보여줌으로써 큰 사회적 반향을 불러일으켰다.

카타르시스는 극적 긴장이 고조되었다가 해소되면서 느끼는 정서적 정화작용을 의미하는 것으로, 이야기가 휘저어놓은 감정 뿐만이 아니라 평소 가슴 속에 쌓였던 부정적 정서까지 한꺼번에 쓸어내리는 듯한 정서적 배설emotional purging의 효과가 나타난다. 이로써 마음 속에 있는 감정의 찌꺼기까지 배출되어 가슴이 뻥 뚫리는 시원함을 느끼게 된다(권승태, 2012).

카타르시스가 나타나기 위해서는 이야기의 갈등적 상황이나 문제가 해결될 때 최종 결과에 인과성이 있어야 하고 반전이 필요하다. 이야기의 절정과 해결은 독자와 관객의 예상을 깨는 것이어야 하지만 그럴 수 밖에 없는 필연적인 이유가 있어야 한다. 그렇지 않으면 독자나 관객이 그 결과를 받아들이지 못함으로써 카타르시스에 이르는 것을 방해하게 된다.

눈물나게 하는 비극적이거나 감동적인 영화는 일종의 신경생리학적인 카타르시스도 나타난다. 감정이 섞인 눈물에는 스트레스를 받을 때 분비되는 '카테콜라민' 이란 호르몬이 섞여서 배출되는데 이를 통해 긴장이 해소된다고 한다. 눈물은 우리 몸 안에 쌓인 나쁜 호르몬을 밖으로 배출하게 하여 스트레스를 해소시키는 실질적인 카타르시스를 유발한다고 할 수 있다.

③ 이야기의 재미 유발 수단

이야기를 재미있게 만드는 수단으로써 이야기를 구성하는데 동원되는 방법으로는 갈등, 호기심, 서프라이즈, 서스펜스, 리듬 등의 요소를 들 수 있다(권승태, 2010).

갈등은 극적 긴장을 유발하는 요소로, 주인공의 욕망과 목표를 저지하는 적대자와의 갈등 뿐 아니라 자신과의 갈등을 의미하는 내적 갈등도 포함한다.

호기심은 독자와 관객으로 하여금 궁금증을 갖게 만드는 요소로, 관객의 궁금증을 지속시키는 '미리 알려주기' 나, 앞으로 일어날 일을 예상하게 하여 앞일에 대한 묘한 불안감이나 기대감을 갖게 하는 '미래의 요소' 를 활용하는 방법이다. 예감, 예언, 경고, 꿈, 상징, 전조, 기대, 의심, 약속, 복신 등이 해당한다. 정보의 측면에서는 관객보다 이야기 속 인물들이 더 많은 정보를 가지고 있는 '미스터리 mistery' 가 여기에 해당한다.

서프라이즈surprise는 예상치 못했던 일이 벌어지는 반전과 결과를 쉽게 예측하지 못하도록 엉뚱한 정보를 흘리는 극적 대조의 방법이 있다.

서스펜스suspense는 앞 일이 결정되지 않은 상태에서 그 불확실성으로 인해 느껴지는 불안감, 공포감, 긴장감으로, 작가가 관객에게 주는 정보를 통제함으로써 유도한다. 관객과 이야기 속 인물이 동일한 정보를 가지고 있는 경우에 발생한다. 극적 아이러니는 서스펜스를 만드는 최고의 방법으로, 극중 인물이 모르는 것을 관객이 알고 있을 때 발생한다. 그러나 그 결과는 관객도 알 수 없다. 파티장에 설치된 시한폭탄을 보여주는 장면 같은 것이 이에 해당한다. 스무고개와 같이 어떤 것을 알려주기 전에 힌트들을 주고 해답을 유도하면서 해답을 바로 주지 않고 애타게 만드는 '점진적 노출' 도 궁금증을 확대하는 방법 중의 하나이다.

리듬은 반복되는 요소를 통해 스토리에 리듬감을 줄 뿐 아니라 상징적인 의미를 전달하는 것으로, '모티프motif'와 '심기와 거두기plant & payoff'의 방법이 있다. 모티프는 배우의 특정한 제스처나 대사가 반복이 되거나 소품, 의상 등이 반복되면서 스토리에 리듬과 인과성을 만드는 것으로 소도구, 대사, 몸짓, 의상 등을 사용한다. 심기와 거두기plant & payoff는 영화 초반에 소품, 제스처, 대사, 의상 등을 심어놓은 후 영화 후반에 다시 보여줘 스토리에 인과성, 상징성, 암시성, 완결성을 높이는 방법으로 활용된다.

생각해 볼 문제

1. 토비아스의 20가지 이야기 중 내가 가장 끌리는 유형과 이유는 무엇인가?
2. 이야기의 재미는 공감적 요소와 갈등적 요소가 복합돼 있다. 나는 무엇에 더 끌리고 이유는 무엇인가?

4. 유머와 재미

유머는 웃음을 동반한다는 점에서 재미의 본질에 가장 가까운 재미 활동이라고 할 수 있다. 웃음은 즐거움을 외부적으로 표출하는 신호로서 재미있는 상태라는 사실을 가장 잘 표현하기 때문이다. 유머는 그 자체가 독립적인 재미 활동으로 존재하기도 하지만 놀이, 게임, 이야기, 배움, 소통 등 다른 재미 활동들의 재미를 더욱 활성화시키는 내재적 요인으로 작용하기도 한다는 점에서 재미의 촉진제라고 할 수 있다.

하루 중에 우리가 경험하는 유머의 범위는 이루 열거하기 어려울 정도로 넓다. 미디어를 통해 제공되는 코미디물은 물론이고 드라마, 시트콤, 토크쇼, 리얼 버라이어티, 다큐, 패러디물, 광고에 이르기까지 유머를 활용하지 않는 것이 없다고 해도 과언이 아니다. 심지어 심각한 영역에 해당하는 정치나 설교, 강의와 같은 활동에서도 가벼운 유머가 관심을 집중시키는 수단으로 활용되기도 한다.

그러나 무엇보다 우리가 유머를 폭넓게 자주 접하는 경우는 바로 일상적인 대인관계 활동 속에서 나타난다. 이런 사회적 상호작용에서의 유머는 거의 모든 유형의 공식적, 비공식적 활동에서 나타난다. 연인간, 친구간, 동료직원간, 사업 파트너간, 판매자와 고객간의 대화를 모두 포함한다.

이처럼 유머가 우리 삶의 일부를 구성하는 필수적 요소가 된 것은 유머가 인간의 본능적이고 선천적인 능력이라는 사실을 암시한다. 진화생물학적으로 보면 유머가 유발하는 웃음[158]은 모든 영장류들의 간질이기 놀이에서와 같이 악의없는 장난에서 유래했다고 본다. 이것이 오랜 진화과정을 거치면서 행동이 아닌 언어적 유희로 발전하고 세련된 모습을 갖추면서 인간이 유머를 즐기고 웃음을 표현할 수 있게 된 것이라는 것이다.[159] 실제로 신경생리학자들은 신경영상기법(자기공명영상장치)을 활용해 인간에게 웃음의 신경회로가 존재한다는 사실을 입증한 바 있다.

유머는 또한 서사를 토대로 하는 이야기의 한 유형으로서 이야기의 재미 속성을 상속하고 있다는 특징을 갖고 있다. 그러나 유머는 그 자체가 이야기이면서도 이야기와는 또 다른 독립적인 재미 영역을 구축하고 있다는 점에서 개별적인 재미 분석의 필요성이 존재한다. 따라서 지금부터 유머의 재미는 무엇이며, 어떻게 재미를 유발하는지, 그 재미 요소와 유발 기제를 중심으로 살펴보도록 하겠다.

1) 유머의 개념과 특성

유머의 개념에 대해 웹스터Webster사전에서는 유머란, ①우연한 사건, 행동, 상황, 아이디어의 표현에 있어서 나타나는 특질로서 웃음이나 부조화 혹은 어색함을

158) 웃음은 눈과 입이 같이 웃는 진짜 웃음인 뒤센 미소와 입만 웃는 가짜 웃음인 팬암 미소가 있다고 한다.

159) 『참을 수 없는 존재의 가벼움』이란 유명 소설을 쓴 체코 소설가 밀란 쿤데라는 그의 책 『배신당한 유언들』에서 멕시코 문인 옥타비오 파스의 말을 인용하면서 '유머는 현대정신의 가장 위대한 발명'이라고 설명했다. 옥타비오 파스는 또한 "호메로스도 비르길리우스도 유머를 알지 못했다. 아리스토텔레스는 유머를 느낀 듯하지만, 유머가 형태를 갖는 것은 다만 세르반테스와 더불어서이다."라고 했는데 이는 유머가 인간의 오랜 특징이지만 유머라는 형식의 등장과 인식은 지극히 현대적인 것이라는 의미다.

유발시키는 것 ② 아이디어, 상황, 우연한 사건 혹은 부조화적인 요소를 발견하고, 표현하고, 평가하는 정신적인 능력 ③ 우습게 하려는 행동이나 노력 등이라고 말한다.

프랑스의 철학자 앙리 베르그송Henri-Louis Bergson은 자신의 저서 『웃음』에서 유머의 희극성을 고찰하면서, 유머에 의한 웃음은 다음과 같은 세 가지 특징을 가진다고 주장하였다. 첫째, 인간적인 것을 떠나서는 희극적인 것은 존재하지 않는다. 사람이 어떤 동물에 관해 웃음을 터뜨린다면, 그것은 그 동물에게서 인간의 태도나 인간적인 표현을 발견하기 때문일 것이다. 둘째, 웃음은 무감동에서 출발한다. 공감이 최소화되고 대상에 대한 무감각함이 최대화될 때, 방관자로서의 심리상태를 지니고 있을 때 웃음을 유발한다. 마지막으로, 웃음은 지성에 호소한다. 웃음은 반드시 한 집단의 웃음이며, 사회적인 의미를 가지고 있다. 이를 정리하면 인간은 대상이 인간적이고, 그 대상에 대한 감정이 없으며 그 요소에 대한 타인과의 공감이 일어날 때 유머를 느끼고 웃는다는 것이다(앙리 베르그송, 1992).

이상의 설명을 토대로 유머를 한 마디로 요약하면 유머는 웃음을 유발하기 위해 의도적으로 구성된 이야기라고 할 수 있다. 이를 더 자세히 설명하면, 일상적 기준으로부터 불균형하게 일탈된 인물이나 상황을 다룸으로써 웃음을 유발하고, 서사적 형식을 취할 경우 해피 엔딩으로 끝나며, 대중 매체를 통해 공적으로 발화하고 연기하기 위해 만들어진 텍스트로 정의하기도 한다(박근서, 2006). 이와 같은 정의에 따르면 유머는 '웃음 유발' 의 의도가 있는 것으로 '기대와 결과간의 불균형, 또는 불일치' 가 발생해야 하고, '언어적 서사' 로 이뤄져 있어야 한다는 것을 말한다.

① 로드 마틴의 심리적 관점의 정의

유머를 심리적 차원에서 유머의 수용 과정을 중심으로 정의하기도 한다. 로드 마틴Rod A. Martin은 유머는 사회적 맥락, 인지-지각적 처리과정, 정서 반응, 발성 행동인 웃음의 표현 등 크게 네 가지 필수 성분으로 분할될 수 있다고 설명한다(로드 마틴, 2006). 그의 정의는 유머의 심리적 측면을 정확히 부각시켰다고 생각한다.

A. 사회적 맥락

유머는 우리가 혼자 있을 때보다 다른 사람들과 같이 있을 때 더 자주 웃고 농담을 한다는 사실에서 알 수 있는 것처럼 근본적으로 사회적 현상이라고 할 수 있다. 유머의 사회적 맥락은 일종의 놀이라고 할 수 있는데 실제로 유머는 놀이하는 방식으로 사람들이 상호작용하는 한 가지 방식이라는 것이다. 침팬지와 여러 원숭이들의 웃음에 관한 연구를 보면 웃음이 사회적 놀이에서 유래한다는 사실을 알 수 있다고 한다. 그런 점에서 보면 유머는 사회적 놀이라고 할 수 있다.

B. 인지-지각적 처리과정

유머를 재미있는 것으로 지각하게 만드는 처리과정을 살펴보면 유머를 받아들일 때 다른 사람이 말하거나 행동한 것을 감각기관을 통해 받아들여 그 의미를 처리하고, 그 정보를 심각하지 않은 즐겁고 유머러스한 것으로 평가하게 된다. 이때 유머가 담고 있는 아이디어, 이미지, 사건 등이 기대를 벗어난 것이거나 놀랍거나 평상적인 것에서 벗어난 것이다. 여기서 유머는 모순성, 불시성, 놀이성이라는 자극 특성을 갖는다고 말할 수 있다.

유머의 인지적 이해를 위해서는 유머러스한 모순성을 인식하는 것이 매우 중요한데 이를 설명하기 위해 아더 쾨슬러(Koestler, 1964)는 '이연연상bisociation, 二連聯想'[160)]이라는 개념을 제안하였다. 이것은 하나의 사건에 대해 그것을 설명할 수 있는 두 가지 이상의 틀이 동시에 지각될 때 발생하는 것으로 유머를 생성하는 데 결정적 요인이라 할 수 있다.

마이클 앱터(Apter, 1982)는 이러한 인지 과정을 기술하기 위해 시너지synergy라는 개념을 사용하였다. 동일한 대상에 대해 서로 모순되는 두 가지 이미지나 개념화가 동시에 마음에 떠오르는 것이다. 유머에서는 아이디어와 행위들이 현실적인 것과 비현실적인 것, 중요한 것과 사소한 것, 위협적인 것과 안전한 것과 같이 상반되는 것들을 동시에 지각할 수 있도록 그 아이디어와 행위를 놀이삼아 조작하는 것이다.

C. 정서 반응

유머는 인지적인 것만이 아니다. 유머가 앞서와 같은 인지적 처리를 거치고 나면 이것이 유쾌한 정서적 반응을 유발한다. 익살스런 만화를 보면 두뇌 변연계에 존재하는 보상 회로가 활성화된다는 사실이 이를 입증한다. 유머도 특정한 평가, 즉 사건이나 상황이 모순적이어서 익살맞거나 즐겁다고 지각함으로써 유발되는 정서반응을 포함하고 있다고 할 수 있다. 이와 같은 유머의 정서 반응에 대해 '흥겹다', '기쁘다', '쾌활하다' 등 다양한 감정으로 설명하고 17세기 영국의 철학자 토마스 홉스Thomas Hobbes는 이를 '갑작스러운 승리감sudden glory' 이라고 표현

160) association은 비슷한 성질의 공유를 전제 조건으로 하는 반면, bisociation은 전혀 연관성이 없는 두 집단의 대립을 지칭한다. 간단한 예가 말장난인 펀pun이며 두 가지 서로 다른 의미를 갖는 단어나 어구의 의미를 동시적으로 함께 사용하는 것이다.

하기도 했는데, 로드 마틴은 이를 '환희mirth'[161]라는 용어로 설명한다.

D. 발성행동인 웃음의 표현

다른 정서와 마찬가지로 유머가 동반하는 환희도 웃음이라는 표현 성분을 가지고 있다. 유머의 재미 강도에 따라 웃음도 미소에서부터 커다란 너털웃음에 이르기까지 다양하게 달라진다. 웃음은 본질적으로 환희를 경험하고 있다는 사실을 표현하거나 상대에게 알려주는 방식이다. 따라서 웃음은 근본적으로 사회적 행동이다. 의사소통할 사람이 없다면, 웃을 이유가 없는 것이다. 웃음은 친근감과 놀이의 의도를 나타내는 신호이며, 심각하지 않은 심리상태에 있다는 사실을 나타내는 것이다.

최근 연구자들은 웃음의 목적이 자신은 놀이상태에 있다는 것만을 전달하는 것이 아니라 실제로 상대방도 그와 같은 상태로 유도하려는 것이라는 사실을 제안했다. 웃음은 이러한 방식으로 같은 집단에 속한 구성원들의 감정적 정서를 함께 묶어 줌으로써 협력하도록 만드는 중요한 생물사회적 기능을 담당한다. 웃음이 그토록 전염성이 강한 이유가 바로 이것이다.

② 유머의 특성

이야기의 한 유형이라고 할 수 있는 유머는 많은 이야기 속성을 공유하고 있기 때문에 공통점이 많다. 그러나 유머는 또한 많은 면에서 이야기와 차이점을 갖고 있기도 하다. 이야기와 유머의 속성들을 비교해 봄으로써 유머가 갖고 있는 내재

---

161) 옥스퍼드 영어사전은 '환희'를 '즐거운 감정, 기쁨, 행복; 익살이나 웃음으로 표출되는 마음의 명랑성; 유쾌함, 법석댐'으로 정의한다.

적 특성을 더 명확하게 이해하게 된다. 따라서 그 공통점과 차이점이 무엇인지 살펴보도록 한다.

우선 이야기와 유머의 공통점은 기본적으로 언어라는 언술적 수단에 의존하는 담화discourse라는 점이다. 이것은 말로 된 것과 글로 된 것을 모두 포함한다. 물론 이야기가 드라마나 영화가 되듯이 유머가 코미디나 개그의 소재가 되면서 장르의 전환이 나타난다. 그리고 이 둘은 길이와 분량의 차이는 있긴 하지만 모두 극적 서사 구조(처음-중간-끝)를 갖고 있다. 물론 유머의 유형 중 농담joke과 같이 문맥 독립적인 유형을 제외하고 단순한 말장난pun이나 슬랩스틱과 같이 전적으로 행동에 의존하는 유머의 경우는 서사 구조가 없는 것도 있다. 유머의 서사 구조는 대개 짧아서 에피소드적이다. 또한 이야기와 유머는 공감을 중요한 재미 요소로 삼는다는 점이 같다. 다만, 유머의 공감은 앞서 이야기에서 설명한 바에 따르면, 스토리와 이슈의 공감에 한정되고 캐릭터 공감은 일어나지 않는다(특히 공격적 유머의 경우 유머에 등장하는 캐릭터에 대한 공감은 결코 웃음을 유발할 수 없다). 따라서 유머의 공감은 이른바 '감동없는 공감' 이라 할 수 있다. 그 외에도 이야기와 유머는 기대나 예측을 깨뜨리는 반전을 활용하고, 정서적 정화작용인 카타르시스 효과가 나타난다는 공통점이 있다. 다만 유머의 카타르시스는 패러디, 풍자 등 공격적 유형의 경우, 사회적, 도덕적 금기를 깸으로써 느끼는 일상의 억압으로부터의 해방감에 한정되는 특징이 있다.

기술한 바와 같이 이야기와 유머는 많은 면에서 유사한 측면이 있지만 분명히 구별되는 차이점도 많다. 우선 유머가 재미있는 것으로 받아들여지기 위한 조건으로 유머는 청자와 화자간 신뢰[162]와 공유 경험을 필요로 한다는 점이 큰 차이점이다. 유머는 참여자들간의 묵시적 신뢰나 공유 경험이 없을 때는 나타나기

---

162) 이것은 상대방에 대한 본질적인 믿음 외에 유머가 작동하기 전 상대방의 유머 의도성을 사전에 인지해야 하는 것을 포함한다.

어렵다. 유머의 성차나 연령차가 나타나는 것도 공유 경험의 부재에서 이유를 찾을 수 있다. 또한 한 사회에서 재미있는 유머가 다른 사회에서는 재미있는 유머로 인식되지 않는 경우와 같이, 유머에 사회관습이나 문화의 영향이 큰 것도 이와 같은 공유 경험의 전제와도 관련성이 높다.

또한 이야기는 슬픔, 공포, 불안 등 다양한 정서 반응을 유발하는 데 반해, 유머는 오로지 웃음이란 긍정적 정서에만 초점이 맞춰져 있다. 긴장의 유발에 있어서는 이야기는 주로 위험, 갈등과 같은 부정적 요소에 의존하는 반면, 유머는 단순히 호기심과 궁금증과 같은 기대감에 의존한다. 결말의 긴장 해소는 이야기가 인과적 이해에 기초하고 있는 반면, 유머는 의외성에 기초한다. 이야기는 결말이 논리적, 정상적 결말인 반면 유머는 비논리적이고 비정상적인 결말인 경우가 많다. 그리고 이야기의 카타르시스는 긴장 후의 '안도감' 에서 나타나는 반면 유머의 카타르시스는 긴장 후의 '놀람' 으로 나타난다.

이 외에도 이야기 전개방식이 이야기는 개연적, 필연적인 반면 유머는 과장적, 우연적인 요소가 많고, 유머는 등장인물에 대한 감정이입이 없어야 하며, 이야기는 개별적인 감상에 의존하는 반면 유머는 화자와 청자, 혹은 청자들간에 즐거움을 함께 나누는 사회적 감상에 의존한다는 점이 다르다.

[표 16] 이야기와 유머의 공통점과 차이점

<table>
<tr><th>구 분</th><th>이야기</th><th>유머</th></tr>
<tr><td>공통점</td><td colspan="2">• 기본적으로 언술적 수단에 의존하는 담화((discourse)라는 점
• 서사구조(처음–중간–끝)를 갖고 있다는 점(유머는 아닌 경우도 있음)
• 공감을 재미요소로 한다는 점(유머의 경우 감동없는 공감)
• 기대나 예측을 깨트리는 반전 활용
• 정서적 정화작용인 카타르시스 효과가 나타남(유머는 패러디, 풍자 등 공격적 유형의 경우처럼 사회적, 도덕적 금기를 깨는 경우에 해당)</td></tr>
<tr><td rowspan="13">차이점</td><td>• 재미 유발에 청자 · 화자간 신뢰 불필요(허구적 이야기임을 인지)</td><td>• 재미 유발에 청자 · 화자간 신뢰 필수적(유머 의도성 인지)</td></tr>
<tr><td>• 화자 · 청자간 공유 경험이 중요하지 않음</td><td>• 화자 · 청자간 공유 경험(공통 지식)이 중요함</td></tr>
<tr><td>• 사회관습이나 문화의 영향이 상대적으로 크지 않음</td><td>• 사회관습이나 문화의 영향이 큼(맥락 이해의 필요성)</td></tr>
<tr><td>• 다양한 정서 반응을 유발</td><td>• 오로지 웃음이란 긍정적 정서 유발</td></tr>
<tr><td>• 긴장 유발이 주로 위험, 갈등과 같은 부정적 요소에 의존</td><td>• 긴장 유발이 단순히 호기심과 궁금증과 같은 기대감에 의존</td></tr>
<tr><td>• 긴장 해소는 인과적 이해에 기초</td><td>• 긴장 해소는 의외성에 기초</td></tr>
<tr><td>• 카타르시스가 긴장 후의 ‘안도감’에서 나타남</td><td>• 카타르시스가 긴장 후의 ‘놀람’으로 나타남</td></tr>
<tr><td>• 논리적, 정상적 결말</td><td>• 비논리적, 비정상적 결말</td></tr>
<tr><td>• 등장인물에 대한 감정이입 필요</td><td>• 등장인물 감정이입 없어야 함</td></tr>
<tr><td>• 이야기 전개가 개연적, 필연적</td><td>• 이야기 전개가 과장적, 우연적</td></tr>
<tr><td>• 모험감, 일탈감의 재미 요소</td><td>• 주로 일탈감의 재미 요소</td></tr>
<tr><td>• 상대적으로 긴 내용</td><td>• 매우 길이가 짧은 내용</td></tr>
<tr><td>• 감상의 개별성</td><td>• 감상의 사회성</td></tr>
</table>

③ 유머의 역설 – 양면성

유머는 장난기가 있는 즐거움과 오락의 형태이기도 하지만, 인간의 생물학적 진화와 문화적 진화과정을 통해 광범위한 사회적 기능을 담당해 왔는데, 많은 대인관계 기능은 상반되고 역설적이란 측면에서 유머는 양면성이란 독특한 속성을 가진다.

유머는 내집단in-group에서는 사회적 응집성을 고양시켜주는 방법일 수 있지만, 외집단의 사람들을 배척하는 방법도 될 수 있다. 이는 풍자, 패러디와 같이 공격적 유머에서 주로 나타난다. 사람들 간에 사회적 지위의 차이를 감소시켜 주기도 하지만 강화시키기도 하며, 동의와 친밀성을 표현하기도 하지만 거부와 공격성을 나타내기도 하며, 협력뿐만 아니라 저항을 촉진시키기도 하며, 연대의식과 연계성을 강화시키기도 하지만 권력과 지위를 무너뜨리는 수단이 될 수도 있는 것이다(로드 마틴, 2006).

유머가 호의적인 목적과 적대적인 목적 모두를 위해서 사용될 수 있으며 어떤 목적에서든 정서적 즐거움을 이끌어낼 수 있다는 것이 유머가 갖고 있는 역설적 속성paradox이다.

2) 유머의 재미 원리 – 유머 이론

유머가 재미를 유발하는 원리에 대해서는 몇 가지 설명 논리들이 있다. 대표적인 유머 이론으로는 우월성 이론Superiority Theory, 부조화 이론Incongruity Theory, 각성 이론또는 이완 이론, Arousal Theory; Relief Theory이 있다. 각각을 자세히 살펴보면 다음과 같다(김운섭 · 성영신 · 김학진, 2009).

① 우월성 이론

이것은 유머에 대한 가장 오래된 설명으로, 웃음을 우월감의 표현으로 이해하는 이론을 의미한다. 아리스토텔레스Aristotle는 유머를 평균 이하의 사람들을 모방하는 것으로 보았으며, 추한 것으로 간주하였다. 플라톤Plato 역시 웃음은 악의에서 기원한 것이라 주장하였다. 홉스Hobbes 역시 이와 유사한 의견을 갖고 있는데, 타인 혹은 과거 자신의 결함과 비교하여 현재 자신이 우월하다고 느낄 때 웃음의 감정이 발생한다고 주장한다. 즉, 이 이론에서 유머는 타인에 대한 멸시나 과거 자신의 어리석음으로부터 나오는 우월감에서 발생하는 것으로 본다. 이 이론은 공격적 유머나 냉소적 유머와 같은 특정 유머 형태에 잘 적용된다고 할 수 있다.

② 부조화 이론

이것은 유머의 논리적, 언어적, 인지적 측면에 초점을 맞춘 이론으로서 사회적 측면과 정서적 측면을 배제하고 있다. 부조화 이론은 부조화의 지각 여부가 재미를 경험하는데 핵심적인 결정 요소라는 것이다. 즉, 유머는 이야기에서 무엇인가 중대한 것을 기대하고 있을 때 결국 갑작스레 예상 밖의 엉뚱한 결과가 나타나면서 우스꽝스럽다고 느끼게 되는데 이 기대와 결과간의 부조화, 불일치가 웃음을 유발한다는 것이다. 이 이론은 앞서 쾨슬러가 제시한 '이연연상' 의 개념으로 설명할 수 있다. 즉, 하나의 사건에 대해 두 가지 상반된 해석이 충돌하면서 유머를 발생한다는 것이다.

유머의 발생에 부조화가 충분조건이라고 보는 견해도 있으나 더 정확하게는 부조화가 발생할 뿐 아니라 이것이 해소될 때 유머가 나타난다고 보는 견해도 있다. 즉, 예상된 결과와 실제 결과와의 차이로 인해 부조화가 발생하고 수용자는 이를 해결하기 위해 급소 문구punch line가 나타내는 인지적 규칙을 탐색하게 된다. 그리고 규칙을 발견하여 불일치가 해소되면 이때 재미를 경험하고 이것이 웃음으로 표현된다는 것이다. 이런 설명에 의하면 유머의 이해와 감상은 본질적으로 인지적 문제해결 과정이라고 할 수 있다.

③ 각성(혹은 이완) 이론

이것은 앞으로 일어날 일에 대해서 긴장하고 있다가 예기치 않게 긴장이 해소됨에 의해서 웃음이 발생한다고 보는 이론이다. 여기서 웃음은 일종의 안도relief 혹은 긴장 완화release로 정의된다. 프로이드는 웃음의 목적이 잉여의 신경 에너지를 방출하는 것이라고 생각한다. 그는 농담이 인간의 기본적 욕망(성적 충동, 공격 충동)이 수용 가능한 표현으로 구성된 것으로서, 짧게나마 무의식적 욕망을 충족시켜주고 잉여의 에너지를 웃음으로 표현한다고 본다. 또한 유머는 스트레스 상황이나 혐오 상황에서 부정적 정서를 경험하는데 이 상황에서 재미 요소를 지각하면 상황을 바라보는 시각을 바꾸어 부정적 정서 경험을 회피할 수 있게 된다고 본다. 프로이드는 이것이 최고의 방어기제로써 인간 정서에 이로운 것이라고 한다.

프로이트의 이론을 좀더 상술하면, 특정 상황에서 관찰자가 자신의 지적 에너지를 동원해 미래의 사건에 대한 예상을 하게 되고 이 때 실제 사건과 예상 사건과의 불일치가 발생하면 앞서 생성되었던 지적 에너지가 남게 되고, 이 잉여의 에너지가 웃음으로 방출된다는 것이다.

이상으로 설명한 세 가지 이론들은 유머의 생성 원리에 관해 상충된 이해를 갖고 있다기보다는 각기 다른 초점을 갖고 있다고 보는 것이 타당하다. 즉, 우월성 이론은 화자와 청자의 관계에, 부조화 이론은 자극의 관점에, 각성 이론은 청자의 심리 및 감정에 주로 초점을 맞추고 있는 것이 다를 뿐이다. 미국의 유명한 웃음 컨설턴트인 모리얼 박사는 웃음의 핵심 요인을 갑작스럽지만 유쾌한 심리적 전환이라고 지적하면서 웃음의 공통 요소를 설명한 바 있다. 즉, 특정한 불균형 상태가 균형 상태로 전환되는 것이 웃음의 공통 요소라는 것이다. 앞에서 제시한 유머 이론들은 모두 이러한 관점으로 설명될 수 있다. 우월함을 즐김으로써 규범적 불균형이 해소되고, 부조화가 사라짐으로써 인지적 불균형이 해소되며, 긴장된 신경 에너지가 줄어듦으로써 정서적 불균형이 해소될 때 유머가 나타난다고 할 수 있다(이윤석, 2011).

3) 유머의 유형

유머의 형태를 분류하는 방법은 서로 상이한 기준에 따라 다양하다. 대표적으로 앙리 베르그송(김윤정, 2010), 윤민철(2010), 로드 마틴(2006), 부젠과 발켄버그(Buijzen and Valkenburg, 2004)의 분류를 소개하도록 한다.

① 앙리 베르그송의 분류

우선 앙리 베르그송은 웃음의 유발 요소를 중심으로 유머를 형태, 움직임(동작), 상황, 말, 성격 등 다섯 가지로 구분했다(김윤정, 2010). 베르그송의 분류는 유머가 아닌 웃음을 중심으로 희극적인 것을 분류했다는 특징이 있다. 따라서 언어적 웃음인 유머를 포함한 좀더 포괄적인 분류라고 할 수 있다.

형태는 등장인물이나 사물의 모습을 과장하고 뒤틀어 변형함으로써 희극적인 효과를 얻는 유형이다. 움직임(동작)은 사람이 기계적인 몸짓을 자동적으로 반복함에 따라 희극적 효과를 거두는 유형이다.

상황은 반복, 역전, 중복에 의한 상호간섭의 세 가지 특성을 갖는 유형이다. 반복(디아블로)은 상자를 열면 튀어나오는 장난감 인형을 예로 들며, 뚜껑을 더 낮게 누를수록 안의 장난감 인형은 더 높이 튀어 오르는 특성을 설명한다. 팽팽해졌다가 느슨해지는 용수철의 일정한 리듬을 따라 튀어나오기를 반복하는 동안 웃음이 유발된다. 역전(꼭두각시 놀이)은 인형극에서 등장인물이 스스로 생명의 본질적인 면은 갖고 있으면서도, 다른 각도에서 보면 그를 가지고 노는 다른 사람의 손안에서 좌지우지되는 한낱 장난감에 불과한 것을 발견할 수 있다. 어떤 실재적이고 진지한 장면에서도 이러한 역전을 환기시키면 사건을 유머러스하게 반전시킨다. 중복(눈덩이)은 작고 사소한 원인이 눈덩이를 굴릴 때처럼 점차 그 결과가 확대되어 일련의 무관한 독자적인 사건이 어느 순간에 이르러서는 서로 맞아 들어가게 되면서 희극성을 발휘하게 되는 효과를 말하는 것이다.

말은 방심하고 있는 상황에서 의도하지 않았던 말을 무의식중에 함으로써 웃음을 유발하는 유형이다. 언어 속에 뚜렷한 불합리함이 포함되어 있으면 이를 유머로 인식하는 것이다.

마지막으로 성격의 희극성은 다른 사람의 인격이 우리를 감동시키기를 그치는 바로 그 지점에서 시작될 수 있는 것으로, 어떤 사람의 가벼운 결점 또는 유별난 장점은 그 사람의 비사회성을 드러내며 이는 웃음을 유발시킨다.

② 윤민철의 분류

윤민철(2010)은 기본적으로 부조화 이론에 입각해 이를 다시 '제한-이탈'[163)]

163) 스케저Scherzer의 '구조만들기Set up'와 급소 찌르기Punch up'를 제한-이탈이란 새로운 용어로 설명한 것이다.

의 개념으로 유머 원리를 설명하면서 문맥과의 관계와 유머 원리를 기준으로 <표 17>와 같이 네 개의 유형을 설명하였다. 문맥과의 관계에 따라 문맥 연결형과 문맥 분리형으로 구분하였는데 이는 대화 속 이야기와의 관련성을 의미하는 것이다. 또한 유머 생성 방식이 공격적이냐 아니냐를 중심으로 공격형과 창조형으로 구분하였다. 그의 분류 방식은 유머의 구조와 생성 원리를 기준으로 복잡한 유머 유형을 단순화한 잇점이 있다.

[표 17] 윤민철의 유머 유형 분류

	문맥과의 관계	유머의 원리	비 고
유머 (의도성)	문맥 연결형 (부수적 웃음)	창조형(이탈)	상황과의 관계 강함
		공격형(이탈+우월감)	내용과의 관계 강함
	문맥 분리형 (웃음이 목적)	창조형(이탈)	다양한 형태와 내용
		공격형(이탈+우월감)	개인, 집단, 금기

③ 로드 마틴의 분류

일상적 대인관계에서 나타나는 유머는 크게 농담, 대화에서의 자발적인 유머, 우연적이거나 비의도적인 유머 등 세 가지의 광의적 범주로 구분하였다.

농담은 사람들이 기억하고 있는 유머러스한 일화들이 다른 사람들에게 전달되는 것이다. 급소 문구punch line로 끝나는 짧고 재미있는 이야기이다. 농담은 상황설정과 급소 문구로 구성된다. 대화 맥락에서 자유롭게 즐기기 위해 필요한 모든 필요한 정보를 자체적으로 갖고 있는 자급자족형 유머이다.

대화에서의 자발적인 유머는 대인관계 과정에서 누군가 의도적으로 만들어내는 것이며, 언어적이거나 비언어적일 수 있다. 대인관계 중에 자발적으로 일어나는 것으로 맥락 의존적이라고 할 수 있다. 이것은 일반적으로 위트wit라고 하는 유형으로 데브라 롱Debra Long과 아더 그래써Arthur Graesser(1988)는 이에 대해 <표 18>와 같이 11개의 범주로 세분화하였다.

우연적이거나 비의도적인 유머는 유머의 의도가 없이 우연히 나타나는 유머로 우발적 유머accidental humor라고 칭한다. 신체적 형태와 언어적 형태로 구분되는데, 우발적 신체 유머에는 바나나 껍질에 미끄러지거나 셔츠에 음료수를 엎지르는 것과 같이 사소한 불운과 실수가 포함된다. 그 사건을 경험하는 사람이 심각하게 다치거나 당황스럽지 않을 때 재미를 유발한다. 우발적 언어 유머는 철자의 실수, 발음의 실수, 논리의 실수 등으로 인해 발생한다.

④ 부젠과 발켄버그의 분류

부젠과 발켄버그(Buijzen and Valkenburg, 2004)는 광고물의 유머를 분석하여 유머의 요소를 크게 익살스러운 유머clownish humor, 놀라움surprise, 패러디parody, 오해misunderstanding, 법석떨기slapstick, 비꼬기irony, 풍자satire 등 일곱 가지로 구분했다(나은영, 2010 재인용).

이 일곱가지 유형은 복잡도의 수준에 따라 구분되는데, 익살스러운 유머가 추적과 활기찬 팔다리 운동을 포함하는 가장 단순한 형태이다. 놀라움은 갑작스런 개념과 이미지의 변화를 포함하여 무해하지만 더 인지적 이해를 요하는 유형이다. 패러디는 활용되는 미디어 스타일과 장르에 대한 지식을 요하는 좀 더 복잡한 유머 유형이다.

나머지 네 가지는 상대적으로 비우호적이고 날카로운 유머에 속한다. 슬랩스틱은 '얼굴에 파이 던지기' 처럼 악의적인 즐거움을 수반한다. 풍자와 비꼬기는 대개 적대적이지만 슬랩스틱보다 더 인지적 이해를 요한다. 풍자는 잘 알려진 사람이나 상황을 희롱하는 반면, 비꼬기는 냉소주의와 말장난을 포함한다.

이들은 이 외에도 버거(Berger, 1976)의 분석을 토대로 다양한 유머 기술을 <표 19>와 같이 정리하였다.

[표 18] 위트(wit)의 11가지 유형(로드 마틴, 2006 재인용)

위트(wit)의 11가지 유형
1. 아이러니(irony) 화자는 축어적 의미가 의도하는 의미와 대비되는 진술을 한다.
2. 풍자(satire) 사회제도나 사회 정책을 날카롭게 찌르는 공격적 유머
3. 야유(sarcasm) 제도보다는 개인을 표적으로 하는 공격적 유머
4. 허풍과 과소진술(overstatement and understatement) 다른 사람이 말한 것에서 강조점을 달리하여 반복함으로써 그 의미를 변화시키는 것
5. 자기 비하(self-depreciation) 유머의 대상으로 자신을 표적으로 하는 진술, 자기비하는 겸손함을 보여주거나, 듣는 사람을 편안하게 만들거나 그 사람의 비위를 맞추기 위해 사용되기도 한다.
6. 지분거리기(teasing) 듣는 사람의 외모나 약점을 겨냥한 유머, 야유와 달리 그 의도가 심각할 정도로 모욕적이거나 공격적이지 않다.
7. 수사적 질문에 대한 응수(replies to rhetorical questions) 수사적 질문은 응답을 기대하지 않는 것이기 때문에, 이런 질문에 답하는 것은 대화의 기대를 위반하는 것이며 질문을 던진 사람을 놀라게 만든다. 따라서 이 응답은 웃기는 것으로 지각될 수 있으며, 일반적으로 그 의도는 상대방을 단지 즐겁게 해주려는 것이다.
8. 우문현답(clever replies to serious statements) 심각한 진술이나 질문에 대한 현명하면서도 부조화되거나 의미없는 응답이다. 진술을 고의적으로 다르게 해석함으로써, 화자는 원래 의도했던 것과는 다른 의미에 반응하는 것이다.
9. 이중의미 어구(double entendre) 진술이나 단어가 두 가지 의미를 촉발하도록 고의적으로 다르게 지각하거나 해석하는 것. 두 번째 의미는 성적인 것이기 십상이다.
10. 고정된 표현의 변환(transformation of frozen expressions) 상투적 표현이나 격언과 같이 잘 알려진 표현을 새로운 진술로 변형시키는 것. 예컨대, 남과 같이 일하는 것이 싫은 사람이 "백짓장은 맞들면 찢어진다"라고 말하는 것.
11. 펀(pun) 일반적으로 동음이의어에 근거하여 이차 의미를 촉발하도록 단어를 유머러스하게 사용하는 것.

[표 19] 유머 기술의 요소(나은영, 2010 재인용)

불합리(absurdity)	넌센스, 논리적 규칙에 반하는 상황
의인화(anthropomorphism)	사물이나 동물이 인간의 모습을 함
호언장담(bombast)	호언장담하거나 과장된 말
추격(chase)	어떤 사람이나 사물을 쫓아다니거나 추격함
익살스런 행동(clownish behavior)	활발한 팔다리 움직임이나 과장된 불규칙 신체 행동
서투름(clumsiness)	숙달되거나 우아하지 않음
우연의 일치(coincidence)	우연히 예기치 않은 일이 일어남
개념적 놀라움(conceptual surprise)	기대하지 않았던 갑작스러운 개념의 변화로 청중을 오해시킴
실망(disappointment)	(사소한) 실망을 가져오는 상황
기이함(eccentricity)	규범에서 벗어나는 사람, 이상한 등장 인물
당혹스러움(embarrassment)	누군가 불편함이나 창피함을 느끼게 되는 어색한 상황
과장(exaggeration)	과장된 말, 과장된 반응, 어떤 사람이나 사물의 질을 과장함
기괴한 외양(grotesque appearance)	놀라운 특성을 지닌, 이상하거나 괴물같은 외양을 가진 사람
무지(ignorance)	어리석고 순진하여 속기 쉬운, 유치하게 행동하는 사람
모방(imitation)	정체성을 유지하면서 어떤 사람의 모습이나 움직임을 따라 함
분장(impersonation)	의도적이든 비의도적이든, 다른 사람의 정체성을 지님
어린애같은 언동(infantilism)	말소리를 어린애같이 하며 노는 것
비꼬기(irony)	말하는 것과 다르거나 반대되는 것을 의미함
부적절한 행동(irrelevant behavior)	권위나 현존 기준을 적절히 존중하지 않음
심술궂은 쾌락(malicious pleasure)	다른 사람의 불행을 즐거워함, 희생자 유머
오해(misunderstanding)	상황을 잘못 해석함
재치(outwitting)	반박, 응답, 또는 되받아칠 때 기지를 발휘하여 압도함
패러디(parody)	문체, 다른 문학 장르, 또는 다른 미디어를 모방함

독특한 얼굴(peculiar face)	우스꽝스러운 얼굴이나 찡그린 표정을 함
독특한 소리(peculiar sound)	만화에서와 같이 우스꽝스럽거나 예기치 않았던 소리
독특한 목소리(peculiar voice)	우스꽝스러운 이상한 소리
동음이의의 익살(pun)	이중의 뜻을 지닐 수 있는 단어의 의미를 활용하는 것
재치있는 즉답(repartee)	대개 위트있는 대화 안에 나타나는 언어 유희
반복(repetition)	같은 상황을 반복하거나 다시 보여 줌
조롱(ridicule)	누군가를 언어적 또는 비언어적으로 놀림
완고함(rigidity)	보수적이고 융통성이 없어 경직된 사고를 하는 사람
빈정거림(sarcasm)	적대적 톤으로 날카롭게 쏘는 말을 함. 항상 언어적 표현
풍자(satire)	잘 알려진 사물, 상황, 또는 공적 인물을 놀리거나 찌름
규모(scale)	사람의 논리적 기대치를 뛰어넘는, 아주 크거나 작은 크기
성적 암시(sexual allusion)	성적이거나 장난스러운 문제를 가리키거나 암시함
법석떨기(slapstick)	신체적으로 얼굴에 파이 묻히기 등, 누군가의 지위를 격하시킴
속도(speed)	아주 빠르거나 느린 동작으로 걷거나 움직임
고정관념(stereotype)	국가, 성, 집단의 구성원을 고정 관념화, 일반화시켜 표현함
변형(transformation)	어떤 사람이나 사물이 변형되어 다른 형태를 띰
시각적 놀라움(visual surprise)	갑작스럽고 예기치 않은 시각적, 신체적 변화

4) 유머의 주관성

① 남녀간 차이

같은 유머라도 성별, 연령별로 재미 반응은 사람마다 다르다. 이는 유머의 재미 경험도 매우 주관적이란 사실을 의미한다. 특히 유머 반응에 대한 남녀간 성차는 명확히 존재하는 것으로 보인다. 지금까지의 성차에 대한 연구 결과를 한 마디로 요약하면 '웃음은 여성의 것이고 유머는 남성의 것이다' 라고 할 수 있다. 일반적으로 방송국 방청객들의 성비가 90% 정도로 여성이 많은 경우를 알 수 있는데 이것은 여성들이 남성들에 비해 더 잘 웃기 때문이다. 여성들은 똑같은 농담에 더 재밌어 하고 자주 웃고 더 크게 웃는 경향이 있다고 한다(이윤석, 2011).

또한 남성은 순간적으로 주고받는 농담이나 행동이 웃기는 데서 유머를 찾는 경향을 보인 반면, 여성은 함께 이야기를 풀어 나가는 과정 자체를 즐기거나 공감대가 형성돼야 흥미를 느끼는 양상을 보인다고 한다. 미국 광고회사 JWT가 실시한 유머 조사 연구에서 "유머가 남성에게는 권력의 도구이지만 여성에겐 결속의 수단"이라는 결론을 내놓았다.[164]

JWT에 따르면 남성은 농담이라고 불리는 유머를 선호한다. 대화 과정에서 말의 오고감보다 특정 상황에서 입담으로 이어지는 말장난을 즐긴다. 이때 전형적으로 '놀림감' 혹은 조롱당하는 희생자가 나타나면서 유머를 통해 권력 관계가 구분된다. 여성은 틀에 짜인 농담보다 '이야기가 있는' 스토리텔링 유머에 더 공감한다. 평범한 사실 속에서 재미있는 요소를 발견하고 자신과의 공통점을 찾을 때 미소를 띤다는 것이다. 슬랩스틱 코미디에 대한 눈이 다른 것도 이 때문이다.

---

164) 지난 2005년 1~6월 8개국의 소비자와 코미디언, 드라마 '섹스 앤드 시티' 의 작가 등을 대상으로 조사한 결과이다(정양환, 2006. 1. 13, "남녀 웃음 코드 다르다", 동아일보).

남성은 슬랩스틱이 물리적인 경쟁 구도가 분명하고 희생양이 있기 때문에 좋아한다. 그러나 여성은 상처 주는 이보다 받는 사람에게 더 공감하기 때문에 큰 재미를 느끼지 못한다. 이러한 차이는 남성의 유머 인식의 경우 앞서 우월성 이론에 의해 설명된다. 여성의 유머는 다르다. 특정 상황이 발생했을 때 상하관계나 우월의식보다 본인의 주관적인 입장이 일치할 때 웃는다.

사회인류학이나 진화생물학적 관점에서도 유머의 남녀 차이를 설명한다. 인류의 수렵 시대 외부에서 끊임없이 싸움을 하는 전사였던 남성은 상대를 놀리는 것도 하나의 경쟁 수단으로 인식했다는 것이다. 현대의 남성도 상황이나 사물을 권력 관계로 파악하기 때문에 타인을 만나면 순식간에 상하 관계를 결정한다. 자신이 희생양이 되는 '자학 개그'를 남성들이 자주 사용하는 것도 이 때문이다. 반면 부족 공동체에서 결속을 강화하는 역할을 했던 여성에게 유머는 관계를 형성하고 우정을 만들고 지지를 끌어내는 도구였다. 현대 여성도 상대를 권력 관계보다 의사소통의 파트너로 대한다. 이로 인해 여성의 유머는 서로의 내러티브를 공유하는 대화 속에서 발생한다는 것이다.

② 연령별 차이

유머 반응의 남녀간 성차가 있을 뿐 아니라 연령별 차이도 존재한다. 앞서 광고물의 유머 유형 분류를 연구한 부젠과 발켄버그(Buijzen and Valkenburg, 2004)는 연령대별로 선호하는 유머의 유형이 다르다고 주장한다.

2세에서 7세 사이의 유아기 아동들은 슬랩스틱같은 익살스러운 행동이나 까꿍놀이 같은 시각적 놀람의 단순한 유형을 선호한다. 8세에서 11세 사이의 아동기 아이들은 법석떨기slapstick와 논리적 유머를 선호한다. 이들은 단어의 의미나 논리를 따지는 놀이와 같이 좀더 복잡하고 추상적인 유머에 대한 선호가 발달하기 시작한다.

12세에서 18세 사이 청소년기에는 미묘함과 부적절한 행동에 관한 유머를 선호한다. 이 시기의 아이들은 말장난, 빈정대기, 비꼬기, 성적 암시와 같은 좀 더 세련된 형태의 유머를 선호한다. 이들은 또한 만들어진 농담보다 일화나 즉흥적인 유머를 더 선호하고 금기와 혐오스런 부적절한 유머의 형태도 즐긴다. 성인은 유머의 다양성과 개성을 중시한다. 이 때 연령에 따른 차이는 줄어들고, 성별, 문화, 사회경제적 지위 같은 인구통계적 요소가 더 중요하게 작용한다.

5) 유머와 뇌[165)]

인간이 유머에 웃을 수 있는 것은 우리 뇌가 웃을 수 있는 회로를 갖추고 있기 때문이다. 인간의 어떤 기능에는 반드시 해당하는 뇌의 부위가 있다. 웃음과 관련된 뇌 부위는 아직 완전히 밝혀지지는 않았지만 차츰 드러나고 있다. 먼저 뇌의 '웃음보' 라고 할 수 있는 부분이 있다.

① 유머와 관련된 뇌 부위들

캘리포니아 대학의 프리드 박사 연구팀은 16세 소녀의 간질 발작 부위를 찾기 위해 전기 자극을 가하던 중 특이한 현상을 접했다. 좌측 전두엽에서 1인치 크기의 부위(소위 'A10' 영역, <그림 59>에서 시상하부 영역)를 자극하면 어떤 상황이든 웃는 것을 발견한 것이다.

165) 브레인(2013), "뇌과학이 밝혀낸 인간 웃음의 비밀", Vol.38, 2013.1, 28-31

이 부위는 운동을 계획하고 실행하는 데 중요한 역할을 하는 보완운동 영역 supplementary motor area에 속한다. 프리드 박사에 따르면 웃음의 실행단계인 운동 영역에 해당하는 부분이다. 변연계도 웃음에서 빼놓을 수 없는 부위다.

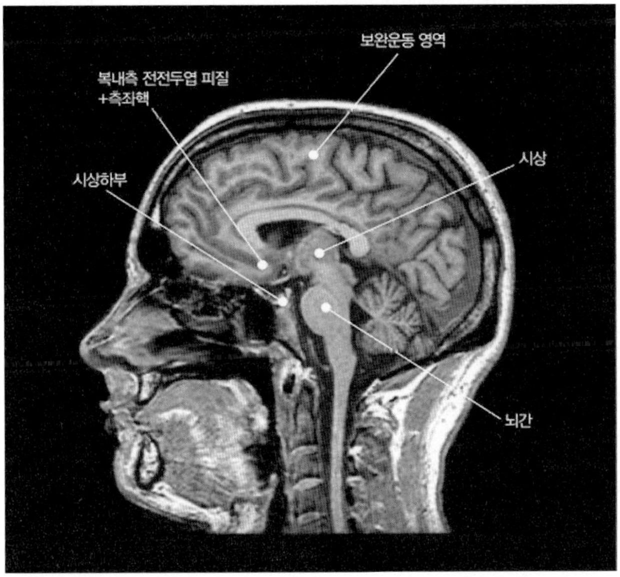

[그림 59] 유머와 관련된 뇌의 여러 부위들(출처: "뇌과학이 밝혀낸 인간 웃음의 비밀", 2013. 1, 브레인 Vol.38)

변연계에 속한 해마와 편도, 시상 사이의 연결은 친근감, 사랑, 애정, 기분과 같은 감정의 표현에서 중요한 역할을 담당한다. 시상하부, 특히 가운데 부분은 크고 조절할 수 없이 터져 나오는 웃음을 만드는 데 중요한 역할을 한다.

웃음에는 변연계, 운동 영역 외에도 여러 영역이 함께 작용한다. 가령 재미있는 개그 프로그램을 보고 있을 때 먼저 출연자의 동작, 말장난 같은 것을 눈과 귀로 듣고 해석한다. 웃기는 대목이라면 안면의 근육들이 움직이고 입을 벌려 소리를 낸다. 배를 잡고 웃으면 복근뿐 아니라 횡격막이 크게 움직인다. 감각신호를 받아들이고 해석하는 시각과 청각 피질, 말의 뜻과 소리를 구분해내는 언어 영역, 기억과 관련된 영역들, 몸의 무의식적인 생리작용을 관장하는 뇌간 등이 관여한다. 이처럼 웃음은 주로 변연계에 집중된 다른 감정들에 비해 많은 영역들의 종합으로 나타난다("뇌과학이 밝혀낸 인간 웃음의 비밀", 2013. 1, 브레인 Vol.38).

② 유머 반응에 대한 좌뇌와 우뇌의 역할

좌뇌의 청각 영역에서는 주로 농담의 구조를 분석하고 우뇌에서는 농담을 알아듣는 지적인 분석을 수행한다. 좌뇌는 농담을 처음 받아들일 때, 즉 전제나 상식적 이야기로 시작되는 농담의 앞부분에서 중요한 역할을 하며, 우뇌는 농담이 시작된 후 반전이 일어나는 부분, 상황을 창의적으로 해석하여 유머가 발현되는 지점에서 역할을 한다.

좌뇌는 언어 구사 및 본질에 대한 합리적인 분석과 관련이 있으며, 우뇌는 공간이나 사람 얼굴의 분석, 패턴에 대한 인식, 새롭게 떠오르는 통찰, 창조적 아이디어와 관련되어 있다. 유머 역시 상황과 문맥에 대한 이해는 분석적인 좌뇌가 수행하고 이를 기반으로 새롭게 탄생하는 의미를 깨닫는 것은 우뇌의 역할이다.

좌뇌, 우뇌가 제 역할을 다할 뿐 아니라 긴밀히 협조해야만 온전히 유머를 이해할 수 있다. 좌우뇌가 함께할 때라야만 웃음의 논리가 완전하게 처리되는 것이다. 좌뇌와 우뇌의 긴밀한 협조는 주로 좌뇌 우뇌를 연결하는 뇌량에 의해 이루어진다(이윤석, 2011).

1999년 토론토 대학 연구팀의 연구에 따르면 우측 전두엽이 손상된 환자는 논리에서는 문제가 없지만 유머감각이 매우 떨어지는 것으로 나타났다. 또 농담의 종류와 관계없이 복내측 전전두엽 피질medial ventral prefrontal cortex은 항상 활동했고 웃기는 정도가 클수록 활동량이 증가했다. 이 부위에서 농담이 얼마나 웃기는지 판단하는 것이다.

③ 보상회로(쾌락중추)와 거울뉴런의 역할

웃음은 측좌핵nucleus accumbens이라고 불리는 뇌의 보상회로 부분을 자극한다. 바로 이 부분이 활성화되고 도파민의 농도가 올라가기 때문에 카테콜라민과 스트레스 호르몬이 감소하고 즐거운 감각이 느껴지는 것이다. 우리는 웃을 때마다 보상을 받는다. 즉 즐거워서 웃는 것이 아니라 웃어서 즐거울 수 있다는 것이다.

일부러 웃는 웃음도 자연스러운 웃음과 똑같은 효과를 내는 이유는 이 때문이다. 우리의 뇌가 역으로 행동에서 감정을 느끼고 스스로 합리화하며 이유를 만들어내기 때문이기도 하다. 또한 웃음은 고통을 느끼는 회로들의 활동을 약화시키고 우울함을 비롯한 부정적인 감정반응들을 차단하는 효과도 있다.

또한 두뇌의 웃음 회로에서 빼놓을 수 없는 것이 바로 거울 뉴런mirror neuron이다. 거울 뉴런은 어떤 특정 동작을 할 때뿐만 아니라 동작을 보거나 소리를 들을 때도 함께 활성화되는 뉴런으로 인간 뇌의 두드러진 특징이다. 인간이 다른 사람의 동작을 쉽게 따라 하는 것이나 다른 사람의 감정을 잘 공감하는 것도 이 때문이라고 추측된다. 웃음에서도 마찬가지다. 우리는 다른 사람이 웃는 것을 보면 저절로 따라 웃는다. 다른 연구에 따르면 웃음소리만 들어도 우리의 뇌는 웃을 준비를 한다고 한다. 이처럼 시각과 청각의 거울 뉴런은 웃음과 긍정적 감정의 전염성을 설명해준다("뇌과학이 밝혀낸 인간 웃음의 비밀", 2013. 1, 브레인 Vol.38).

생각해 볼 문제

1. 유머의 원리를 설명하는 세 가지 이론 중 내가 더 동의하는 이론과 이유는 무엇인가?
2. 유머가 갖는 생물학적 기능과 사회적 기능은 무엇인가?
3. 유머의 남여차는 생물학적인 것인가, 사회적인 것인가?

5. 배움과 재미

배우는 일은 인간에게 생존을 위한 필수적 활동이자 재미를 추구하는 일이다. 배움은 결코 살아남기 위해 어쩔 수 없이 해야 하는 일이 아니라 그 자체가 인간에게 즐거움을 제공하는 재미의 영역이라는 것이다. 대부분의 사람들은 재미라고 하면 보통 놀이나 게임, TV나 영화를 보는 것처럼 말 그대로 유희적인 활동에 한정된다고 생각한다.

이런 생각은 결국 배움이 공부를 업으로 하는 학자나 연구원과 같이 극소수의 사람들에게만 재미있는 활동이 될 수 있다는 생각으로 이어진다. 이것은 배우는 일이 그 자체로 유희를 목적으로 하지 않고 입시나 취업과 같은 특별한 목표를 갖고 있는 일들과 관련되어 있기 때문에 생긴 편견이다.

배움이 이와 같은 성취 동기를 전제로 할 경우에는 물론 제한적이긴 하지만 그렇다고 재미가 전혀 유발되지 않는 것은 아니다. 학습을 의무로 여기는 대부분의 학생들에겐 특히 배우는 일은 재미라고 생각할 수도 없겠지만 공부에서 좋은 성과를 얻은 학생들은 배우는 일을 즐겼다는 공통점이 있는 것도 사실이다. 그들은 결과적으로 좋은 성과를 얻었기 때문에 공부를 재미있다고 느끼는 것이 아니라, 공부를 통해 자신의 실력을 검증하고 나날이 자신이 성장하는 과정을 스스로 확인하는 재미를 맛보는 것이다.[166)]

치열한 입시 경쟁 속에서 배우는 일이 재미있기는 커녕 엄청난 심적 고통을 수반하는 괴로운 일이 되어버린 우리 사회의 학습 현실이 안타까울 따름이다. 왜냐하면 뭔가 새로운 것을 배우는 일은 일단 한번이라도 '앎의 즐거움'을 경험하고 나면 그 어떤 것과도 비교할 수 없을 정도로 재미있는 활동이란 사실을 알게 될 것이기 때문이다. 다만 배우는 일이 재미있는 활동이 되기 위해서는 몇 가지 전제 조건이 충족되어야 한다는 제한이 있을 뿐이다. 이런 조건이 충족된다면 배우는 즐거움은 그 어떤 재미 활동보다도 견고하고 지속적인 만족감을 줄 뿐 아니라 단순한 재미를 넘어 희열의 감정까지 맛볼 수 있게 한다. 배우는 재미는 이와 같이 즐거움을 줄 뿐 아니라 자신의 성장을 체험하게 해준다는 점에서 가장 고상한 재미라고 할 수 있다.

배우는 일이 즐거운 것은 그것이 어떤 의미에서 보물찾기와도 같기 때문이다. 이것은 결코 배움의 재미를 포장하기 위한 수사적 비유가 아니다. 자신을 둘러싼 환경과 사회, 인간 자신에 관해 몰랐던 사실을 하나씩 알아가는 일은 생존 기술을 터득한다는 의미와 상관없이 마치 숨겨진 보물을 하나 하나 찾아나가는 것처럼 그 자체로 미지의 세계를 탐험하는 지적 충족감을 맛보는 신기한 체험이기 때문이다.[167] 그것은 인문학, 사회학, 과학, 예술 등 심각한 학문 분야의 공부이

---

166) 캐롤 드웩 미 컬럼비아대 교수는 배움에 있어 성취 동기가 평가목표와 학습목표 중 무엇이냐에 따라 성과가 달라진다고 한다. 평가목표는 평가에서 좋은 점수를 받으려는 욕구, 경쟁에서 이기려는 욕구, 정답을 맞히려는 욕구 등, 이기려는데 목표가 있는 동기를, 학습목표는 모르는 것을 알고싶은 욕구, 어려운 문제에 도전하고싶은 욕구, 문제를 해결하는 과정을 즐기려는 욕구 등, 놀이나 시험에서 배우고 도전하는 것에 목표가 있는 동기를 갖고 있다. 이 둘은 실패에 대한 태도도 달라지는데 전자는 능력 부족 때문이라 여기고 후자는 노력 부족 때문이라고 받아들인다. 한국의 교육이 과도한 경쟁에 몰리고 있는 것은 배움이 학습목표가 아닌 평가목표에 초점이 맞춰져 있기 때문이다.

167) 인간 문명 사회가 사회, 경제, 과학, 기술, 예술 등 모든 영역에서 오늘날 눈부신 발전을 이어가는 것은 모두 뉴턴의 언명처럼 '거인의 어깨 위에 올라서서' 인류의 앞선 지적 발견과 성과를 토대로 새로운 지적 혁신을 이어올 수 있었기 때문이란 사실을 생각하면 이는 놀라운 일이다.

든, 유희적 취미 활동을 위한 배움이든 상관없이 동일하다. 이제 배움의 재미란 무엇이고, 배움의 재미를 맛보기 위해 무엇이 필요하며, 무엇이 배움의 재미를 구성하는 지 등에 대해 차례대로 알아보도록 하자.

1) 배움의 개념과 특성

① 배움의 범위

우선 배움과 유사한 개념으로 '학습', '공부', '교육' 등 다양한 용어들이 있음에도 배움이란 용어를 굳이 사용하는 이유를 설명하도록 하겠다. 앞서 지적한 바와 같이 학습, 공부, 교육 등은 배움과 동일한 개념이기는 하지만, 많은 사람들이 재미와 상반된 부정적 정서와 연관시키는 등 부정적 선입견을 갖고 있다는 것이 주된 이유이다. 또한 이들은 모두 일이나 의무와 관련되어 있고 수동적 입장에서 주어진 것을 받아들이는 관념과도 결부되어 있다.

그에 반해 배움은 행위 주체의 자발적인 동기에서 능동적으로 추구하는 활동의 개념을 갖고 있으며 어쩔 수 없이 의무적으로 해야 하는 일이란 선입견에서 상대적으로 자유롭다고 할 수 있다. 또한 배움은 학교나 대학과 같은 교육기관을 통해 엄격한 검증과정을 거쳐 자격을 부여하는 공식적인 지적 습득과정 뿐 아니라 취미 활동과 같은 비공식적인 지식 습득과정까지 넓게 포괄하는 용어로 사용하기에도 적합하다고 봤다.

배움이란 것은 '자발적인 앎에 대한 호기심', '새로운 지식이나 경험의 습득을 통한 성장의 욕구' 로서의 재미를 의미하는 것이다. 그런 점에서 배움의 재미는 정보와 지식과 같은 인지적 학습에 한정되지 않으며 스포츠, 댄스, 연극과 같은 신체적 학습, 음악, 미술 교육 등 정서적 학습을 포괄한다고 하겠다.

이와 더불어 배움은 활동 속성에 따라 배움의 사후 활용 단계로서 '하기' 활동과 '만들기' 활동도 포함한다. 배움은 일반적으로 배우는 것만으로 끝나지 않고 이를 직접 실험하거나 수행하는 단계로서 '하기'의 과정(예를 들어 스포츠나 악기를 배울 경우 경기에 참여하거나 연주회를 여는 것과 같은 활동)과 '만들기'의 과정(예를 들어 음악이나 미술을 배울 경우 이를 직접 만들어 보는 창작 활동)으로 이어지기 마련이다. 배우는 과정은 그 자체로 인지적 지평을 넓혀가는 경험을 하게 하는 즐거움이 있지만 일정 수준 학습의 누적 효과가 나타날 때 이어지는 '하기'와 '만들기'의 즐거움은 단순히 배우는 재미를 넘어 자신의 능력을 알리고 자신을 표현하는 자기표현감과 자기유능감의 재미를 제공한다고 하겠다. 그런 점에서 하기와 만들기의 재미는 배움의 부수적 재미 활동이면서도 더 적극적이고 진보적인 재미에 해당한다고 할 수 있다.

② 배움의 개념

앞서 설명한 재미 영역들과 달리 배움의 재미를 이해하는 데 배움의 개념을 정의하는 것이 반드시 필요한 것은 아니지만 배움의 범위를 설정하고 차별적인 속성을 이해한다는 의미에서 배움을 정의해 보도록 하겠다. 배움이란 쉽게 얘기하면 '몰랐던 사실이나 현상에 대한 새로운 설명 원리를 인지적으로 습득하는 일'이라고 할 수 있겠다. 배움은 직접적인 경험과 의식적 사고 작용을 통해 이뤄지고, 그 결과 몰랐던 사실을 알고 이해하여 능력과 성향에 변화가 나타나는 것이다. 가네(Gagne, 1985)는 배움에 대해 "일정 기간 이상 인간의 성향이나 능력에 변화를 가져오는 현상을 말하며 이에는 단순한 성장 과정에 기인하는 변화는 포함되지 않는다"고 설명한다(안범희, 2007 재인용).

이와 같은 정의에 따르면 배움은 세 가지 측면의 요건을 갖추고 있다. 첫째, 배움이 추구하는 것은 변화라는 점이다. 배우기 전과 후의 변화의 내용은 통찰, 지각, 동기, 태도 등이 포함되며 이들이 결합된 행위도 포함한다. 이러한 변화는 바람직한 방향으로의 변화로서 가치지향적인 것이고 체계적인 것이다. 둘째, 이러한 변화는 경험이나 연습을 통해 일어나는 것이며, 성장이나 성숙, 또는 상해 등으로 일어난 신체적, 생리적, 물리적 변화는 배움으로 간주하지 않는다는 것이다. 셋째, 이러한 변화는 어느 정도 영속성을 지녀야 학습된 것으로 간주되는 것으로, 시간적 길이는 일률적으로 적용하기는 어려우나 일시적인 변화는 배움으로 보기 어렵다.

③ 배움의 재미 특성

재미의 관점에서 이와 같은 배움의 요건들을 해석하면 배움의 재미는 가상적 변화를 추구하는 다른 재미 활동과는 달리 성장이라는 실제적인 변화를 추구한다는 점에서 다르다. 또한 배움의 재미는 일시적이고 일회적인 다른 재미 활동과 달리 어느 정도 반복적이고 영속적인 추구 활동이라는 점에서도 다르다.

또한 다른 재미 활동들이 오로지 유희적 목적을 위한 활동지향적 재미임에 반해 배움의 재미는 성취와 성장과 같은 목표지향적, 수단적 재미라는 점에서 다르다. 그러나 이와 같은 차이들보다 배움의 재미가 갖고 있는 근본적인 특성은 바로 정서적 즐거움을 지향하는 다른 재미 활동들과 달리 인지적 재미에 가깝다는 점이다. 배움의 재미는 새로운 지식과 경험을 습득하고 사고능력을 활용한다는 점에서 인지적 차원의 재미라고 할 수 있다. 그런 점에서 배움의 재미는 정서적 자극에 치우친 재미 활동에 균형을 잡아주는 잇점이 있다. 또한 배움의 재미는 인지적 자극을 강화함으로써 뇌의 신경세포망(뉴런)을 더욱 확장시키고 성장시키는 효과를 낳는다.

이와 더불어 배움의 재미는 다른 재미 활동들의 선행적 재미라는 특성을 갖고 있다. 앞서 논의한 놀이, 게임, 이야기, 유머 등의 재미 활동들은 기본적으로 재미를 인식하기 위해서는 선행적으로 잠재적인 사전 지식의 이해를 필요로 한다. 놀이와 게임은 내용을 지배하는 규칙과 제한에 대한 이해가 있어야 하고 이야기와 유머 역시 일련의 배경 지식과 맥락에 대한 이해를 전제로 한다. 그런 점에서 보면 배움(앎)은 모든 재미 활동의 선행적 재미 요소로 작용한다고 할 수 있다.

보통 재미의 수준과 차이를 설명하는 격언으로 많이 인용하는 다음 논어의 설명은 어떤 의미에서 재미의 발전 단계로 이해할 수도 있다. 즉, '아는 사람은 좋아하는 사람만 못하고, 좋아하는 사람은 즐기는 사람만 못하다知之者 不如好之者, 好之者 不如樂之者' 는 말은 원래 재미의 수준을 비교하는 경구로 자주 인용된다. 그런데 이것을 재미의 발전 단계라는 관점에서 이해해 보면 배움이 재미를 구성하는 원초적인 조건이라는 것을 알 수 있게 된다.

즉, 이것은 뭔가 알게 되면 좋아하게 되고, 좋아하게 되면 즐기게 된다는 의미로 이해할 수 있다. 따라서 즐김의 재미는 무엇보다 배움(앎)에서 출발해야 한다는 것이다. 사실상 무언가를 알기 전에는 좋아하기도 어렵고, 좋아하지 않는 것을 즐기는 것은 더더욱 어려운 일이다. '아는 만큼 보인다' 는 말도 같은 맥락이라고 할 수 있다. 어떤 것이든 제대로 재미를 느끼기 위해서는 배움이 선행되어야 하는 것이다. 그것은 학문의 영역에서건, 취미의 영역에서건, 예술의 영역에서건 동일하다. 음악이든, 미술이든 알면 알수록 그것을 감상하고 즐길 수 있는 능력이 커지고 그에 따라 심미적 재미도 커진다고 할 수 있다.

요컨대, 재미를 유발하는 작동 원리에서 중요한 역할을 하는 것이 바로 배움이라는 것이다. 재미를 얻기 위해 어떤 행위자에게 전제되는 것은 행위의 규칙이 무엇이냐를 먼저 이해하는 것이다. 스포츠나 게임의 경우가 이에 해당한다고 할 수 있다. 모든 구성원이 그 규칙을 숙지하고 그에 따라 행동하며 구성원들간의 상호작용이 규칙의 범위 안에서 예측하기 어려운 다양한 조합의 결과를 가져올 때 나타나는 것이 바로 재미라고 할 수 있다. 그런 점에서 앞서 게임에서의 재미는 '게임이 제공하는 패턴(일종의 게임 규칙)을 학습하는 과정에서 뇌가 주는 일종의 쾌락적 보상' 이라고 설명한 라프 코스터의 설명은 타당하다고 할 수 있다.

재미의 정도는 앎의 수준과 깊이가 더해짐에 따라 비례적으로 더 커진다. 일례로 축구 경기를 보고 재미있어 하는 데는 축구에 대한 가장 기본적인 경기 규칙에 대한 이해만 필요하지만 재미가 증가하기 위해서는 여기서 더 나아가 다양한 축구 기술과 게임을 성공적으로 이끌기 위해 필요한 다양한 공격, 수비 전략과 전술에 관한 지식이 더해져야 하는 것이다(김학진 · 김성문 · 김진우 · 박선주, 2007).

2) 배움의 재미 요소

배움의 재미는 자신과 자신을 둘러싼 환경에 대한 이해를 통해 생존 기술을 습득하는 것이라고 하겠지만 본질적으로는 도전을 통한 성취와 지적 확장을 통한 변화와 성장에 있다고 할 수 있겠다. 성취는 시험이나 과제를 성공적으로 수행하는 데서 오는 만족감이라고 할 수 있고 성장은 외부적으로 주어진 목표나 의무를 달성하기 위해서가 아닌 자발적이고 내적인 동기에서 지적 호기심을 충족시키고 지적 발전을 이뤄내려는 욕구라는 점에서 구별된다. 그런 점에서 성취는 결과지향적이고 성장은 과정지향적이라는 차이가 있다. 따라서 성취는 과도하게 경쟁을 의식하고 성과나 결과에 매몰될 경우 배움의 재미가 사라질 수 있는 위험을 내포하고 있다는 점에서 약점을 갖고 있다. 성취 동기가 재미를 유발하고 이를 유지할 수 있기 위해서는 그 활동을 자발적으로 선택했다는 자기결정감이 무엇보다 중요한 이유가 여기에 있다. 이런 이유로 배움의 재미는 좁게 보면 과정을 즐기는 성장의 재미에 있다고 할 수 있다.

배움의 재미를 구성하는 활동들을 세부적으로 살펴보면, 몰랐던 새로운 사실을 알고 지식을 습득하는 앎의 재미, 사고능력을 사용해 어떤 상황의 인과관계를 이해하는 논리적 사유의 재미, 기억한 것을 필요할 때 적시에 꺼내 사용하는 지식 활용의 재미, 주어진 문제에 대한 해답이나 해결책과 대안을 찾아내는 문제 해결의 재미, 배움의 부수적 재미 활동으로서 '하기' 와 '만들기' 의 재미 등을 들 수 있다. 여기서 앎의 재미, 논리적 사유의 재미, 지식 활용의 재미, 하기와 만들기의 재미는 성장의 재미에 해당하고, 문제 해결의 재미는 성취의 재미에 해당한다.

인지주의 학습이론가 브루너(Bruner, 1973; 안범희, 2007 재인용)는 내적 동기와 이에 따른 보상(강화)으로서 배움이 제공하는 재미의 요소로 '1. 새로운 사실을 인식하고 이해하는 데 따르는 만족감, 2. 자신의 지적 능력을 십분 발휘하는 데 따르는 도전감, 3. 흥미와 몰입의 증대, 4. 자신의 정체성을 확인하는 데 따르는 만족감, 5. 자신의 지적 · 인지적 성숙에 따른 쾌감, 6. 자신의 능력과 성취에 대한 자존감, 7. 다른 사람과 교감을 나누고 어떤 목적에 도달하기 위해 그들과 가까이 상호작용하는 즐거움' 을 제시한 바 있다.

① 앎의 재미

앎의 재미는 몰랐던 새로운 사실을 인식하는 '발견' 의 재미이다. 배우는 재미가 보물찾기에 비유되는 것도 바로 이 점에 있다. 이러한 발견의 재미는 어드벤처 게임에서 새로운 아이템을 발견하는 재미와 다르지 않으며 오히려 이것은 현실세계에 대한 이해를 넓히고 실제 생활에 그 지식을 활용할 잠재적 기회를 제공한다는 점에서 실질적인 만족감을 준다.

앎의 재미는 새로운 것을 배우면 배울수록 새로운 지식이 쌓임으로써 지적으로 성장하고 있다는 정서적 충만감을 맛보게 한다. 그런데 이보다 더 강한 앎의 재미는 세상을 지배하는 숨은 원리 같은 것이 내가 알게 되기도 훨씬 오래 전에 이미 존재했는데 왜 이제야 알게 됐을까 하는 안타까움과 충격적 깨달음 같은 것이다.

예컨대, 뉴턴이 떨어지는 사과를 보고 만유인력을 발견한 경우나 아르키메데스가 목욕탕에서 부력의 원리를 발견하는 경우가 충격적 깨달음을 주는 앎의 재미라고 할 수 있다. 이런 경우는 마치 세상의 숨은 비밀을 혼자 알게 된 것 같은 쾌감을 맛보게 된다.

그런데 이런 충격적 깨달음이 비단 과학의 영역에서만 가능한 것은 아니다. 자연 법칙이 적용되기 어려운 사회 현상이나 인간의 심리 현상에서도 일련의 설명 원리가 존재하거나 과학적 예측이 가능하다는 것을 이해하면 동일한 앎의 재미를 맛보게 된다.

일례로 아주 작은 표본 조사만으로 상당히 높은 확률로 모집단의 속성을 이해하거나 예측하게 해주는 통계학은 사회 조사에서 매우 광범위하게 활용되는 실용적 지식 중 하나이다. 또한 어떤 문제의 핵심 원인이나 기업의 핵심 고객 집단을 파악하는 분석 방법으로 활용되는 파레토Pareto 법칙[168]은 삼성전자의 식스 시그마six sigma 기법[169]에 적용돼 전사적 품질향상과 그로 인한 글로벌 경쟁력 제고

---

168) 일명 '80 대 20의 법칙', '불균형의 법칙'이라 불리는데 이는 전체 결과의 80%가 전체 원인의 20%에서 일어나는 현상을 의미한다. 대부분의 사회 현상은 일반적으로 이와 같은 쏠림 현상이 나타나게 된다. 기업들은 이를 불량률을 낮추는 품질관리나 고객관계 관리CRM에 활용한다.

169) 품질수준이 통계척도로 6시그마(σ)를 달성해 불량률을 3.4PPM(parts per million:제품 백만개당 불량품수; 백만개중 3개의 불량이 나올 확률)이하로 만들고자 하는 기업의 품질경영 전략이다(출처 : 두산백과).

의 성과를 가져왔다는 사실을 이해하면 자연과학에서 느끼는 동일한 놀라움을 느끼게 된다. 상품 생산이나 고객 관리와 같은 비정형적인 영역에서도 자연과학에서와 같은 지배적인 원리를 발견할 수도 있다는 것이다.

이와 같은 앎의 재미는 브루너의 재미 요소에서는 '1. 새로운 사실을 인식하고 이해하는 데 따르는 만족감, 4. 자신의 정체성을 확인하는 데 따르는 만족감, 5. 자신의 지적 · 인지적 성숙에 따른 쾌감' 등에 해당한다고 할 수 있겠다.

② 논리적 사유의 재미

사고능력을 사용해 어떤 상황의 인과관계를 이해하는 논리적 사유의 재미는 인간만이 가진 고도의 인지적 능력을 발휘하는 '추리'의 재미이다. 인간은 직접적인 경험에 의존하지 않고 오로지 논리적 추론의 사고과정만으로도 인과관계에 대한 합리적 해석과 결론을 도출할 수 있는 사유 능력을 갖고 있다.

경험이나 감각기관의 지각 능력보다 사유에 의한 인식 능력을 더 신뢰한 데카르트의 이성 중심주의 사상이 바로 오늘날 근대 문명을 지배하는 합리주의 전통을 이어오고 있다. 데카르트의 인간 사유능력에 대한 절대적 신뢰는 20세기 말 탈근대 포스트 모더니즘 철학의 등장으로 빛이 바래긴 했지만 인간으로 하여금 생각하게 하는 사유의 즐거움이야말로 여전히 배움의 핵심적인 재미라고 할 수 있다.

일례로 인간의 실존성을 입증한 '나는 생각한다. 고로 나는 존재한다Cogito ergo sum'라는 데카르트 철학의 출발점이 된 제1원리나, 대전제와 소전제에 기반한 당연한 논리적 추론으로서 새로운 결론을 도출하는 삼단논법과 같은 논리는 오로지 사고 작용만으로 어떤 사실을 증명할 수 있다는 점에서 매우 놀랍고 신기한 사고 체험이라 할 수 있다. 논리적 사유의 재미는 현상을 끊임없이 의심하고 그런 현상이 왜 발생한 것인지 끊임없이 질문하며 스스로 인과관계에 대한 논리적 해답을 찾아보는 과정을 통해 이뤄진다는 특징이 있다.[170)]

얼마 전 미 하버드대 마이클 센델Michael J. Sandel 교수의 『정의란 무엇인가Justice』가 매우 철학적이고 형이상학적인 내용에도 불구하고 출판계의 베스트셀러가 된 이유도 바로 정의라는 추상적 개념에 관한 논리적 사유 과정이 얼마나 흥미진진할 수 있는지 경험하게 해주었기 때문이라고 할 수 있다.

직관적이고 맹목적인 반응을 요구하는 영상 미디어의 홍수 속에서 인간이 가진 최고의 지적 능력인 사유의 힘이 시들어 가고 있다. 사람들은 더 이상 언어와 문자를 신뢰하지 않고 감성을 자극하는 이미지와 영상으로 소통하는 세상을 향해 나아가고 있다. 이와 같은 지나친 감성적 쏠림은 인간이 균형 감각을 잃고 불합리하고 비이성적인 판단에 빠지게 할 수 있다. 여기서 다시 인간의 사유 능력을 복원하기 위해서 사유의 원천인 텍스트(문자)로 복귀할 필요성이 절실하다. 인문학과 고전 독서의 필요성이 새삼 중요한 이유도 바로 여기에 있다, 논리적 사유의 재미는 브루너의 재미 요소에서는 '3. 흥미와 몰입의 증대, 5. 자신의 지적 · 인지적 성숙에 따른 쾌감' 등에 해당한다고 하겠다.

③ 지식 활용의 재미

기억한 것을 필요할 때 적시에 꺼내 사용하는 지식 활용의 재미도 배움의 재미의 주된 요소 중 하나이다. 요즘과 같이 지식과 정보가 넘쳐나는 디지털 미디어 시대에 기억의 유용성은 예전만 못한 것이 사실이다. 이는 지식의 존속 기간이 갈

---

170) 데카르트는 논리적 사고를 위해서 제시한 방법 중에 첫 번째는 바로 '모든것에 의문을 가져라' 이다. 명확하게 참이라 판단되지 않는 그 어떤 것도 받아들이지 말고 의심하라는 것이다.

수록 짧아지고 필요한 것을 그 때 그 때 찾아서 보는 것이 낫다는 일반의 의식에서 비롯된다. 기억보다 기록이 중요하고, 기억하는 능력보다 검색하는 능력을 우월하게 여기는 것이다. 이는 실시간으로 정보가 갱신되는 시대적 변화를 고려할 때 타당한 측면이 분명 있지만 그럼에도 불구하고 기억은 여전히 배움의 중요한 부분을 차지하고 있다.

어떤 체계적인 지식이라도 그것을 온전히 이해하기 위해서는 핵심적인 구조와 원리에 대해서는 명확하게 암기하고 이를 기억해야 하기 때문이다. 대표적인 예가 바로 외국어를 배우는 경우라고 할 수 있다. 말과 글은 필요할 때마다 찾아보는 방식으로는 결코 활용할 수 없다. 언어의 구조에 해당하는 문법이나 어휘를 암기하지 않고서는 결코 적시에 해당 언어를 소통의 도구로 활용할 수 없기 때문이다. 배움에 있어서 외우는 일을 지루하고 비생산적인 것으로 치부하는 것은, 기억력을 활용하는 지식 추구의 실용적 가치와 지식 활용의 재미를 모르는 무지의 소치라고 할 수 있다. 오히려 디지털 미디어에 대한 의존증이 심화되면서 기억력이 퇴화하는 요즘, 학생과 일반인을 막론하고 정말 걱정해야 하는 심각한 문제는 너무 암기하지 않는 데 있다고 하겠다.[171] 지식 활용의 재미는 브루노의 재미 요소에서는 '2. 자신의 지적 능력을 십분 발휘하는 데 따르는 도전감, 7. 다른 사람과 교감을 나누고 어떤 목적에 도달하기 위해 그들과 가까이 상호작용하는 즐거움' 에 해당한다.

---

171) 뇌과학자들이 영국 런던의 2만5천개 도로를 외우고 있는 택시기사와 일정 노선만 운전하는 버스기사의 뇌를 조사한 결과, 학습, 기억의 인지기능을 담당하는 해마의 크기가 택시기사의 것이 월등히 컸다. 뇌기능도 많이 사용할수록 더욱 발달하고 안쓰면 퇴화한다는 것을 보여준다(만드래드 슈피처, 2013).

④ 문제 해결의 재미

배움의 재미 중 가장 성취 동기를 자극하는 재미 요소가 바로 주어진 문제에 대한 해답이나 해결책과 대안을 찾아내는 문제 해결의 재미라고 할 수 있다. 이것은 가장 도전적이고 창의성을 요하는 재미 활동이다. 이런 유형의 배움은 해당 문제를 해결하기 위해 사고력을 최대한 집중시키고 몰입해야 한다는 점에서 문제가 해결되기까지는 극도의 긴장을 유발하는 특성이 있다. 여기서의 긴장은 게임이나, 이야기, 유머에서 논의한 긴장과 유사한 속성을 갖고 있다고 할 수 있다. 그리고 이러한 긴장이 문제 해결과 함께 해소될 때 나타나는 성취감이 일종의 카타르시스적 즐거움을 제공한다는 점도 게임, 이야기, 유머의 재미와 유사한 부분이다.

다른 학습 분야와 달리 수학이나 물리, 화학과 같이 절대적인 법칙이나 공식에 의해 주어진 문제에 대한 하나의 해답을 찾아내는 과제의 경우에 정확한 해답을 구했을 때의 짜릿한 쾌감은 그 어떤 배움의 재미보다 극적인 즐거움을 맛보게 한다. 뇌과학 측면에서도 도파민이란 쾌감 신경전달물질을 가장 많이 분비하는 것도 바로 이와 같이 도전적인 과제를 해결했을 때라고 할 수 있다.

문제 해결의 재미는 위와 같이 단 하나의 해답을 찾는 과제 뿐 아니라 새로운 영역을 개척하거나 문제 상황에 대한 다양한 대안을 제시해야 하는 경우도 포함한다. 현 시대와 같이 변화가 빠르고 심하며 불확실성이 높은 상황에서는 이와 같이 최적의 대안을 찾는 것이 이 시대가 요구하는 문제해결능력의 핵심이라고 할 수 있다.

이는 기존의 상식과 인식을 뛰어넘는 획기적이고 효과적인 대안이어야 한다는 점에서 인식과 관점의 전환을 요하는 일이라고 하겠다. 그런 점에서 대안 제시형 문제는 독창성과 창의적 사고를 필요로 한다.

브루노가 제안한 발견학습Discovery Learning, 탐구학습Inquiry Training[172)]이나 킬패트

릭(Kilpatrick, 1918; 안범희, 2007 재인용)이 제안한 프로젝트 학습Project Learning[173], 서구식 토론 학습Debate Learning과 같은 배움의 방법론이 최근 중시되는 것도 같은 이유라고 할 수 있다.

이와 같은 참여와 실습을 통한 직접 체험의 학습은 무엇보다 학습자의 자기결정감과 자기유능감을 높인다는 점에서도 배움의 재미를 높이는 잇점이 있다. 이는 또한 학습 참여자들이 소통과 교류를 통해 함께 가르치고 함께 배우면서 창의성을 계발하는 학습 효과도 기대할 수 있다는 점에서 현 시대적 변화에 부합하는 학습법이라 하겠다.

이는 브루노의 재미 요소에서는 '2. 자신의 지적 능력을 십분 발휘하는 데 따르는 도전감, 6. 자신의 능력과 성취에 대한 자존감, 7. 다른 사람과 교감을 나누고 어떤 목적에 도달하기 위해 그들과 가까이 상호작용하는 즐거움'에 해당한다고 하겠다.

⑤ 하기와 만들기의 재미

배움을 통해 쌓인 지식은 실제적인 상황에 이를 적용해 봄으로써 실질적인 활용력이 생긴다. 그런 점에서 살아있는 지식을 얻기 위한 가장 효과적인 방법은 일정 기간 학습 과정을 거쳐 쌓인 지식을 직접 체험하는 것이라고 할 수 있다. 이는 성장의 결과를 스스로 확인시켜준다는 점에서 기본적으로 앞서 문제 해결의 재미와 같이 도전감과 성취감과 같은 자기유능감을 만족시키는 활동이라 하겠다.

---

172) 학습자에게 교과를 최종적인 형태로 제공하는 것이 아니라 그 최종 형태를 학습자 스스로 조직하도록 요구되는 상황에서 일어나는 학습을 의미한다(안범희, 2007).

173) 특정 주제에 대한 깊이 있는 연구로서, 소집단 혹은 전체의 학생들이 학습할 가치가 있는 특정 주제에 대하여 서로 협력하면서 심층적으로 연구하는 자기주도적 학습활동을 말한다.

배움의 결과인 지식을 실제로 적용하고 체험하는 방법은 '하기'와 '만들기'이다. '하기'는 스포츠나 악기를 배우는 경우에 직접 선수로 경기에 참여하거나 연주회를 여는 것과 같은 활동을 말하고, '만들기'는 음악이나 미술을 배울 경우 이를 직접 만들어 보는 창작 활동을 하는 것을 예로 들 수 있다.

'하기'와 '만들기'는 자신의 능력을 알리고 자신을 표현하는 자기표현감을 고양시키고 자신의 학습 능력을 확인함으로써 자기유능감을 극대화한다. 특히 '만들기'는 단순한 재미를 넘어 무에서 유를 만들어내는 창조의 즐거움을 맛보게 한다는 점에서 신의 능력을 모방하는 것과 같은 쾌감을 제공한다. 요즘과 같이 생산자와 소비자의 구분이 없는 프로슈머prosumer의 시대에 만들기는 일부 전문가들만의 특권이 아니라 누구에게나 열려 있는 창의적 활동이다. 배움은 이처럼 하기와 만들기를 통해 최종적으로 완성된다고 보면 하기와 만들기는 배움의 궁극적인 즐거움이라고 하겠다.

3) 배움의 재미 원리

배움을 통해 재미가 유발되기 위해서는 어떤 선행 조건이 충족되어야 하는가? 그리고 배움에서 재미가 나타나는 과정은 심리적으로 어떤 작동원리가 지배하는 것인가? 이에 대한 질문에 답해보고자 하는 것이 바로 배움의 재미 원리를 살펴보는 것이다.

① 배움의 재미 조건 - 자기결정감과 자기유능감

성취와 성장을 목표로 하는 배움에 있어서 재미를 유발하기 위한 전제 조건은 바로 어떤 행동을 자기 스스로 내적 동기에 따라 시작했다고 느끼는 자기결정감을 갖는 것이다. 이것은 다른 재미 활동에서도 마찬가지지만 배움과 같이 별개의 달성 목표를 갖고 있는 수단적 재미 활동에서 이것은 필수적이라 할 수 있다. 자신의 미래를 결정하는 대학의 전공 선택에서조차 자신의 꿈이 아닌 사회의 평가잣대와 부모님의 기대에 따르는 우리 대학의 현실은 결코 배움이 즐거울 수 없는 조건에서 시작될 수 밖에 없다는 사실이다. 앎의 즐거움, 성장의 즐거움을 모른 채 소위 스펙 경쟁에 매몰된 우리의 불행한 대학 교육이 이 어두운 터널을 빠져나오는 방법은 배우는 즐거움의 권리를 스스로 '선택' 하고 되찾아오는 것밖에 없다.

배움의 재미를 느끼기 위해서는 자기결정감 외에 자신의 학습 능력을 신뢰하는 자기유능감을 필요로 한다. 이는 앞서 설명한 배움의 재미 구성요소에 모두 적용되는 것이지만 특히 도전감이나 성취감과 깊은 관계를 갖고 있는 문제 해결의 재미 요소에서 필수적이라 할 수 있다. 이는 문제가 해결될 때까지의 지속되는 긴장감을 극복하고 도전의 벽을 넘기 위해서는 실패나 장애에 대한 두려움을 해결해야 하기 때문이다. 자기유능감이 결여된 상태에서는 심지어 도전 자체를 회피하게 될 수도 있다. 이와 같이 배움의 재미는 자기결정감과 자기유능감이 선결 요건이라고 할 수 있다.

② 피아제의 인지발달 학습이론 – 인지 부조화, 동화와 조절, 평형화

학습 심리의 관점에서 배움의 재미 원리를 설명하는 이론으로 피아제의 인지적 구성주의 학습이론은 상대적으로 설득력이 높다고 할 수 있다. 인지적 구성주의 이론은, 학습의 대상인 지식을 경험에 의해서만 발견할 수 있고, 인간의 주관적 습득 여부와 상관없이 객관적 실체로 존재한다고 보는 경험적 객관주의에 상반되는 입장이다. 즉, 인지적 구성주의 학습 이론은 이성을 지식의 제일의 원천이라 보고 지식에 대한 감각적 경험은 이성을 통해 해석될 때 의미를 갖는다고 본다. 또한 지식을 인간의 주관성과 상관없이 실재하는 것으로 보기보다는 인식 주체가 외부 세계를 인식함에 있어 적극적으로 그 지식을 구성하는 것으로 보는 관점이다. 그는 인간의 모든 행동과 사고의 목적과 동기는 유기체로 하여금 어느 때보다 더 만족스러운 방식으로 환경에 적응할 수 있도록 하는데 있다고 보고 인지발달 및 지식의 습득과정을 인지 부조화cognitive dissonance, 동화assimilation와 조절accommodation, 평형화equilibrium 개념으로 설명한다(안범희, 2007). 이는 앞서 'Ⅰ부, 3장 분야별 재미의 이해'의 '배움 관점'의 이론들 중 '인지적 격차cognitive gap'의 개념과 상통하는 부분이 있다. 즉, 인간이 재미를 느끼는 부분은 이미 갖고 있는 경험이나 관념, 지식체계와 비교하여 제공되는 학습의 내용이 서로 다른 인지적 격차에 기인한다는 것이다.

A. 인지 부조화

인지 부조화란 현재의 인식 대상이 인식 주체의 인지구조나 개념에 부합되지 않아 서로 갈등을 일으키는 현상을 의미한다. 일례로 영문법 학습에서 동사의 과거형을 만들기 위해 ed라는 접미어를 붙이면 된다는 사실을 알았을 경우(동사의 규칙적 과거형 변환 schema 형성), break나 make와 같은 동사의 과거형broke, made를 접하게 되면, 인지적 갈등을 경험하게 된다. 이와 같은 인지적 부조화는 일종의 갈등적 상황에 해당하지만 이는 저급한 사고에서 한층 고급 사고수준으로 이행하기 위한 최초의 자극임과 동시에 근본적인 학습동기에 해당하는 것으로 긍정적인 조건이다.

B. 동화와 조절

새로운 환경 자극과 자신이 이미 형성한 인지 스키마(도식)간의 불일치를 경험할 때 이 문제를 해결하는 방법은 두 가지이다. 새로운 환경 자극을 자신의 인지 스키마의 적용 대상에 포함시키는 경우와 자신의 인지 스키마를 환경적 자극에 맞춰 변경하는 것이다. 이 때 전자를 동화assimilation라 하고 후자를 조절accommodation이라 한다. 동화와 조절은 부조화 상태를 벗어나 인지 스키마의 적용 범위를 넓히고 성숙시키는 일종의 적응기제로서, 인지적 적응상태를 의미하는 평형화 상태로 나아간다.

C. 평형화

이는 동화와 조절을 통해 잠정적으로 인지부조화를 극복한 상태를 말한다. 여기서 평형화가 잠정적이라는 것은 끊임없는 인지부조화의 발생과 새로운 동화와 조절 과정을 통해 인지 스키마는 지속적으로 구성과 재구성의 과정을 거쳐 질적으로 개선된 인지 스키마를 형성하게 된다는 것을 의미한다.

결국 피아제가 설명하는 '인지부조화-평형화' 를 통한 학습 이론은 배움의 재미를 설명함에 있어, 심리적 긴장과 이완, 심리적 불안정과 안정 사이를 오가는 정서적 변화를 재미로 설명하는 다른 재미 활동들의 설명 원리들과 일맥 상통한다고 할 수 있다.

③ 배움의 재미 심리 – 몰입

배움의 재미는 몰입이라는 심리적 집중 상태의 개념으로 재미 원리를 설명하기도 한다. 그러나 배움에서의 몰입은 이미 'Ⅱ부, 3장 재미의 심리 상태 - 몰입'의 '2) 학습 몰입' 에서 설명한 바와 같이 성취적 재미에 한정된 것이란 한계가 있다.

학습 몰입에 관한 자세한 내용은 앞의 내용을 참고하도록 하고 여기서는 핵심적인 부분만 요약하기로 한다.

몰입 이론에 따르면 학습자의 숙련도와 학습 내용의 난이도가 균형을 이룰 때 몰입이 발생하고 이를 통해 학습자는 재미를 느끼게 된다. 즉, 학습자가 호기심을 갖고 학습 내용을 습득하려고 할 때 학습 수준이 자신의 이해력으로 수용할만한 정도의 난이도를 갖고 있다고 느낄 때 그것에 쉽게 몰입하게 되고 배움의 성과가 나타난다. 이 때 중요한 점은 재미의 수준이 높아지기 위해서는 같은 학습 내용이라도 반복의 지루함을 극복하기 위해 점진적으로 배움의 깊이와 수준이 높아져야 한다는 점이다. 즉, 배움의 재미가 유지되고 지속가능하기 위해서는 학습자는 난이도를 단계적으로 조절하고 그에 따라 자신의 숙련도를 높이는 노력을 통해 도전과제의 균형을 유지하는 것이 중요하다고 하겠다.

4) 배우는 재미의 지속가능성

배움이 제공하는 재미는 다른 재미 활동들과 비교하여 상대적으로 유발 조건이 까다롭고 발생 자체가 어렵다는 문제를 안고 있다. 이보다 더 큰 문제는 일단 배움을 통해 재미를 느끼게 되더라도 배움의 성장과정에서 난이도 조절에 실패할 경우 지루함에 빠지거나 반대로 좌절에 빠져 배움을 지속하기 어렵다는 점이다. 배움의 성과는 학습 후 바로 나타나지 않고 어느 정도 시간이 지나 일정한 지식 습득량이 쌓인 후에 나타난다는 점도 장애 요소이다. 많은 사람들이 배움을 시작한 지 얼마되지 않아 배움을 포기하게 되는 것도 바로 이와 같이 배움의 초기 단계에 나타나는 장벽을 뛰어넘지 못하기 때문이다.[174] 이런 배움의 딜레마를 극복하고 배우는 재미를 지속하게 하기 위해서 무엇이 필요할까? 배우는 재미를 경험하는 것도 중요하지만 더 중요한 것은 이를 지속가능하게 하는 것이다. 여기서 배우는 재미를 지속가능하게 하는 방법과 전략을 생각해 보도록 하자.

① 성장과 과정을 지향한 배움

배움은 성취가 아닌 성장, 결과가 아닌 과정을 지향할 때 강한 지속력을 갖는다. 배움의 재미는 본질적으로 시작은 있지만 끝이 없는 것이라고 할 수 있다. 평생 학습이니, 죽을 때까지 배워야 한다느니 하는 표현이 배움의 영속적 속성을 대변해준다. 그런 점에서 지속가능한 배움은 어떤 목표를 달성하면 끝이 나는 성취의 학습이 아니라고 할 수 있다. 따라서 배움은 내적 성장의 욕구에서 출발해야 한다. 배움이 단지 성취의 목표를 달성하기 위한 수단이 아니라 나를 내적으로 자라게 하고 성숙시키는 것이라는 것이다. 그래야 배움이 더 재미있어지고 오래 갈 힘을 갖는다. 그러기 위해서는 사소한 관심과 관찰에서 시작해 이것을 호기심으로 발전시키고, 앎에 대한 호기심으로 스스로 탐구하고 하나씩 알아가는 배움의 태도가 필요하다.

또한 재미 자체가 과정을 즐기는 것에 있는 것처럼 배우는 재미 역시 결과 지향적이지 않고 과정 지향적이어야 오래 지속할 수 있다. 과정 지향적이라는 것은 매

---

174) 모든 배움에는 해당 자극의 최소한의 노출량을 의미하는 임계량critical mass이 있다. 임계량에 도달하기 전까지는 아무런 성장의 느낌도 없고 성과도 없는 것처럼 느껴지는 시간이 있다. 그래프로 표현한다면 배움의 성장 함수는 우상향의 직선 형태가 아니라 계단식 형태라 할 수 있다.

일 매일의 작은 배움의 노력이 쌓여 지속적인 성장을 이뤄낸다는 믿음을 갖는 것을 말한다. 이와 함께 배움이 어떤 미래의 성취나 성공을 위해 현재의 즐거움을 포기하거나 힘겹게 고통을 견디고 참는 것이 아니고 현재의 즐거움을 위해서도 배운다는 긍정적 태도를 견지하는 것이다.

배우는 과정을 즐기기 위한 실제적인 방법으로는 내용적으로 그리 크지 않고 시간적으로 그리 오래 걸리지 않는 정도로 배움의 징검다리를 만들어 이를 한 걸음씩 밟아가는 것이다. 최종 도착점을 정하지는 않지만 최소한 어디로 가고 있는지를 확인할 수 있는 자신만의 이정표는 만들어두어야 한다는 것이다. 궁극적으로 성취가 아닌 성장을 지향하더라도 매일의 성취감을 확인하게 해주는 단서들을 스스로에게 제시할 필요는 있다는 것이다. 학습자가 배움을 꾸준히 지속해나가기 위해서는 작지만 반복적인 성취의 경험이 쌓여야 한다.

② 활용에 초점을 둔 배움

많은 경우에 배우는 일이 지루한 것이 되는 이유는 배우는 것이 단지 배우는 것으로 끝나기 때문이다. 즉, 배움을 위한 배움은 지속하게 하는 동기를 잃어버리고 만다. 배움의 목적은 그것이 활용될 때 진정한 힘을 발휘한다. 일반적으로 취미활동이 공식적인 학습보다 재미있다고 여기는 것은 취미의 배움은 가시적이고 구체적인 결과물을 만드는 데 초점이 맞춰져 있기 때문이다. 즉, 배움이 어떤 형태로든 활용될 여지를 가질 때 배움은 지속력을 갖게 된다는 것이다.

그런 의미에서 배움은 그걸 배워서 무엇을 할 것인가, 그것을 어떻게 활용하는가, 배움이 어떤 점에서 유용성이 있는가를 스스로에게 자문할 필요가 있다. 앞서 배움의 재미 요소 중 '하기'와 '만들기'는 기본적으로 배움의 활용에 초점을 맞춘 활동이란 점에서 더욱 강한 배움의 동기를 제공한다. 순수하게 지적 만족감을 목표로 한 배움도 좋지만 그것이 어떤 실용적인 목표를 가질 수 있는가를 생각해 보는 것은 분명 배움의 재미를 지속하게 하는 힘이 있다.

③ 함께 하는 배움learn together

배움은 개인적인 성장을 위한 것이란 점에서 원래 배움은 철저히 개인적인 것이지만 다른 사람들과 함께 배울 때 더욱 오래 지속될 수 있다. 여기서 말하는 함께 배우기는 다른 사람들과 '경쟁' 하면서 배우는 것을 의미하는 것이 아니다. 이것은 서로 가르치고 서로 배우는 관점에서의 함께 배우기를 의미한다.

중국『예기禮記』에 나오는 '가르치고 배우면서 함께 성장한다' 는 '교학상장敎學相長' 의 격언은 이런 함께 배우기의 잇점을 잘 설명한다. 배움과 동시에 자신이 배운 것으로 남을 가르쳐보면 자신의 배움이 무엇이 부족한 지 깨닫게 해준다. 배우는 사람보다 가르치는 사람이 더 배운다는 얘기는 이를 두고 하는 말이다. 가르쳐보면 자신이 무엇을 모르는지 더 잘 알게 되고 그럼으로써 모르는 부분을 더 잘 배우게 되기 때문이다.

또한 함께 배우기는 배워서 남주는 이타주의적 재미를 깨닫게 해준다. 이것은 꼭 요즘 유행하는 재능 기부의 차원으로 한정하는 것은 아니다. 배운 것을 서로 댓가없이 나눌 때 비로소 나누는 재미는 배가 된다. 배우는 일을 다른 사람과 같이 시작하는 것은 서로 가르치고 서로 격려함으로써 더 많이 배우게 하고 더 오래 지속되게 한다. 같이 배우는 내용으로 서로 묻고 답하는 토론식 학습이나 서로 배운 것을 분담해 서로 가르치는 방식의 세미나식 학습 방법은 학습의 시너지를 촉진하는 유용한 방법이다. 이와 같이 교류하고 소통하는 배움은 분명 배움을 지속하게 하는 역동적인 학습법이다.

④ 재미있는 학습 방법을 활용한 배움

배우는 내용은 항상 재미있을 수는 없다. 특히 입시나 취업과 같은 성취 목표를 염두에 두고 있는 배움은 더욱 재미있는 내용이 되기 어렵다. 지루한 학습 내용이라도 재미를 가미한 학습 방법을 생각해야 하는 이유가 바로 여기에 있다.

입시에서 좋은 성과를 거둔 학생들의 공통점은 어떻게 하면 어렵고 지루한 학습 내용을 재미있게 공부할지 스스로 재미있는 학습 방법을 찾아내는 노력을 했다는 점이다.

예를 들어 다른 사람들과 함께 퀴즈나 경쟁에 의한 상벌을 주는 등 학습 과정에 놀이나 게임의 방법들을 적용해 보는 것이다. 또 영어 공부를 위해 학습서 대신에 외국 영화나 드라마를 보는 것과 같이 심각한 학습 주제에 대해 편안한 마음으로 대할 수 있는 대안 콘텐츠를 찾아보는 것도 재미를 유발하는 학습 방법이 될 수 있을 것이다.

배움의 재미를 지속하게 하는 데 재미있는 방법의 중요성을 강조했지만 여전히 배움을 지속하게 하는 궁극적 힘은 배움의 방법 조차도 스스로 선택한 것에 있다는 자기주도성의 중요성은 잊지 말아야 하겠다.

생각해 볼 문제

1. 배움의 재미에서 내가 체험하지 못한 재미와 이유는 무엇인가?
2. 배움의 재미를 방해하는 요인과 해결책은 무엇인가?
3. 배움의 재미는 대상에서 기인하는가, 방법에서 기인하는가?

6. 소통과 재미

서로의 생각이나 경험을 나누는 소통은 사회적 동물인 인간이 삶을 영위하기 위한 필수적인 활동으로서 정보 교류라는 실용적 목적을 고려하면 재미있는 활동이라 인식하기 어렵다. 의사소통을 의미하는 커뮤니케이션은 학술적으로도 주로 여론이나 언론과 같은 저널리즘의 관점에서 다뤄왔고, 설득이나 정치 선전과 같은 심각한 주제와 결부되어 온 이유로 관념상 소통을 재미와 연결하기 어려웠다.

그러나 우리가 일상적으로 친구나 동료들과 나누는 대화의 상황을 생각해 보면 소통은 분명 그 자체로 재미있는 활동이라고 할 수 있다. 이와 같은 가벼운 한담의 경우 뿐 아니라 업무 수행이나 새로운 사람들을 알아가는 과정으로서의 소통 역시 공통의 경험을 나눈다는 측면에서 충분히 재미있는 활동이 될 수 있다.

재미의 강도 관점에서 소통의 재미를 놀이, 게임, 이야기, 유머와 같은 재미 활동과 비교하면 이것은 소소한 '일상' 의 재미라고 할 수 있다. 기술한 재미 활동들이 급격한 정서적 변화에서 오는 짜릿한 쾌감이라면 소통의 재미는 서로의 정서를 교류하고 나눔으로써 나타나는 느리고 잔잔한 즐거움에 속한다. 또한 기술한 재미 활동들은 처음부터 재미를 목적으로 하지만 소통의 재미는 정보 교환이나 정서의 교류에서 결과적으로 나타나는 부수적인 재미라는 점에서 배움의 재미와 유사한 측면이 있다.

소통은 또한 고립된 개인들을 서로 연결하고 이어주는 관계를 토대로 나타나는 재미라는 점에서 '관계'의 재미라고 할 수 있다. 소통은 기존의 관계를 유지, 강화할 뿐 아니라 새로운 관계를 형성하는 수단으로서 재미를 유발한다. 소통을 통해 상호 이해의 수준이 높아질수록 결과적으로 소통이 더 재미있다고 느끼게 된다. 재미 활동 중 놀이와 유머도 관계지향적인 측면이 있지만 소통은 관계를 본질적 속성으로 한다는 점에서 관계가 근본적인 요건이다.

소통은 한쪽이 자신의 생각이나 경험을 공개하면 다른 한쪽이 그에 대해 자신의 의견이나 느낌을 피드백하는 쌍방향적인 흐름으로써 '나눔'의 재미라고 할 수 있다. 일방향적인 의사의 흐름은 훈시나 명령으로서 결코 소통이라 할 수 없다. 소통이 재미를 유발하는 것은 이와 같이 핑퐁 게임처럼 끊김없이 적절한 피드백이 오고가는 상호작용에 있다고 할 수 있다.

소통의 재미는 이와 같은 면대면face to face 소통에 국한되지 않는다. 인류는 면대면 소통의 시간적, 공간적 한계를 극복하기 위해 다양한 소통 기술을 발전시켰는데 이것이 바로 미디어이다. 그런 점에서 미디어는 소통과 함께 상호 동전의 양면과도 같다. 소통과 미디어는 재미를 구성함에 있어서 떼려야 뗄 수 없는 불가분의 관계라고 할 수 있다.

미디어는 소통을 매개하는 수단에 불과하지만 인간과 인간을 연결하는 소통뿐 아니라 인간과 기기, 인간과 콘텐츠를 연결하는 소통을 포함함으로써 소통과 상호작용의 범위를 더욱 확장하고 있다. 따라서 미디어가 제공하는 소통의 재미는 어떤 의미에서 본연의 소통보다 더 넓고 독특한 재미 요소를 제공하고 있다고 하겠다. 최근에는 이것이 스마트폰과 같이 무한히 확장되는 네트워크와의 결합을 통해 소통과 오락을 통합함으로써 재미의 영역을 더욱 확장하고 있다.

이제 소통과 미디어가 유발하는 재미 요소들은 무엇인지, 재미가 유발되는 구조와 원리는 어떤 것인지 자세히 살펴보도록 하자.

1) 소통의 개념

소통疏通은 사전적으로 보면 '막히지 않고 잘 통하는 상태'나, '뜻이 서로 통하여 오해가 없는 상태'를 의미한다. 인지적 관점에서 이를 설명하면 서로를 잘 이해하지 못하는 인지적 불안정 상태에서 상호 이해를 이뤄 인지적 안정 상태로 변화되는 과정이라고 할 수 있다. 소통 역시 앞서 다른 재미 활동들의 재미 유발 원리에서 설명했던 바와 같이 인지적 불균형이 해소됨으로써 나타나는 긍정적 정서를 경험한다는 점에서 동일하게 재미있는 활동이라는 점을 알 수 있다.

소통의 영어 단어인 '커뮤니케이션communicaton'의 어원을 살펴보면 소통의 본질을 쉽게 확인할 수 있다. 커뮤니케이션은 '공통되는common', 혹은 '공유한다share'란 뜻의 라틴어 'communis'(파생어 중 '공동체'를 의미하는 'community'를 들 수 있다)에서 유래한다고 한다.

여기서 알 수 있듯이 소통은 당연히 상대편을 전제로 하며, 그 사람과 무언가를 '나누는' 것이라고 할 수 있다. 나눔의 객체는 상호 이해의 의도와 목적을 담은 '메시지message'이다. 이런 소통의 메시지는 인지적 차원에서는 지식이나 정보나 의견일 수도 있고, 정서적 차원에서는 개인의 경험이나 느낌이나 감정일 수도 있다.

소통은 이런 나눔과 공유를 통해 다른 사람들과 관계를 맺게 하고 공동체와 사회를 구성하게 해주는 도구가 된다. 그런 점에서 사회학자 찰스 쿨리Charles H. Cooley는 소통을 '인간관계가 존재하고 발전하게 되는 메커니즘mechanism'이라고 정의한 바 있다. 메시지 전달이란 소통의 핵심적 구성요건을 중심으로 이를 정의하면 소통은 '우리가 관계를 맺고 있는 사람에게 메시지를 보내고, 받고, 해석하는 과정' 이라고 할 수 있다(오미영, 2012).

여기서 재미가 발생하는 지점은 바로 소통을 통해 상호 이해와 공감대가 증진되는 데서 나타난다. 갈등적 상황을 소통이라 할 수도 없거니와 소통을 목적으로 한 커뮤니케이션이 결과적으로 반대로 오해와 갈등으로 끝난다면 이는 결코 재미있다고 할 수 없을 것이다. 소통의 재미는 반드시 상호 신뢰와 이해의 증진을 조건으로 한다고 할 수 있다.

소통의 유형은 크게 보면 일상적 대화나 수다같은 대인적 소통, 뉴스나 여론과 같은 공적 담론의 형성을 목적으로 하는 정보적 소통, 기분 전환을 위해 엔터테인먼트 콘텐츠를 감상하는 오락적 소통으로 나눠볼 수 있다.[175] 기술한 개념 정의에 따른 협의의 소통은 사람과 사람간의 의사소통인 대인적 소통을 의미하겠지만 재미의 관점에서는 세 가지 유형 모두 재미의 요소에 차이가 있을 뿐 재미를 유발한다는 점에서 소통의 재미에 포함된다고 보는 것이 타당하다. 다만 정보적 소통과 오락적 소통은 소위 매스 미디어가 제공하는 소통 기능으로서 일방향적 한계가 있다고 할 수 있다.

그러나 최근에는 정보와 오락의 영역에서도 소셜 미디어와의 결합을 통해 다양한 피드백 장치들(좋아요, 댓글, 공유 기능)이 연결되면서 쌍방향적 소통의 양식이 나타나고 있다. 이로써 소통과 정보, 소통과 오락의 경계가 해체됨으로써 소통과 즐김의 융합을 초래하고 있다. 즉, 소통을 즐길 뿐 아니라 즐김을 소통하는 과정이 동시에 발생하고 있는 것이다. 이와 같은 소셜 미디어에서 나타나는 새로운 융합적 재미 현상에 대해서는 아래에서 따로 다루도록 한다.

---

175) 전화나 팩스, email, 채팅, 메신저 등을 활용하는 개인간의 의사소통은 대인적 소통이라 할 수 있고, 신문, 잡지, TV, 영화 등을 읽거나 감상하는 행위와 같은 대중매체 소통행위는 정보적 소통과 오락적 소통으로 나뉠 것이다. 여기서는 재미란 관점을 유지하기 위해 커뮤니케이션학에서 일반적으로 구분하는 분류체계를 따르지 않았다.

2) 소통의 재미 요소와 재미 원리

소통을 통한 재미의 체험은 상호 신뢰를 바탕으로 서로의 지식, 정보, 의견, 경험, 느낌, 감정을 나눈 결과 긍정적 정서를 경험하는 데서 나타난다고 할 수 있다. 이와 같은 소통의 재미를 유발하는 요소는 크게 공개, 공유, 공감으로 나눠볼 수 있다. 이 세 가지 요소는 소통의 재미 구성요소일 뿐 아니라 재미를 유발하는 과정과 원리를 설명하는 요소들이라고 할 수 있다.

① 공개公開

소통의 첫 관문은 공개에 있다. 어느 한 쪽이든 닫힌 상태에서는 소통이 발생할 수 없다. 소통은 쌍방향적인 의사의 흐름을 전제로 하기 때문이다. 이와 더불어 공개는 상호 신뢰를 형성한다는 점에서 소통의 매우 중요한 전제 조건이다. 서로 믿지 못한다면 자신을 공개할 수 없을 것이고, 서로를 공개한다는 것은 서로를 신뢰한다는 것을 의미한다. 그런 점에서 자기 노출self disclosure과 그에 따른 적절한 피드백feedback은 커뮤니케이션의 질을 결정하는 중요한 요소이다.

자기 노출과 피드백 정도에 따라 소통의 상태를 평가할 수 있게 해주는 '조해리의 창Johari's Window'[176]은 소통에서 공개의 중요성을 잘 설명해주는 분석틀이다. 이것은 자기 노출이 어떻게 이루어질 때 소통이 확대되는지 보여 준다. 자기 노출이란 자신의 입장을 명확히 밝히고, 자기 자신을 남에게 보여줌으로써 타인이 자신을 알 수 있도록 하는 행위이다. 피드백은 타인들이 우리에 대한 생각과 느낌을 말해주는 것을 말한다.

---

176) 미국의 심리학자 조셉 루프트Joseph Luft와 해리 잉햄Harry Ingham이 의사소통과 자아 개념을 설명하기 위해 개발한 분석틀이다.

조해리의 창은 창틀의 크기와 형태가 고정된 것이 아니라 상호신뢰수준과 자기 노출, 피드백의 교환 정도에 따라 유동적으로 결정된다. 이들의 결합관계에서 소통의 수준은 'A 개방 영역, B. 비밀 영역, C. 무지 영역, D. 미지 영역' 의 4개로 나뉜다.

'A 개방 영역' 은 자신과 타인 모두 아는 부분으로, 이 부분의 면적이 넓어야 원활하고 즐거운 의사소통이 가능하게 된다. 'B. 비밀 영역' 은 자신은 알고 있으나 다른 사람은 모르는 부분으로, 자신의 의견이나 감정을 표출하지 않고 타인으로부터 정보를 얻으려는 경향이 커 효과적인 의사소통이 이루어지지 않는다. 'C. 무지 영역' 은 자신은 모르나 타인은 알고 있는 부분으로, 타인들로부터 피드백을 받지 못하는 경우이다. 이 경우는 자신의 주장을 내세우고 타인의 의견을 불신하고 비판할 때 발생하는데 상대방의 의견을 수용하려 하지 않기 때문에 이 역시 효과적인 의사소통이 이루어지지 않는다. 'D. 미지 영역' 은 자신과 타인 모두 모르는 부분으로, 자신의 견해를 표출하지도 않으며 타인으로부터 피드백도 받지 못하는 경우이다. 이러한 상태에서는 정상적인 의사소통이 이루어지기 어렵고 자폐적 형태가 되기가 쉽다. 일반적으로 개방 영역이 늘어날수록 소통이 확대되면서 대인 관계 또한 증진된다고 하겠다.

[표 20] 조해리의 창

자기 노출 \ 피드백	자신이 아는 부분	자신이 모르는 부분
타인이 아는 부분	A. 개방 영역 열린 자아(open-self)	C. 무지 영역 눈먼 자아(blind-self)
타인이 모르는 부분	B. 비밀 영역 숨겨진 자아(hidden-self)	D. 미지 영역 모르는 자아(unknown-self)

결론적으로 조해리의 창에서 알 수 있듯이, 상호 신뢰는 자기 개방과 피드백의 정도에 따라 결정될 것이며 이것이 결국 소통의 재미를 결정할 것이란 사실이다. 서로 상대방에 대해 몰랐던 새로운 사실을 알고 이해하게 됨으로써 소통의 재미를 느끼게 된다. 결국 소통의 재미는 개방적 태도를 의미하는 '공개' 에 의해 유발된다고 할 수 있다.

그러나 공개의 정도는 어느 정도가 적정한 것인지 일률적으로 말할 수 없다. 이것은 사람과 문화, 그리고 소통의 단계에 따라 달라질 것이기 때문이다. 어떤 의미에서 공개는 상호 이해의 수준이 넓어짐에 따라 결정되는 것이라고 할 수 있다. 서구 사회와 같이 개인주의적 문화권에서는 사생활을 존중하기 때문에 친소관계를 떠나 대체로 자아 노출을 꺼리는 경향이 있기 때문에 자기 노출이 소통의 질을 꼭 결정하지 않는 측면이 있다. 따라서 여기서의 공개라는 것은 꼭 사적인 정보를 의미하는 것이 아니라 어떤 사안에 대한 개인의 지식이나 판단, 의견을 의미하는 것으로 보는 것이 타당하다.

최근 등장한 소셜네트워크서비스SNS에서는 지나친 자기 노출이 심각한 사생활 침해의 문제로 나타나고 있다. 적정 수준의 자기 노출에 대한 판단은 전적으로 자신에게 달려 있다. 스스로 공개하는 내용 중에 사생활 침해의 가능성이 있는지를 사전에 신중히 판단해보는 자기 감시self-monitoring의 자세가 필요하다고 할 수 있다.

② 공유共有

공개에 의해 열린 소통은 서로 가진 것을 함께 나누는 공유의 단계로 나아간다. 무엇인가를 다른 사람들과 함께 한다는 사실만으로도 인간은 즐거움을 맛본다. 1인 가구가 늘어나면서 혼자 식사를 하는 외로운 사람들이 함께 식사를 하기 위해 만나는 소셜 다이닝social dining[177]의 행태가 나타나는 것도 단순히 식사를 같이 하는 것만으로도 인간은 만족감을 느낀다는 사실을 보여준다.

소통의 재미는 이와 같이 '함께 함'과 '나눔'의 개념을 포함하고 있는 '공유'에서 나온다. 자신이 갖고 있는 지식, 정보, 경험 등을 상호 호혜적 입장에서 나눔으로써 공생의 가치를 확대한다. 이것은 단순히 상호 이익이 된다는 경제적 차원에서의 잇점 때문만이 아니라 그 자체가 재미와 즐거움을 주기 때문이다. 일례로, 추천이나 평가와 같은 단순한 경험의 공유는 정보와 검색을 기반으로 한 포털 중심에서 소통과 나눔을 기반으로 한 소셜 미디어로 인터넷의 주도권이 넘어가게 하는 유력한 힘으로 작용했다.[178]

이와 같은 공유 지향적 태도는 소통에만 해당되는 것이 아니다. 무한 경쟁과 이기주의를 추구하는 자본주의의 폐단으로 과잉 소비가 초래되고 이로 인해 환경 파괴가 나타나는 데 대한 반성적 입장에서 공유의 철학이 최근 사회, 경제 분야로 확산되고 있다. 소프트웨어 분야에서 리눅스Linux와 같은 오픈 소스open source[179] 운동, 저작권 분야에서는 지적 재산에 대한 합리적 공유를 제안한 크리에이티브 커먼즈 라이센스 운동CCL : Creative Commons License[180] 등을 들 수 있다. 이외에도 지식의 공유를 의미하는 온라인 백과사전 '위키피디아Wikipedia'나 네이버의 '지식인'도 이와 같은 무형적 자산의 공유에 대한 좋은 사례이다.

---

177) 혼자 밥 먹기 싫은 사람끼리 같이 식사하자며 SNS와 인터넷을 통해 만나는 식사 모임을 말하는 것으로 '집밥(http://www.zipbob.net)'이 대표적이다. 공통의 관심사를 중심으로 모이는 모임이 수백개에 이른다("식탁 위서 관심사 공유하는 '소셜 다이닝'", 2013. 3. 9, SBS).

178) 미국의 메이저 경제 매체인 워싱턴포스트를 뛰어넘은 '허핑턴포스트(http://www.huffingtonpost.com)'는 소셜의 힘을 활용한 대표적 성공사례이다.

179) 무상으로 공개된 소스코드 또는 소프트웨어로 누구나 이를 개량하고 재배포할 수 있도록 한 것을 말한다.

180) 미국 마운틴뷰에 있는 크리에이티브 커먼즈란 비영리기구가 배포하는 저작물 사전 이용 허락 표시다. 창작자가 자기의 창작물에 대해 일정한 조건을 지키면 얼마든지 이용해도 좋다는 내용을 표시해 둔, 일종의 약속 기호다(출처 : 네이버캐스트).

[그림 60] 크리에이티브 커먼즈 라이센스 조건 기호들(CCKorea, http://www.cckorea.org/)

미래학자 제레미 리프킨Jeremy Rifkin은 이미 2000년에 그의 저서 『소유의 종말The Age of Access』(2000)에서 세상은 소유에서 공유로, 구입하는 시대에서 빌려 쓰는 시대로 변화되고 있다고 설파한 바 있다. 이와 같은 공유는 이제 무형재의 공유를 넘어 유형재 시장으로 확대되면서 공유 경제Sharing Economy가 최근 경제 분야의 중요한 화두로 떠오르고 있다. 2011년 타임지는 공유경제를 '세상을 바꾸는 10가지 아이디어'로 선정하였으며, 포브스는 올해 공유경제의 규모가 작년보다 25%이상 성장할 것이라 전망하고 있다.

공유경제는 공유할 수 있는 물품과 서비스를 빌려줌으로써 수익을 내는 경제활동이다. 남는 재화의 지속적인 교환swapping으로 새로운 소비 문화를 이끌어내는 이와 같은 '협력적 소비Collaborative Consumption'는 잠시 비워지는 주택과 자투리 공간, 주차된 자동차와 여유 시간, 사회적 경제에 투자하는 펀드에까지 확산되고 있다.[181]

공유 경제는 세계 경제 침체에 대처하는 실용적 대응책으로서도 의미가 있지만 재화와 서비스, 나아가 공통의 관심사로 사람과 사람을 연결하여 소통을 극대화함으로써 세상을 더 즐겁고 살만한 곳으로 변화시키는 데 일조할 것으로 기대된다. 다만 공유경제의 성공 관건은 신뢰라는 사회적 자본Social Capital의 축적 여부에 달려있다고 하겠다. 서로에 대한 믿음이 전제되지 않고서는 누구도 자신의 것을 나누려 하지 않을 것이기 때문이다.

③ 공감共感

공개와 공유의 단계를 거친 소통은 그 결과로 나타나는 정서적 일체감으로서 공감의 단계로 완성된다. 소통은 사실상 공감을 최종 목표로 삼는다. 그런 의미에서 공감을 이뤄내지 못한 소통은 성공한 소통이라고 할 수 없다.

서로의 속내를 털어놓는 행위는 개인의 주관적 행복에 긍정적인 영향을 미친다(Lee, et al., 2011). 이해받고 싶고 인정받고 싶어하는 사람의 심리로 인해 인간은 상대방의 공감을 느낄 때 정서적 만족감을 느낀다. 따라서 공감은 상대방 입장에서 역지사지하는 마음으로 경청하는 데서 출발한다. 공감이 감정이입과 같은 의미로 사용되는 것도 바로 같은 이유에서이다. 공감이야말로 소통이 제공하는 최상의 즐거움이자 재미 요소라고 할 수 있다. 이야기의 재미 요소인 공감은 이야기 속 인물에 대한 감정이입을 통해 나타난 간접 경험이지만 소통의 공감은 상대방에 대한 직접 경험이란 점에서 더욱 강한 정서적 체험이다.

미래학자 제레미 리프킨Jeremy Rifkin은 또한 공감의 중요성에 대해서도 그의 저서 『공감의 시대The Empathic Civilization』(2010)에서 강조한 바 있다. 지금의 시대는 다윈식 적자생존 대신에 공감이 인간을 이해하는 새로운 패러다임으로 떠오르고

181) 여행지 숙소를 공유하는 에어비앤비(http://www.airbnb.com), 자동차를 공유하는 집카(http://www.zipcar.com)를 대표적인 예로 들 수 있다.

있으며, 인간은 적대적 경쟁보다는 유대감을 가장 고차원적 욕구로 지향하는 존재라는 것이다.

그는 이러한 인간 이해에 기초하여 앞으로는 분산 네트워크를 기반으로 하는 협업의 경제 체제에 동승한 개인, 기업, 나라만이 살아남을 수 있다는 주장을 내놓는다. 즉, 21세기는 승자와 패자를 가르는 게임에서 윈윈 전략으로, 폐쇄성에서 투명성으로, 이기적 경쟁에서 이타적 협업으로, 엘리트 에너지에서 재생 가능한 분산 에너지로 나아가고 있다는 것이다.

결론적으로, 소통이 이 시대에 핵심적인 생존 전략으로 이해되는 이유도 바로 지금의 시대를 꿰뚫는 공개, 공유, 공감의 코드를 모두 포함하고 있기 때문이다.

3) 소통의 경계 요소

소통이 결과적으로 즐거운 경험이 되기 위해서는 앞서 설명한 소통의 재미 구성요소들을 확보하는 것이 중요하지만 이를 방해하는 요인들을 통제하는 것도 그에 못지 않게 중요하다고 할 수 있다. 이와 같이 소통의 재미를 반감시키는 요인들로는 잡음noise과 분극화polarization를 들 수 있다.

① 잡음(noise)

잡음noise은 일반적으로 커뮤니케이션에서 메시지를 정확하게 이해하는 데 방해가 되는 것을 말한다. 송신자가 발신한 메시지가 수신자에게 제대로 전달되고 원래 의미대로 해석되지 못하게 하는 요소들은 크게 물리적 · 의미적 · 심리적 잡음의 세 가지를 들 수 있다.

물리적 잡음은 실제 외부 환경에서 메시지가 잘 전달되지 못하게 물리적으로 발생하는 잡음을 말한다. 의미적 잡음은 생소한 표현이나 외국어를 사용한 경우와 같이 전달되는 메시지의 의미를 몰라 커뮤니케이션 자체가 이루어질 수 없는 경우를 말한다. 심리적 잡음은 송수신자의 마음속에 일어나는 주관적인 잡념과 같은 것으로 메시지에 집중하게 하지 못하는 심리 상황을 말한다.

이 중 소통에 가장 큰 영향을 미치는 방해 요인은 심리적 잡음이라 할 수 있는데 자기중심적, 자기방어적 사고성향, 자기 신념에 대한 과신, 우월의식, 이기주의, 선입견, 고정관념, 편견 같은 것이 대표적인 경우라 할 수 있다. 이는 인간이 가진 인지적 한계인 '선택적 노출Selective Exposure'[182]에 따른 것으로 한 쪽으로 치우치지 않는 균형잡힌 시각을 갖춰야 할 필요성이 여기에 있다고 할 수 있다.

② 분극화(Polarization)

디지털 미디어의 등장에 따른 개인의 선택권의 확대는 역설적이게도 다양한 선택의 기회가 열려있음에도 원래 자신이 좋아하는 것만 집중적으로 더 선택하게 되는 불균형적 쏠림 현상을 초래한다.[183] 소통에 있어서도 자신과 동질적인 집단들과 주로 연결됨으로써 자신과 생각이 다른 집단의 의견은 배제하고 같은 집단끼리만 어울리기 때문에 편향적인 지식과 태도를 습득할 가능성이 높아진다.[184]

---

182) 기존의 태도나 신념과 일치하는 커뮤니케이션 메시지에는 자신을 노출시키고 일치하지 않는 메시지는 회피하는 심리 경향을 말한다. 넓게 보면 선택적 노출, 선택적 주의, 선택적 이해, 선택적 기억 등을 포함하는 선택적 지각의 개념으로 볼 수 있다.

183) 이와 유사한 개념으로 반향실 효과echo chamber effect는 비슷한 생각을 가진 사람들이 끼리끼리 모여 있으면 그들의 사고방식이 더 증폭되고 극단화되는 것을 의미한다.

184) 인터넷과 소셜 미디어 등장 이래로 그 어느 때보다 정보와 의견의 민주화가 높아진 오늘날, 소위 '집단 지성Collective Intelligence' 이라는 대중의 지혜가 과거보다 더욱 긍정적으로 작동할 것으로 기대된다. 그러나 현실에서는 오히려 그런 예상과 정반대 현상인 '집단 사고', '집단 무지', '대중의 우매함'이 나타날 가능성도 함께 높아지고 있다. 이는

이를 '분극화' 라고 하는데, 최근 확대되고 있는 소셜미디어는 자신과 취향이 비슷한 지인들만을 네트워크화함으로써 더욱 분극화를 가속화할 위험을 내포하고 있다. 이럴 경우 정보는 특정 집단 내에서 매우 편향된 상태로 유통될 가능성이 크다. 이처럼 편향된 정보는 결과적으로 인터넷 공간에서 뿐만 아니라 사회 전체에 나쁜 영향을 미치게 될 우려도 있다. 실제로 최근 조사에 따르면 트위터와 같은 소셜네트워크서비스의 지인 네트워크에서 이런 현상이 두드러지게 나타나고 있는 것으로 확인되고 있다.[185]

상호 이해의 증진을 목표로 하는 소통이 오히려 이와는 반대로 갈등과 반목을 초래할 수 있다는 사실을 주목할 필요가 있다.[186] 이와 같은 소통의 역설적 현상에 대해 사회적 자본[187]의 중요성을 강조한 퍼트남Robert D. Putnam은 저서 『나홀로 볼링Bowling Alone』(2009)을 통해 그 해결책이 연계형 사회 자본을 강화하는 데 있다고 주장한다. 즉, 사회적 자본Social Capital에는 동질적 성향을 지닌 사람들 사이에 형성되는 연결망을 의미하는 결속형 사회 자본Bonding Social Capital과 다양한 사회집단 사이의 연결망을 의미하는 연계형 사회 자본Bridging Social Capital이 있는데, 후자를 강화하는 것이 중요하다는 것이다.

요컨대, 참된 소통은 자기들만의 성안에서 이뤄지는 '갇힌' 소통이 아니라 나

'같은' 것을 읽고 '이미 정리된' 정보에 익숙하게 된 결과, '사회적 영향력 효과'가 높아지기 때문이다(Lehrer, 2011. 5. 30). 집단 사고는 외부로부터 고립되거나 외부 위험이 증가할 때, 조직원의 사회적 배경, 관념의 동질성이 높을 때 더 잘 나타난다.

185) 박근혜정부의 새 정부조직법의 국회 통과를 촉구하는 담화문이 발표된 후 SNS에서의 소통 내용을 분석한 결과, 비판과 지지 양 진영으로 단절되어 있었고 이 둘을 연결하는 중간지대는 발견되지 않았다("우리가 모르는 SNS의 비밀", 2013. 4. 9, KBS <시사기획 '창'>).

186) 런던 폭동 사태가 트위터에 의해 촉발되었던 것처럼 소외집단의 감정적 분노 표출의 통로가 될 가능성도 상존한다.

187) 상호이익을 위한 협력과 조정을 용이하게 하는 사회적 특성, 즉 사람들이 서로 믿고 협동심을 발휘하게 만드는 신뢰, 규범, 네트워크 등 사회적 맥락에서 발생하는 일체의 무형자산을 의미하는 것이다.

와 다른 의견을 갖고 있는 사람들이나 이질적인 집단에 대해서도 '열려 있는' 소통이라고 할 수 있다. 결국 소통의 즐거움과 재미는 열린 마음과 균형잡힌 태도를 견지할 때 가능한 것이라 하겠다.

4) 미디어의 재미

미디어는 소통을 매개하는 수단으로서 TV, 라디오, 신문과 같은 일방향적 미디어 이후에 등장한 인터넷, 스마트폰, 태블릿PC와 같은 컴퓨터 기반의 디지털 미디어들은 다양한 차원의 상호작용 기능을 제공함으로써 다양한 놀이적 환경을 구현하고 있다.

즉, 이와 같은 디지털 미디어들은 사람의 요구사항에 대해 즉각적인 피드백을 제공할 수 있는 기능적 특성으로 인해 마치 살아있는듯한 유기체와 소통하는 경험을 할 수 있게 함으로써 사람들간의 대화에서 느끼는 유사한 소통의 재미를 제공할 수 있다. 디지털 미디어는 이제 지식 정보화사회에서 재미를 추구하는 놀이 활동의 핵심 매개물로서 '퍼놀로지Funology'[188]를 실현하는 선두주자다(김영용, 2007).

미디어가 제공하는 재미 요소는 앞서 'Ⅱ부, 1장 3절 매개물의 속성'에서 설명한 바와 같이 연결성, 상호작용성, 가상성을 기본으로 한다. 여기서는 상호작용성의 차원과 사회적 실존감, 공동 공간감, 인터페이스의 재미 요인에 대해서 추가적으로 설명하기로 한다.

---

188) '재미를 제공하는 기술'이란 의미로 재미fun과 기술technology의 합성어로(이연수, 2005), 기존 상품에 재미 요소를 가미하려는 경향이나 마케팅적 방법을 의미한다. 아이폰이 퍼놀로지의 대표적인 상품이라 할 수 있다.

① 상호작용성의 다양한 차원

디지털 미디어가 제공하는 상호작용성의 차원은 크게 다른 사람과의 대인적 상호작용, 이용자와 시스템간의 상호작용, 이용자와 콘텐츠의 상호작용으로 나눠볼 수 있다. 다른 사람과의 대인적 상호작용은 일종의 컴퓨터에 의해 매개된 커뮤니케이션CMC: Computer Mediated Communication을 의미하는 것으로 면대면, 전화와 같은 일대일 소통과 비교하여 다양한 상호작용 방법을 제공한다. 즉, 디지털 미디어에 의한 상호작용은 일대일one-to-one, 일 대 다수one-to-many, 다수 대 다수many-to-many 간에 이루어지는 쌍방향 소통의 특성을 함께 지닌다.

이는 우선 시공간을 초월하는 동시적 소통 뿐 아니라, email, 게시판과 같은 비동시적 소통이 가능하다. 메신저messanger의 경우는 동시적, 비동시적 소통을 보두 포함한다. 둘째, 익명성과 호혜성을 바탕으로 공통의 관심사를 갖고 있는 사람들과 쉽게 관계를 맺고 약한 연대weak ties[189]를 형성할 수 있게 해준다. 셋째, 다양한 구성원이 동시적 참여와 상호작용적 관계를 형성함으로써 민주적인 의사결정과 공동체 문화를 만드는 데 기여한다. 특히 메시지를 수신하면서 자신의 의견을 전달하는 것은 물론 자신이 생산한 정보를 메시지 발신자 또는 다른 수신자에게 보내는 것도 가능하다(오미영, 2012).

이용자와 시스템(기기)간의 상호작용은 디지털 기기나 게임, 가상현실 시스템과 같이 이용자가 조작하면 그에 대해 시스템에서 정해진 반응적 결과를 나타내는 형태의 상호작용이다. 이런 유형의 상호작용은 경험 과정에서 현실과 가상의

189) 강한 연대strong ties는 가족, 배우자, 학교처럼 고정된 관계로, 고도로 조직화된 공식적 조직을 말하고, 약한 연대weak ties는 친구, 동료, 이웃 등 느슨하게 연계된 가변적, 비공식적 조직을 의미한다. 미국의 사회학자 그라노베터Granovetter 교수는 1973년 발표한 논문에서 강한 연대보다 약한 연대 관계의 사람에게서 보다 풍부한 정보를 얻을 수 있다는 것을 실증적으로 보여 주었다(이병주, 2004).

경계를 넘어 몰입의 심리적 기제가 나타나는 특징이 있다. 몰입이 강력한 재미 효과를 제공하는 것은 물론이다.

마지막으로 이용자와 콘텐츠의 상호작용은 다양한 방법으로 콘텐츠의 내용을 조작하고 변화시키는 영향력을 발휘하는 것을 말한다. 이런 유형에는 상호작용 소설이나 인터랙티브 드라마[190]와 같은 형태를 예로 들 수 있다. 이용자는 단순히 주어진 것을 선택하는 수준의 상호작용이 아니라 내용까지 변형하는 높은 수준의 관여를 통해 마치 자신이 작가가 된 듯한 경험을 하게 해준다는 점에서 극도의 통제감을 체험할 수 있다.

② 사회적 실재감과 공동 공간감

디지털 미디어가 제공하는 뉴스나 드라마를 시청하는 것과 같은 정보적 소통과 오락적 소통 경험은 이용자로 하여금 유사사회적 상호작용parasocial interaction을 하고 있다는 사회적 실재감social presence과 실제 같은 공간에서 소통하고 있는 것 같은 느낌의 공동 공간감a sense of co-location을 제공한다.

코헤이Caughey는 『상상의 사회』라는 그의 저서에서 사람들은 미디어를 소비하면서 자신이 중요한 인위적 사회에 참여하게 된다고 믿는다고 주장하였다. 이와 같은 믿음을 기반으로 사람들은 미디어와의 정신적 상호작용을 갖게 되는 것이다. 왜냐하면 사람들은 자신이 경험하는 미디어 세계를 하나의 사회적 사건으로 생각하기 때문이다(김영용, 2007). 이와 같이 사회적 실재감은 이용자가 미디어를 이용함으로써 다른 사람들과 개인적으로 접촉하고 있다고 느끼는 정도를 의미하

190) 제작진과 시청자가 함께 만들어 가는 새로운 개념의 드라마를 지칭한다. 즉, 주인공 캐릭터와 첫 회분의 설정만 제작진이 결정하면 시청자들은 인터넷, 엽서 등을 통해 극의 내용과 흐름을 직접 엮어 나가게 되는 방식이다.

는 것으로 미디어의 재미를 구성하는 중요한 요소이다.

공동 공간감은 미디어를 사용한 소통 과정에서 다른 사람과 함께 있다는 느낌이나 같은 장소에 있다고 느끼는 정도를 말하는 것으로 의사 소통 상황에서 지각되는 다른 사람에 대한 근접성의 정도라고 할 수 있다(나은영, 2010). 이 역시 사회적 실재감과 함께 미디어 사용자에게 경험의 사실감을 증대시켜 줌으로써 미디어의 재미를 구성한다.

③ 인터페이스(interface)의 재미 요소

인터페이스의 원래 의미는 두 개의 시스템이 상호 작용할 수 있도록 접속되는 경계boundary나 상호 연결하기 위한 조건이나 규약을 말하는 것이나, 여기서는 미디어를 사용하는 방식이나 구조의 의미로 사용한다.

미디어를 활용할 때 사람들은 인터페이스를 통해 가상 세계에 대한 통제력을 현실화함으로써 재미를 느낀다. 인터페이스를 통한 조작manipulation 기회가 많고 반응의 속도나 실재감이 높을수록 사람이 느끼는 자유도와 통제감은 높아진다. 스마트폰에서는 기존의 키보드, 마우스, 조이스틱 수준의 인터페이스를 넘어 이제는 인공지능과 음성인식을 결합한 음성 명령 및 대화, 손가락 터치 인터페이스가 등장하여 더 아날로그적 사실감과 현장감을 높여가고 있다. 이런 디지털 미디어의 인터페이스 속성은 맥루한이 언급한 바와 같이 인간 감각의 확장으로서 미디어의 유희적 가능성을 높여주고 있다.

결론적으로 미디어는 다양한 차원의 상호작용성, 사회적 실재감과 공동 공간감, 인터페이스가 제공하는 재미 요소 등에 힘입어 사람에게 재미를 제공하는 새로운 놀이터가 되고 있다고 하겠다.

5) 소셜 미디어와 모바일 미디어의 재미

소셜 미디어와 모바일 미디어의 등장은 지금까지 설명한 재미의 향유와 즐김 양상에 획기적인 변화를 가져왔다. 이런 변화의 세 가지 중점은 '재미의 일상성'과 '함께 즐기기', 그리고 '정체성의 자유'를 근본적으로 강화했다는 것이다.

재미의 일상성이란 일과 분리된 여가활동으로서의 재미가 아니라 업무와 재미의 경계가 모호하게 되고 언제, 어디서든 일상적으로 재미를 누릴 수 있게 되었다는 것을 의미한다. 이와 함께 대인적, 정보적, 오락적 소통이 따로 분리된 상태에서 재미를 추구하는 것이 아니라 다양한 소통 과정에서 다양한 즐길거리들을 함께 나눔으로써 재미가 공존하는 '함께 즐기기'가 가능하게 된 것을 의미한다. 예컨대, TV를 같이 보면서 평가 의견을 달거나 채팅을 하고, 자기가 좋아하는 콘텐츠를 다른 사람과 공유하는 식으로 소통과 즐김이 융합되는 현상이 나타나고 있다는 것이다.

정체성의 자유는 새로운 사람들과 새로운 관계를 형성함으로 나타나는 새로운 정체성의 확보가 가능하게 되었다는 것을 의미한다. 이는 바로 소셜 미디어의 관계성과 모바일 미디어의 이동성을 통해 가능하게 된다.

① 소셜 미디어의 개념과 특징

소셜 미디어는 위키피디아Wikipedia의 정의에 따르면 '높은 접근성과 온라인 상에서 확장 가능한 출판 기술을 활용하여 사회적 상호작용을 하도록 만들어진 미디어'이다. 인터넷은 소셜 미디어가 확산될 수 있는 인프라를 제공했으며 스마트폰과 같은 모바일 미디어는 이의 이용을 촉진하는 디바이스 역할을 담당했다. 이로써 소셜 미디어는 누구나 자유롭게 참여하여 정보를 제공하거나 이를 교환

함으로써 활발한 인적 교류를 형성해나가는 환경을 조성하고 있다(소셜미디어 연구포럼, 2012).

소셜 미디어는 참여, 공개, 대화, 커뮤니티, 연계성 등을 주요한 특징으로 하며, 소셜 미디어의 범주는 크게 블로그Blog[191], 소셜네트워크서비스SNS[192], 위키스Wikis[193], 콘텐츠 커뮤니티, 팟캐스트Podcast[194], 포럼forum[195], 마이크로블로깅Microblogging[196]으로 분류할 수 있다(iCrossing, 2008; 소셜미디어포럼, 2010 재인용). 좁은 의미에서의 소셜 미디어는 주로 SNS에 한정하기도 한다.

[표 21] 소셜 미디어의 특성(최민재 · 양승찬, 2009)

구 분	해 설
참여 Participation	관심있는 모든 사람들의 기여와 피드백을 촉진하며 미디어와 오디언스의 개념을 불명확하게 함.
공개 Openness	피드백과 참여가 공개되어 있으며, 투표, 피드백, 코멘트, 정보 공유를 촉진함으로써 콘텐츠 접근과 사용에 대한 장벽이 거의 없음.
대화 Conversation	전통적인 미디어가 Broadcast이고 콘텐츠가 일방적으로 오디언스에게 유통되는 반면, 소셜 미디어는 쌍방향성을 띰.
커뮤니티 Community	빠르게 커뮤니티를 구성케 하고 커뮤니티로 하여금 공통의 관심사에 대해 이야기하게 함.
연결 Connectedness	대부분의 소셜 미디어는 다양한 미디어의 조합이나 링크를 통한 연결을 통해 번성함.

191) Web과 Log의 합성어로 웹에 기록하는 일기나 일지를 의미한다.
192) 특정한 종류의 콘텐츠를 만들고 공유하는 커뮤니티로 플릭커Flickr, 유튜브Youtube가 대표적인 예이다.
193) 위키피디아와 같이 콘텐츠를 추가하거나 수정할 수 있는 일종의 공동의 데이터베이스를 의미한다.
194) 아이팟iPod과 방송broadcast의 합성어로 오디오, 비디오를 다운받아 볼 수 있게 한 서비스이다.
195) 특정한 주제나 관심사를 두고 온라인 토론이 이뤄지는 장소를 의미한다.
196) 아주 짧은 분량의 메시지(보통 140자)를 제공하는 SNS의 일종이다.

[그림 61] 소셜 미디어의 다양한 형태(출처 : Flickr)

② 소셜 미디어의 이용 동기와 재미 요소

여러 개의 미디어를 넘나들면서 사용하는 요즘 사람들의 미디어 이용 동기는 대개 네 가지로 나눌 수 있다(이준웅 · 김은미 · 심미선, 2006). 첫째, 주변에 내가 알아야 할 정보가 있는지 등 세상 돌아가는 일을 알고자 하는 사회적(정보적) 동기이다. 둘째, 다른 사람들과 잘 어울리고자 하는 관계적 동기이다. 셋째, 지루하지 않게 시간을 즐겁게 보내며 적당한 자극을 추구하는 오락적 동기이다. 넷째, 자신의 존재를 알리고 인정받고자 하는 자기 정체성의 동기이다.

앞의 두 가지 동기는 인간 관계를 추구하거나 자신의 정체성을 유지하기 위해 미디어를 사용하는 관계지향적 동기이고, 뒤의 두 가지는 미디어를 이용해 다른 무엇인가 구체적인 과업을 이루고자 하는 도구지향적 동기이다.

소셜 미디어를 사용하는 사람들은 다음과 같은 목적을 가지고 이용하고 있다. ① 정보습득 및 교류(58.2%), ② 커뮤니케이션(55.6%), ③친교와 교제(44.9%), ④ 오락과 여가(34.6), ⑤ 개인 홍보(19.2%), ⑥ 개인사 정리(18.5%), ⑦ 경제활동(광고 등)(13.2%)의 순으로 나타났다(방송통신위원회, 2010). 이는 앞서 설명한 미디어 이용 동기와 거의 일치하는 결과를 알 수 있다.[197)]

트위터Twitter의 가장 독특한 기능으로 주목받는 재전송 기능RT의 이용 동기는 다음 <표 22>과 같이 요약된다(Boyd, Golder and Lotan, 2010). 이와 같은 결과들을 종합해 볼 때 소셜 미디어는 기존의 미디어와 비교할 때 미디어 동기 중 자신을 인정받거나 과시함으로써 자기존재감을 표현하거나 자기표현감을 높이려는 자기 정체성의 동기가 상대적으로 높은 편이라고 할 수 있다. 이는 자아의 측면에서 보면 기술적 제약이나 사회적 맥락 등으로 인해 현실 세계에서 억압된 정체성을 소셜 미디어를 통해 새롭게 규정하고자 하는 욕구를 드러낸다고 할 수 있다(소셜미디어연구포럼, 2012). 즉 이용 동기를 통해 추론할 수 있는 소셜 미디어의 재미 요소는 소통의 핵심적인 재미 요소인 자기표현감, 대인교류감, 공감 요소와 일치한다고 볼 수 있다. 이 외에도 소셜 미디어는 관계를 기반으로 '함께 즐기는' 새로운 뉴스의 유통 · 소비 방식을 활성화함으로써 기존의 전통 미디어와 비교하여 '참여적, 대화적, 대안적' 저널리즘을 확산시키는 역할을 담당한다. 소셜 미디어는 이렇듯 뉴스 외에도 음악, 사진, 동영상 등 다양한 콘텐츠에 대해서도 공유를 통해 '즐김' 을 소통하는 환경을 제공함으로써 소통과 재미가 결합되는 융합적 양상을 보이면서 보편적 미디어 서비스로 자리잡아가고 있다.

197) 다른 연구(심미선 · 김은미, 2011)에서도 정보교환 또는 유용한 정보습득 등의 사회적 동기, 관계적 동기, 정서적 동기 등의 순으로 유사한 결과를 보이는 것으로 나타났다.

[표 22] 트위터의 리트윗 동기

① 새로운 대중에게 뉴스를 전달하기 위해 ② 특정집단에게 즐길거리나 정보를 제공하기 위한 일종의 큐레이팅 행위로서 ③ 뉴스에 자신의 의견을 덧붙여 대화나 토론을 시도하기 위해 ④ 뉴스를 경청하는 청자로서 자신의 존재를 부각시키기 위해 ⑤ 공개적으로 동의를 표시하기 위해 ⑥ 타인의 의견을 확인하기 위해 ⑦ 존경, 성실, 우정을 표시하기 위해 ⑧ 인기가 없거나 존재감이 낮은 뉴스를 더 부각하기 위해 ⑨ 자신을 과시해 더 많은 팔로어를 획득하기 위해 ⑩ 의견을 온라인 공간에 저장하고 보존하기 위해

③ 모바일 미디어의 특징과 재미 요소

모바일 미디어는 기본적으로 디지털 미디어가 갖고 있는 상호작용성, 네트워크성, 미디어 융합성, 비동시성 등의 특성을 갖고 있음은 물론이고 휴대성, 이동성, 개인성이란 차별적 특성을 보유하고 있다. 기존의 미디어가 고정성을 바탕으로 불특정 다수를 그 대상으로 하였다면, 모바일 미디어는 휴대성과 이동성을 바탕으로 시공의 제한없이 언제, 어디서나 특정 개인에 대한 맞춤형 서비스를 제공한다는 점에서 큰 차이를 보인다.

이러한 요인으로 인해 모바일 미디어는 퍼스널 미디어로서 인정받고 있다. 개개인을 대상으로 차별적이고 고도화된 서비스를 제공함은 물론, 다차원적인 상호작용성을 통해 이용자의 선택과 참여가 그 어느 때보다도 확대된다.

이러한 차별적 특성을 활용해 모바일 미디어는 소위 노마디즘Nomadism의 가치를 극대화한다. 노마디즘은 유목주의라는 의미로, 기존의 가치와 삶의 방식을 부정하고 불모지를 옮겨 다니며 새로운 것을 창조해 내는 일체의 방식을 의미하며, 철학적으로는 끊임없이 자기를 부정하면서 새로운 자아를 찾아가는 것을 의미한다. 이는 철학적 개념뿐만 아니라 현대사회의 문화 · 심리 현상을 설명하는 말로도 쓰인다(출처: 두산백과).

모바일 미디어에서 노마디즘은 한자리에 머물러 있지 않고, 끊임없이 이곳 저곳을 이동하면서 이미 친숙한 사람들과는 계속 접속해 있고 모르는 사람들과는 새로운 관계를 계속 형성해 나가는 것, 그런 과정에서 자신의 새로운 정체성을 발견하는 것을 의미한다. 그럼으로써 정주定住하는 삶의 지루한 일상으로부터 벗어나 해방감과 자유를 맛보려는 것이다.

노마디즘은 크게 보면 이동 중에 노동, 학습, 여가를 동시에 수행함으로써 즐거움의 자유를 추구하는 유저 노마드User Nomad와 가상공간에서 다중적 정체성을 자유롭게 추구하는 가상 노마드Virtual Nomad로 구분해볼 수 있다(김대호 외, 2008). 유저 노마드는 짜투리 시간이나 이동 시간을 모바일 미디어를 활용해 대인적, 정보적, 오락적 소통에 할애하는 등 이를 적극적으로 활용하는 사람들이다. 가상 노마드는 물리적 공간이 아닌 가상공간에서 자유롭게 이동하면서 새로운 이들과 계속해서 접속하고 이 접속을 통해 새로운 정체성을 끊임없이 실험하는 사람들이다. 이와 같은 가상적 연결을 통해 형성되는 약한 연대를 사회학자 마페졸리 Maffesoli는 '신부족주의Neo-Tribalism' 의 개념으로 설명한다(Maffesoli, 1995). 즉, 가상 노마드는 작은 단위의 군집들이 자신들의 취향과 감성의 공유를 기반으로 응집된 소수 집단을 형성하는 것을 말한다.[198] 마페졸리는 가상 노마드들이 현실에서는 다른 이들처럼 평범하게 정착인의 생활을 하고 있지만, 내면 깊은 곳에서

198) 불특정 다수인이 정해진 시간과 장소에 모여 주어진 행동을 하고 곧바로 흩어지는 것을 의미하는 '플래시 몹Flash Mob' 현상이나 특정한 사회적 이슈나 이벤트를 중심으로 일정 기간 동안 한시적으로 형성되는 여론 집단 현상이 좋은 예에 해당한다.

는 노마드로 살아가고 싶은데 이를 현실에서는 실현하지 못하고 가상세계에서 이를 실현한다고 설명한다.

결론적으로 모바일 미디어는 가상 노마드, 유저 노마드들이 이동의 자유와 정체성의 자유를 즐거움의 기회로 활용하는 것을 가능하게 해준다고 하겠다.

생각해 볼 문제

1. 소통의 목적인 공감을 잘 하기 위한 실천적 방법은 무엇인가?
2. 소통의 분극화 문제를 해결할 수 있는 대안은 무엇인까?
3. 스마트폰이 제공하는 재미의 부정적 측면과 해결책은 무엇인가?

IV
재미의 활용

재미는 문제해결 수단이다.

1. 폭스바겐사의 재미이론Fun Theory
2. 퀘스트투런Quest to learn
3. 퍼놀로지Funology
4. 게이미피케이션Gamification

재미는 문제해결 수단이다.

지금까지 우리는 재미는 무엇이고 재미가 어떤 작동원리에 의해 움직이는지, 재미의 구성 요소, 재미의 구조와 원리에 대해 알아보았다. 이어서 재미의 세부 활동들, 즉, 놀이, 게임, 이야기, 유머, 배움, 소통 등 재미의 다양한 영역들에 대해 각각은 어떤 재미 요소를 갖고 있으며 어떻게 재미가 나타나는지 세부적으로 이해하였다.

그런데 우리가 이와 같이 재미를 이해하려는 목적은 이해를 위한 이해로 그치지 않는다. 재미가 무엇인지 아는 것으로 충분하지 않다. 모든 이해의 추구는 궁극적으로 그것을 통해 무엇을 할 수 있는지를 알 때 비로소 의미가 있다. 말하자면 모든 이해는 활용을 목적으로 하지 않을 때 의미가 반감된다. 재미가 무엇인지 이해하는 것은 분명 그 자체로 유용하지만 그것은 여전히 절반의 이해에 불과하다고 할 수 있다. 나머지 절반은 재미가 어떻게 활용될 수 있는 지, 그 활용 가치를 이해하는 데 있다.

소위 재미를 주목적으로 하는 문화산업, 콘텐츠 상품들은 대표적으로 재미를 활용하고 있는 것들이지만 재미의 활용이 비단 부가가치를 창출하는 그와 같은 경제적 목적에만 국한되지 않는다. 재미는 본질적으로 인간 삶의 다양한 문제들을 해결하는 포괄적, 핵심적 수단으로 활용된다. 재미가 활용되는 사례들은 그런 점에서 예를 들 필요가 없을 정도로 광범위하지만, 여기서는 재미에 대한 우리의 고정 관념을 바꾸고 우리에게 통찰력을 제시해줄만한 몇 가지 인상적인 사례들을 들고자 한다. 재미는 최근 인류가 당면한 핵심적 이슈들, 즉 환경, 교육, 기업 혁신, 생산성 향상 등 다양한 문제들에 대한 해법을 제공해 줄 수 있다는 점에서 아래에서 드는 사례들은 매우 흥미롭다. 사례는 폭스바겐Volkswagen사의 '재미이론Fun Theory', 게임기법을 교육에 접목한 '퀘스트투런Quest to learn', 기업의 상품혁신 기법으로 활용되는 '퍼놀로지Funology' '게이미피케이션gamification' 등이다.

1. 폭스바겐사의 재미이론Fun Theory[199)]

이는 2009년 독일의 자동차 회사인 폭스바겐이 친환경 자동차 시리즈인 '블루모션Bluemotion' 시리즈를 출시할 당시 자동차 산업에서 환경 이슈의 중요성을 사람들에게 인식시키기 위해 실시한 마케팅 캠페인으로 시작되었다.

'블루모션' 은 차량의 주행성능이나 운전의 즐거움은 유지하되 연비는 높이고 공해는 줄이는 친환경 효과를 가진 폭스바겐의 새로운 엔진기술이었다. 이는 매우 혁신적이고 진보적인 것이었지만 친환경 이슈가 갖고 있는 공익적이긴 하지만 지루하고 재미없다는 일반의 인식을 깨기가 어려웠다.

여기서 폭스바겐은 이러한 사람들의 인식을 바꾸기 위해 기술홍보가 아닌 친환경 캠페인을 시작한 것이다. 즉, 친환경 이슈에 재미 요소인 'Fun' 을 연계함으로써 사람들이 자연스럽게 친환경적 행동을 할 수 있도록 했다. 이를테면 폭스바겐의 재미이론은 사람들에게 친환경적 선택이 즐거운 일이면서도 모두에게 유익한 것이란 사실을 암시적으로 이해시키려고 한 것이다.

'사람들의 행동을 바람직한 방향으로 변화시키는데 가장 쉬운 방법은 재밌는 요소를 만드는 것이다.' 로 시작한 이 캠페인은 즐거운 재미요소들로 사람들의 행

199) http://www.thefuntheory.com

동을 착한 친환경적 행동으로 바꿀 수 있다는 사실을 아래와 같은 다양한 사례를 통해 입증해 보였다. 폭스바겐은 이를 위해 사람들에게 재미를 활용해 친환경적 행동을 유도할 수 있는 다양한 아이디어를 모집하고 그 중 몇 가지 실행가능한 사례를 선정해 이를 실제로 현실에 적용해 본 것이다. 폭스바겐의 '재미이론' 사례는 재미가 '세상을 바꾸는 긍정적인 힘' 으로 활용될 수 있음을 단적으로 보여준다.

1) 피아노 계단 사례

[그림 62] 피아노계단 적용 전

[그림 63] 피아노계단 적용 후

사람들에게 전기를 사용하는 에스컬레이터보다 계단을 활용하는 친환경적 행동을 하도록 하기 위해 '계단을 이용하자' 는 언어적 설득을 시도하지만 결과는 늘 좋지 않다. 앞의 그림에서 보는 것처럼 단순히 계단 하나 하나에 피아노 건반을 설치해 계단을 오를 때마다 피아노 소리가 나게 하자 사람들이 자발적으로 에스컬레이터보다 계단을 선택하는 결과가 나타났다. 재미가 사람의 행동을 긍정적인 방향으로 바꿀 수 있음을 보여준 극적인 사례라고 할 수 있다.

2) 세계에서 가장 깊은 휴지통 사례

[그림 64] 세계에서 가장 깊은 휴지통 사례

두 번째는 사람들에게 쓰레기를 휴지통에 버리도록 하는 행동을 유도하기 위해 재미를 적용한 사례이다. 휴지통에 센서와 음향효과를 설치해 쓰레기가 들어오면 실제로는 휴지통의 깊이가 매우 얕지만 마치 깊은 계곡에 떨어지는 것처럼 물건이 떨어지는 '슈웅' 하는 소리가 오랫동안 들리고 이후에 바닥에 '쿵' 하고 떨어지는 효과음이 들리게 했다. 사람들은 이런 휴지통을 매우 신기해하며 쓰레기를 자연스럽게 휴지통에 버리는 행동을 하게 된다.

3) 빈병 수거함 사례

세 번째는 빈병을 쉽게 수거할 수 있도록 게임 기법을 활용한 사례이다. 빈병수거함을 마치 '랭킹오락게임' 처럼 구성해 빈병 구멍을 여러 개로 만든 뒤, 불이 들

[그림 65] 빈병 수거함 사례

어오는 구멍에 빈병을 넣으면 점수를 얻을 수 있도록 함으로써 사람들이 빈병을 가져올 수 있도록 한 것이다. 이 경우는 위의 사례보다 더 적극적으로 게임과 같은 재미를 접목한 경우이다. 사람들의 경쟁심과 승부욕을 자극해 더욱 빈병 모으기에 자발적으로 동참할 수 있도록 한 것이다.

이상의 세 가지 실험 결과 하루 종일 계단을 이용한 사람이 66% 증가하였고, 휴지통은 일반 휴지통보다 41kg 더 많이 쓰레기를 수거할 수 있었으며, 빈병수거함은 평소보다 두 배가 증가하는 결과가 나타났다고 한다.

폭스바겐의 재미이론은 행동 자체를 즐겁게 만들어 자발적인 행동을 유도하는 일종의 행동심리학[200]을 이용한 아이디어로서, 재미, 신기함, 호기심을 자극하는

200) 이는 이론적으로 인간의 심리적 행동이 경제에 어떤 영향을 미치는지 연구하는 '행동경제학'에 기초하고 있다(행동주의 심리학이 경제학으로 확대된 것이 행동경제학이다. 이후 사회학과 행정학, 특히 정책학으로 확대되어 큰 호응을 얻으면서 다학제간 연구주제가 됐다). 인간 행동을 유도하는 방법은 인센티브와 벌칙(간단히 말해 당근과 채찍)이 있지만 행동경제학에서는 강요가 아닌 자발적 선택을 유도하는 넛지nudge라는 방법을

아이디어를 통해 사람들이 기피하는 행동들을 긍정적인 방향으로 유도하고 허드렛일을 재미있는 놀이로 전환하였다. 이로써 사람들에게 재미는 긍정적인 사회 변화에 기여할 수 있다는 사실을 일깨워 주었다.

폭스바겐은 캠페인이 끝난 후에도 매년 상금을 걸고 재미이론에 대한 아이디어 대회를 열어 지속적으로 재미의 실용적 활용 가치를 알리고 확산시키고 있다. 폭스바겐은 또한 재미이론 마케팅으로 2010 칸 국제광고제(칸 크리에이티브 페스티벌)에서 사이버 부문 최우수상Cyber Grand prix을 수상하기도 했다.

소개된 사례 이 외에도 이후 재미있는 다양한 아이디어들이 제시되었는데, 운전자들이 즐겁게 속도 제한을 지킬 수 있도록 한 '스피드 카메라 복권Speed Camera Lottery' 사례[201], 아이들이 자동차 뒷좌석에서 안전 벨트를 스스로 맬 수 있도록 한 '오락 벨트Play Belt' 사례[202], 노약자석을 비우기 위한 버스의 오락기 손잡이 사례, 신발을 털게 만들어 상점을 깨끗하게 하는 스크래치 매트 사례 등 많은 아이디어들이 활용되었다.

제안한다. 넛지는 '팔꿈치로 슬쩍 찌르다', '주의를 환기하다'라는 뜻으로 동명의 책 저자 리처드 탈러Richard H. Thaler교수는 심리학적 개념을 경제학에 통합시킨 공로를 인정받아 2017년 노벨 경제학상 수상자로 선정된 바 있다.

201) 차량의 속도가 규정속도 이하면 규정 속도를 지켰다는 축하 메시지와 함께 자신의 차량이 찍힌 이미지, 속도를 담은 로또를 보내주는 것으로 실제 스웨덴 스톡홀름시에서 적용되었다.

202) 앞 좌석 뒷면에 모니터를 설치하고 재미있는 동영상을 보기 위해서는 먼저 벨트를 매도록 한 아이디어이다.

2. 퀘스트투런Quest to learn[203)]

교육 문제는 어느 나라를 막론하고 모든 사람들의 중요한 관심사항이다. 세상은 예측할 수 없을 정도로 빠르게 변화하고 있는 가운데 제도권 공교육 시스템은 최근 국내외 없이 그런 변화에 적응하지 못하고 과거의 교육 방식을 고수한 채 위기를 맞고 있다.

여기서 핵심적인 문제는 지금의 교육이 아이들에게 현실 세계의 문제들을 해결할 수 있는 실제적인 지식과 방법을 제공하지 못하고 있으며, 더 심각한 것은 배움이 학생들에게 가장 '재미없는' 활동으로 인식되고 있다는 사실이다.

교육의 이와 같은 복합적인 문제들을 해결하기 위해 교육에 게임이란 재미 요소를 결합시키려는 '퀘스트투런(Quest to learn; 이하 Q2L)' 이란 독특한 교육방식이 등장했다.

203) http://www.q2l.org

1) 설립 배경과 커리큘럼

2009년 9월 뉴욕시 교육청, '공립학교를 위한 새로운 비전' 이란 비정부기구 NGO, 놀이연구소Institute of Play가 맥아더재단John D. & Catherine T. MacArthur Foundation의 기부를 받아 학생들이 익숙한 게임방식으로 학습하는 정규 공립중고등학교 Q2L을 맨하탄에 세웠다.

커리큘럼은 게임개발 전문가와 교육자들이 모여 2년에 걸쳐 만들었다.[204] 학생들은 디지털 미디어, 게임, 온라인 네트워크, 모바일 기술 등을 이용하여 게임 설계원칙에 따라 학습한다. Q2L을 모델로 하는 제2공립학교는 2011년 8월 시카고에서 문을 열었다. 현재까지 학생들과 학부모들은 만족한다는 반응을 보인다.

[그림 66] Q2L 스몰랩 장면(조진화, 2010. 6. 18)

204) 커리큘럼 핵심 개발자는 놀공발전소(미국명, 놀이연구소) 소장이자 성균관대 영상학과 겸임교수를 맡고 있는 피터 리(한국명 이승택) 교수로 알려져있다.

2) 수업 내용과 평가 방식

Q2L에서 학생들은 게이머가 되어 실제 생활 속 사람들의 행태와 관행을 실행하면서 학습한다. 생물학, 역사학, 수학을 배우는 것이 아니라 생물학자, 역사학자, 수학자가 되어 퀘스트를 수행한다. 현실에서 실제 통하는 기술을 익히며, 현실 세계의 문제를 풀고 소통하는 법을 배운다.[205]

수학, 과학, 역사 같은 과목은 없다. 하루 일과는 90분 단위 4개의 영역으로 구성된다. 수학과 영어의 조합으로 이뤄진 '코드세상Codeworld', 영어와 사회학을 공부하는 '존재-공간-장소Being, Space, Place', 수학과 과학을 익히는 '사물이 작동하는 방법The Way Things Work', 그리고 게임 디자인과 디지털 능력을 키우는 '마인드 스포츠Sports for the Mind' 영역 등이다.

'존재-공간-장소' 영역에서 학생들은 스파르타의 전사가 되어 아테네인들을 다루는 일련의 계획을 만들고, 이를 통해 역사, 지리, 공공정책에 관한 것을 배우게 된다. '사물이 작동하는 방법'에서 학생들은 건축가가 되어 고대 이집트의 피라미드를 세우면서 수학, 공학, 종교, 지리 등을 배우게 된다. 학생들은 제공되는 가상현실 속에 숨겨진 퀘스트를 찾아 비밀 임무를 수행한다. 암호와 퍼즐풀기로 레벨업level up하고[206], 포인트를 따 달인이 된다. 취득한 능력을 필요할 때 거

---

205) 교육강국 핀란드는 아예 국가 차원에서 이와 유사한 교육 혁신을 시도하고 있다. 핀란드 정부가 발표한 2016 핀란드 국가핵심교육과정 개편 내용에 따르면 기존의 전통적 교과목subject 기반 교육을 줄이고 미래사회 변화에 대비할 융합형 인재를 양성하기 위해 주제topic 기반 교육을 새롭게 적용하기로 했다. 이는 교과를 포기하는 것이 아닌 여러 개의 교과를 한 주제를 통해 구현하는 융합학습을 유도하겠다는 것이다. 이와 같은 교과목간 협력작업은 7~8명의 교사가 여러 학생들과 함께 학생들의 관심과 흥미를 반영하여 주제를 선정하고 계획을 수립한다. 예를 들어 '세계2차대전'이란 주제는 역사, 지리 등 다양한 교과목의 지식을 통합적으로 습득하는 방식이다(윤은주, 2015).

206) 레벨업은 정규 곡선에 따라 A에서 F로 매기는 기존 성적 체계보다 훨씬 평등한 성취모

래할 수도 있다. 열심히 하면 레벨은 오르고 실패해도 다시 할 수 있다. 개개의 영역은 게임 세계의 용어로 보스 등급이 매겨지는 2주간의 평가로 마치게 된다(김종민, 2012.4.3).

이처럼 재미 요소를 교육에 결합하는 방식은 기존의 설명과 암기 위주의 주입식 교육의 한계를 극복하고 학생들이 재미를 느끼며 자발적으로 참여하고 과제를 수행해 봄으로써 궁극적으로 사회가 요구하는 문제해결능력을 배양하려는 시도라는 점에서 위기에 직면한 우리 교육에 시사하는 바가 매우 크다고 하겠다.

형이다. 누구나 열심히 노력하면 레벨업을 할 수 있기 때문이다. 이로써 단 한 번에 성적이 결정되는 기존 체계를 대체하거나 보완할 수 있다. 이 같은 성적 체계는 부정적 스트레스가 아닌 긍정적 스트레스를 일으켜 학생이 수행평가가 아니라 학습 자체에 집중하게 한다(제인 맥고니걸, 2012).

3. 퍼놀로지Funology

상품goods이 일상용품commodities이 되어버린 요즘 시대에는 제품의 기능, 품질, 가격과 같은 일반적인 경쟁 요인으로는 더 이상 소비자를 만족시킬 수 없게 되었다. 그래서 제품에 미적 아름다움을 부기하여 소비자들의 심미직 욕구를 사극하려는 디자인 경쟁이 새로운 경쟁 전략으로 시도되고 있으나 최근에는 이마저도 보편화하고 있는 추세이다.

이런 상황에서 기업들은 최근 사람들의 관심을 끌어 경쟁 우위를 차지하려는 방법으로 '재미'를 활용하려는 움직임이 활발하게 나타나고 있다. '재미'를 통해 사람들의 감성을 자극하려고 하는 것이다. 이처럼 '재미를 활용하기 위한 기술'이란 의미로 퍼놀로지Funology가 상품 경쟁력을 높이기 위한 중요한 수단으로 인식되기 시작했다. 퍼놀로지는 재미fun와 기술technology의 합성어로, 기존 상품에 재미 요소를 가미하려는 경향이나 재미를 활용한 마케팅적 방법을 의미한다. 애플의 아이폰과 같은 스마트폰들이 퍼놀로지의 대표적인 상품이라 할 수 있다.

소비자들 역시 기업의 이런 전략에 호응해 필요에 의한 소비가 아닌 즐거움을 위한 소비, 즉, '펀Fun 소비'가 새로운 소비 코드로 부상하고 있다. 이는 사람들의 재미 추구 성향이 높아지면서 상품에 있어서 기능 외에 재미와 즐거움이 소비자의 선택을 결정하는 중요한 기준이 되는 시대가 되었음을 의미한다(이연수,

2005). 아래에 일반 상품 분야, 콘텐츠 분야, 서비스 분야에서 몇 가지 재미있는 활용 사례들을 들어보겠다.

1) 일반 상품 분야

패러디와 같은 유머 코드를 활용해 상품에 재미요소를 결부시킨 사례들이 대표적인 경우이다. 패러디와 상표권 침해의 경계를 구분하기 어려운 경우가 문제이긴 하지만 나이스, 아디도스, 파마 등 유명 스포츠 브랜드에서 알파벳 몇 개만 바꾼 일명 패러디 브랜드 상품도 이런 사례의 하나이다. 과거와 달리 가짜 브랜드 제품을 대하는 소비자들의 태도가 '가짜라도 재미있으면 그만' 이라는 생각 때문에 이런 제품을 더 재미있어하며 입고 다닌다.

[그림 67] 패러디 유머 코드 활용 제품 사례(이연수, 2005)

이 외에도 유년 시기의 감성에 호소하는 키덜트Kidult 제품도 일종의 재미 코드에 호응한 것이라고 할 수 있다. 키덜트란, '키드Kid' 와 '어덜트Adult' 가 합성된 말로 어른들이 어릴 적 향수를 떠올리며 그와 관련된 제품을 소비하는 현상을 의미한다. 대표적인 예로, 성인 여성들이 즐겨 찾는 키티 캐릭터 제품과 같은 팬시 상품을 들 수 있다.

미국 패션계를 이끌어갈 차세대 디자이너로 꼽히고 있는 제레미 스캇Jeremy Scott은 햄버거 모양의 상의와 포테이토 바지 옷, 아이스크림이 흘러내리는 듯한 드레스, 날개달린 신발 등 엉뚱함과 상상력이 돋보이는 상품으로 화제를 일으키고 있다.

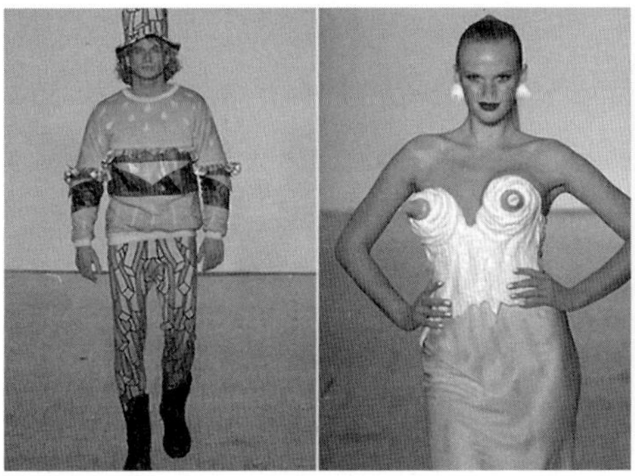

[그림 68] 제레미 스캇 의상
(네이버 블로그 http://blog.naver.com/whlovese)

[그림 69] 제레미 스캇 신발
(네이버 블로그 http://blog.naver.com/whlovese)

2) 콘텐츠 분야

문화 상품과 같은 콘텐츠 분야에서 재미 코드를 활용해 엄청난 반향을 일으킨 대표적 사례로 싸이의 '강남 스타일' 뮤직 비디오를 들 수 있다. 강남스타일은 유튜브에서 공개된 지 두 달 만에 조회수 1억뷰를 돌파한 이래 지난 4월 6일 현재

유튜브에서 무려 15억 누적 조회 수를 기록하고 있다.

'강남 스타일'의 성공 요인에 대해서는 단순하면서도 중독성 강한 일렉트로닉 사운드, 성적性的 코드를 절묘하게 결합한 '말춤', 따라하기식 패러디물 확산, 유튜브를 통한 급속한 입소문 효과 등 여러 가지를 들 수 있지만 무엇보다 중요한 요인은 언어의 장벽을 뛰어넘는 보편적 유머 코드를 들 수 있다.

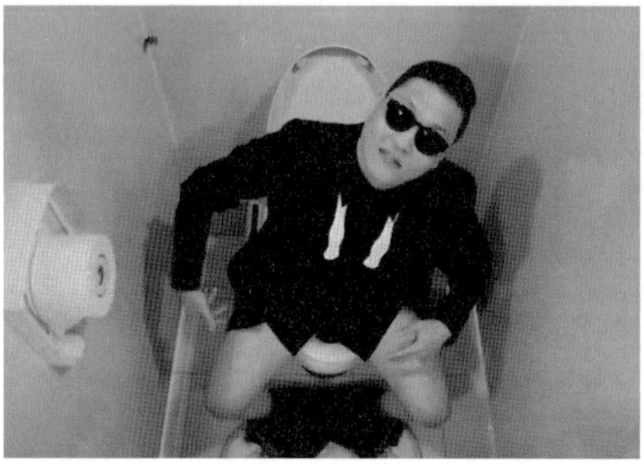

[그림 70] 강남스타일 화장실 장면(출처 : 유튜브)

[그림 71] 강남스타일 엘리베이터 장면(출처 : 유튜브)

'강남 스타일' 뮤직 비디오는 처음부터 시종일관 우스꽝스럽고 엉뚱한 장면으로 폭소를 떠뜨리게 하고 있는데 대표적인 장면이 그림에서 보는 것처럼 싸이가 화장실에서 볼일을 보며 노래하는 장면이나 노홍철이 엘리베이터에서 엽기 춤을 추는 장면을 들 수 있다. '강남 스타일'은 유머라는 재미 요소가 인터넷이란 확산 매체와 결합됨으로써 재미는 사람들의 자발적인 입소문을 촉발하는 폭발력과 전염성을 갖고 있음을 여실히 보여준 사례라 할 수 있다.

3) 서비스 분야

서비스를 상품으로 하는 서비스 분야는 2000년대에 펀 경영의 활성화와 함께 고객에게 단순한 서비스 만족을 넘어 재미와 즐거움을 제공하는 개념으로 시도되었다. 대표적인 성공사례로 드는 사우스웨스트항공은 허브 켈러허 회장이 유머 경영을 실시한 후 그가 퇴임하던 2008년 소형 항공사에서 미국 4위의 항공사로 거듭난 바 있다.[207] 국내에서도 즐거운 고객 경험을 제공해 성공한 서비스 중에 주목할만한 성공 사례는 스타필드 코엑스몰의 별마당 도서관이다.[208] 2014년 리뉴얼 후 상권 침체를 면치못하던 코엑스몰을 신세계프라퍼티가 2017년 운영을 맡아 중심에 복합문화공간인 무료 도서관을 만든 후 일 년만에 상권이 극적으로 살아니 기존 공실율 7%는 제로가 되고, 입점 매장 방문고객도 두 배가 늘었으며, 매출도 30% 증가하는 성과를 올렸다.[209]

[그림 72] 스타필드 코엑스몰 '별마당 도서관'(출처 : 신세계)

207) "담배를 피우실 분은 밖으로 나가셔서 비행기 날개 위에 앉아 마음껏 피우셔도 됩니다. 흡연 중에 감상하실 영화는 '바람과 함께 사라지다' 입니다"는 기내 안내방송은 유명하다. 회장은 평소 '일은 재미있어야 한다' 라며 재미 중요성을 강조했는데 토끼 분장을 하고 출근하기도 하고 경쟁사와 분쟁이 생겼을 때는 팔씨름으로 시비를 가리자고 제안

별마당 도서관은 다양한 책과 잡지를 편하게 볼 수 있도록 독서 공간을 제공하고 북 콘서트, 시 낭송회, 인문학 토크쇼, 책 관련 전시회 등 다양한 문화 프로그램도 정기적으로 운영하면서 방문객들에게 즐거운 고객 경험을 제공하고 있다.

이 외에도 2018년 6월에 스타필드 코엑스점에 펀스토어를 표방하며 신규 오픈한 삐에로쇼핑은 만물상처럼 쇼핑에 보물찾기를 하며 탐험하는듯한 재미를 제공하면서 목적성없는 구매에 익숙한 젊은 세대의 호응에 힘입어 단시간에 핫플레이스로 떠올랐다. 일본의 잡화점 돈키호테를 벤치마크한 삐에로쇼핑은 상품도 기존의 대형마트들과 달리 일반 상품 외에 캐릭터 상품부터 성인용품, 코스프레 용품에 이르기까지 재미에 초점을 맞추고 있다(윤민혁, 2018. 06. 27).

[그림 73] 스타필드 코엑스몰 '삐에로쇼핑'(출처 : 이마트)

이제 소비자들의 관심은 무게 중심이 '소유에서 향유로', '소비에서 경험으로' 이동하고 있다. 이와 같은 변화 속에서 서비스 기업이 고객의 호응을 얻고 살아남

해 문제를 해결하기도 했다.

208) 부산에도 유사한 사례가 있는데 부산시 기장군 바닷가에 있는 대형 복합휴양시설 '아난티 코브'도 상업시설의 핵심 위치에 '이터널 저니'라는 서점을 입점시켰다.

209) 박준호(2018.5.29), "금싸라기 땅에 '서점 · 도서관' 들이는 쇼핑몰", 뉴스핌

기 위해서는 단순한 상품 판매를 넘어 일상의 즐거운 경험을 제공하기 위해 서비스에 재미를 접목할 방안을 반드시 활용해야 한다. 경험 경제가 지배하는 시대에 재미는 선택이 아니라 필수라는 점을 인식할 필요가 있다.

4. 게이미피케이션Gamification

앞서 소개한 사례들이 환경, 교육, 마케팅 등 특정 영역에 국한된 경우라면 게이미피케이션[210]은 재미를 현실의 문제를 해결하는 도구로 더 적극적으로 활용하기 위해 체계화하려는 시도에서 등장했다. 즉, 게이미피케이션은 단순한 호기심이나 신기함에 호소하는 데서 한 걸음 더 들어가, 이해 당사자들이 구체적인 현실의 문제를 해결하는 데 목표, 규칙, 경쟁, 보상 등과 같은 게임적 장치들을 활용해 자발적으로 참여할 수 있게 하려는 것이다.

이를테면, 게이미피케이션은 게임에 일반적으로 사용되는 요소들을 게임이 아닌 영역에 적용하는 것을 의미한다. 게임 속에 있는 스토리, 다양한 미션, 재미 요소 등을 게임이 아닌 영역에 접목해 사람들이 싫어하거나 어려워하는 것을 게임처럼 즐기도록 만드는 방법이 게이미피케이션이라고 할 수 있다(김상균, 2014).

게이미피케이션의 범위를 포인트, 쿠폰, 경품제도 등을 포함하는 개념으로 넓게 보면 역사는 그리 짧지 않다. 1981년에 항공분야 최초로 아메리칸에어라인American Airlines이 마일리지 프로그램을 시작했고, 1983년 홀리데이인Holiday Inn에서 처음으로 호텔 로열티 프로그램을 시작했다. 1990년대 초엔 교육에 재미를

210) 'gamification' 이란 단어는 '게임으로 만든다'는 의미의 동사 'gamify'의 명사형이다.

접목한 에듀테인먼트Edutatinment가 등장했고, 2000년대에 들어서 교육, 건강, 공공 등 다양한 영역에서 기능성 게임Serious Game[211]이 사용되기 시작했다(김형택, 2013; 김상균, 2014 재인용).

게이미피케이션의 개념이 사용된 것은 2000년대 초반, 영국의 컨설턴트 닉 펠링Nick Pelling이 전자 제품 디자인 개선에 게임과 유사한 인터페이스를 적용한 것이 처음이라고 한다. 실질적으로 게임이 아닌 다른 분야에서 게임을 활용할 수 있는 가능성이 본격화된 것은 2010년 이후, 비즈니스, 마케팅 영역에서 게임을 접목하려는 시도가 주목을 받으면서부터다(권보연, 2015).

1) 기본 구조와 구성 요소

게이미피케이션에 있어서 게임화의 기본 구조는 플레이어가 미션을 수행해서 포인트를 받고, 누적된 포인트로 보상을 교환하는 형태이다. 여기에 참여자들 간에 자유로운 소통을 돕는 다양한 장치를 제공하는 구조이다(김상균, 2017. 5. 23).

게이미피케이션의 구성 요소는 미션이나 목표 등 내용을 구성하는 '이야기', 자발적 참여를 유도하는 장치로서 재미 경험을 구체화하는 '다이나믹스', 다이나믹스를 실현하는 도구로서 피드백과 보상의 방법인 '메커닉스', 실제 참여자들의 상호작용을 가능하게 하는 '기술' 요소 등 네 가지이다.

게임적 재미 장치의 핵심 요소는 다이나믹스와 메커닉스라 할 수 있다. 우선 다

211) 기능성 게임은 원래 게임이 아니지만 의료, 교육 등 특수한 목적을 위해 게임으로 만들어진 것으로 게이미피케이션의 한 형태다. 게이미피케이션은 게임적 기법을 적용한 것을 포괄적으로 의미한다는 점에서 기능성 게임을 포함한다.

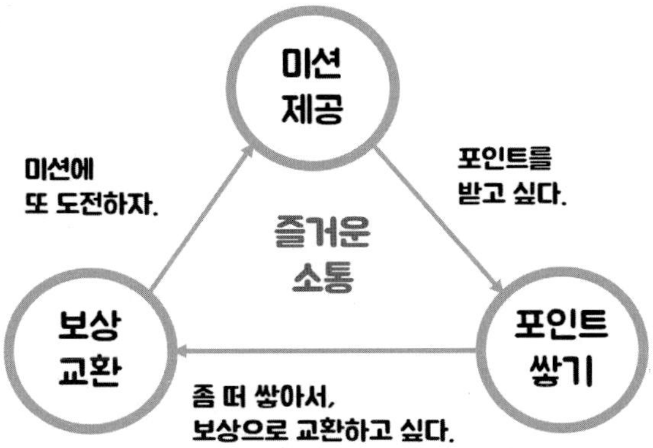

[그림 74] 게이미피케이션 기본 구조

이나믹스는 학자마다 다양한 의견이 있는데 대표적으로 코호넨(Korhonen, 2009)이 제시한 20가지 재미 경험이 유용하다. 이는 매혹captivation, 도전challenge, 경쟁competition, 완성completion, 통제control, 발견discovery, 에로티시즘eroticism, 탐험exploration, 자기표현expression, 판타지fantasy, 동료의식fellowship, 양육nurture, 휴식relaxation, 가학sadism, 감각sensation, 시뮬레이션simulation, 전복subversion, 고난suffering, 공감sympathy, 전율thrill이다.

메커닉스 요소는 보상 방법(포인트, 레벨, 진척도 표시, 뱃지, 권한, 가상물품, 실제물품, 단절[212], 선물, 무료점심[213], 가상화폐), 보상계획(고정간격, 고정비율, 가변기간, 가변비율), 회피[214] 신분[215], 퀘스트quest[216] 등이다(김상균, 2014).

---

212) 특정 행동에 대해서 일정한 제한 이상으로 보상을 제공하지 않는 것
213) 다른 사람의 성과로 인해 내게 무료로 보상이 제공되는 경우
214) 게이머가 보상이 아닌 패널티를 피하기 위해 취해야 하는 행동 또는 활동의 제약

2) 적용 사례

주변에서 가장 쉽게 발견할 수 있는 대표적인 사례는 바로 마이크로소프트의 윈도우즈에 기본 설치돼 있는 '프리셀FreeCell' 게임이다. 프리셀은 처음부터 단순히 여가시간을 보내기 위한 목적뿐만 아니라 마우스의 사용법을 숙달시키기 위해 개발된 게임이었다.[217)]

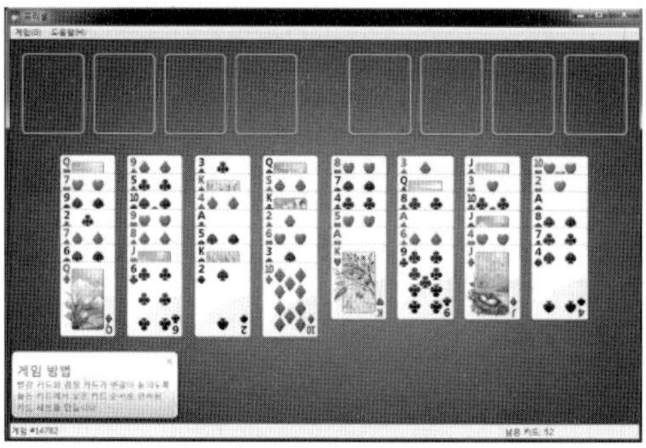

[그림 75] 윈도우즈 프리셀

블로그 뉴스매체로 시작해 미국의 메이저 매체 워싱턴포스트를 뛰어넘은 허핑턴포스트The Huffington Post는 사용자들의 적극적인 참여 유도와 서비스 활성화를 위해 게이미피케이션을 활용한 대표적 성공사례 중 하나다. 기존 뉴스와 차별화된 허핑턴포스트만의 특징은 기사를 작성하고, 의견을 나누고, 공유하는 모든 활동들이 사용자들의 참여로 이루어진다는 점이다. 허핑턴포스트는 뉴스의 생산, 참여, 공유 등을 활성화시키기 위해 댓글 달기, 악성 댓글 고발, 소셜미디어 연동,

215) 게임 상에서 나타나는 게이머의 아바타, 랭킹, 레벨, 사회적 관계
216) 구체적 목표가 있고 그에 따른 보상이 제공되는 게임상의 과제
217) 출처: 네이버 지식백과, 게임용어사전: 기관/용어

친구맺기 등에 뱃지와 레벨별 지위와 같은 게임기법을 적용했다(김형택, 2013).

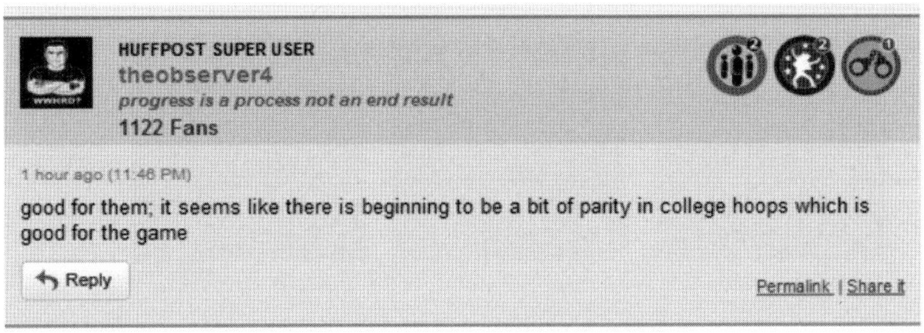

[그림 76] 허핑턴포스트 뱃지

스포츠기업 나이키가 자사 신발과 연계한 '나이키플러스' 도 자체 앱의 기본 기능인 운동량 체크에 보싱 요소를 결합시켜 운동의 재미를 더한 게이미피케이션 사례다. 운동화에 나이키플러스 센서를 달고 활동하면 운동량이나 운동 경로, 이용자의 칼로리 소모량 등의 데이터가 스마트폰으로 전송된다. 이렇게 모인 데이터를 활용해 이용자의 기록에 대한 통계를 내 신기록을 달성해 나갈 때마다 축하 음성 메시지와 트로피같은 보상이 주어진다. 나이키플러스의 '챌린지 모드' 에선 이용자끼리 거리나 횟수 등을 정해두고 서로 경쟁할 수 있게 해 '함께 뛰는 재미' 도 제공한다[218].

게이미피케이션은 이와 같이 온라인, 오프라인의 경계 없이 다양한 분야에서 활용되고 있다. 마케팅 등 기업의 비즈니스 영역은 물론이고 공공정책, 뉴스 · 미디어, 교육, 보건 · 의료, 스포츠, 환경, 모의실험, 쇼핑 등 다양한 영역으로 확장되면서 현실의 문제를 해결하는 데 중요한 역할을 담당하고 있다. 세계 최대 인재개발협회 ATD TK(Association for Talent Development Tech Knowledge)[219]에서는 수

218) 출처 : 네이버캐스트, 용어로 보는 IT '게이미피케이션'

[그림 77] 나이키플러스 앱

년째 게이미피케이션을 7대 교육 기술 중 하나로 꼽으면서 이를 이러닝e-Learning, 가상현실VR만큼이나 중요하게 인식하고 있다. 게임과 재미가 오락의 영역을 넘어 현실 세계의 문제 해결사로 확실히 자리매김할 것으로 기대된다.

219) http://techknowledge.td.org

생각해 볼 문제

1. 재미가 개인의 삶의 문제를 해결하는 데 실제적인 수단이 될 수 있는가?
2. 재미있는 삶을 실천함에 있어 방해 요인과 해결책은 무엇인가?

| 에필로그 |
재미있는 삶을 위한 제언

여러분은 재미의 본질을 탐구하는 대장정의 여행을 끝내고 드디어 종착점에 이르렀다. 이제 마지막 질문이 남았다.

'당신에게 재미는 무엇인가?'

당신에게 재미는 생산적인 것인가, 노는 것인가? 또는 누구나 누릴 권리인가, 배부른 자의 여유인가? 또는 지속가능한 것인가, 일회용인가? 또는 현재형인가, 미래형인가? 이 모든 질문을 압축해서 묻겠다. 당신에게 재미는 필수적인 것인가, 부차적인 것인가? 만약 후자의 답이 많다면 당신의 재미 상태는 매우 심각한 상황이라고 할 수 있다.

당신의 재미 상태를 구체적으로 진단해 보도록 하겠다. 지금 자신이 재미있어하는 일 세 가지만 들어보라. 그런 다음 그것을 생활 속에서 얼마나 실행하고 있는지 답해보라. 이 질문에 별로 떠오르는 게 없거나 재미 활동에 투입하는 총 시간이 일상 생활의 10%도 되지 않는다면 당신은 정말 재미없게 사는 게 분명하다.

우리는 지금과 같이 재미가 넘치는 시대에 왜 이렇게 재미없는 삶을 살게 되었을까? 눈을 조금만 돌리면 도처에 재미가 널려있는데도 말이다. 재미없는 한국사회의 일면을 극명하게 설명하는 표현이 있다. '엄마는 잔소리꾼, 아빠는 돈 버는 기계, 아이는 공부하는 기계.' 재미는 고사하고 치료가 필요하다고 해야 할 지경이다.

한국사회의 행복지수가 낮은 현상은, 비단 체면을 중시하고 남의 시선을 의식하면서 사는 풍토, 소득 불평등이나 양극화로 인한 상대적 박탈감만이 이유가 아닐 것이다. 재미를 적극적으로 찾지 않기 때문이다. 앞의 질문에서 보는 것처럼 재미는 선택의 문제이다. 삶이 재미없는 것은 재미있는 삶을 선택하지 않은 결과일 뿐이다.

재미를 적극적으로 찾고 추구하지 않는 삶, 재미없는 삶이 지속되는 것이 문제다. 절대적으로 재미를 누릴 시간이 없는 삶의 양식이 문제다. 부모들이건 아이들이건 재미를 느낄 시간적, 정신적 여유가 없이 사는 것이 문제다. 먹고 살기도 바쁜데 재미는 배부른 소리라고, 또는 재미를 현실도피 수단 정도로 여기는 우리의 인식이 문제다.

재미는 저절로 '생기는 것' 이 아니라 내가 스스로 '만드는 것' 이다. 기다리고 있으면 누가 가져다주는 것이 아니다. 또한 재미는 결코 삶의 부차적인 문제가 아니다. 재미는 반드시 충족되어야 할 본능적 욕구이다. 우리는 삶의 재미 수준을 매일 측정하고 관리해야 한다. 나는 오늘 재미있게 살았나를 매일 확인해보아야 한다.

오늘날 우리 사회가 세대간, 이념간, 계층간, 성별간, 지역간 대립으로 극심한 갈등을 겪는 것도 결국 사는 것이 재미가 없어서이다. 도저히 상대편을 참아줄 마음의 여력이 없는 것이다. 재미없는 삶이 우리를 더욱 각박하게 만들고 거칠고 분노에 찬 사람으로 만드는 것이다.

세상을 살만한 곳으로 만드는 데 재미가 기여할 것이라 확신한다. 세상을 살만한 곳으로 만들기 위해서는 세상을 즐거운 곳으로 만들면 된다. 그러기 위해서는 각 사람이 재미있는 삶을 살아야 한다고 믿는다. 재미있고 즐겁게 사는 사람이 많을수록 그 사회는 살만한 곳이 될 것이다. 재미있게 살면 살수록 우리는 더 여유로운 마음을 갖게 되고, 더 너그러워지고, 더 생각이 유연해지고, 더 즐거운 사람이 될 것이다. 재미는 전염성이 있어서 호수의 파문처럼 주변으로 점점 확산되면서 우리 사회를 살만한 곳으로 변화시킬 것이다.

창조경제가 제대로 꽃을 피우기 위해서는 재미있게 사는 사람이 우리 사회에서 많아져야 한다. 재미를 추구하는 사회가 되기 위해 우리 사회가 위로부터 아래까지 심각하게 머리를 맞대고 지혜를 모아야 한다.

재미있는 삶을 유지하기 위해 필요한 몇 가지 고려사항을 제안하고자 한다.

1. 호기심을 죽이지 마라.

아이 때는 무엇이든 재미있어 하는데 점점 나이가 들수록 매사 새로워할 것도 없고 심드렁해지는 데는 이유가 있다. 바로 호기심이 줄어들기 때문이다. 호기심은 재미와 직결되어 있다. 호기심의 실타래를 따라가면 그 끝에 재미가 있다. 호기심은 재미를 발화시키는 도화선이다.

재미를 찾고 싶은 사람은 사소한 것이라도 호기심을 놓치지 말아야 한다. 호기심好奇心은 말 그대로 새롭고 신기한 것을 좋아하거나 모르는 것을 알고 싶어 하는 마음이다. 기억력이 퇴화하는 것은 생물학적 노화 때문이 아니라 삶에 대한 호기심이 사라지기 때문이라고 했다.

호기심은 재미있는 것에 대한 애착이다. 아이들은 아주 사소한 것에도 충분히 재미를 만끽한다. 눈에 보이는 모든 것이 새롭고 신기할 뿐이다. 아이들은 모든 것에 호기심이 많기 때문이다. 아이는 태어나고 얼마 지나지 않아 지칠 줄 모르는 호기심으로 주위 사물을 보기 위해 머리를 들어올리고, 몸을 뒤집고, 손을 뻗고, 기어가서 만진다. 그러면서 감각 기능과 인지 기능이 발달하게 된다. 호기심이 아이들의 신체적, 인지적 발달을 위한 동력이 되는 셈이다.

호기심은 어떤 것이라도 당연한 것으로 받아들이지 않고 늘 '왜' 라는 질문을 달고 다닌다. 호기심은 새로운 것에 대한 갈망, 새로운 것을 경험하고 싶어하는 마음이다. 그런 점에서 호기심은 새로움과 변화를 추구하는 재미와 동의어라 할 수 있다.

호기심 많은 아이들은 자칫 주의가 산만한 아이로 비쳐진다. 그러나 호기심 많은 아이들은 자신의 관심을 따라 자연스럽게 스스로 재미를 찾아가는 아이들이다. 성인이 되어서도 아이같은 호기심만 잃지 않는다면 얼마든지 재미있게 살 수 있는 기회가 있다.

호기심은 자연스럽게 질문으로 이어지고 질문은 스스로 답을 찾아가는 행동으로 이어진다. 이 모든 과정은 재미가 성장하는 과정과 정확히 일치한다. 호기심은 우리를 생동감 있고 활력있게 만든다. 호기심이 재미를 촉발하면 우리는 더욱 더 즐거운 사람이 된다.

가장 순수하고 자기 감정에 솔직했던 유년시절로 잠시 돌아가 무엇이 당신의 호기심이었는지 살펴보라. 거기서 당신은 자신이 무엇을 좋아하는지 알게 될 것이다. 당신 가슴 속엔 여전히 어린 시절 '작은 아이'가 살고 있다. 그 아이의 호기심을 죽이지 마라.

2. 남들과 다름을 추구하라.

삶이 재미없어진 또 다른 이유는 남들과 같아지려는 데 있다. 남들과 달라지는 것을 불편해하는 우리 사회의 '눈치 보기' 문화가 재미에서 멀어진 매우 중요한 원인이라 할 수 있다. 분명 생긴 것도 다르고 입맛도 다르고 좋아하는 것도 다른데, 많은 사람들은 같은 방향으로만 달려가고 같은 선택을 한다. 어차피 어떤 것이 더 나을지 확신이 없는 상태에서는 대세를 따르는 것이 그나마 안전하다고 믿기 때문이다. 그런 이유로 대부분의 사람들은 소수의 입장에 서는 것을 두려워한다.

그런데 삶의 비극은 바로 여기서 시작된다. 이것은 대다수가 불행해지는 선택이기 때문이다. 제한된 자원을 다수가 나눠가지려 할 때 나타나는 문제는 경쟁이 치열해질 수밖에 없다는 점이다. 이런 상황에서는 물불을 가리지 않고 싸움에서 이기기 위한 방법을 찾게 된다. 결국 극소수의 승자만이 승리의 기쁨을 누릴 수 있고 나머지 대다수의 패자들은 패배의 쓴 잔을 맛보게 될 뿐이다. 수요와 공급의 단순 경제 논리로 보더라도 이것은 처음부터 예상할 수 있는 자명한 결과였음에도 사람들은 이런 선택이 얼마나 어리석은지 모른다.

치열한 경쟁에서 이겨야 하는 이런 상황에서는 당연히 재미는 상상할 수도 없게 된다. 재미를 추구하는 것은 마치 경쟁을 포기하는 것이거나, 끝나지도 않은 싸움에서 먼저 백기를 드는 것과 같다. 대부분의 사람들이 사는 게 재미없다고 하는 건 어쩌면 예정된 것이라고 할 수 있다. 이에 대해 혹자는 가진 자원도 없고 땅도 좁은 한국에서 경쟁은 불가피한 것 아니냐고 항변한다. 일견 맞는 부분도 있지만 문제의 본질은 자원이나 땅의 크기에 있는 것이 아니라 자신이 진심으로 좋아하고 원하는 것을 택하지 않고 외견상 좋아 보이는 것, 남들이 좋다고 하는 것을 택한다는 것에 있다. 이래서는 결코 삶을 즐길 수도, 재미있게 살 수도 없는데 말이다.

대입시험 30년 역사상 첫 만점자이자 여성 최초 전체 수석이 된 하버드대 오승은박사가 언론 인터뷰에서 한 이야기는 재미있게 살기 위해서 남들과 달라지는 것이 얼마나 중요한 것인지를 역설한다(김신영, 2013. 6. 8).

"미국 교육의 힘은 남과 비교하지 않고, 자기가 잘하는 것을 즐기라고 끊임없이 가르쳐주는 데서 나오는 것 같다…즐거움이 동력이 되어주지 않는다면 오래 갈 수도, 잘할 수도 없다…그러니까 남들보다 잘하는 것을 하려고 들지 말고, 남들과 완전히 다른 것을 하라고 가르친다."

오승은 박사와 나누는 대화에 가장 자주 등장하는 단어도 '재미' 와 '즐거움' 이었다. 오박사의 어머니도 그가 공부에 성공한 이유로 '재미있게 해서' 를 들었다고 한다.

산길을 걷다보면 만나는 식물마다 그 어느 하나 같은 잎사귀, 같은 꽃 모양을 가진 것을 찾을 수가 없다. 같은 것이 없어서 산행이 더 즐거워진다. 재미는 서로 다른 것에서 온다. 각자 사는 모양과 방법이 다르면 다를수록 우리 삶은 재미있어지는 법이다.

3. 재미의 균형을 잡아라.

재미는 뇌의 관점에서 보면 '새로운 자극'을 의미한다. 뇌는 새로운 자극에 대해 도파민과 같은 쾌락 물질을 분비함으로써 즐거움이란 보상을 제공한다. 여기서 새로운 자극은 이전과 비교하여 다른 자극을 의미한다. 아무리 즐거운 일이라도 같은 종류의 재미는 뇌를 자극하지 못한다. 그것은 더 이상 새로운 자극이 될 수 없기 때문이다. 다른 자극을 받으면 받을수록 뇌는 다양한 신경전달망을 형성하고 균형적인 뇌발달을 이룰 뿐만 아니라 다양한 즐거움을 맛볼 수 있게 해준다.

오늘날 재미의 문제는 무엇보다 재미를 경험하지 못하는 환경에 있지만 또 다른 문제는 재미 경험에 쏠림 현상이 나타난다는 점이다. 재미 경험에는 다양한 차원에서 서로 다른 다양한 경험의 스펙트럼을 갖고 있다. 수동적으로 관람하는 재미가 있는가 하면 직접 참여해 보는 재미, 더 나아가 직접 만들어보는 재미가 있다. 혼자 즐기는 재미가 있는가 하면 다른 사람과 함께 하는 재미도 있다. 열광적인 재미가 있는가 하면 소소한 일상의 재미도 있다. 여기서 재미의 균형을 잡는다는 것은 서로 다른 유형의 재미 자극으로 재미의 변화를 줘야 한다는 의미이다. 그래야 감각적, 인지적, 정서적 재미가 균형을 이룰 수 있기 때문이다.

현대 사회는 재미의 측면에서 보면 한 면으로 '감성의 과잉', 또 한 면으론 '이성의 과잉' 이라는 상호 충돌적인 문제를 안고 있다. 우선 우리 사회는 철저히 이성 중심의 사회이기 때문에 사람들의 감성이 메마르기 쉽다. 예컨대 지나치게 이성적이고 자신의 감정에 솔직하지 않은 중년의 세대는 정서적 메마름이란 '이성의 과잉' 을 경험한다.

또 다른 측면에서 현대 사회는 또한 언론학자 토드 기틀린Todd Gitlin이 그의 저서『무한 미디어』에서 언급한 바와 같이, 대중문화가 미디어를 통해 쏟아내는 일회성 감정의 과포화라는 '감성의 과잉' 을 경험한다. 영상과 같은 감성 미디어의 영향에 취약한 젊은 세대들은 이성적 사고 능력이 부족하게 되는 것이 이에 해당한다.

어느 쪽이 되건 어느 한 쪽으로 치우치거나 쏠림이 나타나는 건 결코 바람직하지도 건강하지도 않을 것이다. 이성의 과잉을 경험하는 경우는 정서적 재미를 추구함으로써 균형을 잡아야 하고 감성의 과잉을 경험하는 쪽은 인지적 재미를 추구함으로써 균형을 잡아야 한다. 이처럼 재미의 균형을 잡는 문제는 그 자체가 흐트러진 삶의 균형을 잡는 일이기도 하기 때문이다.

참고 문헌

논문, 단행본

고동우(2002), “여가동기, 여가체험 및 관광행동: 이중추동모형과 이중통로 여가체험모형”, 「여가와 인간행동」, 한국심리학회 춘계심포지움

고동우(2004), “재미진화모형을 적용한 여가 체험(프로야구와 프로축구를 중심으로)”, 관광·레저연구

국립특수교육원(2009), 『특수교육학 용어사전』, 도서출판 하우

권기덕(2010), “스마트폰이 열어가는 미래”, 삼성경제연구소

권보연(2015), 『게이미피케이션』, 커뮤니케이션북스

권승태(2012), 『3막의 비밀』, 커뮤니케이션북스

권지관(2001), 『재미없는 천국 재미있는 지옥』, 넥서스

권창현 · 최정운(2010), “유아 문화콘텐츠 제작을 위한 재미에 관한 연구”, 정보디자인학연구

김기홍(2009), “허구서사 애니메이션의 관객 몰입 메커니즘 연구”, 만화애니메이션연구

김대호 외(2007), 『미디어의 미래』, 커뮤니케이션북스

김상균(2014), 『교육, 게임처럼 즐겨라』, 홍릉과학출판사

김성일(2007), “재미는 어디서 오는가?”, 한국심리학회 연차학술대회 논문집

김영용(2007), 『인터랙티브 미디어와 놀이』, 커뮤니케이션북스

김운섭 · 성영신 · 김학진(2009), “유머 형성 요인과 반복성이 유머 반응에 미치는 영향 : 신경학적 기제를 중심으로”, 한국심리학회지 Vol. 10, No. 4

김윤정(2010), “픽사 단편 애니메이션에서 나타나는 유머요인 분석 : 앙리 베르그송의 희극론을 중심으로“, 한국만화애니메이션학회

김은미 · 심미선 · 이준웅(2006), “다매체 이용자의 성향적 동기”, 『한국언론학보』, 50권 1호

김정운(2011), 『노는 만큼 성공한다』, 21세기북스

김학진 · 김성문 · 김진우 · 박선주(2007), 『디지털 편 재미가 가치를 창조한다』, 삼성경제연구소

김형택(2013), 『게이미피케이션 마케팅』, 영진닷컴
나은영(2010), 『미디어 심리학』, 한나래
대니얼 코일(2009), 『탤런트 코드』, 윤미나 역, 웅진지식하우스
라프 코스터(2004), 『재미 이론』, 안소현 역, 디지털미디어리서치
로널드 토비아스(2007), 『인간의 마음을 사로잡는 스무 가지 플롯』, 김석만 역, 풀빛
로드 마틴(2006), 『유머심리학 : 통합적 접근』, 신현정 옮김, 박학사
롤프 옌센(2005), 『드림 소사이어티(Dream Society)』, 서정환 역, 리드리드출판사
류정아(2010), 『축제 이론』, 커뮤니케이션북스
마가렛 헤퍼넌(2013), 『의도적 눈감기』, 김학영 역, 푸른숲
만드래드 슈피처(2013), 『디지털 치매』, 김세나 옮김, 북로드
문화관광부 · 한국문화관광연구원(2008), 『2007 여가백서』
문화체육관광부(2012), 『2012 국민여가활동조사』
미래창조과학부(2016), 『2016 인터넷 과의존 실태조사』
민성길(2004), "쾌감의 메커니즘", 브레인에듀 vol.16
박근서(2006), 『웃음과 행복의 텍스트』, 커뮤니케이션북스
박명진 · 이범준(2004), 가상현실 커뮤니케이션의 특성과 그 체험의 양상 : 몰입 과정과 몰입 조건에 대한 수용자 연구, 언론정보연구 41권 제1호
박일환(1994), 『우리말 유래사전』, 우리교육
박찬일 · 양해승 · 양해일(2007), "게임의 장르별 재미 요소", 한국콘텐츠학회논문지, Vol. 7, No. 12
방송통신위원회(2010), 『마이크로블로그 이용실태 조사보고서』
서천범(2008), 『레저백서 2007』, 한국레저산업연구소.
성영신 · 고동우 · 정준호(1996), "여가 경험의 심리적 본질", 소비자학연구
소셜미디어연구포럼(2012), 『소셜 미디어의 이해』, 미래인
손대현(2007), 『재미학 콘서트』, 산호와 진주
신은수 · 김명순 · 신동주 · 이종희 · 최석란(2001), 『놀이와 유아』, 이화여자대학교 출판부
심미선 · 김은미(2011), 『스마트미디어 서비스 이용실태 조사』, 한국언론학회
안범희(2007), 『학습 이론 및 심리』, 도서출판 하우
앙리 베르그송(1992) 『웃음』, 정연복 역, 세계사
양수련(2007), 『시나리오 oh 시나리오』, 북스토리
어니 젤린스키(2008), 『느리게 사는 즐거움(Dont Hurry, Be Happy)』, 서수현 역, 새론북스
오미영(2012), 『커뮤니케이션』, 커뮤니케이션북스

유애열(1994). 유아의 상상놀이와 교사 개입에 관한 연구. 연세대 대학원 박사학위 논문.
윤민철(2010), "유머의 유형 분류에 관한 고찰 : 유머의 원리와 구조를 중심으로", 우리말연구 27집
윤은주(2015), "2016 핀란드 국가핵심교육과정 개편", 한국교육개발원
윤지은 · 이인성 · 김진우 · 최동성 · 박지은(2006), "재미를 위한 HCI", 한국HCI학회
윤태진(2004), "문자문화, 구술문화, 영상문화의 진화와 상호작용, 정보통신정책연구원
윤형섭(2009), "MMORPG의 재미 평가 모델에 관한 연구", 상명대학교 박사학위논문
이동후(2012), 『미디어 생태이론』, 커뮤니케이션북스
이병주(2004), "약한 유대 관계의 힘(The Strength of Weak Ties)", LG경제연구원
이성환(1999), "消費情緒의 過程에 관한 實證硏究", 서울대학교 석사학위 논문
이승훈 · 김세규 · 류성열(2010), "게임 소프트웨어 재미요소의 체계적인 분류와 탐색방법", 한국멀티미디어학회
이연수(2005), "펀(Fun) 마케팅에 주목하라", LG경제연구원
이윤석(2011), 『웃음의 과학』, 사이언스북스
이현비(2004), 『재미의 경계 : 재미에 관한 일반이론』, 지성사
임석진 외 편저(2009), 『철학사전』, 중원문화
전경란(2003), "컴퓨터 게임 스토리텔링의 이해와 분석", 『이인화 외, 디지털 스토리텔링』 황금가지.
제인 맥고니걸(2012), 『누구나 게임을 한다(원제 : Reality is broken)』, 김고명 역, 알에이치코리아
조은예 · 최인수(2008), "재미에 관한 아동의 암묵적 지식과 플로우와의 관계 분석", 한국사회 및 성격 심리학회지
최민재 · 양승찬(2009), "인터넷 소셜 미디어와 저널리즘", 한국언론재단
최현석(2011), 『인간의 모든 감정』, 서해문집
최혜실(2003), "디지털 문화 환경과 서사의 새로운 양상", 문학수첩
최혜실(2006), 『문화 콘텐츠, 스토리텔링을 만나다』, 삼성경제연구소
토드 기틀린(2006), 『무한 미디어』, 남재일 역, 휴먼앤북스
한국언론연구원(1993), 『매스컴대사전』
한병철(2012), 『피로사회』, 김태환 옮김, 문학과지성사
황농문(2007), 『몰입 : 인생을 바꾸는 자기혁명』, 랜덤하우스코리아

Apter, M. J. (1982), The experience of motivation: The theory of psychological reversals,

London: Academic Press.

Barnett, L. (1990), "Playfulness: Definition, design, and measurement", Play and Culture, 3, 319-336.

Bartle, R. (2005), "Virtural Worlds: Why People Play", Massively Multiplayer Game Development, Vol.2, pp.1-16.

Boyd, Danah & Golder, Scott & Lotan, Gilad (2010), "Tweet, Tweet, Retweet: Conversational Aspects of Retweeting on Twitter." HICSS-43. IEEE: Kauai, HI, January 6

Bruner, J. S. (1973), The Relevance of education, NY: Norton

Buijzen, Moniek and Valkenburg, Patti M. (2004), "Developing a Typology of Humor in Audiovisual Media", Media Psychology, 6.

Caillois, R. (2001), Man, Play, and Games, Translated from the French by Meyer Barash, Champaign : University of Illinois Press

Caughey.J., (1984), Imaginary Source Worlds: A Cultural Approach, Lincoln: University of Nebraska Press

Csikszentmihalyi, M & LeFevre, J. (1989). "Optimal experience in work and leisure". Journal of Personality and Social Psychology.

Csikszentmihalyi, M. (1977). Beyond Boredom and Anxiety: the Experience of Play in Work and Games. San Francisco, CA: Jossey-Bass.

____________ (1990). Flow: The psychology of optimal experience. Harper & Row

Deci, E. L., & Ryan, R. M. (1985). Intrinsic motivation and self-determinaton in human behaviour. New York: Plenum.

Frijda, Nico H. (1986), The Emotions. Cambridge(UK): Cambridge University Press

Gagne, R. M. (1985), The Conditions of learning and theory of instruction (4th ed.), NY: Holt, Rinehart and Winston.

Gerrig, Richard (1993), Experiencing Narrative worlds : On the psychological Activities of Reading. New Haven: Yale UP

Haselhuhn, M. P., Wong, E. M., & Ormiston, M. E. (2013). Self-FulfillingProphecies as a Link between Men's Facial Width-to-Height Ratio and Behavior. PloS one, 8(8), e72259.

Heeter, Carrie & Chu, Chunhui (Kaitlan) & Maniar, Apar & Winn, Brian & Mishra, Punya & Egidio, Rhonda & Portwood-Stacer, Laura (2003), "Comparing 14 Plus 2 Forms of

Fun (and Learning and Gender Issues) In Commercial Versus Educational Space Exploration Digital Games", International Digital Games Research conference, 4-6 November 2003, University of Utrecht, The Netherlands

Heim, M. (1993). The metaphysics of virtual reality, New York: Oxford University Press.

Howard, David & Mabley, Edward (1993), THE TOOLS OF SCREENWRITING, 심산역 (1999), 『시나리오 가이드』, 한겨레신문사.

Huizinga, J. (1950). Homo ludens: a study of the play-element in culture. Boston, Beacon Press.

Kim, Soo-Il & Cho, Keun-Ja (2012). "Second to Fourth Digit Ratio as a Sex Determinant in Korean". Korean J Phys Anthropol. 25(4):137-144

Koestler, A. (1964), The act of creation, London: Hutchinson.

Korhonen, H., Montola, M., Arrasvunori, J. (2009), "Understanding Playful User Experience through Digital Games, International Conference on Designing Pleasurable Products and Interfaces 2009

Lee, G., Lee, J, & Kwon, S. (2011), "Use of Social-Networking Sites and Subjective Well-Being : A Study in South Korea", Cyberpsychology, Behavior, and Social Network, 14(3).

Lieberman, J. N. (1965), "Playfulness and divergent thinking: An investigation of their relationship at the kindergarten level", The Journal of Genetic Psychology, 107, 219-224

Long, D. L., & Graesser, A. C. (1988), Wit and humor in discourse processing, Discourse Processes, 11(1)

Maffesoli, M. (1995), Du Nomadisme, Paris: Le Livre de Poche.

Ryan, Marie-Laure (2001), Narrative as Virtual Reality : Immersion and Interactivity in Literature and Electronic Media, The Johns Hopkins University Press.

Massimini, F. & Cali, M. (1988). The systematic assessment of flow in daily experience. in Optimal Experience: Psychological Studies of Flow in Consciousness, ed. Csikszentmihalyi, M. & Csikszentmihalyi, I., New York, N. Y.: Cambridge University Press

Murray, Janet (1997) Hamlet on the Holodeck : The Future of Narrative in Cyberspace, Cambridge, MA: The MIT Press

Nettle, Daniel (2008), "Why do some dads get more involved than others? Evidence from a large British cohort", Evolution and Human Behavior 29, 416~423.e1

Ong, W. J. (1967), The presence of the word, New Haven, CT: Yale University Press

Ong, W. J. (1982), Orality and literacy: The technologizing of the word, Methuen, London, 이기우·임명진 역(1996), 『구술문화와 문자문화』, 문예출판사

Pimentel, Ken and Teixeira, Kevin (1993), Virtual Reality: Through the New Looking Glass, New York: Intel/Windcrest McGraw Hill

Russel, J. A.(2003), "Core Affect and the Psychological Construction of Emotion", Psychological Review 110(1)

Salen, K. & Zimmerman, E. (2004). Rules of Play : Game design fundamentals, The MIT Press.

Tierno, Michael (2008), Aristotle's Poetics for Screenwriters, 김윤철 역, 『스토리텔링의 비밀-아리스토텔레스와 영화』, 아우라

방송, 신문, 잡지, 인터넷

강상균(2008), “영상스토리텔링의 이해”, 아트 앤 스터디 강좌, http://www.artnstudy.com/Lecture/Movie

김상균(2017. 5. 23), “게이미피케이션, 대학교육에 재미를 더하다.” https://brunch.co.kr/@gamification/2

김신영(2013. 6. 8), “과학이란 태평양서 답찾아 자맥질하는 수능 첫 만점 ‘천재소녀’ ”, 조선일보

김종민(2012. 4. 3), “Q2L: 디지털 시대의 첨단 학교”, 경기일보

남종영(2013. 5. 31), “우울증을 지배하는 건 의지일까, 화학물질일까?”, 한겨레

“놀이의 반란”(2012. 6. 25 ~ 6.27), EBS 다큐프라임

“뇌과학이 밝혀낸 인간 웃음의 비밀”(2013. 1), 브레인, Vol.38, 28-31

노태영(2013. 3. 28), “장시간 스마트폰 사용…건강 위협”, KBS

박병률 · 이혜인(2017. 11. 15), “한국인 32%만 난 건강해 OECD 꼴찌 · · · 삶의 만족도도 ‘최하’ ”, 경향신문

박정현(2013. 3. 12), “구글, ‘말하는 신발’ 공개”, 조선일보

박준호(2018. 5. 29), “금싸라기 땅에 ‘서점 · 도서관’ 들이는 쇼핑몰”, 뉴스핌

서한기(2018. 1. 23), “하루 36명, 40분마다 1명 자살하는 나라…13년째 OECD 1위”, 연합뉴스

“식탁 위서 관심사 공유하는 '소셜 다이닝'”(2013. 3. 9), SBS

엄영지(2013. 2. 12), “청소년 미래 갉아먹는 인터넷게임 중독”, 청년의사, http://www.docdocdoc.co.kr/news/newsview.php?newscd=2013020700048

오달란(2017. 11. 1), “근로시간 단축하면 노동생산성 더 높아진다”, 서울신문

“우리가 모르는 SNS의 비밀”(2013. 4. 9), KBS 시사기획 창

윤민혁(2018. 06. 27), “'정용진표 만물상' 삐에로쑈핑... 日 돈키호테 떠오르는 '쇼핑 정글'”, 조선일보

이인준(2017. 4. 12), “성인 4명중 1명 정신질환 경험…정신과 상담 고작 22%”, 중앙일보

이웅(2017. 1. 12), “국민 여가시간 10년전보다 줄었다…여가활동은 1위는 'TV 시청'”, 연합뉴스

이정국(2007. 6. 17), “당구대에 안마의자, 놀이터야, 사무실이야”, 한겨레

이준원(2011. 1), “가정과 건강”, 시조사

“정서가 학습을 지속시킨다”(2008. 8. 4), EBS 다큐프라임 〈공부의 왕도〉 2편

정양환(2006. 1. 13), "남녀 웃음 코드 다르다", 동아일보

정윤식(2012. 4. 6.), "구글 스마트 안경, 말로 기능 선택", 동아일보

조진화(2010. 6. 18), "게이밍이론 적용한 2 1 세기형 교육 현장…뉴욕시 퀘스트투런 스쿨", 미주 중앙일보

주찬옥(2008), "문화콘텐츠 스토리텔링: TV드마라, 소설, 영화 비교", 한국문화콘텐츠진흥원 사이버 문화콘텐츠 아카데미 스토리텔링 전문가 과정 강의안, http://contents.connect.or.kr/servlet/controller.study.

폭스바겐(2009), "재미이론(Fun Theory)", http://www.funtheory.com.

한국갤럽(2016.11.25), "한국인이 보는 2017년 - 세계 66개국 비교조사"

한국리서치(2018. 8. 30), "이번 주말에 뭐 하시나요?"

한국문화관광연구원, 2017.1.13., "국민여가활동 조사 인포그래픽"

현시원(2013. 3. 18), "스마트폰의 결정적 순간 - '40대 후반의 회사원' 한창민씨가 트위터에 올린 60여 점 사진 건 전시회 '지난 일년'", 한겨레21 http://h21.hani.co.kr/arti/culture/culture_general/34103.html

Bartle, R. (1996), "Hearts, clubs, diamonds, spades : Players who suit muds", http://www.mud/co.uk/richard/hads.htm

Garneau, Pierre-Alexandre (2001), "Fourteen Forms of Fun", http://accad.osu.edu/~pgarrett/730/gamasutra/Gamasutra-Fourteen-Forms-of-Fun.html

iCrossing (2008), "What is Social Media?", http://www.icrossing.com

Lehrer, Jonah (2011. 5. 30), "When We're Cowed by the Crowd(소셜네트워크시대: 멍청한 대중)", The Wall Street Journal, http://realtime.wsj.com/korea/2011/05/30/소셜네트워크시대-멍청한-대중/

http://cafe.daum.net/bayota/

http://cafe.naver.com/orientwonkwang/578

http://community.sparknotes.com/gender/

http://kr.brainworld.com

http://www.airbnb.com

http://www.gallup.co.kr

http://www.gamasutra.com

http://www.google.com/intl/en/culturalinstitute/worldwonders/

http://www.googleartproject.com

https://www.hrc.co.kr

http://kcti.re.kr

http://www.oecdbetterlifeindex.org/countries/korea/

http://www.scienceall.com

http://http://techknowledge.td.org

http://www.ted.com/talks/lang/ko/matt_cutts_try_something_new_for_30_days.html

http://www.youtube.com/symphony

http://www.zipbob.net

http://www.zipcar.com

색인

[ㄴ]

[ㄷ]

[ㄹ]

[ㅇ]

[ㅎ]

경성대문화총서

1. **근대성의 종말**
쟈니 바티모 지음 | 박상진 옮김 | 신국판 314면 | 값 15,000원
2. **디지털 언어와 인문학의 변형 (기호학, 인식론, 고고학)** (2004년 문화관광부 추천도서-학술부문 선정)
김성도 지음 | 신국판 364면 | 값 18,000원
3. **실재의 귀환** (2004년 문화관광부 추천도서-학술부문 선정)
핼 포스터 지음 | 이영욱·조주연·최연희 옮김 | 크라운판변형 386면 | 값 24,000원
4. **작가생산의 사회사** (2004년 문화관광부 추천도서-학술부문 선정)
이현석 지음 | 크라운판변형 407면 | 값 22,000원
5. **문화국가 : 문화라는 현대의 종교에 관하여**
마르크 퓌마롤리 지음 | 박형섭 옮김 | 크라운판변형 349면 | 값 20,000원
6. **예술과 문화**
클레멘트 그린버그 지음 | 조주연 옮김 | 크라운판변형 378면 | 값 22,000원
7. **시각과 시각성**
핼 포스터 엮음 | 최연희 옮김 | 신국판 249면 | 값 14,000원
8. **설득의 실천 : 미술사의 역설과 권력**
키스 먹시 지음 | 조주연 옮김 | 신국판 224면 | 값 13,000원
9. **미술사의 현대적 시각들 : 해체주의에서 퀴어이론까지**
마크 A 치담·마이클 앤 홀리·키스 막시 외 지음 | 조선령 옮김 | 크라운판 427면 | 값 25,000원
10. **신 미술사? 비판적 미술사!** (2005년 문화관광부 추천도서-학술부문 선정)
조나단 해리스 지음 | 이성훈 옮김 | 신국판 450면 | 값 22,000원
11. **번역과 문화연구 : 합일을 거부하는 반복** (2011년 문화체육관광부 추천도서-학술부문 선정)
정혜욱 지음 | 신국판 364면 | 값 20,000원
12. **현대의 미적 커뮤니케이션 1**
게어하르트 플룸페 지음 | 홍승용 옮김 | 신국판 564면 | 값 28,000원
13. **현대의 미적 커뮤니케이션 2**
게어하르트 플룸페 지음 | 홍승용 옮김 | 신국판 471면 | 값 24,000원
14. **탈출속도**
폴 비릴리오 지음 | 배영달 옮김 | 신국판변형 227면 | 값 13,000원
15. **우리 시대의 비극론** (2007년 문화관광부 추천도서-학술부문 선정)
테리 이글턴 지음 | 이현석 옮김 | 신국판 551면 | 값 28,000원
16. **슬라보예 지젝**
사라 케이 지음 | 정현숙 옮김 | 신국판 297면 | 값 17,000원
17. **미메시스에서 시뮬라시옹까지**
베르너 융 지음 | 장희창 옮김 | 신국판 310면 | 값 18,000원
18. **꿈의 세계와 파국 : 대중 유토피아의 소멸**
수잔 벅-모스 지음 | 윤일성·김주영 옮김 | 크라운판변형 463면 | 값 30,000원
19. **미술사의 유물론적 이해**
겐 도이 지음 | 이성훈 옮김 | 신국판 326면 | 값 18,000원
20. **빵떼옹 : 성당에서 프랑스 공화국 묘지로** -혁명과 반동의 상징정치학-
하상복 지음 | 신국판 361면 | 값 18,000원
21. **동력의 기술**
폴 비릴리오 지음 | 배영달 옮김 | 신국판변형 212면 | 값 13,000원
22. **헨델에서 헨드릭스까지**
마이클 채넌 지음 | 정경영 옮김 | 신국판 529면 | 값 26,000원

경성대문화총서

23 **질 들뢰즈**
토드 메이 지음 | 이윤성 옮김 | 신국판 274면 | 값 16,000원

24 **문화의 실재 : 라캉으로 문화 읽기**
캐더린 벨지 지음 | 김전유경 옮김 | 신국판 246면 | 값 14,000원

25 **백색신화 : 서양이론과 유럽중심주의 비판**
로버트 J.C. 영 지음 | 김용규 옮김 | 신국판 452면 | 값 22,000원

26 **불확실한 삶 : 애도와 폭력의 권력들**
주디스 버틀러 지음 | 양효실 옮김 | 신국판 217면 | 값 13,000원

27 **무협의 시대 1966~1976**
송희복 지음 | 신국판 425면 | 값 20,000원

28 **베토벤 천재 만들기 : 1792~1803년 빈의 음악정치**
티아 데노라 지음 | 김원명 옮김 | 신국판 279면 | 값 16,000원

29 **페미니즘 미학 입문**
캐롤린 코스마이어 지음 | 신혜경 옮김 | 신국판 324면 | 값 18,000원

30 **시를 어떻게 읽을까**
테리 이글턴 지음 | 박 령 옮김 | 신국판 346면 | 값 19,000원

31 **키치로 현대미술론을 횡단하기**
이영일 지음 | 신국판 225면 | 값 13,000원

32 **라캉과 미술**
조선령 지음 | 신국판 292면 | 값 15,000원

33 **어두운 그리스 : 사유와 젠더, 민주정의 기원** (2012년 문화체육관광부 추천도서-학술부문 선정)
김봉률 지음 | 크라운판변형 348면 | 값 20,000원

34 **미술 · 스펙터클 · 문화정치**
할 포스터 지음 | 조주연 옮김 | 신국판 406면 | 값 20,000원

35 **음악과 과학의 만남 : 역사적 조망** (2013년 문화체육관광부 추천도서-학술부문 선정)
구자현 지음 | 신국판 328면 | 값 17,000원

36 **재미의 본질 The Nature of Fun** (2013년 문화체육관광부 추천도서-교양부문 선정)
김선진 지음 | 크라운판변형 472면 | 값 22,000원

37 **시각문화**
리처드 호웰스·호아킴 네그레이로스 지음 | 조경희 옮김 | 크라운판변형 535면 | 값 30,000원

38 **대중음악 입문 : 문화연구와 만나는 대중음악**
이수완 지음 | 신국판 218면 | 값 13,000원

39 **사진 속의 세상 : 관광객과 관광 사진**
마이크 로빈슨·데이비드 피카드 엮음 | 이현민 옮김 | 크라운판변형 378면 | 값 22,000원

40 **영화 속 인문학 여행**
정미숙 지음 | 크라운판변형 337면 | 값 20,000원

41 **음악적 아름다움의 근원을 찾아서**
구자현 지음 | 신국판 288면 | 값 16,000원

42 **쟁론**
장 프랑수아 리오타르 지음 | 진태원 옮김 | 크라운판변형 338면 | 값 22,000원

43 **미술관이라는 환상 : 문명화의 의례와 권력의 공간**
캐롤 던컨 지음 | 김용규 옮김 | 신국판변형 309면 | 값 16,000원

44 **앙리르페브르 이해하기 : 이론과 가능한 것**
스튜어트 엘든 지음 | 전국조 옮김 | 이현석 옮김 | 크라운판변형 474면 | 값 25,000원

경성대문화총서 36

재미의 본질 The Nature of Fun

지 은 이 | 김선진
펴 낸 이 | 송수건

초 판 1쇄 발행 | 2013년 7월 31일
초 판 2쇄 발행 | 2014년 7월 31일
초 판 3쇄 발행 | 2017년 2월 28일
개정판 1쇄 발행 | 2018년 8월 31일
개정판 2쇄 발행 | 2019년 2월 28일
개정판 3쇄 발행 | 2019년 8월 30일
개정판 4쇄 발행 | 2021년 8월 31일

출판등록 | 1985년 1월 28일 제331-1985-000001호
펴 낸 곳 | 경성대학교 출판부
주 소 | 부산광역시 남구 대연동 110-1
전 화 | (051) 663-4195
팩 스 | (051) 663-4199
홈페이지 | press.ks.ac.kr

· 잘못된 책은 구입하신 서점에서 바꾸어 드립니다.
· 이 도서는 2011년 경성대학교 11차 기획도서 공모전 당선작으로 경성대학교 지원금으로 출판되었습니다.
· 이 도서는 2013년 문화체육관광부 우수교양도서로 선정됐습니다.

ISBN 978-89-7314-317-7 94100
978-89-7314-135-7 (세트)